CHIEF ENGINEER

造桥的人

华盛顿·罗布林传

[美] 艾丽卡·瓦格纳 著　　刘巍 译

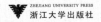
ZHEJIANG UNIVERSITY PRESS
浙江大学出版社

献给我的丈夫弗朗西斯、儿子西奥

我生命中两座坚实的主塔

信念——没有桥墩的桥，
支撑着可见的光影，
还有那过于纤细，
而不可见的风景；

它两侧钢铁的臂膀，
承托着灵魂，轻轻摇荡；
再看，桥身与什么相连？
那秘密，遮掩在轻纱后面；

相连之物，若能猜出，
对我们犹豫的双脚，
这桥就不复成为，
排行第一的必要！

——艾米莉·狄金森

前　言

在美国新泽西州立罗格斯大学（Rutgers University）的档案库里，有一张照片，拍的是两位头发花白的老绅士。两人坐在一间豪华大厅里，厅里摆着精致的家具，墙上挂着油画。其中一位绅士，胡子刮得干干净净，头顶上方有一幅很大的肖像画，画的是一位留胡子的男士，很容易便能猜出，照片拍的就是这位留胡子男士的豪宅。这位男士叫华盛顿·奥古斯都·罗布林（Washington Augustus Roebling），照片摄于1910年，当时的他已经七十三岁了。按理说，这个年纪应该从纷繁的世事中抽身而退，他却完全没有。华盛顿的父亲声名远播，为了追随父亲的脚步，他一直在接受工程学的训练。美国南北战争期间，他一直在北军[1]服役，度过了战火纷飞的四年；战争临近尾声的时候，他娶了一位聪明美丽的妻子；仗打完了，国家的重建工作开始，他又和父亲一道，投身于最实用也最有象征意义的建设——造桥。华盛顿的父亲约翰·奥古斯都·罗布林（John Augustus Roebling），在他很小的时候，就连接了尼亚加拉河的两岸；战争结束后，父子协力，又连接了俄亥俄州辛辛那提市（Cincinnati）的俄亥俄河的两岸。后来，老罗布林担任纽约东

---

[1] 北军直译为联邦军，在此做通俗化处理，下文皆译作北军。——译注（本书中，没有标明译注或编注的皆为本书原注，译注为译者所加注释，编注为编辑所加注释。）

河大桥（East River Bridge）[1]总工程师，也就是举世闻名的布鲁克林大桥（Brooklyn Bridge）。1869年，老罗布林不幸去世，总工程师的位置由儿子华盛顿继任。这一年，华盛顿三十二岁，却已参与过好几次战争，是个老兵了。

一位与罗布林家族相熟的朋友曾经写道，华盛顿·罗布林的一生，"如小说一般精彩，极具吸引力"。但令我激动得头发竖起来的，是这张保存在新泽西州新不伦瑞克市（New Brunswick）一间

---

[1] 东河不是河，而是美国纽约州东南部的海峡，位于曼哈顿岛与长岛之间。——译注

地下室的文件档案中一张不为人知的照片。在这张照片里，坐在华盛顿·罗布林旁边的老绅士是英国海军司令约翰·阿巴斯诺特·"杰基"·费舍尔，第一代费舍尔男爵。

就在拍下这张照片的同一天，华盛顿·罗布林写信给儿子小约翰[1]说："我们今天接待了英国海军司令约翰·费舍尔勋爵。"费舍尔从英国来美国，是为了参加他儿子在费城举行的婚礼，费城离新泽西州首府特伦顿市（Trenton）很近，费舍尔觉得可以顺道拜访一下住在特伦顿的这位有名的工程师。此时，华盛顿已经与第二任妻子科妮莉亚（Cornelia）在特伦顿的一所大宅子里住了两年。华盛顿告诉小约翰："费舍尔是个快乐的英国水手，已经六十九岁了，举止却像四十岁的人一般。他跟科妮莉亚跳舞，满大厅乱转，还讲了好多故事……费舍尔的活力十分惊人，性情的温度总在98华氏度[2]，只有站在敞开的门前，才能保持凉爽。"华盛顿的笔调十分欢快。

并非所有宾客来访，华盛顿都会如此高兴，因此华盛顿能这么写，实在是很高的赞扬。而约翰·费舍尔勋爵让华盛顿如此开心，在我看来是意料之中的事。我决定要动笔写这本书讲述华盛顿的生平时，作家珍·莫里斯女士（Jan Morris）为约翰·"杰基"·费舍尔勋爵写的《费舍尔的面庞》这本优秀的传记，给了我很多启发。费舍尔1841年生于斯里兰卡，比华盛顿小三岁多。1889年，他当上了英国地中海舰队的总司令，后来又当上了第一海务大臣，是英国皇家海军的一把手。珍·莫里斯写道，费舍尔是"行乐的天才"。华

---

[1] 华盛顿·罗布林的儿子也叫约翰·罗布林，同他的父亲一样。本书中，为了方便区别，称华盛顿的父亲为老约翰或约翰，称呼儿子为小约翰。——编注

[2] 37摄氏度，即人体体温。——译注

盛顿与费舍尔只在特拉华河的岸边有过一次际遇，而就在这次短暂的会面中，费舍尔的行乐天才也表现了出来。1920年，费舍尔去世。这一年，离华盛顿·罗布林去世还有六年，离珍·莫里斯出生也有六年。莫里斯对费舍尔非常痴迷，她甚至说费舍尔是"我的终身伴侣之一"。她的衣橱里放着一张费舍尔的照片："除了我的家人，这张面庞是我最熟悉的，远远超过政治家、演员、艺术家，甚至老朋友。"

多年以来，我也是每天都会见到一张老照片，即是我十九岁那年从纽约公共图书馆的一本书上复印的。照片摄于美国内战初期，拍的是一个小伙子戴着北军的军便帽，帽子往后倾斜；一双间距较宽的浅色大眼睛直视着镜头，嘴角没有笑容，上唇隐隐看得见胡须的萌芽。我把那本书拿到图书馆复印机上，给自己做了这张carte-de-visite[1]当作纪念品。具体是哪一本书，我已经想不起来了。这张照片，只有一英寸[2]见方。我盖上了透明胶带加以保护，又做了个小信封把它装起来，并在信封上写下了那个人名字的缩写：华·奥·罗（W. A. R.）。我和他的中间名一样，都是奥古斯都。从那以后，我再也没有丢下过这张小照片。

我从小在曼哈顿长大，想要不知道布鲁克林大桥几乎是不可能的。然而，直到我十几岁时，这座桥才第一次对我的意识产生了影响。当时我交了一个英国男朋友，年纪比我稍微大一点，刚刚取得土木工程师的资格。一年圣诞，他说要穿越大西洋来看我。我现在才知道，他想看的其实不是我，而是东河上那座钢铁与石块的巨大工程。一个晴朗的冬日，我们走出地铁，来到阳光下，往东走进布鲁克林区卡德曼广场公园，又转向西边拾级而上，终于来到了车

---

[1] 法语：肖像名片。——译注

[2] 1英寸合2.54厘米。——编注

流上空的步道上。这条步道一直通往高塔，穿过钢缆的托架，俯瞰着波光粼粼的河面。然后，我们冒着严寒，大步走回曼哈顿。在那短暂的瞬间，我体验到了大桥最初的设计师约翰·罗布林想要让我体验的感觉。这感觉，在我之前已有无数人体验过，在我之后还将有无数人能够体验。我冰冷的手指握住一根垂直吊索，感觉那钢铁在我的触碰之下微微振动，仿佛这座桥，这个地方，都是有生命的活物一般。

我感觉到身体中响起了1883年5月大桥对公众开放时的演讲词，说的是这座桥"看似是一堆无生命的石头与金属，实际上却在不停地运动。桥身中每一个粒子，都没有哪怕一刹那的静止。众多不稳定的元素组成了这个集合体，随着温度的浮动而变化，也随着天体的一举一动而变化。问题在于，如何用这些不稳定的元素创造出绝对的稳定。而这是工程师必须用集体智慧面对的问题。只有两条路：要么解决，要么承认那不光彩的失败。"

男友回了英国，我的心却被什么彻底改变了。

我还想要了解更多。历史学家大卫·麦卡洛（David McCullough）写了一本权威纪实作品《伟大的桥》，讲的正是布鲁克林大桥的建设过程。我特意看了。大卫·麦卡洛首先搜集了造桥的资料、罗布林的家史，还看过别人提供的华盛顿的笔记、信件、报告、草图。他写道："真正了解了大桥的总工程师后，我产生了一种非常奇怪的感觉。"我似乎听到麦卡洛书中的华盛顿在直接对我说话，那个声音嬉笑怒骂，透露着坚忍、务实和优雅。

我开始流连于一座座图书馆、档案馆，继续聆听那个声音，想着华盛顿接下来要对我说什么。华盛顿这个人，似乎可以称为富二代。纽约州特洛伊市有一所伦斯勒学院（Rensselaer

Institute），后来改名为伦斯勒理工学院（Rensselaer Polytechnic Institute）。1854年，华盛顿进入这所学校学习，而在他入学之前，父亲约翰·罗布林已经是全国最有创意的工程师之一。约翰·罗布林是德国移民，来到美国原本是想当农场主的。1842年，他获得了铁丝绳[1]的专利。这项专利不仅给他带来了滚滚财源，还为现代工业奠定了基础，让现代城市的建设成为可能。然而，约翰·罗布林的子女却为父亲的智慧付出了极大的代价。华盛顿作为长子，付出的代价是最高的。华盛顿的故事，还有他自己发出的声音，吸引我走向他。这是一位真正的作家的声音，是"如假包换的文学作品，独树一帜，宛如田园牧歌"。这声音在我脑中响起，跟我认识的所有人的声音一样清晰。这声音完全是他自己的，而不是他父亲约翰的。在漫长的一生中，华盛顿始终被人拿来与父亲那伟岸的存在相比。老约翰于1869年去世，人们因而产生了这样一种观点：布鲁克林大桥的方案都是老约翰制定的，华盛顿·罗布林只不过完成了父亲的方案而已。

自布鲁克林大桥完工以来，已经过去了将近一个半世纪。如今，这座大桥依然是一个奇迹，被印在旅行手册上、电影海报上、药店的卫生纸包装上、意大利口香糖的封包上。大桥的建设，是19世纪人类"进步"的最伟大象征之一，其已成为一个以洞察力、创造力和忍耐力面对巨大困难的传奇故事，如此惊心动魄，乃至华盛顿的余生都笼罩在故事的阴影之下了。这或许是意料之中的事。不过，若是拦住桥上的几十个行人，问他们这座桥是谁建的，他们绝对说不出答案。建筑史学家刘易斯·芒福德（Lewis Mumford）写道，

---

[1] 又名铁缆。本书中，两个名字有时换用。——译注

走在布鲁克林大桥上会产生一种"纯粹的欣喜"。他也提到，有一种"匿名的传统"遮掩了大多数工程师的身份。他对此表示了深深的敬意。

华盛顿的一生，是波澜壮阔的。他生于1837年，活了将近九十岁，见证了美国一个世纪的发展。他是一位超乎寻常的见证者，他的笔记生动地描绘了这些岁月，多是冷静客观的观察，引人入胜，却也透着尖酸刻薄。华盛顿最突出的品质是超越常人的坚强意志。父亲约翰是一位天才，他的奇思妙想，上帝很少赐予凡人。读者看到约翰·A.罗布林的材料越多，就越感觉他像一个神。而与父亲一对比，华盛顿就像我们当中的一员，他既不是天才，也不接近天才，但他愿意不惜一切代价亲力亲为，直到完成任务。在他去世前不久，他告诉一名记者："承担责任是我的职责。人不能放弃职责，不能逃离生活，也不能逃离生活布置给你的任务。"他说到做到了。

英国工程师大卫·布洛克利（David Blockley）认为，有一种品质对土木工程师极为重要，那就是"现实的严谨"。他说："这种品质，要求工程师聪明、有远见、能预期到什么地方会出问题并在出现严重后果之前着手纠正，还必须考虑一切现实的可能性，采取一切合理的预防措施。"华盛顿·罗布林的一生，始终表现出这种品质。而且他还曾有理有据地论述，经受考验是怎样的，坚持不懈又是怎样的，从而增强了他的这种品质。于是，在本书里，只要能够做到，我就都让华盛顿"为自己代言"。他的发言、写作，贯穿着一种坚定不移的精神，让他成了身边人可敬的同伴。然而，他的性格中也有各种缺点：焦虑、放纵、愤怒、偏见。尽管如此，就如同美德能塑造人一样，缺点也能塑造人。一本传记，既是交谈的过程，也是立论的过程，同样也是想象的过程。

在研究华盛顿的生平期间，有一次，我在爱尔兰首都都柏林与作家科尔姆·托宾（Colm Tóibín）共进晚餐。当时我刚从罗格斯大学档案馆回来，第一次拿到了华盛顿的一组便携笔记本。在布鲁克林大桥建设初期，华盛顿就在这些本子上写下了他的笔记，内容一是aide-mémoires[1]，二是通讯录。工程师在工地上必然用到的信息、要做的事情的列表、要去见的人、要提出的问题，一一写在了上面。科尔姆·托宾和我一直在谈论一位难以捉摸的小说家：小亨利·詹姆斯（Henry James）。詹姆斯曾在1904年评论过布鲁克林大桥："城市好比一个巨大的生命体，个人好比这个生命体中分散的成员；大桥则是一条粗犷的纽带，与其他纽带一起，穿过水面，把这些分散的成员连接了起来。"我对托宾感慨道：拿着这些笔记本，我有一种强烈的感觉，好像我正陪着华盛顿·罗布林走过布鲁克林和纽约的街道。托宾在桌子对面笑了笑："可是，接着罗布林就把笔记本放进口袋，不知去了哪里。"

这一点，成了我写作的最大问题。要写传记，就必须提供真相。但坦率地说，真相是不存在的，起码是极为稀有的。有些事实可以确认，可以达成共识，比如葛底斯堡战役发生的年、月、日，布鲁克林大桥开通的年、月、日。可是，真正的"过去"却消失得无影无踪，即使我们努力想用笔记、通信、日记抓住它，也总是劳而无功。而且，传记本身就是一种不正常的存在。著名记者珍妮·马尔肯（Janet Malcolm）深刻地感觉到："传记作者就如同职业盗贼，撬门入室，判断哪些抽屉有珠宝、有钞票，然后带着赃物得意扬扬地离开。这种行为属于窥探隐私、爱管闲事。传记作者和读者，无

---

[1] 法语：备忘录。——译注

一例外都被这些阴暗的欲望驱使。而这些阴暗面，却被一种研究学问的体制，粉饰成了银行般乏味且四平八稳。"传记作者想知道的是笔下人物的秘密，想发现的是被公众形象掩盖的性格。然而，"真正的性格"也是想象出来的。

并不是所有传记作者都喜欢"银行般乏味且四平八稳"。至少华盛顿·罗布林为父亲写的传记就不符合任何一个特征。这篇传记，很大程度上也是他自己人生的回忆录。我在本书中将它称为"华盛顿的回忆录"。汉密尔顿·斯凯勒（Hamilton Schuyler）是给罗布林家族写编年史的第一人。他认为，若是有人能够说服华盛顿·罗布林写一本自传，这本自传就会成为"少见的功德"，因为他对人物和事件都记得无比清楚而准确，而且在他的笔下，一切无不带有这种鲜明的特点。俗话说"文如其人"，对华盛顿而言，他说话什么样，写作就是什么样。他文笔生动，评论中肯，总是带着一种刻薄的幽默，虽然还说不上是嘲讽。他的观察也有一种天生的精明，令人深受启发。他还十分坦诚，总是直言不讳。他习惯不动感情地看待别人，看待自己也同样如此。1931年，斯凯勒为罗布林家族写的传记出版，其因对华盛顿的人格魅力、直言不讳与作风的描述而广受关注。但斯凯勒当时其实不知道，华盛顿确实写了一份自传，只是手稿不见了。

华盛顿晚年又写了另一本书，这件事就不是秘密了。1910年，华盛顿写信给工程师亨利·雅各比（Henry S. Jacoby）。他是华盛顿的同事，两人都爱好地理。他之前问华盛顿，将来是否有兴趣写一份自传，于是华盛顿给他回了信。华盛顿大致的意思是，他在修建布鲁克林大桥的时候患了重病，瘫痪了。这么多年来，他一直认为这样的任务不可能完成。其实，早在19世纪90年代中期，华盛顿就开始写一些随笔，记录他在萨克森堡（Saxonburg）镇的童年生活，以及在南北战争期间服役的情况。20世纪初，他又开始继续写那长期没有完成的自传。他告诉雅各比："某些事情，最好当作全不相干。"他还告诉独生子小约翰，在他死后，可以编辑这份手稿。

1908年，约翰·A.罗布林雕像的揭幕仪式在特伦顿市卡德瓦拉德公园举行。律师亨利·道奇·埃斯塔布鲁克（Henry Dodge Estabrook）发表讲话，提到了这份手稿。当时，这份手稿还秘不示人，属于"他（华盛顿）自己的私有财产"。埃斯塔布鲁克有幸看过手稿，说这是他"读过的书中最惊人的一部"，它"叙事诚实，不加修饰"，还说"可能永远不会出版"。律师说："这本回忆录分析了各种人、各种事，十分精彩，而且带着尖酸的讽刺，几乎有止血剂的效果。它之所以了不起，主要是因为它坦诚地揭示了那个了不起的人——华盛顿的父亲约翰——的私生活，各种品质，以及各种不公之处。"律师还说，在回忆录中，华盛顿对自己也作了同样深刻的解剖。"也许华盛顿自己不晓得，他给我们提供了一次'进化'的研究，其中包括遗传、环境影响、生存斗争等因素，还包括一种被达尔文主义忽视的心灵因素。"

儿子小约翰经常写信问华盛顿，这本书怎么样了。华盛顿非常谨慎，要么说他写的都是"垃圾"，要么就说笔记丢了。

笔记并没有丢失。罗格斯大学档案库里存有罗布林家族的各种私人文件，历史学家大卫·麦卡洛曾去寻找过。但奇怪的是，他没有找到这份笔记。直到20世纪80年代，一位专门研究罗布林家族的历史学家唐纳德·萨叶冈（Donald Sayenga）在伯利恒缆绳公司当总经理，在该公司的档案库里找到了这份笔记。这家公司在

1973年获得了罗布林的冠名权。萨叶冈找到笔记后，上交了。这的确是一份不寻常的资源。华盛顿本来打算只写父亲的生平，却时常分心去写自己的生平，直到1869年。约翰在宾夕法尼亚州西部巴特勒县（Butler county）的荒野中建立了萨克森堡自治区。华盛顿的童年就是在萨克森堡度过的。他写到了童年，写到了小学、中学、大学的艰难岁月，写到了军旅生涯，写到了在父亲身边的工作。在他的笔下，约翰非常残忍，令人不寒而栗。华盛顿这种超凡的感受力，就是埃斯塔布鲁克律师称为"心灵因素"的东西。约翰是特伦顿市第一公民，毫无疑问，这份手稿会损害约翰的名声。华盛顿原先想写一本赞扬父亲的书，但到头来，手稿虽然忠实记录了约翰的种种成就，却绝不是一本赞扬的书。

在这份手稿里，华盛顿自己的生平是不完整的，他只写到1869年约翰去世为止。这种不完整或许跟另一种省略有关：华盛顿没有专门写到和妻子艾米莉·沃伦·罗布林（Emily Warren Roebling）的婚姻，也没有写他们的共同生活。布鲁克林大桥上有一块铭牌是献给艾米莉的，说"她的信仰和勇气，帮助重病的丈夫华盛顿·A.罗布林上校完成了大桥的建设"。铭牌竖立的时间是1951年，赞助者是布鲁克林工程师俱乐部。之所以立这么一块铭牌，理由很充分。华盛顿长期生病，且病因不明，唯一可以确定的是，他曾在建造布鲁克林大桥基础的沉箱里工作，因气压不均衡病情恶化了。这时候，艾米莉就成了华盛顿不可替代的助手，而艾米莉本人也相当了不起，她面临的挑战，是她这种年纪、这种身份的女子极少遇到的。汉密尔顿·斯凯勒曾写道："罗布林夫人性格坚强，学识惊人。"还说"她有一种近乎男人的智慧"，在当时的语境下，可以理解为"高超的智慧"。可是，华盛顿几乎没有保存夫妻俩的通信，他写给艾米莉的信保存在档案库的马尼拉文件夹里，但艾米莉写给他的信都没有了。家庭档案里的艾米莉，总体形象难以捉摸。我了解华盛顿回忆录被人发现的过程，因此十分谨慎地认为"华盛顿毁掉了艾米莉的来信"。结婚之前，华盛顿的确烧过艾米莉的信。这么看来，丢掉和艾米莉有关的东西，华盛顿并未觉得不妥。华盛顿知道自己是公众人物，因而非常注重隐私。他一生都觉得各种爱管闲事的记者、作家给他造成了困扰。

尽管如此，他的大量作品还是保存了下来。其中哪怕是最枯燥的技术报告，都清晰易懂，引人入胜。而在南北战争期间，他从前线的来信又提供了一个人思想斗争的绝妙记录。这些信与他后来的回忆，都被他写进了他对约翰生平的记述中。在华盛顿的晚年，人们总是把他与父亲约翰·罗布林混淆，即使他知道父亲成就惊人，但这对他来说依然是一个不小的打击。因此，在写这部传记时，他不得不分心去写自己的故事，写他参与过的南北战争——那一场永远改变美国的战争：布尔悬崖战役、安提耶坦战役、第二次奔牛河战役、南山战役、葛底斯堡战役、斯波齐尔韦尼亚战役（莽原之役）、彼得斯堡弹坑战役……华盛顿目击过的、参与过的历次战役，都是战争期间最惨烈的。在葛底斯堡战役中，他做出了不小的贡献，为联邦政府取得了胜利。如今，大多数人都认为，这场战争是南北战争的关键转折点。

于是，我尽力而为，动手写下了这个有缺点的迷人男子，这个造桥的人。华盛顿是儿子，是军人，是丈夫，是父亲，是工程师，也是商人。他的一生，和众人的一生一样，错综复杂。要如何给这样的人作传呢？某种程度上，这和造一座桥一样，是个如何"设计"的问题。这一点，华盛顿可能已经意识到了。一本书好比一座桥，必得有坚实的基础、稳固的结构、有效的施工，方可屹立不倒。从这个方面说，作家和工程师很像。

桥，向来不仅仅是连接两岸的工具：从北欧神话中的彩虹桥，到古罗马的大祭司长[1]，桥象征着"连接"的渴望，也象征"连接"的可能。此处过去空空荡荡，如今奇迹诞生，空中有了一道弧形——在我看来，悬索桥尤其如此。钢缆的弧度，就像双手拎着一根细线呈现出的弧度；走在桥上，你被"悬"起来，被大桥安然围在怀中。你所在的地方，并非真正的"地方"，而是"两个地方之间的缝隙"，你的生命此刻就托付给了大桥，然后你迈步前行，到达彼岸。

---

[1] 原文为拉丁语 Pontifex Maximus，其中 Pontifex 意为"造桥的人"，象征着在凡人与神仙之间架起沟通的桥梁。——译注

Contents

目录

第 1 章

事出紧急，无人可以办好

死亡并非毁灭，只是身体各部分的变化。各部分在大地上的组合，适用于当地之各种目的，亦仅适用于当地之各种目的；只要互相配合，共同按照自然规律运转，即能以人类之组合形式存在……
——约翰·A.罗布林给父亲的信，1844年

约翰死后，尽管已经过去了好几十年，儿子华盛顿·罗布林还是会陷入自责。这场惨剧永远改变了华盛顿的人生轨迹。只要一提起这场惨剧，他就会说起当时的各种细节，仿佛只要将细节组合起来，就能够召唤过往一般。说起那段可怕的经历，他只写了一句话："我并没有什么事。"然而，他错了。对他而言，一切都彻底改变了。

1869年，华盛顿·奥古斯都·罗布林三十二岁，当上了东河大桥的总工程师。小的时候，他住在宾夕法尼亚州萨克森堡市。这座城市是德国移民兴建的工业城市，兴建的时间就在他出生的前几年，建设主管正是他的父亲约翰·奥古斯都·罗布林。老罗布林1806年生于德国萨克森州（Saxony），从小就很聪明，常被人叫作"小达·芬

奇"。他的母亲省吃俭用，送他去柏林学习建筑、桥梁建设、流体力学，还有哲学。他的哲学老师就是哲学大师格奥尔格·威廉·弗里德里希·黑格尔（Georg Wilhelm Friedrich Hegel）。但后来，他跟几个志同道合的移民一起，逃离了普鲁士的清规戒律，来到"新大陆"寻找新生活。到了美国，约翰很快就成了当时最优秀、最有远见的工程师。

　　早在1857年，约翰就提出构想，要在东河上修建一座大桥。他给《纽约论坛报》写了一封信，展示了自己的能力："总体计划是，建一座单跨的钢缆悬索桥跨越东河，其高程[1]将不会影响航运……"整整十年之后，他的梦想变成了现实：1867年4月，纽约州首府奥尔巴尼市（Albany）的州立法机构投票通过了一份特许状，允许私营公司兴建并运营一座东河大桥。一个月后，约翰·罗布林就被任命为总工程师。当时舆论都认为，在世的人当中，只有约翰·罗布林能够在东河的上空建起一座单孔大桥；所谓东河，实际上是水流湍急的潮汐海峡，航运非常繁忙。这样的壮举实在是前无古人。19世纪中期，悬索桥技术才刚刚起步，约翰·罗布林的竞争对手查尔斯·埃利特（Charles Ellet），在西弗吉尼亚州惠灵市（Wheeling）俄亥俄河上建设了一座大桥，却于1854年遭遇风暴时几乎毁于一旦。而这距离这座桥的完工，才不过五年光景。尽管如此，在1869年6月底，《布鲁克林每日鹰报》（简称《鹰报》）还是发表了文章，表达了对约翰·罗布林的信心："如今，联邦政府、美国工程师协会、土木工程界的精英们，终于批准了东河大桥计划。这项工作已经走上正轨，大桥的雄起必然成为现实。"为了不让这一既定

----

[1] 即桥身到水面的高度。——译注

4

现实引起担忧，文章还有一个副标题：东河大桥最大荷载能力是目前荷载能力最强桥梁之六倍。现在，可以动工了。

《鹰报》的赞扬发表后，仅仅过了三天，约翰·罗布林就遇上了一次事故，受了伤。大多数人都觉得这只是一次小事故。那次事故倘若没有发生，那天也就只是寻常的一天。华盛顿写道："情况是这样的。吃完午饭，我们沿着一条空的轮渡斜引道下去视察布鲁克林一侧主塔的工地。为了视野开阔些，爸爸爬上了一堆劈好的木材。当时我也站在木材堆上，与他相距大约20英尺[1]。在木材堆的顶端，我看见一条船开了过来。我生怕那相撞的一击会让爸爸摔下木材堆，

约翰·奥古斯都·罗布林设想的东河大桥的主塔草图（绘于1857年）

---

[1] 1英尺合30.48厘米。——编注

就大喊让他快些下来。他从上面下来，沿着渡船导柱走到了木材堆最外面一排很高的横梁上。就在这时，渡船撞上了木材堆，使得渡船导柱大幅度弯向了里侧，以至于导柱的横梁与另一横梁相叠，碰到了他的右脚趾，撞坏了趾尖。他惨叫出声时，我尚未察觉出了什么事情。"华盛顿写信给弟弟费迪南（Ferdinand）说，木材堆把父亲约翰的脚趾切了下来，就"像一把大号剪刀剪的那样"。

华盛顿是父亲约翰的左膀右臂。他参加过南北战争，功勋卓著，妻子艾米莉·沃伦·罗布林是他上峰的妹妹。就在不久之前，夫妻俩在约翰的命令之下，去欧洲游历了很多地方。这并不是蜜月旅行，而是去德国、英国参观钢铁厂，考察气压沉箱。在将来，气压沉箱会成为大桥的基础。当时整个美国只有一所工程大学，就是伦斯勒理工学院，至今它仍是全美最优秀的院校之一。华盛顿毕业于这所学校，并充分运用在校时间训练自己，又在战争期间为北军修建了不止一座桥梁，让军队通过，从而考验了自己的水平。不过，这些桥后来都被南方的邦联军队炸毁了。1861年春天，华盛顿志愿参军，先是在新泽西州，后来到了纽约州。作为列兵，他加入了纽约州第九团。他在战争期间经历了第二次奔牛河战役、弗吉尼亚州钱瑟勒斯维尔战役、葛底斯堡战役、莽原之役、彼得斯堡弹坑战役；还目睹了汉普顿锚地海战，这是两军的铁甲舰——北军莫尼特号与南军梅里马克号——的第一场激战。这么多次战役下来，他一路晋升，成了上校。战争结束后，华盛顿又监督了约翰修建的俄亥俄河上的卡温顿—辛辛那提大桥（Covington–Cincinnati）。[1]虽然有这些经验，但华盛顿还只是爸爸约翰的副手。约翰这一年六十三岁，

---

[1] 卡温顿为美国肯塔基州北部城市，辛辛那提为俄亥俄州西南部城市，两座城市隔河相望。这座桥于1867年完工，如今的名字叫约翰·A.罗布林大桥。——译注

依然精力充沛。

　　事故发生的时候，约翰还没有从新泽西州特伦顿市的家里搬到大桥工地。按照华盛顿的说法，约翰每周去工地视察一两次，因此在布鲁克林高地蔓越莓街街角的一间土耳其浴室里租了两个房间。他和妻子艾米莉则在几个街区开外的希克斯街上租了一处宅子。"我从速将罗布林先生抬上一辆马车，送到了土耳其浴室的住处。由于谢泼德医生不愿收治这样的重伤员，我只得将他又送到了我家。我们费尽力气，将他抬上楼去。我为他脱了衣服，让他躺到床上，他便再也没下过床。谢泼德医生推荐了一名叫巴伯（Barber）的外科医生。巴伯来了，我们看到他还是个小伙子，并不怎么有气力。但他修剪了伤口，切除了压坏的组织，又成功地进行了第一次包扎。我所犯的错误是，没有将爸爸立即送往医院；但从小到大，大人一直让我将医院看作魔窟，将医生看作病人。或许，我当得到宽宥，因为事出紧急，无人可以办好。"

　　关于谢泼德与巴伯这两位医生，史料中没有更多的记载。唯有记载的是，约翰·罗布林极为憎恶一切医疗手段，只有他自己发明的手段例外。华盛顿回忆在宾夕法尼亚州萨克森堡镇度过的童年时写道，父亲对医生"怀有特别的厌恶"，"在子女面前大加嘲讽那些为人和蔼的家庭医生，说他们是披着人皮的妖魔"。在这个炎热的夏天，华盛顿还是拗不过父亲的顽固。

　　"第一次休克之后，他没有恢复过来，直到第二天才有了起色。之后，巴伯医生来了，他告诉巴伯，他自己会治疗自己，不会服从他的医嘱或是措施。巴伯迟疑地笑了起来，摇了摇头。接着，罗布林先生叫来一名锡匠，锡匠拿来一只与天平类似的锡制大盘，罗布林先生将右脚放于盘中，用软管引来清水，不断冲刷伤口。巴伯一见即感叹道：'你真正是在寻死！'想要治好如此严重的伤口，必得经历痛苦、发热，方可为治疗过程提供更多的能量……罗布林先生怒不可遏，命巴伯滚出房间。"

*

时至今日，在一些发展中国家，破伤风依然是致死的疾病。20世纪20年代普及了一种疫苗，使得当代大部分西方国家，每年破伤风的发病率不到百万分之一。破伤风梭菌是一种危险的细菌，能够产生毒素，影响大脑和中枢神经系统。这种病不会传染，却能够通过像约翰·罗布林这类事故造成的伤口感染人体。如果不加以治疗，即使用现代的临床语言描述，破伤风的症状依然令人毛骨悚然。"经常出现的初期症状是牙关紧闭症，病人因咬肌僵硬，完全无法开口。而破伤风最常见的形态是全身性破伤风，会引发肌肉疼痛、头痛、僵硬、强直、角弓反张（头、颈、背部向后剧烈扭曲成弓形的症状），以及痉挛，这会引发喉头阻塞。这些症状可能会由轻微的刺激引发，比如声音、触碰；也可能会由纯粹的医疗、护理措施引发……痉挛会引发剧烈的疼痛，而且可能不受控制，从而导致窒息和死亡。"

华盛顿一直在护理父亲。"三四天后，我发现他既不能进食，也不能说话了。巴伯冒险前来，立即诊断为牙关紧闭症，已无药可救。我叫来了基萨姆（Kissam）医生，咨询之下，也证实了……当时还不晓得有破伤风抗毒素。其后十天，至为可怖。因牙关紧咬，他已无法进食或吞咽。他发疯一般地匆匆写下种种命令，写他的治疗，写大桥，写收支问题。力量愈弱，笔记愈加潦草，最后仅余下涂鸦。当时并无专业护士在场，我便担起护士的责任。偶尔有朋友前来守夜。巴伯医生已被赶走，我电报告知费城的布林克曼（Brinkman）

医生，他从事水疗，父亲认得他，也能容得下他。但布林克曼晓得，一切已然太迟，他前来只是个形式，写下死亡证明而已。"

华盛顿写下这些话时，离那场悲剧已经过去接近半个世纪。可纵然时光流逝，他飞快写下的草体字依然清晰地描绘出了他头脑中的画面——凄惨、明晰、挥之不去。那个场景从四面八方向他包围上来，父亲发疯一般的匆忙变成了他自己的。哪怕过了这么多年，华盛顿依然自责不已，他自责太甚，盖过了他试图自我辩护的努力。父亲死去的那个黎明，他站在一动不动的尸身旁边，太阳升了起来，照亮了东河与渡船，也照亮了没有桥梁的水面。这一天是1869年7月22日。

"每一天，每一小时，"他写道，"我都痛苦地见证着最可怕的破伤风抽搐：身体弯成半圆，后脑挨到脚踝，面部可怕地扭曲着。我经历血腥战场无数，死伤场面已令我甚为坚强，可即便如此，破伤风的恐怖却时常把我淹没。一日清晨，日出时分，他终于死去了，而我也几乎疲累而死。"

"我们都要死的。某一治疗是为了延长生命，还是加速死亡？用此类问题来增加自己的重负，本来是无用的。一切批评都是徒劳。我们应当感恩，自己并不晓得未来会有什么等在路上。"父亲的死，对华盛顿而言是一个重大的人生转折。他恐惧的那些批评不是别人说出的，而恰恰是他自己头脑中的声音。华盛顿想起码头上那一刹那，写道："我经常思考，若是我站定不动，不发警告，或许什么事情也不会有——但是，不短的人生经验告诉我，这种自我控告终究是徒劳的。"

*

1867年9月1日，约翰·罗布林给纽约桥梁公司写了一封信，展望了他将来的巨作。

诸君：

当初我们计划在东河的上空，在纽约市与布鲁克林市之间架起一座大桥。去年5月23日，按照诸君的特许状的规定，我已受命就任此桥的总工程师。我当时已十分清楚，必须采取行动进行必要的调查，确定最佳选址，制订各种计划，估计各种数据；若条件允许，则尽可能早日汇报情况。我没有耽搁，马上着手工作，没有一刻擅离职守。

以下这份报告与各项附属计划，即是我的劳动成果，谨此奉上，以供各位评判。

这一设想中的工程，若能按照我的设计方案建成，不仅将成为全世界最伟大的桥，还将成为这个美洲大陆、这个时代的一项工程巨作。

大桥最为显著的特征是两座高耸的主塔。这两座主塔将会成为两座相邻城市的地标，并将跻身于美国国家象征之列。这座桥是一件优秀的艺术品，也是高级桥梁工程学的成功标本；而我们这个保证大桥得以建成的社会，其拥有的活力、开拓精神与财富，也将由这座大桥作出永久见证。

约翰·A.罗布林敬上

这封信附了一份52页的报告，都是约翰·罗布林那清楚有力的斜体字。过了九天，《鹰报》登出了罗布林拟订的这组计划，以及一篇长长的社论。这篇社论不仅对计划表示了赞许，还论述了工程的必要性。报上说，罗布林的报告"将会引起高度关注，因为公众认为这是当代最杰出的伟业真正实现的第一步"。美国内战刚刚结束没几年，毫无疑问，纽约和布鲁克林之间是需要一座桥的。"这座桥有必要吗？"《鹰报》自问自答，"当然有。我们的渡轮在航线上提供的运载空间几乎已经到了极限。过去十五年，布鲁克林的人口增长了四倍。渡轮公司已经无法担负我们现有人口的航行，那么人口再增长三倍又会怎么样呢？去年冬天，一连几日，渡轮每日都有数小时的中断。我们可以不惧一切反对意见，直接下断言：布鲁克林即使牺牲一部分财富，也好过全体布鲁克林市民在冬天无法前往纽约做生意。"（《鹰报》同一版上有一个栏目叫"今日话题"，写的是当时流行的一种宗教组织的成员"唯灵论者"参加某次政务会议。在这种会议上，已经可以看到女性代表的身影了，这是时代的一种进步。文章写道："在克利夫兰大会上，唯灵论者的议程比平时更加乏味。据一名记者报道，女代表们并不具有特别之魅力……妇女们前所未有地关心选举，而不关心自己穿上灯笼裤，美艳动人。"）

纽约市的政界，男性占据绝对主导地位，且非常腐败。当时，纽约这座大都会还没跟一水之隔的布鲁克林市合并[1]。多亏了纽约的政客，直到约翰·罗布林去世，大桥还几乎连影子也没有。

即便如此，美国内战结束之后的几年，纽约与布鲁克林发展

---

[1] 布鲁克林和纽约原本是两座城市。1898年，布鲁克林被并入纽约市，成为纽约市的一个区。——译注

速度之快，称得上日新月异。两座大城市，无论是在功能上还是在形态上，都在经历着剧烈的变化，而变化早在南北战争之前就已经开始了。先前，住宅和店铺紧挨着。后来，商业区快速扩张，变得繁忙嘈杂起来，从而让富裕阶层想要搬家，远离上班地点，求得一份安宁。中产阶级的习惯——通勤，由此诞生了。1832年，纽约—哈莱姆铁路通车；1837年，铁路修到了125号大街。当时，曼哈顿下城的建成区规模还很小，距离125号大街足有6英里[1]。1844年，威彻斯特县（Westchester County）通了火车。《纽约论坛报》预言："到1860年，这条铁路沿线的村庄将会连成一气，成为一个大村庄。"1810年至1860年，公共马车、客运铁路、马拉的街车，都引入了城市生活，从而永远改变了城市人们的生活方式，将一座座城市"翻转"了过来。

作家威廉·斯通（William Stone）写了一部《纽约百年城市史》（*Centennial History of New York City*），书中提到，到了19世纪第三个25年，纽约已成为所谓的"国家之城"："纽约是世界性的，欧洲的，也是美国的；显然，纽约还是全球少数领先的城市；基督宗教的第三座城市。"有趣的是，斯通拒绝说明前两座城市的名字，从而让其他的巨型集合城市能够夸耀自己：也许，我们排在纽约前面呢！ 斯通说，纽约市当时的全部财产有1万亿美元，相当于英国全国财产的1/30；此外，斯通还写道："纽约市民每天接到35吨邮件，送出55吨邮件。"纽约有2621名铁匠、6307名靴匠和鞋匠、9501名裁缝、5978名商人、1232名作家，还有855名钢琴工人，有了这一支劳动大军，纽约足以自傲。

---

[1] 1英里合1.609千米。——编注

那时候就和现在一样，贫富差距也非常巨大。19世纪有一位最成功的敛财大亨，叫杰伊·古尔德（Jay Gould）。1869年9月，古尔德想要垄断黄金市场，险些让国家破产，这一严重事件后来得名"黑色星期五"。[1]古尔德比华盛顿·罗布林差不多大一岁，1836年5月27日生于纽约州北部罗克斯伯里镇。古尔德长大后，先是当测量员，接着当了皮革厂的老板，后来又当了伊利铁路的主管，最后终于成了美国历史上最有钱的富翁之一。当时的美元纸币俗称"绿背票"，依然是金本位[2]。古尔德想先抬高黄金价格，再卖出之前买入的黄金，挣得一大笔钱。到9月24日，金价比6个月前飙升了30%；然而政府（为了制止投机）抛售了40亿美元的黄金，导致全面恐慌。那些投资者，先前搭上了买入黄金的顺风车，如今却无法偿还贷款，数以千计的人破了产。古尔德有一名合伙人，叫菲斯克（Fisk），外号"钻石吉姆"，也是纽约的无良金融家之一，与当时纽约的贪腐政客威廉·马西·特维德（William Marcy Tweed）交往甚密。虽然有金融危机造成的恐慌，但在社会顶层，生活照旧。过了一阵，也就是11月，他们组织了一个"五十人委员会"，要筹集25万美元修建一家博物馆，让美洲的新世界能够同欧洲的旧世界相提并论，这家博物馆就是纽约大都会博物馆（Metropolitan Museum of Art）。

古尔德的豪宅坐落在第五大道的47号街；然而，第五大道之外，情形却完全不同。1869年，天主教协会进行了一项"纽约市

---

[1]具体指1869年9月24日爆发的金融危机，其对金融市场造成了巨大伤害，杰伊·古尔德本人也损失很大。——译注

[2]金本位，即以黄金为本位币的货币制度。在金本位制下，每单位的货币价值等同于若干重量的黄金，即货币含金量。——译注

卫生和道德水平"的调查。报告写道："纽约市环抱着整座曼哈顿岛，只消一瞥，即可见到纽约的地理位置、污水处理和排水系统的优势。诚然，在一切让人舒服、健康的方面，世上任何一个国家的任何一座城市，都无法胜过纽约。"接着，话锋一转："尽管享受着诸多最为珍贵的自然赠礼，读者依然会惊讶于这样一个情况，即纽约的死亡率要超过美洲大陆上任何一座城市，也超过欧洲所有大规模的城市。"有一张表格列出了全球各城市的"年相对死亡率"，这张表格说明，每年，每35个纽约市民中就有1人死去，而伦敦的比率则是1/45。[1]

报告后续披露的生活条件，直到今天依然令人惊惧不已。当时，纽约市卫生主管E. B. 道尔顿（E. B. Dalton）医生统计，全市共有出租建筑，即旧式公寓大楼18582座，租客超过50万人，比全市人口的一半还多出很多。报告说："劳工阶层居住的房子（如果能叫房子的话）宛如关押家畜的畜栏一般拥挤，是先前从未披露过的。"一块长100英尺、宽25英尺的方形地皮上，就能建起两座七八层高的楼房，两座楼房的"院子"里，有分成小隔间的旱厕，但这种厕所几乎没有同下水道或排水系统相连。垃圾和粪便都是随便一堆就完了。这样的楼房，最多可以塞进126户人家，人口超过800。此外，道尔顿医生还报告说，这种住宅"有52%卫生条件恶劣。所谓卫生条件恶劣，即对住客的健康与生命安全存在危害，并于总体上形成感染邻居之感染源，其中32%卫生条件恶劣的住宅，完全是由人口拥挤、垃圾堆积、供水缺乏与其他方面的忽视造成的。"

霍乱、伤寒、斑疹伤寒、天花、麻疹、猩红热等传染病十分

---

[1] 巴黎的条件比伦敦恶劣，死亡率为1/40；哥本哈根只比纽约稍微好一点，是1/36。

猖獗；在远洋船上容易流行的坏血病，在这些住宅区也同样普遍。这些出租房还十分潮湿，因此结核病的危害尤其严重。在1867年12月31日之前的15个月里，有4123人死于结核病，大多数人的年纪在二十五岁到四十岁之间，正值壮年。纽约出生的婴儿，四个当中就有一个在一岁之前夭折；仅1868年这一年，夭折的婴儿就多达7494人。但富人区和贫民区的死亡率差异十分明显：1863年，位于华盛顿广场附近的纽约顶级富人区"十五区"（Fifteenth Ward），死亡率是1/60；而东河边的"第四区"条件恶劣，遍布着出租楼房，死亡率高达1/25。

令人吃惊的是，纽约天主教协会却在纽约市对岸的布鲁克林市看到了解决方案，因为布鲁克林有着大量的开阔地。报告说"这里能够为劳工阶层兴建整洁舒适的农舍"，而那座设想中的东河大桥，"将会形成链条的第一环，把我们的小岛城市同周边的乡村地区连接起来……东河大桥上，计划由一条无极缆绳[1]来运行缆车。缆车由布鲁克林一侧桥面下的引擎来驱动，最低速度定为每小时20英里。这样建起的交通设施，将承担起必要的任务，让工人们能够回到大都会外那健康而宜居的家中。"

布鲁克林于1834年建市，当时，东河另一边的纽约曼哈顿更加拥挤的海岸上，有些人反对建市。作家亨利·斯泰尔斯（Henry Stiles）在关于纽约历史的书中说，这些人"预见到布鲁克林建市将会刺激经济与人口的增长；而布鲁克林的广阔土地，很快就会成为纽约的有力对手"。这本书在1867年到1870年间出版。布鲁克林的英语是Brooklyn，来自荷兰乌德勒支省的布鲁克伦镇，荷兰语

---

[1] 即首尾相接的圈状缆绳。——译注

是Breukelen。早在1636年，威廉·阿德里安塞·贝内特（William Adriaense Bennet）和雅克·本廷（Jacques Bentyn）二人从原住民手中，买下了被原住民称为"郭瓦纳斯"地区的930英亩[1]土地。"这片农场加上一部分郭瓦纳斯村后来扩张的地方，构成了目前位于27号大街和新乌特勒支线间的布鲁克林市。这可以视为布鲁克林市定居者迈出的第一步。"

布鲁克林始于农场，因而较之纽约，乡村风格要浓厚得多。南北战争末期，布鲁克林最豪华的房子都矗立在西北部靠海的布鲁克林高地；虽然这一地区在过去也曾被绿色覆盖，有过一段充满乡村风味的历史。作家斯泰尔斯写道："如果把高地的美丽断崖比作一个人的全身，那么这个人的面部与眉毛就被茁壮成长的雪松和洋槐覆盖了；而这个人的双脚，则始终被东河的波浪冲刷着。高地顶端的土地十分广阔，遍布果园、花园和牧场，一直延伸到老公路，也即富尔顿街。最早游荡此地的红人（印第安人）用富有表现力的语言，将这里命名为'伊匹通加'，意为'高高的沙子河岸'。从印第安人留下的大量石制箭头和其他工具判断，这里必然是他们喜爱的栖身之所……这些工具是暴风雨或者豪雨冲刷河岸后发现的。早期的村民，称呼此地为'三叶草山'……有些年迈的居民现在依然生活在我们中间。在他们的记忆中，如今这些棕色的砂岩建筑，永远不会使他们童年时代那更加简朴的三叶草山的自然之美黯然失色。"

到1869年，布鲁克林已经发展成全美国第三大城市，不只是邻市纽约的"睡城"[2]。不过，纽约的过剩人口与蓬勃发展，对于布

---

[1] 1英亩合4046.86平方米。——编注

[2] 指人们白天在纽约市工作，晚上回到布鲁克林市的住宅睡觉。——译注

鲁克林自身的成长与进步依然至关重要。但这进步有一个巨大的阻碍，就是隔开两座城市的东河。早在1642年，荷兰人就已经建立了跨越东河的摆渡系统；1870年，《纽约时报》估计，每年有700万人次穿越东河，其中一半由联合渡轮公司的14艘船负责。联合渡轮公司是当时全球资金实力最为雄厚的摆渡公司。美国诗人沃尔特·惠特曼（Walt Whitman）在1855年出版的《草叶集》里写道："男男女女，身着平日的衣装，在我看来却何等奇特！／他们乘坐千百艘渡船，返回自己的故乡。"[1] 1867年1月，东河完全上了冻；在此之前的1852年和1856年，也曾冻上过。《鹰报》报道，冰上举行了一场冰雪博览会，扰乱了通勤高峰的秩序；东河的河面变成了冰雪游乐场。有一艘船"勉强开出纽约港中的富尔顿渡口，却发现自己动弹不得。清冷的晨光出现后，人们才发现船被冻得结结实实，就像以利沙·凯恩（Elisha Kane）大夫在北冰洋上一般[2]，只是寒冷程度有所不同"。而且，渡船还不一定安全。1868年11月14日，联合渡轮公司有两艘船，联邦号和汉密尔顿号，在纽约海岸相撞，20人受伤，一个叫乔治·鲍尔的男孩当场丧命。这场灾祸催生了理所当然的结果："事故引发了公众的强烈愿望，想在东河上架起一座桥。"

1869年春天，美国国会批准了造桥计划，"条件是，设想之桥的设计与建造方式不会阻断、削弱或以有害的方式变更东河的航运"。计划批准以后，罗布林父子才邀请桥梁公司的股东和一群工

---

[1] 出自《过布鲁克林渡口》（Crossing Brooklyn Ferry），又译作《轮渡布鲁克林》。——译注

[2] 以利沙·凯恩（1820—1857），美国探险家、海军军医。1855年前往加拿大北极地区探险，帆船遭遇寒流，被冻结，只得弃船前进，侥幸不死。——译注

程顾问，去参观那些老罗布林设计的桥梁。正是这些桥梁，让老罗布林成了名，也让他有资格建造东河大桥。这个优雅精致的旅行团，先去参观了宾夕法尼亚州匹兹堡市（Pittsburgh）的史密斯菲尔德街大桥与阿勒格尼河大桥；又参观了横跨俄亥俄河，连接辛辛那提市与肯塔基州卡温顿市的桥；最后来到跨越尼亚加拉瀑布峡谷的铁路桥，这座桥的名字就直接叫"悬索桥"，于1855年竣工。

　　1869年年初，布鲁克林大桥刚刚开始设计的时候，工作记录都载于一组黑色的便携笔记本中。这些笔记本如今收藏在罗格斯大学的档案馆里。桥梁中线确定之后，华盛顿·罗布林就和一位同事开始了测量工作。这位同事是威廉·潘恩上校（Colonel William Paine），一位自学成才的工程师，来自美国东北部的新罕布什尔州（New Hampshire），南北战争期间，他的功绩还得到了林肯总统的表彰。约翰·罗布林写道："东河大桥中线上各种标记和图钉记录；1869年6月7日终稿。"这些笔记本里画满了各种精致而准确的草图，呈现出观测线将来的精确位置。南街170号的楼房是"纽约一侧标记"的一部分，还加了一个注解，说"Cornford单词中的字母'o'上面有一标记，从该楼3层的窗户探身出去观察而得。此标记为实际观测线偏东约1/2英寸"。草图画出了楼房，标记位于地名"康福德与柯林斯"上方。草图还画出了几个街区开外的水街、前街，还有一个小人像显示测量员所在的位置："水街标记是两个图钉，测量从290号开始，到1号结束，角度正确。三角测量线穿过水街，穿过北图钉以南1英寸，即距离建筑11英尺又7.25英寸。交叉点由一个三角标志表示……"

　　笔记共有五本，第一本标题是"约翰·A.罗布林，布鲁克林大桥，1867"。直到第91页，都是老约翰的笔迹。之后一页，就变成了儿子华盛顿的笔迹，小而清晰，说明华盛顿是个绝不浪费的人。一切变更，华盛顿都用最实用的方式记了下来："约翰·A.罗布林从5月22日开始获得工资，每年8000美元，之后一直不变。如果大桥中途废弃，则不支付工资；如果继续建设，则支付工资。因大桥一直在继续建设，所以他的工资数额如上，从1867年5月22日支付到1869年7月22日。"

但在局外人看来，这一切还不足以证明大桥将会建起来，也不足以证明能够建起来。

*

老约翰去世这一年，华盛顿·罗布林三十二岁。老约翰的举止、态度、不屈的意志，让自己和家人都承受了严重的后果。多年以后，华盛顿在回忆时写下了这么一句话："人必会为自己所拥有的付出某种代价。"1869年7月，这代价变得很清楚：约翰拒绝常规治疗，一命呜呼。

老约翰一共有七个孩子活了下来，华盛顿是老大；有个小女儿珍妮（Jane），在1838年夭折了；还有一个儿子威利（Willie），在四岁的时候，南北战争开始的前一年，死于白喉[1]，老约翰十分想念这个孩子。老约翰去世时，华盛顿的弟弟费迪南，在特伦顿市老约翰的铁丝绳工厂做工；查尔斯（Charles）则在特洛伊市的伦斯勒理工学院就读；最小的弟弟埃德蒙（Edmund），当时只有十五岁。长女劳拉（Laura）已经结婚，住在史丹顿岛，丈夫是学校老师。往下还有两个女儿：约瑟芬（Josephine），嫁给了优秀的钢琴家查

---

[1] 下文提到威利死于南北战争第一年。查找Find a Grave网站，得知威利具体死亡日期是1861年9月21日，因此此处有误，下文正确。南北战争于1861年4月12日打响。——译注

尔斯·H.贾维斯（Charles H. Jarvis）；艾薇拉（Elvira），在老约翰去世的前几个星期刚刚结婚。

特伦顿市的铁丝绳工厂叫"约翰·A.罗布林诸子"（John A. Roebling's Sons），按照老约翰的遗嘱，工厂的名字保持不变。这家厂的业务是罗布林家族财富的基石，生产的铁丝绳也是老约翰大桥设计的核心。遗嘱还提到了工厂的合伙人查尔斯·斯旺（Charles Swan），罗布林刚来到美国时就认识他了，当时他在一家木匠行会上班。华盛顿·罗布林说，斯旺是一个"黑头发小伙子，脸颊红润，眼睛很亮"，最大特征是"有勇气，手巧，什么活计都做得来，还有德国人典型的质朴真诚"。老约翰经常不在工厂，斯旺就抓起了缆绳业务。华盛顿说："相互的敬意与尊重，还有父亲隐隐对斯旺充满了自信与信赖。这些感情随着岁月流逝日渐加深，直到父亲离世才停止。"老约翰留给斯旺两万美元，还告诉斯旺应该成为全职合伙人。老约翰在遗嘱里，对慈善和公益事业很是慷慨，而对子女就远不那么慷慨了。老约翰的遗产只有一部分留给了儿子们，而且在此之前还必须拿走一部分——贷给子女的贷款。遗嘱是这么规定的："各子女应得的份额中，不包括我已经或将要贷给他们的一笔或多笔资产。资产数额详见我制作的机密分类账的记录。"

老约翰相信查尔斯·斯旺，也相信缆绳业务会像以前一样发展下去。但问题是，谁能当上他的接班人？东河大桥已经计划好了，但还没有开始建设；它是全世界人都没有见过的工程。至于华盛顿是否自信，纽约桥梁公司能否把他当作约翰的正统继承人，让他当上总工程师，就连他自己都说法不一。但在1916年写下的一封信里，华盛顿的说法却明晰而坚决。

"第一，当今在世的人中，只有我有实际经验，知道如何制造这些优质的铁丝绳，且我的经验远远多于先前人们的所有尝试；也只有我有经验，知道如何让每一根铁丝绳承载必要的重量。

"第二，两年前，我在欧洲学习了一年气压基础和压缩空气沉箱技术。纽约主塔工地的钻孔深达水下106英尺，面对这样的钻孔，所有工程师都畏缩了……

"第三，我曾协助父亲准备初期的设计；当然，父亲才是主要的策划人。因此我熟悉他的理念，也熟悉整个项目，其他人都没有我熟悉。"

然而，大约在写这封信的8年前，华盛顿还写过一份回忆录。在回忆录里，他的态度就远不那么确定了。当时，《纽约时报》专门报道了老约翰的盛大葬礼。"罗布林先生多年来久居特伦顿，在该市乃至全州交际甚广。参加罗布林先生葬礼的人数甚众，既有特伦顿数千市民，也有纽约、布鲁克林、泽西城、纽瓦克和费城的大批人士赶来。有一列特别专车，沿新泽西铁路将逝者之友从邻近地区载来参加葬礼；全州其他各处的铁路亦有专车开驶，为诸多有意参加的人士提供便利。"《鹰报》详细报道了罗布林先生的遗容：葬礼的前一天晚上，"七点刚过，遗体送达。遗体由该市皮尔庞特街的殡葬承办人T. W. 巴纳姆先生（Mr. T. W. Barnum）负责看护。罗布林先生刚去世，人们就立刻请来了巴纳姆先生。多亏了巴纳姆先生预先采取的各种措施，遗体看不出一丝腐败的迹象。的确，遗体显得消瘦，这是因为罗布林先生死前有将近一周的时间，已经完全不能进食。除此之外，其他都完全正常……遗体身着黑色套装，置于实木的红木棺中，棺内衬以白色丝缎。棺木两侧与前后两端，均饰以巨大的纯银把手，工艺甚为精美……"

老约翰躺在红木棺材里的同时，重任落到了华盛顿·罗布林的肩上。华盛顿在回忆录中写道："过了一周，我已经足够冷静，可以清醒地考虑现实境况了。我今年三十二岁，突然接手了当代最伟大的工程！我一直依赖的支柱已经倒塌，从现在起，我不得不依靠自己了。这样的变故，若是发生在我早年该有多好！因为那时候，我们还没有意识到这意味着什么……"然而，华盛顿毕竟成了一家之主，他的责任，不光只有东河大桥。他继续写道："作为父亲遗嘱的主要执行人，我负起了很重要的责任——分割父亲可观的财产。"遗嘱为几所公益机构捐助了巨款，这些机构包括：照顾特伦顿特困儿童的联盟产业之家协会，还有弗农山附近的马尔伯里孤儿农庄学校，以及另外几所机构。即使除去这些捐助，余下的财产仍高达 125 万美元，用今天的标准来衡量，相当于几千万美元。处于紧要关头的不只有资金分配，他还要负责监护最小的弟弟埃德蒙。他们的母亲在 1864 年去世了，埃德蒙因此受到了严重影响。不过，华盛顿清楚，尽管身上有重重负担，他至少有一件事出奇幸运，那就是找到了终身伴侣——艾米莉。他说："一开始我还以为自己必然崩溃，但我有一根坚强的支柱——妻子，她特别机智，还为我提供了最聪明的忠告。"老约翰去世的时候，华盛顿还不知道艾米莉会成为怎样非凡的伴侣。

周日的葬礼非同凡响。老约翰的遗体被放在罗布林家宅邸的门廊供人瞻仰。罗布林工厂的工人们携家带口，从门廊走过，"眼中含泪，注视着此人一动不动的身形；这个人曾无数次证实自己当得起他们的朋友"。纽约、布鲁克林两座城市的工业和金融界大亨，还有高官，也来表示了敬意：代表布鲁克林市的国会议员德马斯·巴恩斯（Demas Barnes）；中央公园审计官安德鲁·格林（Andrew Green）；展望公园总工程师 C. C. 马丁（C. C. Martin）；还有那些为东河大桥出谋划策的人，譬如布鲁克林市水站总工程师尤里乌斯·W. 亚当斯（Julius W. Adams），他也提出过东河大桥的构想；还有两位曾经合作推进大桥计划的来宾——一位是出版人、律师、政治家，布鲁克林市的贵族亨利·克鲁斯·墨菲（Henry Cruse Murphy），另一位则是精力充沛的威廉·C. 金斯利（William C. Kingsley），一头红发。华盛顿比金斯利小四岁，对金斯利很是憎恶。金斯利是布鲁克林首屈一指的承包商、建筑商，也从政；参与东河大桥的超大项目，会给他带来丰厚利益。当天下午，送葬队伍整装待发。葬礼的列车穿过特伦顿市区，"车厢两边，来自不同钢铁厂的工人排成两列行进；车尾后面的队伍，则有一英里半之长，是消防公司派来的。行列人数估计多达一万五千人。在特伦顿市，先前从不曾见过这等规模的集会。葬列两边的人行道上也挤满了人，每个窗户后面都有人在看，全城将近一半的人似乎都来参加葬礼了。在深受爱戴的同乡约翰·A.罗布林的遗体被送往安息之地的时候，他们都来送他最后一程"。老约翰葬在了特伦顿公墓的祖坟里，旁边是五年前逝世的妻子乔安娜（Johanna）。

媒体深信，年轻工程师华盛顿完全有能力接手父亲的事业。老约翰去世当天，《鹰报》即发表社论说："在导致死亡的意外事故发生前不久，罗布林先生向我们表示，他拥有足够的资金和名望，所以几乎不知道为什么要在这样的年纪，还要主持建造一座更加雄伟的新桥。罗布林先生还说，这座布鲁克林大桥应该由他的儿子来建造。儿子和他一样，有着设计、监督大桥的各方面能力，而且儿子先前就和他一起构思，工作，很快就成了与他一般优秀的工程师。当时我们完全没有想到，在极短的时间内，这些话语竟成了重要的证据，证明布鲁克林大桥计划虽因罗布林先生的死蒙受了重大损失，却仍然能够得到弥补。"

社论里说的"我们"，其实就是一个人，叫托马斯·金塞拉（Thomas Kinsella）。1861年，他二十九岁当上《鹰报》的主笔，一直干到1884年去世。而他下大力气宣传的布鲁克林大桥于1883年完工，仅在他去世的前一年。金塞拉和老约翰一样，也在大西洋的另一边出生。他生于爱尔兰的韦克斯福德郡，但几乎在所有方面，他都是彻头彻尾的美国人，就如同老约翰的儿子华盛顿。祖国爱尔兰的事，金塞拉什么也记不得了，只记得自己从小父母双亡，当他来到新大陆的时候，"纽约湾就像天国的幻景，在他眼前展开"。

金塞拉和《鹰报》非常准确地指出，老约翰对长子华盛顿信心满满，还非常聪明地安抚报纸读者（其中当然也包括了大桥项目的赞助商）说，这一前无古人的事业将会开展起来，最终圆满。《鹰报》说："约翰·罗布林没有活着看见自己的事业完工，甚至也没有看见真正开始。幸运的是，工程的计划书和设计图已经完工了。其并非只有大致的轮廓，还包括细节、尺寸、工作计划、用料，这些全部经过了计算，安排妥当。"

华盛顿·罗布林很可能对《鹰报》的支持满怀感激。但他也很清楚，老约翰的计划远远没有完成。这座桥，将成为他的使命。

第 2 章

全世界最美的所在

华盛顿·罗布林写道："儿童的生活环境会在身上留下印记，持续到长大成人，乃至变老。"这句话说的是老约翰，以及老约翰小时候的萨克森式生活是怎样被拿破仑率领的法军破坏的。[1]老约翰从小所受的教育，就是反对拿破仑。尽管在很多方面，华盛顿都与父亲老约翰有所不同，但这句话用来说他也非常在理。这位年轻的、前无古人的伟大工程项目的主管华盛顿，也的确是被童年的成长环境塑造的。

　　当我们想到美国历史上的"边疆地区"时，一般会想到美国西部。然而，美国刚刚建国的时候，全国都是"边疆地区"。1837年，华盛顿·罗布林生于宾夕法尼亚州巴特勒县的萨克森堡镇，此时该镇建立不过五年，是一群德国移民建起来的，在欧洲人看来，这片土地还是"处女地"。1895年，巴特勒县一名历史学家写道："100

---

[1]　老约翰1806年生于今德国图林根州米尔豪森市。他的童年时代，即1807—1813年，正处于拿破仑战争期间，拿破仑成立了法国的附庸国"威斯特伐利亚王国"，米尔豪森在这个王国境内，受到法军的统治和压迫。1815年，米尔豪森市归于普鲁士王国萨克森省。——译注

年前，阿勒格尼河西面和北面的土地还是一片荒野，居民大都是野兽和印第安人。文明之潮尽管向前发展[1]，自然的隔绝状态却没有被打破；哪怕再聪慧的政治家，在梦里也没有梦到一个世纪带来的沧桑巨变。"

　　欧洲移民到来之前，这里的居民是印第安人的塞内卡族（Seneca）、特拉华族（Delaware）、肖尼族（Shawanse）[2]和曼西族（Muncey）。法国人是开拓宾夕法尼亚州西部的先锋。早在1749年，法国位于北美的殖民地新法兰西地区的总督拉加利索尼埃侯爵（Marquis de La Galissonière）就组织了一次远征，探索后来的巴特勒县所在地区。探险队的队长是皮埃尔·约瑟夫·塞洛隆上尉（Captain Pierre Joseph Céloron），称号布兰维尔骑士，是"一位勇敢而精力充沛的军官"。一行人南下穿过伊利湖和纽约州的肖托夸湖，前往阿勒格尼河，沿路在土中埋下铅板，作为土地所有权的证据。不过，不论有没有埋下铅板，英国人都因为法国人宣布占领这些土地而大怒。争夺土地的纠纷最终导致了"法国与印第安人战争"[3]。1759年，英国人终于将法国人从这片土地上赶了出去。[4]当时，原住民让出土地的时候并非没有勉强，也并非没有暴力事件发生。就在萨克森堡镇建立的四十年前，巴特勒县有个年轻女人玛茜·哈比森（Massy Harbison）被原住民绑架了，两个孩子

---

[1] 指欧洲移民逐渐到来，发展现代文明。——译注

[2] 原文为Shawanse，怀疑是拼写错误，应该是Shawnee，即肖尼族。——译注

[3] 此战争是1754—1763年英国与法国在北美的一场战争。印第安人在这场战争中与法国人结盟，攻打英国。——译注

[4] 驱逐法国人的尝试重复了多次，最早一次发生在1753年，弗吉尼亚州州长丁威迪（Governor Dinwiddie of Virginia）命令英军行动，而负责统帅英军的是一位前途无量的年轻少校，名叫乔治·华盛顿。

被杀，其中一个五岁的男孩就在她眼前被原住民剥了头皮。后来，她又抱着一个婴儿，被原住民驱赶着在乡间长途跋涉。她之所以活命，似乎是因为袭击她的人当中有一人"宣布她是自己的老婆"。差不多过了一个星期，她才得以抱着孩子逃生。

　　不过，到华盛顿出生的时候，萨克森堡已经没有这么荒蛮，成了一座整洁美丽的小镇，一直延续到今天。华盛顿写道，小镇收拾得井井有条，"完全是德国人的风格"。"一条主街由东往西贯穿小镇，两边排列着田地，每一块大约有100到200英尺宽，一直延伸到萨克森堡镇的水街，将近半英里长。这样，按照德国传统，每个人都有自己的一小块地了。水街与小镇主街在一条水平线上，被人看作是比较穷的所在，土地的绝大部分还是处女林，其中大部分是黑橡木，有鹿和熊出没，还有一些小得多的猎物。最晚到1845年，还有一头黑熊沿着主街走下来，人们想捉住它，但它逃跑了。"小镇的土地是老约翰在1831年买下的。老约翰与兄弟卡尔还在德国时，有一群德裔美国公民"在美利坚合众国过了几年好日子"后，回到祖国传播新大陆的福音，兄弟俩于是打算移民到美国。1831年5月11日，两人和一群殖民者登上美国客船奥古斯特·爱德华号，启程了。

　　离开德国后，约翰·罗布林就再也没有回去过。8月6日，兄弟俩来到费城，开始考虑在哪里扎根比较好。多年之后，华盛顿开始讲述父亲约翰来美国的经历时，获得了极为重要的资料——一叠约翰写出的信。这些信，华盛顿以前从来没有见过，是约翰用德语写给德国一位老朋友的。这些信装订成了一册，被这位老朋友带到了美国。信里揭示约翰·罗布林决心要创造一种全新的生活。华盛顿写道："不论爸爸看什么，都是以一种未来农场主的眼光。别人肯定不会想到，他从小到大一直在学工程。"美国宽广的土地为约翰提供了各种可能，他都一一衡量过了，眼光似乎非常老道，"年轻"从来不是妨碍他的因素。同样，到1869年，"年轻"也没有妨碍过他的儿子华盛顿。华盛顿写道："爸爸当时只有二十七岁，他这么年轻，却对形势把握得很到位。他不愿意当农场主，把庄稼卖给乡下商店的店主换取日用品，而让店主把钱都赚走……他认为俄亥俄州、印第安纳州、伊利诺伊州全都是很不健康的地方，充满了瘴气毒雾……他觉得密苏里州最差。新奥尔良是水运的天然市场，但新奥尔良本身并不能消耗所有的水产品，因此余下的就用帆船运到纽约，但货船已经把利润吃光了……宾夕法尼亚州西部的好处是显而易见的。"

于是，约翰就选定巴特勒县作为"Dutch"种植园的地址。Dutch如今指的是"荷兰的"，当时这个词却来自Deutsch，意为"德意志"，也就是"德国本土人"一类的形容词。当时有一位有钱的寡妇叫莎拉·柯林斯（Sarah Collins），拥有将近2万英亩的大片土地，她急需用钱，很想卖掉一部分。华盛顿写道："家父查看了土地，十分满意，终于买下了。于是，伟大的城市——萨克森堡未来的选址，我的出生之地，就成了我父亲的财产。"华盛顿介绍说，约翰·罗布林预见这里能够发展成一种类似乌托邦的存在，不仅能建起农场，还能营造对思想有益的生活，"成立一所现代学院，该学院的实力能与古希腊任意一所雅典学院相提并论，并由一位来自米尔豪森的'苏格拉底'式人物担任院长"。萨克森堡一直没有发展成"伟大的城市"，但约翰·罗布林和其他殖民者兴建的住宅——那些整洁的木结构住宅，至今依然挺立着，以纪念老约翰的勤勉和远见。华盛顿说，兄弟俩从好心的寡妇手里买下了1600英亩的土地，"每英亩价格1.75美元。先付1000美元订金，一年内再付750美元。这些钱还买下了另外2000英亩土地的优先购买权，每英亩也是1.75美元，以及另外3000英亩土地的优先购买权，每英亩1美元"。约翰和卡尔一开始定居在一座农场，这座农场离未来的镇中心不远，于是他们就以这里为大本营，买了更多土地，兴建了更多住宅。

华盛顿写道，他阅读父亲家信的时候，"总是为他买地、搞农业生产的热情而感到欢乐不已。当然，这是绝佳的历练，父亲掌握了英语，也变得完全自立了。不过后来他还是觉得，经营农场的选择是个错误"。约翰做了几次努力，想用这片宾夕法尼亚州的土地致富。首先是牧羊。约翰请求那些还在米尔豪森的朋友，如果要来美国，就把德国牧羊犬一并带来。华盛顿用生动的纪实笔调，叙述了父亲的失望："去宾夕法尼亚州贝弗县（Beaver County）伊科诺米自治市（Economy）买羊回来，却发现绵羊几乎把草连根吃掉，损害了其他家畜放牧的草场。他还惊恐地发现，美国绵羊在树林里自由地闲逛，并不理会德国牧羊犬。"此外，绵羊还会吃邻居的庄稼，导致严重纠纷。约翰后来又试过其他几种行当：种油菜榨油，种向日葵，甚至还养蚕。"我最早的回忆之一，就是种植园里种了几英亩的桑树。我的任务是，从种植园里摘桑叶，送到楼上的养蚕室里。蚕在这里吃掉桑叶，结茧。最后，我抓住蚕蛾，把它们钉在纸板上，让它们产卵，是怎样兴致盎然的事呵！蚕茧放入烤箱中烤熟，然后母亲和姑妈从蚕茧中抽出蚕丝。她们一周七天都在做工，攒了一两磅[1]左右的蚕丝。父亲把蚕丝拿到巴特勒的集市上卖掉，挣得了

---

[1] 1磅约合453.592克。——编注

第一笔钱。但养蚕事业也就此告终了，唯一留下的就是又生长了好几年的桑树。"

1836年，约翰与乔安娜·赫汀（Johanna Herting）结为伉俪。乔安娜的父亲埃内斯特（Ernest）在普鲁士的米尔豪森当裁缝，颇有些资财，后来移民到了萨克森堡。华盛顿小的时候同母亲的家人比较亲近："外祖父的宅子一直是我喜爱的居所，也是我寻求庇护的港湾。外祖父那不起眼的居所，为我留下了许多欢乐的回忆、真正的享受。这些若是写下来，能写出很多篇章。外祖父很喜欢讲笑话，喜欢德国哈尔茨（Harz）山民的各种故事。这座宅子对我这个小孩子来说，有很多吸引人的事物：有一只肮脏的恶狗，叫莫里；有一只猫，叫布克尔，总是在吃饭时坐在外祖父的肩膀上；宅子后面种着从安特卫普（Antwerp）带来的树莓；早熟的牛心大樱桃；黑色、红色、白色的醋栗果；美味的黑麦面包，抹上厚厚的乳脂黄油、蜂蜜；早茬与晚茬的苹果，像梨形，一直储藏到春天；有白有红的桑葚。萨克森堡的春天最凉爽。采摘季节来临的时候，田野就成了我蹦跳、嬉戏的乐园。一次，有只无角奶牛来到走廊上，从活板门落入地窖。我们都十分激动，和邻居们一起动手，才将这牲口弄了出来。"

华盛顿还记得，外祖父的宅子里有一个房间，墙上糊的报纸是从德国买来的。报纸上登了一个连载故事。因为报纸粘贴的方向不一，"我只好拿大顶看故事"。阁楼上有很多箱子，还有板条箱，装的是一家人的财产，是从德国的港口城市不来梅（Bremen）用船运来的。"箱盖子上全都装饰着平版印刷品，画的是一些动人心魄的战争场面，例如普鲁士名将布吕歇尔（Blücher）在卡茨巴赫的战役、希腊的纳瓦里诺战役、滑铁卢战役。我盯着那些画面，一看就是几小时。外祖父的裁缝手艺也一直让我非常感兴趣。他不用尺子量，就能剪出一件衣服，让我感到十分神秘。"

1893年的时候，华盛顿·罗布林坐在书桌前面，打算认真为父亲作传。然而，老约翰死后，舆论一时混淆了父子二人的身份，这混淆还带来一阵余波，打乱了他的生活，也反反复复打乱了他在书桌前的计划。华盛顿想写父亲约翰研制铁丝绳的经过，因为正是这种铁丝绳成了罗布林家族财富的源头。但华盛顿总是被拉回到自己的童年，回顾一系列过往的人物，这些人要么随着罗布林兄弟俩定居在萨克森堡，要么是后来的居民。华盛顿写道："父亲盼望能来的人并没有来，来的都是地位更低的人——机械师、小生意人、小农场主。这些人都非常勤劳，较之受过良好教育的人，他们更能适应萨克森堡的生活。"华盛顿从小就非常熟悉这个小镇。1841年之后，老约翰开始从农业转向制造业。制造业当然需要工人，于是招工就成了他的任务。华盛顿写道："铁丝绳的生产首先要造出7股独立的绳子，这一任务由每日上班的全职团队负责；而将7股绳子拧成一根粗绳，则需要另外专门的20人工作一到两天。这20人要从街坊邻居中召集，我就成了小信使，奔走不停。男人们都想做一份兼职，拿到现金，吃饱肚子，于是，我这个小小的信报官受到了众人的热烈欢迎。就这样，我同所有人家都相熟了，也摸清了几英里范围内的各种偏僻小路。"

多年以后，华盛顿回想起幼时在萨克森堡镇上认识的那些来自德国的男男女女，回忆的形状好像地图，有着每条街道的相对位置；在脑海中，他仿佛又重新沿着那些街道奔跑。"德国居民在他国依然保留着祖国的风俗习惯，使得萨克森堡充满了各种鲜明的特质。"华盛顿写道。的确，他笔下的社会是地地道道的

"Dutch"[1]社会。父亲的密友费迪南德·贝尔（Ferdinand Bäer）开了一家梳毛工厂，华盛顿非常喜欢到工厂里玩，因为"羊毛包很软，睡在上面很舒服"；裁缝哈泽（Haase）来自莱比锡；福格雷（Vogeley）家族开了一家商店，这家人来自德国黑森州卡塞尔市；孔策（Kunze）是个织布工人，住一栋圆木改成的房子，非常舒适；伯尼高（Bernigau）也是父亲的密友，是高档家具木工，"特别擅长做棺材"。"流行的风尚也都是德国的。"华盛顿回忆道，"德国式窖藏啤酒还没有运来，英式强力啤酒德国人不爱喝，葡萄酒太贵，于是，孟农加希拉黑麦威士忌就成了生活的必需品。家里经常举办游乐活动、小茶会[2]、舞会，伯尼高负责拉小提琴，维肯哈根（Wickenhagen）负责拉大提琴，内尔（Neher）吹短号，约翰·罗布林吹笛子、弹立式钢琴[3]。"主持音乐会的是来自德国的面包师傅阿德霍尔德（Aderhold）。在德国，他是面包师傅；在萨克森堡，他既是主持人，也是酒馆的掌柜。他还开了一家非常欢乐的小剧场，让大家都知道萨克森堡的生活也不缺文化气息。最受欢迎的剧目之一是剧作家席勒（Schiller）的《强盗》，讲述的是两兄弟的冲突。该剧在1782年首演时轰动一时。席勒谈到这部剧时说："罪恶以内心深处的表现形式暴露了出来。"[4]不出所料，华盛顿注意到萨克森堡演出的版本"删减了很多"。华盛顿又写了几段文字，然后写到萨克森堡剧团经理"正把生面包塞进烤炉，突然猝死了"。（年近花甲之年，华盛顿又重读席勒作品，特别是《强盗》。他再次着迷，

---

[1] 意为德国。——译注

[2] 与派对意思相同，但此处因时代感作者用了旧词，因此没有翻成"派对"。——译注

[3] 德文作Klavier，指三角钢琴之外的其他钢琴。——译注

[4] 剧中把强盗描写为正面人物，并有大量攻击当局的内容。——译注

但角度已经不一样了。他写信给儿子小约翰说："现在我看《强盗》，立场与年轻的时候完全不同。当时我着迷的是情节、戏剧动作、事件，而现在我着迷的是整个主题——我会设想我就是席勒，接下来会怎么写。")华盛顿自己也拉小提琴，对音乐的热爱持续了一生。

在这些回忆里，华盛顿还写到了一些野生动物，有鹰，还有旅鸽。那时候旅鸽还很多，但几十年后，就因人类滥捕滥杀而灭绝了[1]。在小男孩的眼里，"荒野"就是一片丰饶的代称，满是"醋栗、梅子、榛子、树莓，还有男孩子最喜欢的其他一切坚果"。华盛顿临终前写信给儿子，还提到了萨克森堡："在我的小时候，萨克森堡是全世界最美的所在。我去匹兹堡上学以后，每次回家也都是欢天喜地。现在人们说那村子很糟，其实完全没有那么糟。村民们保存了很多德国传统，也都很快乐，很满足……那些早年的记忆，今日依然在我心中生动鲜明，宛如昨天刚刚发生一样……我故意没有回去，是不想破坏儿时的印象。"

*

老约翰在荒野上建起来的小镇，并不能长期满足他的兴趣。他尝试过让这片土地顺应自己的意志，牧羊，种向日葵，养蚕。然而，他的志向和精力都需要更广阔也更加世俗的天地，而不仅仅是宾夕法尼亚州西部的一个小村子。

约翰离开故土，自有原因。1806年6月12日，约翰恩·奥古斯特"Johann August"（他到美国后，改成了约翰·奥古斯塔斯"John Augustus"）出生的时候，故乡米尔豪森已经辉煌不再。如今的米尔豪森是德意志联邦共和国中部图林根联邦州（Thuringia）

---

[1] 最后一只野生旅鸽1900年被射杀，最后一只动物园旅鸽1914年在辛辛那提动物园死去，被送到本书提到的史密森尼学会制成了标本。

的一个小镇，居民约有35000人，与美国宾夕法尼亚州萨克森堡是友好城市。在公元10世纪左右，这个小镇被建成了军事要塞。在宗教改革运动之前，它一直是一座重要的城镇，但到了18世纪，却衰落成了萧索的小镇。约翰的父亲克里斯托弗·波利卡普·罗布林（Christoph Polycarpus Roebling）是个烟草商人，"习惯在故乡熟悉的景物中打发时日，喝故乡的优质啤酒，还喜欢抽自己种的烟草"。华盛顿从来没有见过爷爷，但他推测爷爷"性格十分怪异，现在或许能叫作'奇人'……他每天晚上都讲一些奇遇，讲他去了巴西、非洲和印度，但其实他从来没离开过米尔豪森"。

约翰的母亲弗里德里克·多萝西娅（Friederike Dorothea）的性格却完全不同。她强势、有志向，决心让自己的孩子到米尔豪森厚厚的石墙外面去发迹，特别是小儿子约翰，因为小儿子跟她最像。据说，就连陌生人也为她小儿子的智慧和精力而吃惊。根据华盛顿的说法，她计划非常明确。"奶奶跟爷爷的性格完全相反，爸爸继承了奶奶的不少特征。"他写道，"奶奶非常积极向上，有行动力，督促大家做工，管理房子、家人和生意，还有她负责的一部分邻居。她立志要把小儿子培养成才。"约翰的母亲将他送到距离米尔豪森60英里远的图林根州首府爱尔福特（Erfurt），让他跟著名数学家伊弗雷姆·所罗门·昂格尔（Ephraim Solomon Unger）学习（昂格尔的父亲几年前刚刚成为爱尔福特的正式居民，是获得这项殊荣的第一个犹太人）。这一年是1820年，约翰还不满十五岁。1824年，约翰又去了柏林，进入柏林建筑学院（后来这所学校并入柏林理工学院）。他修了很多门学科，有一门是"道路桥梁船闸运河建筑学"，其中包括悬索桥的建设。当时的教学和华盛顿后来上学的时候一样，非常紧张，课程排得满满当当。在柏林上学期间，约翰的笔记就合订成了十大本。"别人没上过这种课程，就会觉得教学内容繁多到简直不可思议。"华盛顿写道，"这是最好的例证，显示从清晨到午夜的高强度学习会产生怎样的效果。三十年之后，我自己也在特洛伊有了同样的任务，很清楚这意味着什么。但我并不认为这样的教育体系是成功的。优质的教科书比体系本身来得好些，日后也能派上用场，但笔记总是写得匆匆忙忙，非常潦草，日后辨认不出。做笔记花的时间太久，头脑会疲劳，就不能透彻理解内容了。这是我父亲的箴言，我也完全赞同。"

罗布林家族一直有个说法，说约翰在柏林深造的时候是著名哲学家格奥尔格·威廉·黑格尔的得意门生。当时，黑格尔在柏林建筑学院担任哲学系主任。只是这个说法没有多少证据支持。不过黑格尔，这位杰出的德国唯心主义哲学家，似乎确实教过约翰不止一门课，而且，黑格尔的思想核心理性神学也极大地影响了约翰。约翰尽管非常讲究实际，但终其一生，也一直在关注他所认为的"精神世界"。他后来还写了不少文章，从形而上学的角度探讨了物质世界与理想中"世界最美好所在"的联系。他认为，有一种绝对完美的存在，虽然位于人类世界之外，却能够找到。约翰的一个亲戚，也是他的朋友，一提到他那套形而上学，就干巴巴地称其为"他的无聊消遣"。他还说："约翰的儿子留着一部他的手稿，足有几千页，叫什么'罗布林宇宙理论'。这部手稿我没看过，上帝也不允许别人让我看！"确实，华盛顿也说："这部枯燥冗长的手稿，我确实保存着，有几千页……对抽象概念的热爱，很早就在父亲的心中扎了根，且随着年龄而增长，最后变成了他的主要热情。"在华盛顿回忆录的手稿上，这句话中的"主要热情"原先是"宗教"，后来被划掉，改成了"主要热情"。

不过，华盛顿又写道："哲学只不过是爸爸天性中朦胧的一面。总体说来，他始终是一个非常务实的人。大多数人用来看小说、报纸和玩牌的消遣时间，爸爸都用于严肃的思考了。他在家从来不准别人玩牌，也不准别人痴迷报纸。"[1]

约翰的务实，让他足以养活自己：在柏林上学之后，他就进了普鲁士政府，在威斯特伐利亚地区（Westphalia）修筑道路。大约在这期间，他第一次见到了悬索桥——班贝格市（Bamberg）雷格尼茨河上修建的一座铁链桥。"父亲用速写把桥画了下来，并把它当作毕业论文的主题——他始终记得这种建筑结构，从而将注意力转向了它。"1828年，约翰向普鲁士内政部的规划部门提议，要在弗赖恩奥尔镇（Freienohl）的莱茵河支流鲁尔河上修建一座悬索桥，用连接在一起的铁杆或平行的铁丝索股悬吊。规划部门觉得这个方案很好，但还没有好到能采用的地步，于是驳回了。拒绝信上说："该悬索桥项目无法立项，因铁链（尤其是连接铁链部件的环扣）、铁丝绳及埋在地下固定铁链的锚锭，强度必然过低，不可应用。斜交悬索的形态……亦无法获得本部完全认可。不过，工程师罗布林完成的悬索桥项目，其设计之工巧，赢得了本部全心赞誉，特此表扬，以资鼓励。"信中提到的"斜交悬索"又名"斜拉索"，被应用在了布鲁克林大桥上，直到今天还可以见到。

那个时代，像约翰·罗布林这样有志向的年轻人，想要发迹实在是太难了。1830年，法国爆发七月革命，铁杆保皇派查理十世（Charles X）被废，人们扶植外号"公民国王"的奥尔良公爵路易·菲利普（Duke d' Orléans, Louis Philippe）上台。这场革命

---

[1] 19世纪下半叶，美国有一股办报热潮，纽约和布鲁克林两地就有数百种报纸，早晨发行的日报29种，周报250多种，月报则远远超过150种。

让整个欧洲都陷入了混乱，也导致普鲁士和奥地利两国政府采取措施，限制媒体自由。时至今日，西方的大学还在教授这段历史。1831年到1840年，15万余人逃离现在名叫德国的地区[1]，奔向了美国。原因不光是政治动荡，还有伴随着政治动荡而产生的经济停滞。华盛顿用严酷的笔调说明了父亲约翰面临的选择：约翰·罗布林这样的人，在普鲁士不可能获得真正的机遇。"现在，身为工程师的爸爸，面临未来生活的问题。他若是留在祖国，就会受到近似官场生活的严格限制，永远充当别人的下属，没有机会满足他那可嘉许的雄心，也没有机会追寻他出于天分的爱好。"即使年岁大了，老罗布林也始终没有忘掉那封拒绝信。"当爸爸对我提起匹兹堡悬索高架渠时，经常告诉我，普鲁士当局永远不会允许他建造这样的工程。在普鲁士，他必须受到监理工程师的制约，而监理工程师的尊严和骄傲会碾碎这位青年工程师充满雄心的尝试，就连提议建设这样前无古人的工程都是不可能的……美国是所有年轻人想要奔赴的目标，当时是如此，现在依然如此。"事实上，约翰根本没有从柏林建筑学院毕业。尽管在同届的126名学生中他是因学习勤勉而获奖的6个人之一，但他并没有参加毕业考试。而要想得到Baumeister[2]或建筑大师的称号，就必须通过毕业考试。但当时普鲁士官僚机构在各方面都充满了压迫，毕业考试就是一个典型的例子，要考上好几天。或许，当时这个小伙子就已经把目光投向了另一种生活，一种很不一样的生活。他的儿子华盛顿后来也评论说，只要一有人挑战约翰的意见，他就会作出非常激烈的反应。约翰没

---

[1] 当时德国名叫德意志联邦，由多个小国组成，普鲁士是最强大的一个，后来统一各国，形成了现在的德国。——译注

[2] 德语：建筑师。——译注

有完成学业，这种意识大概一直挥之不去，就算到美国开始了新生活也是如此。

于是，约翰恩·奥古斯特就和兄弟卡尔坐船去了美国。横越大西洋的时候，约翰专门写了日记，字里行间凸显出他敏锐的洞察力。日记的标题叫"行旅日记——1831年从图林根州米尔豪森市经由不来梅港前往北美之美利坚合众国"，手稿一共150页。约翰恩·奥古斯特终于把欧洲甩在身后，进入了深邃的公海水域。他的激动，他在科学方面的爱好，在日记中显而易见。"我们出了英吉利海峡，把命运托付给了大洋。大洋那闪光的海水，色泽更暗，波浪也更加汹涌，极易辨认。"他于5月29日写道，"海水看上去几乎全黑，但装到玻璃杯中却清澈透明，如最纯粹的水晶。在焦渴的人看来，好像还是上佳的甘露。然而，谁若是敢一口咽下，哪怕只是浅尝，都会苦不堪言！就连在洗脸的时候都要小心，不要让嘴唇沾上太多海水。比海水更加可憎的味道，人是想象不出的……"约翰记述了不同方向的海风和刮风的场面，还为客船跟随的洋流而惊叹不已。"倘若磁石的魔力没有引导我们，又有谁能够指路呢？"他于6月12日写道，"这片浩渺无际的海水，有时波平如镜，有时惊涛骇浪猛烈地咆哮，深度达数千英尺。这样的存在，有谁敢将生命寄托给它呢？不过，这片水里有丰富的生命存在，即使是在最深的海底……昨天，一只海豹喷着鼻息从船边游过，今天，我看见远处有一条鲸鱼向空中喷射水柱。"

尽管在科学观察笔记中糅进了诗歌的意象，但约翰的务实思维却从未停止过。他观察到："直到现在，都没有淡水分配体系。应该建立一套这样的规矩，并严格遵守。"他很清楚各种机制应该怎样运转。约翰和兄弟卡尔并不像犹太女诗人爱玛·拉扎露丝

（Emma Lazarus）诗[1]中描绘的移民那般疲惫而困苦。这首诗写于布鲁克林大桥开放的那一年，后来被铭刻在了自由女神像的基座上。两人住的是头等舱，被安排在一个舒适的房间里，灯火通明，十分宽敞，伙食充足而且卫生。（不过，海上还是有一些注意事项："若便秘非常严重，则建议服用少量大黄，但若频繁服用将会危害健康，削弱肠胃功能。此外，还须在甲板上短时间快步行走，要常吃梅子，常喝啤酒和bierkaltschale［一种冷饮，以啤酒为基础，加入碎面包、糖、柠檬或其他水果］，这样做有助于肠胃健康。"）但统舱区的乘客就没那么走运了。于是，约翰尽力改善统舱的境况，坚持要求船长在统舱上方盖一个屋顶，这样在雨天就可以开着舱口，让海上的新鲜空气进去一点。统舱还没有正式的厕所，约翰又监督工人修了一个。这一年，约翰只有二十六岁，但周围的人已经感受到了他人格的魅力。约翰本来就很关心自己和他人的健康，此时更是感觉到客船只要管理得当，会给乘客带来极大的好处。他注意到，有一名同行的旅客原先皮肤状态不好，在海上待了几个星期后，恢复了正常。

飞鱼在船侧跳跃，鱼鳍映着太阳，闪闪发光。有一次，客船从一艘纵帆船旁驶过，船长生怕那船是海盗船，不敢靠近。此时，年轻的约翰正好思考了他未来要做的事情。"在漫长的海上旅程中，从世界的一个地方到另一个地方，是孤独的，但在某种程度上，这孤独是有意义的。"上船六个星期后，他于6月27日写道，"当欧洲海岸最后从我们的视野里消失时，我们也就一下子挥别了熟知的旧大陆。但我们的出生，在那里所受的教育，度过的整个青年时代，以及我们祖国的历史和我们自己的历史，我们的亲人，在我们

---

[1] 即《新巨人》。——编注

生命中刻下痕迹的很多际遇，使我们依然同旧大陆相连，直到呼吸停止。"约翰要创造一个全新的开始，但他知道这创造不会容易。他说:"（新大陆）的很多事物都可能被人夸大了，描述得太过光明，但一切事物又是那样简约而自然，因此具有充分的意义。最伟大的艺术，必须抖落那些欧洲的陈腐偏见，好让艺术家融入新大陆；每个民族都需要一名外来者，但外来者想要永久扎根于此，就得使自己尽快与环境同化。"

到7月底，约翰与其他乘客一样期盼着的陆地出现了。7月30日，人们终于望见了遥远的新泽西海岸。8月5日，客船驶入了特拉华湾（Delaware Bay）。此时约翰·罗布林产生了一个时人很少有过的念头,他想：这片土地最早的居民究竟失去了多少东西？"最早来到这里的欧洲人扰乱了一切，从欧洲人打破周围这些原始地方的宁静开始，已然过去了三百年的时光。"他写道。

这本非凡的日记展示了一个躁动不安、时刻警觉的心灵，这心灵最终也让他无法满足于典型的偏僻小镇——萨克森堡。约翰在萨克森堡定居之后，尝试了各种农业生意，均告失败。这期间，他与乔安娜结了婚。到1836年，他开始寻找工程师的工作，写信给宾夕法尼亚州首府哈里斯堡（Harrisburg）的行政人员，请求为州政府效力。1825年，经过八年建设的纽约州伊利运河（The Erie Canal）完工了[1]。该运河总长363英里，共83座水闸，河道穿过田野、泥潭、森林，越过峭壁、河流，将纽约市的港口与五大湖区

---

[1] 伊利运河是一条位于美国纽约州的运河，连接哈得孙河与伊利湖，将五大湖与大西洋水域连接起来，现在属于纽约州运河系统。伊利运河最初于1699年提出兴建，但是一直到1798年才由尼亚加拉运河公司开始准备兴建。运河的第一段在1819年完工，整段运河则在1825年10月26日开放通行。——译注

连接起来，从而连接了全美国的内陆水系，而运河的修筑，则让全国的工程师都得到了充分的训练。但更大的意义在于，运河大大降低了货运、客运的成本，也大大缩短了运输的时间。同样的路，旅客们原本要坐驿站马车走上两星期之久，而且非常劳累，如今坐船只要几天即可到达目的地。货运成本也降低了90%。但这条运河威胁到了费城的繁荣，于是宾夕法尼亚州政府也开始建设自己的运河体系，将俄亥俄河同远处的发达地区连接起来。只是这有一个缺点：运河上的船是用马拉的，坐上这种船，体验就远不如蒸汽船那么新鲜了。"蒸汽蕴含着神秘的力量，几乎使人敬畏。"女游客哈里叶特·比彻·斯托（Harriet Beecher Stowe）（十多年后，她凭《汤姆叔叔的小屋》成了美国最出名的小说家）写道："而运河的客船却没有动力，没有神秘，没有危险。一切都一览无余，只有一匹马，一根绳子，还有一道泥泞的河水，仅此而已。"

约翰就在这些单调乏味的运河上，沿着桑迪与河狸运河（Sandy and Beaver Canal）修筑水坝和船闸，重新启动了职业生涯。桑迪与河狸运河从俄亥俄通到宾夕法尼亚州。后来他又勘察了阿勒格尼山脉的地形，为铁路选址。没多久，上级就任命他为铁路勘测总工程师查尔斯·L.施拉特（Charles L. Schlatter）的第一助手，每天可挣4美元。大约在这个时候，约翰认识了一位年轻的工程师华盛顿·吉尔（Washington Gill），于是他的第一个孩子就随了华盛顿·吉尔的名字，也叫华盛顿。华盛顿后来回忆："我一直认为爸爸是用华盛顿·吉尔的名字给我起名字的，而不是随美国国父乔治·华盛顿。"1837年，华盛顿出生的这一年，约翰加入了美国国籍。

约翰在勘察工作当中，发明了一种新技术，这让他得以改变生活，发家致富。工作期间，约翰必须经过一条水陆联运的铁路。这条铁路是斜面的，形状类似长长的滑梯；客车车厢沿着斜坡被拉上山坡，沿着运河前行。华盛顿叙述了当时的情况："为了勘察，爸爸沿着阿勒格尼山脉的R.R.水陆联运线路跑了很多次。这条线路从霍利迪斯堡到约翰斯敦，一共有20多段的坡道。运河船都是三四节拼装起来的。为了翻越大山，必须将这些运河船拆卸开，装到火车车厢里，拉到约翰斯敦或者霍利迪斯堡，再组装下水。"1842年，又有一位著名的游客乘坐了水陆联运铁路，他就是英国作家查尔斯·狄更斯（Charles Dickens）。他后来在《美国纪行》中生动地描绘了这次体验："周日抵达山脚，乘火车翻山。铁路坡道共有十段，五段上行，五段下行。我们的车厢用绳子沿着上行坡道拉上去，又用绳子沿着下行坡道缓缓放下来，动力来自一台固定引擎。斜面之间相对水平的路段，车厢的牵引动力有时是马匹，有时是蒸汽机，视情况而定。有些铁轨建筑在令人目眩的断崖边缘，旅人从车厢窗户俯瞰下去，能直接看到正下方的深谷，没有一块石头，没有一点篱笆阻拦……"

这种水陆联运铁路的最大问题在于牵拉车厢上下坡的绳索。这是一种缆绳，用肯塔基州出产的大麻制成，有的长度超过1英里。这种麻绳的价格为300美元一条，当时堪称天价，而且非常容易磨损断裂。一旦断裂就必然会导致严重的财产损失，乃至生命损失。因此，这些麻绳可谓既昂贵又危险。

约翰相信，有一种材料可以代替肯塔基的大麻来制造缆绳。华盛顿写道："爸爸知道，几年前欧洲已经造出了铁丝绳。早在

1832年，德国哈尔茨山脉的克劳斯塔尔镇（Clausthal）[1]的阿尔伯特先生就制造出来了。"这个人叫威廉·阿尔伯特（Wilhelm Albert），是一位德国工程师，在德国北部平原上的哈尔茨山中的银矿工作。阿尔伯特发明的铁丝绳结构很简单，用于煤矿井的垂直升降设备。三根熟铁丝用手工相互扭绞在一起，形成一根索股，再把三四根索股扭绞在一起，形成一根绳子，与麻绳的造法没什么两样。1840年左右，约翰向铁路经营方提议，在宾夕法尼亚州约翰斯敦水陆联运铁路一段较短的坡路上试用铁丝绳，这根铁丝绳由他制造，长400英尺，直径为3/4英寸。华盛顿后来写道："爸爸的工作场地一无所有，只有原始的牧场。"实际上，萨克森堡镇上的一条制绳长廊权充作坊了。做出来的第一根绳子，是用多根铁丝平行排列，再用扎线作为外皮的。这根绳子"彻底失败"了——扎线用普通的卷绳木槌扎紧，而木槌原本是用来卷扎普通的麻绳的。"自然，封扎铁丝一断，整条铁丝绳就散开了。"

约翰这时候已经根据这个设计起草了一份专利申请书，于是申请书也必须彻底修改。但他一点也不气馁。华盛顿写道："失败的经验往往拥有最大的价值，它将为我们指出正确的方向。爸爸一点也不了解制造铁丝绳的特定方法，一切都需要学习，都需要用自己的头脑思考出来。"约翰也确实这么做了，他设计出一种更复杂的新方案：将7根"股线"排列（或铺设）成一根铁丝绳，靠中间的绳芯支撑外部各股；每一根"股线"由19根铁丝构成，铁丝彼此平行，而不像普通绳索那样扭绞在一起。1842年5月，约翰拿到一份合同，请他制造这种新式铁丝绳，一共三根，并需要在现场把它

---

[1] 位于今德国下萨克森州。——译注

们捻接起来。这种铁丝绳极为畅销，可以使用整整五年。美国专利（U. S. Patent）第2270号《制造铁丝绳之方法与机械》上署了约翰·罗布林的名字，这一年7月，他拿到了专利。1844年年初，约翰申请为水陆联运铁路的十段坡道提供铁丝绳，为期五年，每年收费17000美元。约翰信心十足，认定这种铁丝绳会得到长期的青睐。他说，他很乐意"采取充分措施，确保履行合约"。他曾在1841年写信给专利局，专利局回信给他，对他的保证有些吃惊："您声称，建议在R. R.水路联运铁路设置一根实验性铁丝绳。是否等实验报告完成之后，再向您颁发专利，对您更加有利一些？"华盛顿写道，约翰·罗布林铁一般的决心让他得以战胜"官员对他观点的犹豫，还有麻绳既得利益者的强烈敌意。最后，爸爸用无畏的精神推进事业完成，由此打下了发迹的基础"。约翰作为测量员的生涯就此告终。

华盛顿在小镇上跑来跑去，把大人从农场、田野上叫来，参与这项新的工厂事业。"夏天，工人凌晨5点上工，6点半吃早饭，然后工作到上午10点。我提着一篮子黑面包还有威士忌，下去送给工人。12点，我吹响号角，工人来吃午饭。下午4点，我又把一篮子加黄油的黑面包，还有更多的威士忌送过去。晚上7点，工人吃晚饭……这就是德国人在德国的工作流程。"华盛顿还写道，普通长度的铁丝绳需要一天成型，而加长铁丝绳需要一天半成型。"铁丝绳制造工作一开始，我家就要天天给20个工人提供伙食。当时美国已经发明了一种烤炉，效率更高，但在萨克森堡还没有这种炉子，于是我可怜的妈妈就得用石砌的原始壁炉给这么多人做饭，拿着一只锅钩，一把铁壶，天天困在尘土里脱不了身——一种米尔豪森式的野人状态。"

华盛顿成长的环境，属于美国当时典型的生活画面：男人忙于

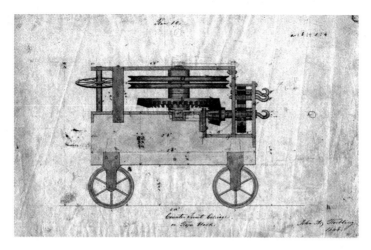

约翰绘制的制绳长廊上的反捻支架（1848 年）

当代伟大的工业进步，一个连烤炉都没有的女人给他们做饭，而这些人所在的地方还是半开化的蛮荒之地。约翰最早的铁丝绳是在"原始牧场"上制造出来的，工人则是一批当地的农场主，是他年幼的儿子华盛顿从镇上招的。约翰在牧场一端造了一台简易捻线机，用来并捻钢丝，钢丝则是从本地一家作坊订购的。为了把事业做起来，"爸爸买了很多绳子，最后证实，这种投资非常划算"。

约翰·罗布林要在美国做生意时，美国还没有决定一项重要事宜：拉动、稳定经济的主要力量应该放在各州，还是放在首都？当时，美国总统安德鲁·杰克逊（Andrew Jackson）强制解散了美利坚第二银行[1]，还在 1836 年通过了《铸币流通令》，规定购买土地必须用金银支付，从而导致了 1837 年大恐慌（Panic of 1837），发

---

[1] 美利坚第二银行虽然是私人银行，但实际上扮演了央行的角色。杰克逊认为，国家的财政力量决不能集中在一家机构的手中。他解散银行是为了防止金融垄断。——译注

生了严重的金融危机,这场危机一直持续到19世纪40年代。第二银行失去特权之后,全国850家银行都可以发行货币了。但10个月以后,各家银行纷纷拒绝用铸币赎回自己发行的纸币,经济因受到极大的冲击而停滞。英国《泰晤士报》1837年6月13日报道:"美国执政党陷入严重困局。这些麻烦有如晴天霹雳降临在了美国执政党身上,尽管过去两年了,反对党一直在警告,麻烦要来了。"

约翰经受住了风暴的冲击。儿子华盛顿说,1837年,爸爸之所以没有垮掉,主要是因为"爸爸几乎没有钱,也就没有损失"。尽管如此,"他在金融方面的经验,让他得以承受二十年之后的又一次恐慌,并使任何账户都没有遭受损失"。他的习惯一直是小心谨慎的,他建立了多个基金会,以此积累了巨大的家业。这些基金会如今依然存在,对别人有着借鉴意义。华盛顿回忆,约翰一直"用积累的资本,而非借来的资本运作,这是成功的主要原因。他当时紧缩经济,用接近赤贫的方式攒钱,从而筹得一笔小资金。从此,这个办法就成了习惯,贯穿了他的一生。即使后来已经不必这样做,但习惯却改不掉了"。

华盛顿的话似乎是赞赏的态度,但也暗示了约翰·罗布林事业发展的同时,家庭却受到了严重的影响。"紧缩经济,用接近赤贫的方式攒钱"——罗布林家的生活,着实非常严酷,而这给华盛顿造成了终生难愈的创伤。

第 **3** 章

心中藏了一只猛虎

1869年约翰死的时候，舆论关注的不仅是他的天才，还有他的善良慷慨。他的送葬行列周围集合了数百工人。约翰在遗嘱里留下了可观的遗赠，受益者不光有照顾特伦顿贫困儿童的联盟产业之家协会、弗农山附近的马尔伯里孤儿农庄学校，还有特伦顿寡妇与单身女性之家，以及位于宾夕法尼亚州巴特勒县齐利诺普尔自治区的另一家孤儿农庄学校。有些捐赠，单笔即高达3万美元，这在当时是一笔巨款，即使用最保守的估计方法，也相当于现在的50万美元。"约翰在慈善事业上一掷千金，而且完全没有炫耀之意。"有人说，"倘若穷人或地位低下的人来求援，尽管他时间宝贵，但仍会专门注意，并拨款资助。他的社会与家庭关系都令人无可指摘。他与别人谈话时，态度热情，对人有所助益，而且非常有趣。他对劳工阶层抱有深刻的同情，还不遗余力地促进劳资双方的和谐相处，让彼此互生好感。"此话诚然不是有意造假，但约翰的公众形象与私人形象反差却大得惊人。华盛顿在通信和公开的回忆当中，对父亲一直很尊敬。尽管约翰显然是个严父，却没有什么有悖常理之处，家人似乎也这么认为。华盛顿只有在自己的回忆录中，才表现了真正的感情，才能看到约翰私底下是怎么做事的。这份回忆录揭露了惊人的事实。

哪怕到了晚年，约翰已经去世很久了，华盛顿还是不愿说出自己的心声。华盛顿的计划，似乎只是为后代讲述父亲是怎样来到美国的，怎样建起了移民社区，又是怎样成了伟大的工程师和成功的商人。但事实无法回避，他如果想要为深爱的母亲讨回公道，就定然无法回避事实。华盛顿写道："1836年，父亲娶了母亲，十八九岁的漂亮姑娘乔安娜·赫汀。她为人亲切，性情也很温柔，各方面都比父亲的条件好得太多。"这一长串的描写，似乎充满了感情的成分。"母亲一生极端痛苦，四十五岁就早早去世了。她是父亲暴行的牺牲品。"值得一提的是，罗格斯大学收藏的回忆录打印稿被人修改过。我们永远不会知道是谁修改了稿子，只知道此人一定非常维护约翰的名声，不管这种维护有多么无力。这个人把华盛顿认真选定的词"暴行"删了，改成了"严厉对待"。这样，意思就大不相同了。华盛顿还写道："我经常与自己辩论。父亲性格的阴暗面，我是否应当以某种方式直接写下来或者影射呢？有一种迷信，死者为大，对死者只能说好话。这种迷信是如何产生的，我不知道。但我们都会死去，留下自己一生的记录。"

华盛顿写下这段话的时候已经五十五岁了，安居于特伦顿市豪华的新宅，在一间雅致的书房里工作。他很清楚，一个人的遗产，不能仅用物质来衡量。再过一些年月，到1908年，特伦顿市卡德瓦拉德公园竖起了约翰·罗布林的铜像，典礼当日的发言人是亨利·道奇·埃斯特布鲁克，他是律师、演说家，"演讲引人入胜，感染力很强"。亨利说约翰"是个钢铁汉子。钢铁融进了他的血液，有时还进入了他的灵魂；其既带有美德，也带有罪愆"。亨利在演讲之前看过华盛顿的回忆录，看到儿子毫不留情地批判了父亲："他的家庭生活几个字就能概括——威权独裁。其程度之轻重，只有在每次不可遏止的狂怒爆发时，才因爆发程度的大小而有所区别。他的妻子与孩子，永远生活在对他的恐惧中，在他面前瑟瑟发抖。"

约翰、卡尔两兄弟最早建设起萨克森堡的时候，几乎全村都归他们所有。后来移民越来越多，来了就从他们手里买下一小块土地。"把土地分成小块卖掉，发放契约、抵押贷款，签协议，签合同，等等。这些工作让父亲熟悉了法律文书和美国的普通法，这些知识后来派上了大用场。"罗布林家的房子与街道齐平，一楼两侧各有一个房间，中间一条过道。一边是客厅，另一边是约翰的办公室。厨房、储物间、餐厅都在后面。楼上是卧室，经常被德国的流浪儿、无业游民占据，这是约翰大发慈悲，允许人们来家里过夜。华盛顿写道："父亲终其一生，都被这些人拖累了。他对待自己的家人严厉到了极点，也吝啬得不可思议，却一直给这些无家可归的人腾出地方居住。"这善心之举是约翰公众形象的一部分。华盛顿把父亲的办公室叫作"圣地"，也是"一间行刑室，我就在这里被打得半死。我们这些孩子，谁也不敢进到那屋子里去"。

约翰本性暴露的同时，华盛顿身为"美国边疆之子"的快乐童年也就消失得无影无踪了。华盛顿记载："吃晚饭的时候，妻子跟孩子都一言不发地坐着，满心恐惧。尽管菜肴丰盛，桌边却阴云满布，既没有一句话，也没有一点声音。每一个可怜的小生灵满足了口腹之欲后，便会悄悄溜走，担心在逃出屋子之前又会挨上几句痛骂。每逢有人被叫去他的房间，都战战兢兢，惊恐万状，仿佛正面临着一个严酷问题：不知自己是否能从'行刑室'活着回来……他年纪大了才意识到自己做了什么，然而，想要克制自己却已经不可能了。"

无怪乎小华盛顿要把外祖父赫汀家当作"庇护所"。华盛顿记载，父亲的暴力并不是偶尔爆发的产物，而是一种持续的状态，是随时都会降临的危险。外人看来，约翰·罗布林似乎是那种理性男人的典型，尽力想要驯服美洲的荒野，先用农业，后用工业。这些努力，都算得上"智慧"的完美体现。然而，约翰是个不折不扣的两面人。华盛顿后来下定决心，要把自己的童年原原本本地说出来。他的笔，也确实不遗余力地表达了。

"约翰心中藏了一只猛虎。一旦不可阻遏的狂怒爆发，就会引发生牛皮鞭的抽打事件，继之以血腥的场面。将母亲一拳击倒，也并非罕事。""将母亲……罕事"这一整句话又被那个无名氏删掉了，只有在铅笔手稿中才能见到华盛顿写下的这行小字。这个编辑的选择相当怪异，因为他觉得，相比打妻子，打孩子还更容易接受一些。然而，"打老婆"的行为，早在17世纪就已经有人谴责了。1609年，作家威廉·希尔（William Heale）发表了《向妇人赔罪》一文，说并无法律规定男人有权殴打妻子，这样做是违背天理的。此外，早在1655年，马萨诸塞湾殖民地（The Massachusetts Bay Colony）[1]就立法禁止殴打妻子："禁止男子殴打其妻或任何其他女人，违反者，每次殴打须课以10英镑以下之罚款，或施以本县法庭所裁决之体罚。"到了19世纪，美国很多州已经有了惩罚这些行为的成文法规。

华盛顿的回忆录揭露了不得不在家亲眼看见、亲身经历的一切，字里行间充满了伤痛。父亲的残暴，读来令人心惊不已。而且

---

[1] 英国在北美最早的殖民地之一。——译注

他的笔调还有一种讽刺的幽默色彩，让他的记述更加使人不安。说了母亲遭到虐待后，他又说到了"我善良的外婆"。他的外婆叫阿德莱德，"有一次，我又被痛打，正在地上扭来扭去。外婆用一根栅栏条将父亲打倒，救了我一命。万幸的是，父亲在工程方面的任务迫使他经常外出很久，否则，他的孩子必然会全数夭折"。在萨克森堡度过人生头几年的孩子有：劳拉，比华盛顿小三岁，1840年生；费迪南，1842年生；艾薇拉，1844年生；约瑟芬，1847年生。华盛顿记载，这些孩子无一例外，因父亲而忍受了巨大痛苦。华盛顿回忆道："挂在挂钟旁的一张巨大的母牛皮，随时会没有征兆地落下来。我们一切的聪明才智都用作一个目的：想方设法不让他看见我们。于是，他就经常暗中观察我们。"华盛顿对这种给他与弟弟妹妹们造成终生损害的养育方法，一点也不讳言："这种养育方法，只能让自尊心萎缩，让孩子们的独立精神彻底毁灭。他幸存的四个儿子、一个女儿，如今都是扭曲厌世的怪人的代表，性格奇异乖张，生活痛苦。所幸，没有一个成为他的复制品。查尔斯是和他最接近的一个。"查尔斯1849年生于特伦顿，那时一家人刚刚搬到这里。查尔斯继承了约翰在建筑、管理方面的天才，而且晚年对家族企业"约翰·A.罗布林诸子"的大规模扩张、对新泽西州的工厂城镇罗布林镇的发展有良多贡献。但查尔斯生性沉默寡言，甚至在公司也几乎一句话不说，也差不多完全无法与人正常交流。汉密尔顿·斯凯勒评论："查尔斯有一种绝对的缄默天才。"约翰可怕的暴怒既不会放过一个人，也不会放过一只动物。华盛顿写道："暴力的发作对象不仅限于家人。他要杀死一条响尾蛇，宁愿活活踩死，也不愿浪费火药和子弹；狗或者马要是不听使唤，就会立刻面临生死的选择。"

回忆童年时，华盛顿感受之强烈，我们切不可低估。他不仅仅恐惧暴力，而且直接恐惧死亡。约翰的朋友伯尼高是做家具的木工，会拉民间小提琴。华盛顿回忆道："伯尼高喜欢把我拐走几小时，陪他散步。"有一次，"这却让我挨了这辈子最可怕的一顿打"。华盛顿的外婆再次干预，救了他，而他的母亲"在凶残的魔王的殴打面前，已经无能为力。这个魔王最大的乐趣，就是谋害那些绝望的小孩子，而全世界却把他视作伟人"。伯尼高四十二岁时就早早离世了。华盛顿写道，他感到"非常惋惜"，之后又把这几个字划掉，改成了"无以言表的悲戚"。当然，记忆变化莫测，未必非常可靠，但就算考虑到这一点，华盛顿的总体描述依然十分骇人。

可庆幸的一点就是，华盛顿至少还有母亲，能够得到安慰。他写道，母亲乔安娜·罗布林的性格对自己和弟弟妹妹而言，都有一种"缓和的功效"。华盛顿又说："我敢说，全美国只有妈妈一个女人能和爸爸过下去。别的女人，要么被杀，要么被逼得自杀。"约翰的残忍除了通过暴力表现，还通过严苛的经济手段表现。他坚持这个家的收支必须这么安排："父亲发了财，成了百万富翁之后，只付给母亲每周50美元。这50美元要养活一大家子人，还要负担房子的日常开销。当然，母亲还必须在厨房里、在洗衣盆前面操劳。她从来就没有一件珠宝，仅有的一件丝绸衣服，父亲也觉得是不可原谅的奢侈。难怪母亲会早早过世！而现在，我看到我的妻子仅仅一周就为自己挥霍了500美元，我的表情就转为一个讽刺的笑容——这种奢侈是不是为了我那忍受'守财奴一般的吝啬'的母亲呢？这真是奇极的世界！"

萨克森堡这样的社会，人数少，联系紧密。建起这座小镇的人，大多数都来自德国同一个地方，彼此之间并不陌生，而且还彼此牵掣,织成了一张互相依赖的网。在这种社会里,罗布林家里出的事,其他人不可能不知道。但是,罗布林是这个社区族长一类的人物,是领袖,是创立者,谁也不敢质疑他。

在这样的背景之下,华盛顿试图理解父亲,想要具备同理心,将自己放在老人的位置思考,这努力是极为动人的。在华盛顿看来,约翰的吝啬以及后来(测量员和工程师的工作一稳定下来之后)不愿意供养家人的心理,是完全有可能出现的,而且他似乎还原谅了父亲的行为。华盛顿认为:"(这种吝啬)是从父母双方继承而来的,往上可以追溯很多代人。德意志各州当中,图林根州是最穷的州之一;小麦的收成,每英亩达到15蒲式耳就算不可思议了,其他庄稼也差不多如此……[1]可以说,祖母在给父亲喂奶的时候,父亲就把'吝啬'吸进了体内。萨克森堡全体居民都是如此。不幸的是,父亲后来挣了钱,光景好了起来,视野却没有开阔。他很早就意识到,财富意味着权力,于是非常珍视财富。他宁可向自己的孩子隐瞒财富,也不愿示人。倘若在孩子长大的过程中,他自信地对待他们,教他们聪明地用钱,教他们理财的方法,教他们怎样投资,怎样避免各种围绕着一切拥有遗产的年轻人的圈套陷阱——那该有多好呵!"然而,这样一个父亲却并不是华盛顿的。他苦涩地说:"我想,父亲还是根据自己的信念去做了,而且是出于好意。我直到今天都觉得自己是个穷人,而且这种观念还在我心中生长。"

有两种威胁一直存在:一种是暴力,一种是严苛的经济限制。这两种威胁足以让一切孩子、一切家庭的生活,都坠入痛苦的深

---

[1] 蒲式耳是体积单位,1蒲式耳合35.2升,1升重约0.76千克,15蒲式耳大约400千克;而1英亩约合6亩,因此每亩产量约67千克。目前我国小麦亩产约400千克。——译注

渊。然而，约翰·罗布林的铁腕统治还不光这两种手段。"有两种职业遭到了他超乎寻常的憎恶：一种是可尊敬的、充满智慧的医生；另一种是神学家。"华盛顿为我们描绘了一幅极为生动的画面。敌对双方，一方是他的父亲约翰，另一方是那些不幸踏入约翰势力范围的牧师。"他与那些可怜牧师的遭遇，每次都是悲惨的奇观。只消几分钟，他就会七窍生烟，口沫横飞，双臂狂怒地比画着手势。对方则会大惊失色，满心恐惧，最终落荒而逃，乃至丢下帽子、大衣、雨伞、套鞋。我目睹的最后一次这样的遭遇，发生在肯塔基州卡温顿市。"华盛顿指的是南北战争刚刚结束，父子俩在俄亥俄河上修建卡温顿—辛辛那提大桥的时候。这是约翰开始建设布鲁克林大桥之前的最后一座桥。这一回，约翰发怒的目标并非是不起眼的小人物。"他是一位循道宗牧师，叫克莱默，是格兰特将军（Genl. Grant）[1]的大舅子。"此人全名迈克尔·J.克莱默（Michael J. Cramer），毕业于卫斯理大学，在南北战争期间娶了格兰特将军的妹妹。也是在战争期间，林肯总统指定他为医院牧师，为伤兵举行宗教仪式。

这场争端是怎么发生的，华盛顿没有说。但约翰的哲学著作里却明白地显示出他对神学家老亨利·詹姆斯（Henry James Sr.）的推崇。老詹姆斯有两个儿子，一个是小说家小亨利·詹姆斯（Henry James），一个是哲学家、心理学家威廉·詹姆斯（Willian James）。老詹姆斯鄙视有组织的宗教，认为这些宗教并不是通往真正灵性的途径。他说："如今，宗教已经变成了人们不纯的忠诚心的一种幻象。这种传统礼仪，更有效地把人与上帝分开了。"克

---

[1] 南北战争北军司令。美国第18任总统。——译注

莱默是个有名望的人，他想要抗争一番，却显然没有效果。华盛顿写道："尽管克莱默一开始的防御有效，后来却彻底溃败，几乎遭遇了一场大虐杀。"华盛顿与父亲密切合作建设了卡温顿—辛辛那提大桥，因此可能亲眼看见了约翰与克莱默的争执。华盛顿说："父亲的观念，大部分来自他在柏林的大学生活。"看来，只有黑格尔有办法回答了。

此外，约翰的暴怒造成的"大虐杀"还有一群目标，就是他遇见的所有医生。他认为对这类人"没有哪个侮辱的诨号太过下流，也没有什么措施太过严厉"。为什么？因为约翰"极端热衷水疗"，也正是这种疗法最终让他过早离世。

"不论哪个孩子得了病，第一反应都是瞒着他，因为水疗的折磨比死都令人难受。病人若是还可以行走，就会秘密去看医生；要么就把医生偷偷请到家里来。可怜的母亲不敢给父亲看医生的账单，因为可能会赔上一条性命，于是就从每周50美元的生活费中每次拿出一点慢慢偿还，有时是25美分，有时是50美分。"罗布林一家已经因为不必要的花销限制而苦苦挣扎，这种暗中行事又使得家庭付出了更为高昂的代价。"这一切都让吃食减少了很多——这种待遇在很多方面都伤害了孩子。本来，每一家人都应该有自己的家庭医生，医生拥有家庭成员的信任，并通过及时的建议遏止严重疾病的发生，既包括生理上的，也包括精神上的。这些特权，父亲不让我们拥有，而最贫穷的人都能够得到。"

有一种观念深深地根植于人类的天性中，即水不光能清洁身体，还能治疗疾病。古罗马有一位博物学家老普林尼（Pliny the Elder），写了一本《自然史》，成书时间在耶稣出生之后不久。他说："很多国度都有水流奔涌而出，有冷的，有热的，或是两者都有……有的地方是温热的。这些水流甚为有益，对病者有着确实的疗效。"古罗马的两座古城，赫库兰尼姆（Herculaneum）和庞贝（Pompeii），因维苏威火山爆发而被火山灰掩埋，完整地保留了城市的原貌，其中一些浴室成了这一类便民设施的绝佳范例。像样的城镇都应该拥有这类设施，一处浴室有若干房间，可供男女同时使用，而且还按照温度高低和设备好坏分出了等级。很久以来，不论是病人还是医生，都非常关注"水"这种元素。当代社会与科学历史学家罗伊·波特（Roy Porter）说："这类关注表现为多种形式。生理学的研究，传统上就围绕着水，将水作为一种'元素'。无论是宏观宇宙还是微观宇宙，都有着液体的平衡，这种平衡规律在大自然和人体中都是一样的。此外，这种对水的兴趣还来自宗教和神秘主义'洗礼'的传统；与婴儿出生之前浸泡的羊水也有不自觉的联系。"水是生命的第一要义，甚至比食物更加重要。我们每个人的生命都起源于母亲子宫里的羊水。

19世纪，水疗在社会上风行一时，那是一种大众行为，而不是离经叛道。英格兰有一个著名的温泉疗养胜地叫马尔文。英国作家狄更斯与妻子凯瑟琳（Catherine）曾经在那里疗养过。很多科学家也去过，最有名的是查尔斯·达尔文（Charles Darwin）。1850年，达尔文把自己深爱的长女安妮（Anne）带到了马尔文治病。达尔文有一位挚友叫约瑟夫·胡克（Joseph Hooker），是植物学家，也是19世纪英国的科学巨匠。达尔文写信给胡克说："我肯定，水疗并非一种江湖骗术。"但在1851年年初，安妮高烧不退，最终在马尔文殒命。安妮就在马尔文下了葬。达尔文非常悲痛，连葬礼都无法参加。尽管如此，达尔文仍一直相信水疗的效力。

约翰对水疗的信心也同样坚定。只不过，他的水疗老师文森特·普里斯尼茨（Vincent Priessnitz）主张极简生活方式，因而他不需要那些昂贵的水疗服务——虽然早在美国独立战争以前，宾夕法尼亚州就已经有了这些服务。1760年，宾夕法尼亚州巴克斯县开了一家"布里斯托尔铁质浴场"，所谓"铁质"，就是说这里的泉水含有多种铁盐。约翰倒不在意水的成分，不论有没有铁盐。按照普里斯尼茨的办法，纯粹而充分的淡水就足够了。华盛顿冷冰冰地回忆道："普里斯尼茨是当时那些水疗迷的偶像。"普里斯尼茨，这位约翰的导师，出身简单，是一个农民的儿子，1799年生于中欧西里西亚地区[1]的格拉芬堡。有人说，普里斯尼茨的父亲有个邻居，给自家的牲畜做了水疗。这件事就启发了小时候的普里斯尼茨今后从事水疗，也启发了普里斯尼茨先生自己主宰自己的命运。1842年，普里斯尼茨用英语出版了一本书，详细记载了各种自己使用的治疗方法。书中提到，他年轻的时候，有一次在晒干草的季节里出了事故，被一匹马踢中脸部，更倒霉的是，他倒下的时候，一辆马车正好从他身上压过去，压断了他的两根肋骨。本地一名外科医生说，他以后再也不能干活了。然而，这小伙子却下定了决心要医好自己。有一个人很早就开始崇拜普里斯尼茨，这位崇拜者讲述了普里斯尼茨是如何自己处理的："为了治疗，他首先要把肋骨复位。他所做的就是屏住呼吸，让胸腔挺起来，然后拼尽全身力气将腹部顶在桌子或椅子上。这手术痛苦至极，却带来了他预料的成功，两根肋骨就此复位。然后他在患处敷上湿布，充分饮水，少吃食物，完全静养。没过十天，他就能够走出门去，到了年底，他又下农田干活了。"

显然，普里斯尼茨也是约翰·罗布林一类的硬汉。1840年，

---

[1] 现在分属波兰、捷克和德国。——译注

维也纳的恩格尔医生（Dr. Engel）报告称，水疗能够治愈消化不良、黄疸、痛风、风湿病、淋巴结核、"各类妇女病，例如歇斯底里等"，还有"斑疹伤寒、坏死、猩红热"。普氏疗法可以包治百病，从痢疾、霍乱到癣病，从天花到癌症。他还专门提了一句："即使是癌症这种可怕的疾病，冷水的疗效也十分确定。"

具体的疗法一般是先把病人像包裹婴儿那样用厚厚的羊毛毯包上几小时，借以发汗，接着再泡冷水浴或是采用一套"冲洗疗法"，也就是从高处将冷水泼下。此外，疗法还包括洗眼浴、洗脚浴、半身浴、坐浴，而且水的用处不仅仅是让人坐在水里或者用水冲洗身子，普氏疗法还要求一人每天最少喝12杯水，正常要喝二三十杯。冷水"灌肠法"也是主要疗法之一。人体的一切孔洞，都要接受水的洗礼。

约翰为了得到最新的资讯，专门与一名德国出版商保持联系。这人叫乔治·韦斯特曼（Georg Westermann），公司位于他们的母国德国的下萨克森州不伦瑞克市（Braunschweig）。只要新出版一本水疗书，韦斯特曼就会寄到萨克森堡。华盛顿回忆道："这些书丢失了很多，也送出去很多。然而，现存的在我的图书室里还可以摆满一个长长的架子。每次新出一位大师，都说只有自己是对的，所有在他以前的人全都错了。这个说，治疗伤寒要用倒着放的湿布；下一个人就说，要正着放。"被强制接受水疗的不光有约翰本人以及长期受苦受难的家人，他身边的人也一个都没有逃脱。"最糟糕的是，只要有哪个可怜的人进入了他的势力范围，他就坚持要那人做水疗。那人便被包裹、冲洗、熏蒸，被投入冷水，又被握着跟腱倒提出水面；然后是坐浴、洗胯、往身上喷水，套上水袋子，热敷；最后变得极为厌恶。天晓得还有什么别的疗法！受害人倘若没有表示赞许，约翰就认为是对他的侮辱。"约翰的文件中有一套小笔记本，里面认真记载了每一次的坐浴、蒸汽浴、全身浸湿浴，每一块裹在身上的湿布，甚至还记载了他鼻子里流出的东西。里面有一节叫"慢性黏膜炎与黏液"，写道："我流的鼻涕显然是脑子的产物，脑子的排泄物……让水流通过鼻子有明显的疗效，因为用水洗过之后，鼻涕的分泌马上增加了许多。"

这些话可能看似好笑，但对那些被迫接受水疗的人来说，就一点也不好笑了。华盛顿尖刻地评论道："我多么同情我那可怜的母亲啊，水疗把她害死了。约翰的孩子得了病，就会跑开，宁可死掉也不愿承认得病。这种疗法，一直在生机勃勃地继续，直到约翰用水疗把自己杀死。水疗中一些明智的做法是可以居功的，然而纯用水疗，排斥其他一切疗法，便是纯粹的杀人了……如今我年近六旬，过去二十年来，几成废人。出于习惯和传统，一开始我也自然地用了水疗，光景却越来越差……我已经无药可医，故此不会声称有什么其他办法能够将我医好，然而，水却是我最不愿触碰之物。要想彻底医好一个人，应该是没有法子的。预防才是顶重要的事！"

不必怀疑约翰·罗布林思想的力量。19世纪的人都有这样一种怪异态度：科学的实用性，如约翰的工程技术、达尔文对自然界的观察，竟然同"有害的异想天开"并行不悖。现代读者了解到这一点，定会大为吃惊。罗伊·波特说："这些做法的怪诞之处，没有逃过讽刺作家的眼睛，也没有逃过揭露骗子的人的眼睛。然而，这些做法还是延续了下来，至少延续到了现代科学和专业医学时代之前，因为这些做法满足了一种深层的渴望，那就是，治愈疾病的努力本质上必须遵守社会观念的条条框框，以及充满象征性的文化内涵[1]。"

约翰自己的态度和信念，让家人付出了极高代价。大多数情况下，他似乎完全没有意识到自己给周围的人造成了什么样的损害。自我怀疑的闪念极少出现在他的脑海里。他在一篇哲学沉思文章中写道："人类生命中的罪恶存在，其势力太过强大，既不能忽视，也不能否认。"约翰一直在阅读小亨利·詹姆斯 1863 年出版的《实体和影子：道德、宗教与生命之关系》（*Substance and Shadow: Or Morality and Religion in Their Relation to Life*），他写道："当今世界罪恶甚多，但这些罪恶或许全部可以追溯到源头——人类对自身法则的违反。人之罪恶的源头是人，而不是神，也不应归咎于自然。相反，自然母亲一直在努力着，使我们回归她真正的意义。"看看儿子华盛顿的作品，再看看父亲约翰的，很多方面，父子俩都大相径庭。华盛顿性格突出，特立独行，容易感受幽默，也容易用幽默影响别人；父亲约翰正好相反，他竭力达到存在的"高层次"，在这个过程中，往往显得没有人性，从来不顾及身边人的痛苦。或者可以说，"几乎"从来不顾及。"让一个人自满的原因可能是事业的成功，是克服障碍，是战胜对手与敌人，是完成一项伟大的任务，是解决严重的精神问题，或是完成一项之前被人说成不可能的工作。"1863 年的春天，约翰写道："英雄被人敬仰，被说成是有益公众的人。他身上凝聚了所有人的目光，他感到兴高采烈，自认为'伟大的人'，甚至是'真正的人'。但在冷静的片刻，退回到自己的内心深处，他就会谴责自己过去的所作所为、想法与获得的称赞。在谴责自己的良心之前，他会说些假话自我欺骗，但没有

---

[1] 这里指一些西方传统的迷信做法，例如吃药要看星象。——译注

人知道。他自己莫非不知道？谁能够逃脱自我？真是虚浮的荣耀！我是我自己的法官，不论幸福还是痛苦，都来自我自己的判决！"约翰唯一在意的，只有自己的意见。

*

1844年5月24日，美国科学家萨缪尔·F. B. 摩尔斯（Samuel F. B. Morse）用一条实验线路，从华盛顿向马里兰州巴尔的摩市（Baltimore）拍发了人类历史上第一封电报。摩尔斯的一个朋友有个小女儿，叫安妮·埃尔斯沃思（Annie Ellsworth），电报内容就是她建议的，取自《旧约圣经·民数记》第23篇23段："上帝创造了何等奇迹！"[1]也是在1844年，伊莱亚斯·豪（Elias Howe）发明了缝纫机。这个小伙子在1837年的金融危机中丢掉了机械师的工作。这几年对约翰·罗布林也至关重要。他对自己入籍的国家美国作出的贡献，在当时的意义不亚于电报和缝纫机的发明。

当时，萨克森堡已经发展成为小小的工业城镇，那里一片繁忙，为水陆联运铁路供应铁丝绳。约翰·罗布林此时又接手了一项工程，他的儿子华盛顿称之为"他一生中最伟大的事业"，尽管现在看来绝非如此。这项工程是建设匹兹堡悬索高架渠，须在1844—1845年跨越整个冬天的九个月内建成。这条高架渠标志着约翰新职业生涯的开始，使他成了一名有创新精神的工程师。早在1829年，阿勒格尼河上就建起了一条高架渠，让匹兹堡的商人第一次能够通过"干线运河"前往东部地区。但这条高架渠后来年久失修了。1837年金融危机之后，宾夕法尼亚州政府、匹兹堡市政府都难以筹到现金修缮，于是匹兹堡一些大人物公开悬赏，征集最佳解决方案。他

---

[1] 此句中译文取自网上介绍电报的通行文章，译者不详。和合本此句作："神为他行了何等的大事！"现代中文译本作："上帝成就了伟大的事！"——译注

们还得到了州政府的批准，政府也支持修缮高架渠。宾夕法尼亚州有一位大员，叫罗伯特·汤森（Robert Townsend），早年就开始支持约翰·罗布林的铁丝绳产业，于是他鼓励约翰参加竞标。

华盛顿写道，这项工作"是没有尝试过的难题，前无古人，而且面临着激烈的反对。媒体、对手承包商、工程师、运河业主、商人等，都在密切关注……但是爸爸却有一种了不起的个人力量，把一切都征服了。这种力量靠着'反对'作养分，不晓得失败为何物。我认为，只要能给这项工作起个头，就非常伟大了，与完成工作同样伟大。"工程费用总计高达62000美元，包括拆除旧桥、维修桥墩。约翰·罗布林用这笔钱修筑了一道引水槽，宽度足以让一条船通行。高架渠共有七跨，每跨长度为162英尺，有一道木制水渠用以盛水，两边各有一条连续的直径7英寸的铁丝绳支持。高架渠总长1140英尺，铁丝绳总长1175英尺。高架渠承载的水体重量为2200吨。

铁丝绳第一次在现场完成制造。几十年后，布鲁克林大桥的铁丝绳也是就地生产的。传统的法国工艺是在河岸上制造铁丝绳的各股，再抬升到指定部位完成紧固。然而，华盛顿写道："当地条件使得我们无法在与高架渠平行的河岸上制造各股，因此必须就地生产。将各股装配成一条紧凑的缆绳，乃是工业迈进的一大步！"华盛顿的手稿中附有精美的绘图，描绘了每一根缆绳的制造过程。一根缆绳由七股铁丝平行排列而成，底端两股，中间三股，顶端两股。每一根铁丝由巨大的卷筒捻接在一起，造出"一根几乎没有尽头的铁丝"。铁丝在末端穿过一只铸铁的"靴子"，通过这只"靴子"排列起来，然后又用绕包机在各条缆绳周围紧紧绕上铁丝。绕包机就像一只分成两半的铸铁酒桶，周围绕上一卷比较松的铁丝，从缆绳上方和下方通过。"酒桶"向前滑动的同时，铁丝就在缆绳上缠绕紧了。1842年，约翰申请的第一项制造铁丝绳的专利也包括了这一绕包装置。

这项工程堪称前所未有，尤其是建成十分迅速，只花了九个月，而且时值寒冬，地面有雪，河面有冰。华盛顿回忆道："一切都是全新的，一切都需要发明来解决。没有时间可供我们失败……倘若缺少了萨克森堡的铁丝绳制作经验，以及一队娴熟的工人，J. A. 罗布林无论如何也不可能及时做好铁丝绳。"那年冬天，因公殉职的有七个人。华盛顿说，大部分是溺水身亡。也是因为这条高架渠，约翰第一次与查尔斯·斯旺合作。斯旺一头黑发，两眼有神，日后成了罗布林家族和事业不可或缺的一员。华盛顿管父亲叫J. A. 罗布林，仿佛建造高架渠的这个人，并不是家里那个一手遮天的暴君。

这项具有突破意义的工程，无疑在小华盛顿的心上留下了深刻的印记。"1845年5月，我第一次亲眼看到了高架渠。紧接着，萨克森堡就传来了消息，让我去匹兹堡上学。尽管当时我只有八岁，但高架渠的样子我却记得十分清楚。我永远不会忘记自己的农村鼻子闻到的刺鼻气味。那是煤焦油的气味，煤焦油覆盖了一切。"当时涂煤焦油是保护木材的一种措施。这气味使得华盛顿极为难忘，但更让他受伤的是必须离开家去上学，尽管居家生活有时会很恐怖。

华盛顿的早期教育是在父亲的屋檐下开始的。华盛顿回忆道："我是长子，父亲就拿我第一个做起了阅读实验。我四岁前后就能看德语书了，这年纪实在太早。在这种年纪读书，只会引发一种不健康的早熟。"华盛顿小的时候，很长时间内根本不需要英语。"这是因为一个确定的目的，人们要把萨克森堡建成纯粹的德国居民区。美国人没有什么必要来这里，也就很少听到有人说英语。我长到十岁、十一岁头上，才开始学着说英语。很多年纪比较大的移民，压根就没有学过英语。爸爸却下了最坚定的决心，除了英语别的什么都不说。不幸的是，他的萨克森口音太重，十有八九会暴露出来。他一张嘴，就会有人大声嚷嚷'德国佬'，笑话他。这时候，爸爸自然会大发雷霆，那人也就不得不赶紧逃命了。"华盛顿直到职业生涯的最后，母语基本上还是德语，以至于他计算的时候用的也是德国计算法，而不是英国计算法。

华盛顿六岁那年，生命中出现了一个奇怪的转折。有一位不同寻常的人物来到了萨克森堡。华盛顿回忆道："1843年的一天，有个陌生人来到我家前门的台阶上。这人身材矮小结实，背着一把来复枪，一把霰弹枪，一手拎着一只毡制的旅行袋，一手牵着一条叫罗拉的猎犬，脸上还戴着一副特大号的眼镜。他从弗里波特（Freeport）一路走来，已然精疲力竭。爸爸接待了他，还几乎照料了他一辈子……里德尔既没有行当，也不做生意，很难安置。最后，爸爸安排他做了我的教师，教我德语的基本功[1]。"

这个男人叫尤利乌斯·里德尔（Julius Riedel），是立陶宛一位男爵的第九个儿子，在立陶宛靠近俄国边境一带长大。里德尔在家乡没有什么发展前途，于是十六岁就加入了普鲁士陆军，在元帅布吕歇尔手下当差。布吕歇尔是里德尔父亲的一位表亲，1815年同威灵顿公爵（Duke of Wellington）一起指挥欧洲联军，在滑铁卢战役中击败了拿破仑。当时，里德尔是布吕歇尔手下的一位年轻随员，不仅参加了战役，还参加了随后联军对巴黎的占领。

后来，约翰又让里德尔担任了小镇上的牧师。这件事再次证明，

---

[1] 基本功原文为 "The Three R's"，代表学校教授的三种技巧：阅读reading，写作writing，算术arithmetic，三个单词都有字母r，因此得名。——译注

约翰在镇上说一不二。里德尔当牧师当得很成功，教堂里总是挤满了人，"年轻夫妇都渴望让他证婚"。然而，"谁也不知道，大灾难就要降临了。有一天，匹兹堡的路德会[1]派了代表团过来，要求将里德尔免职，理由是他并非牧师，也非神学院毕业，没有牧师执照。代表团还说，里德尔证婚的仪式不合法，必须再举行一次，他施行的洗礼也必须再进行一遍。只有他主持的葬礼得到宽免，死者可以待在坟墓里不用刨出来了。教堂会众非常痛苦，但最后还是同意了，向里德尔默默道别"。

尤利乌斯·里德尔的离开又给华盛顿带来了不幸。他回忆同家人分开的场景："可怜的我，被扔进载着里德尔离开的那辆马车，慢慢前往匹兹堡去上学。在我的一生中，这件事从很多方面来说都是最糟糕的事情。"与妈妈分开的痛苦，实在难以承受。"更糟糕的是，爸爸相信妈妈不适合抚养孩子。我这个小孩子，就这样从快乐的家庭中被生生剥离，送到陌生人中间去深造了。"数十年后，华盛顿写下回忆录之时，时间的流逝仍未减轻这一变故给他带来的痛苦。"我一直把这件事当作一种罪行看待，而罪行的邪恶后果影响了我的一生。"

乔安娜·赫汀·罗布林的生平，有一种阴暗神秘的意味。19世纪早期，很多女人的生平也是这样。华盛顿谈到外祖父家的生活时，描述得很形象，而对外祖父的女儿——他的母亲，真正的描述却很少，二者形成了鲜明对比。乔安娜有一张照片留存到现在，照片中的她一头黑发，不苟言笑，两只美丽的眼睛距离很宽，就像她的长子华盛顿——长子曾经那么清楚地目睹了妈妈的痛苦。华盛顿写到

---

[1] 基督教新教路德宗的管理机构。——译注

八岁就与母亲分开时，用了很多"犯罪""邪恶"这样的词，而且一说就停不下来。几页之后，他尽管认为爸爸希望自己能多受教育是很正确的，却又止不住抱怨："问题是，小孩子何时才应当离开母亲的照料，离开自家快乐的环境？我认为，八岁委实太早……我知道，这种离别伤害了我，扭曲了我终生的性格与生活方式。相比之下，离别给我带来的好处又极小，实在算不得什么。"

那些年，匹茨堡已经发展成了强大的工业基地。1812年，英美爆发"1812年战争"，匹茨堡因此受益。战时，英军对美国进行封锁，为美国制造商带来了绝佳的机会。1816年，匹茨堡建市。1818年，匹兹堡第一座有顶的木制收费桥在莫农加希拉河上竣工。1819年，美国第一座设备齐全的轧铁厂"联合轧铁厂"在匹兹堡成立。当时从匹兹堡到萨克森堡，要走上一整天时间。尽管"夏天的旅程非常惬意"，然而回乡的路，"特别是冬天的旅程"，却相当可怕。华盛顿回忆道："一路都是上坡，不是雪就是烂泥，一直没到脚踝……穿过马里兰州夏普斯堡镇（Sharpsburg）的路，就是一条满是烂泥的河床，被很多铁制马车搅得混乱不堪。鹿溪旁边的小山太过陡峭，我们不得不下车步行过去。到深夜，终于抵达了萨克森堡，人却已经冻得半死，也饿得半死了。"约翰批准华盛顿一年回两次萨克森堡。华盛顿说："早在回家前的一个月，我就开始数日子了。"

华盛顿被送去一家德裔美国人的学校，校长叫亨纳（Henne），早先在德国训练天主教神职人员。华盛顿介绍说："后来，他却公开放弃了信仰，跑到了美国努力教书以糊口，教的学生都是我这样的可怜虫。"华盛顿在这里上了四年学，其间学校搬迁了多次，从一栋摇摇欲坠的破房子搬到另一栋，居无定所。华盛顿上的课程更像德式而非美式的。"我学了德国拉丁语，课程却无用至极。后来上了英语学校，不得不又重新学了一遍。"据华盛顿自己所说，他最喜欢看的是《伊利亚特》和《奥德赛》的德译本，还能大段大段地背诵。约翰·罗布林发现这种德语环境并不能提升孩子的语言能力，于是又安排华盛顿每周去匹兹堡的两户人家，汤森家（Townsends）跟考德威尔家（Caldwells）学习。华盛顿说："这两户人家的年轻小姐们，冲着我的德国耳朵一个劲儿地叫喊英语。"

华盛顿回忆刚上学的日子，充满了故意为之的勇敢。他只要不在书桌旁，就会在匹兹堡的街道、码头随意东游西逛，刻意躲开阁楼："我在阁楼上睡觉，也在阁楼上啼哭。这里空间狭小，没有仆人，吃食也匮乏得很。"华盛顿之所以会到处"远征"，一部分原因是太饿了：亨纳学校的口粮少得可怜。但他发现，镇上停泊的那些汽船上全都是慷慨的人。"很快，我就发现，晚饭之后，还有很多大米布丁留下，我开口去讨，他们就会给我，特别是新奥尔良来的那些船……于是，我就成了大米布丁小叫花子。"匹兹堡有个广告牌画家同意华盛顿为他干活。广告牌画家的隔壁是一家图书装订作坊，老板是比利时人，长相很奇特："头顶上有一个凹陷，很深，足以放进一根手指。那是他在拿破仑战争的利尼战役当中，与普鲁士龙骑兵遭遇的结果。"拿破仑在利尼战役中取得了最后一次胜利，接着就遭遇滑铁卢的失败。

华盛顿的这些回忆，总体上虽然轻松有趣，却一直贯穿着奇诡、阴暗的调子。有一次，亨纳校长和学校又搬了家，华盛顿的新宿舍楼下住着一名钢琴工人，那工人不久就开枪自杀了。华盛顿写道："那张遗容十分平静，额上有一个洞，染了鲜血。我怎样也忘不掉那张脸，不敢在黑暗中走过他的家门。"后来，隔壁住的小男孩又死于痢疾。贫穷的记忆始终如影随形，特别是因为这贫穷是父亲约翰强加给他的，完全没有必要。当然，这是"上流社会的贫穷，是所有贫穷当中最可怕的一种"。华盛顿回忆道，有一次，有个衣冠楚楚的男孩耻笑他穿的破衣服，态度居高临下，十分轻慢。华盛顿尖刻地评论道："他爸爸的财产不及我爸爸的一半多，社会地位也不及我爸爸的一半高……爸爸说，节约的习惯只能从一种途径养成，那就是当穷人、装穷人、过穷人的日子。对此，我全然不信。他自己总是住最好的旅店，穿最好的衣服。"

就在这时，匹兹堡发生了一场大灾难，为约翰·罗布林创造了机会。1845年4月初，匹兹堡南部水边渡口街有一座破旧的棚子失火，火势蔓延，最后给城市造成了极大破坏。4月11日，当地报纸《匹兹堡每日公报与广告日报》(*Pittsburgh Daily Gazette and Advertiser*)的头条报道：匹兹堡化作一片废墟！最后，全城有三分之一被烧毁，50英亩土地上有一千多幢建筑遭殃。报道还说："当时场面非常清楚，火焰从一个屋顶跳着舞步蔓延到另一个屋顶。"只过了极短的一会儿，水边整片地带就成了"一片火海"，而且水并没有成为屏障。社论说："莫农加希拉河大桥也着了火，完全毁掉。"

约翰·罗布林拿到了合同，重建这座桥。这是他的第一座正式桥梁。同年5月，项目开工，1846年2月完工。华盛顿说，成本只有46000美元，"就算成本这么低，也没有赚到什么钱"。桥梁长度为1500英尺，共有8跨，每跨188英尺。缆绳用法国传统工艺制造，是沿着建筑工地另外选址生产的，而不是就地生产。1881年，这座桥废弃了，但质量仍然极佳，这不仅成了约翰职业生涯的特色，也成了儿子华盛顿将来的特色。约翰说："莫农加希拉桥的建造很特别，设计时强调刚度——一切悬索桥都希望达到很高的刚度——

这一目标完全实现了，且风对桥梁结构并无影响。此外，曾有两支采煤团队首尾相接地从桥上经过，每支团队总重7吨，产生的震动却不比同样跨度的木拱架与桁架桥梁更大。"

到了1849年，很多人迁往美国西部，亨纳校长一家也搬走了。华盛顿又被送到莱缪尔·斯蒂芬斯教授（Professor Lemuel Stephens）一家居住、学习。斯蒂芬斯教授来自美国东北部新英格兰地区，三十出头，家里有妻子跟一个刚出生的小孩。这次的新生活比之前在亨纳家的生活更加不如意。华盛顿难以忍受新英格兰的烹饪法，说"烧鳕鱼的气味始终不断，令我反胃"[1]。而且，斯蒂芬斯业余喜欢剥制动物标本，于是华盛顿居住的阁楼上就摆了一堆装饰品：一只填充的豪猪，一条短吻鳄，一只山猫，一只狼，一只浣熊，两条蛇，还有一只丛林狼。"这些物件还会来回摇摆，让我的心灵充满恐惧。"然而，这些还不是最糟糕的。

"魔鬼从密西西比送来一个麦克劳德牧师大人（Rev. Mr. J. McLeod），他带着一双儿女，来跟我们寄宿。于是，我就从阁楼上搬下来，同那牧师的儿子大卫·麦克劳德（David McLeod）住一间屋子。这小魔鬼把我内心的安宁彻底破坏了。他是一个疯子，上帝保佑，愿我从来没有见过他！换了旁的孩子不可能忍耐得住，但我的精神已经被他父亲那张母牛皮毁掉了，于是我就不敢作声，一直过了几个月光景。后来，他们终于发现儿子的疯癫，就把他送去了疯人院。没多久，他就死在那里了。我始终没有从这一场悲惨的际遇中恢复过来。将小孩子送离家人，去学礼节，有诸多恶果，这就是其中之一！"

---

[1] 新英格兰地区指美国大陆东北角的六个州，以麻省首府波士顿市为中心。历史上曾因鳕鱼贸易而繁盛，因此鳕鱼的烹饪文化也很发达。——译注

没过多少年，华盛顿就参军上了战场，后来又主持修建布鲁克林大桥，这些事情都险些让他丢了性命，却没有破坏他内心的安宁。那么，大卫·麦克劳德这个密西西比孩子，究竟把舍友华盛顿怎么样了？不论发生了什么，罪行被揭露的时候，罪犯不仅被勒令退学，还被自己家人拒之门外，最后身陷"囹圄"，早早结束了一生。

从很多方面来说，华盛顿·罗布林的童年都可以被认为享有特权。父亲约翰尽管是移民，却从没有穷过。当时有很多城市贫民窟，拥挤而肮脏。那里的孩子，从小到大，没有书读，没有卫生设备，没有供暖、照明，也没有自来水，几乎完全没有改善生活的希望。华盛顿的童年生活与他们的相比，可谓一天一地。小华盛顿能够听到外公讲那些普鲁士的老故事，听他描述怎样亲身经历了滑铁卢战役，还能阅读《伊利亚特》和《奥德赛》，乐在其中。他能够在林子里跑上好几英里，看着爸爸在美国大河上建起第一座桥。

然而，各人有各人的不幸。华盛顿·罗布林的童年给他的余生投下了长长的暗影。父亲的凶狠不可调和，几乎要把他害死；后来他又被人从母亲身边夺走，强迫送往被煤烟熏黑的匹兹堡，接受诡谲的"刑罚"。正如第一本华盛顿传记的作者汉密尔顿·斯凯勒所言："环境的连续打击，父母造成的伤害，都没有破坏他的精神，毁掉他的志趣，终其一生，华盛顿都是善良慷慨之人。"

*

这时候，约翰·罗布林的缆绳生意做得太大，萨克森堡已经盛不下了。19世纪40年代末期，约翰开始为特拉华与哈得孙运河建造四座高架渠。这条运河最早是19世纪20年代两名宾夕法尼亚州商人规划的。这两人是兄弟，在宾夕法尼亚州东北部拥有煤矿。规划这条运河的目的是把无烟煤从自家煤矿运到纽约市出售。两兄弟还有先见之明，认为运河负担太重，于是到19世纪40年代初，启动了全面重建的项目。华盛顿回忆道："扩建项目必须重建四座大型高架渠，穿过莱克沃克森河（特拉华河的支流）的河口、附近的特拉华河、杰维斯港上游的内弗辛克河，以及海福尔斯的朗道特河。"有了这四座高架渠，人工河道才能不受天然河流的阻碍，其中两座位于宾夕法尼亚州，另外两座位于纽约州。这样一来，"工程项目需要搬家，缆绳制造也供不应求，于是爸爸也就必须搬到东边了。这只是早晚的问题"。

约翰·罗布林举家从宾夕法尼亚州西部搬到了新泽西州特伦顿市。华盛顿回忆道："1849年夏天，一直都在准备搬家。孩子们很高兴，妈妈却掉泪了，镇上的老人也很不舍。"初秋，华盛顿一大家子人，不光有华盛顿、他的弟弟妹妹、母亲，还有外公外婆、一位姨妈，全都挤上了四辆马车。车上还有另一家，姓昆茨（Kuntz）。"全村人都来送我们。很多人哭了，大家都一脸悲伤，因为我们走了，小镇的繁荣也就完结了。"后来，宾夕法尼亚州西部发现了石油，命运就此转变，然而此时，约翰已经把这里的土地尽数卖掉了。这次搬家，从大大小小的方面，都让罗布林一家的生活有了突然的转折。"我们离别了二十年的朋友与伙伴，大多数人从此再也没有见过面。我觉得妈妈是最悲哀的一个，她生活的转变太大了。十年之后，我故地重游，却已成了陌生人。"

往特伦顿的路，走了一个星期，坐过马车、运河船，又坐火车。这并不是一趟奢华的旅行，只是船上每天都有大米布丁作甜点，让华盛顿很是喜悦。有一只船实在太挤，一家人不得不睡在地板上、饭桌上。穿越特拉华河，快到特伦顿的时候，十二岁半的华盛顿第一次看到了蒸汽轮船,后来他说这是"小时候见到的奇景"。最后,他们终于来到了新家。这是一幢两层楼的砖房,隔壁是新建的铁丝绳作坊,是查尔斯·斯旺按照约翰·罗布林的详细指示兴建的。一行人已经疲惫不堪,斯旺的妻子正为他们准备晚饭。华盛顿写道:"她看到一支饥饿大军入侵了自己的住宅,是何等惊讶!"

罗布林一家安顿下来的时候,特伦顿已经开始繁荣起来了。17世纪,最早一批定居者的首领叫马伦·斯塔西(Mahlon Stacy),是贵格会教徒。当时,在英国,贵格会属于少数派,很多人受到迫害,都逃到国外去了。特伦顿恰好位于费城和纽约之间,而且水路运输十分便利。于是,从这时起,特伦顿就早早地成了新泽西州的首府。约翰·罗布林的合伙人叫彼得·库珀(Peter Cooper),此前一直催促约翰赶快搬家。1847年,库珀又与他人合伙成立了特伦顿铁厂。他认为,罗布林不光是好邻居,还会是好顾客。约翰用每英亩100美元的低价买了一片土地。华盛顿特别提到,在他写回忆录的1894年,这片土地的价格已经涨到了每英亩22000美元。这片土地位置极好,毗邻特拉华与拉里坦运河、卡姆登与安博伊铁路,这样,四面八方各种途径的运输就都十分便利。此外,特伦顿还有一个主要优势,就是地势非常平坦。约翰所需的缆绳作坊和制绳长廊,都必须有至少2500英尺长的水平地面。作坊距离市中心约有1英里。在约翰·罗布林的吩咐下,斯旺在工地上建起了三栋房子:一幢两层楼房,比较矮小,用作住宅;一座缆绳作坊;还有一栋蒸汽机房。三栋建筑,还有作坊所用的所有机械,都是约翰设计的。华盛顿说:"他的目标非常明确。"作坊开业第一年就制造了250吨铁丝绳,相当于4万美元的业务。

华盛顿继续上学,一开始拜师弗朗西斯·A.尤因博士(Dr.

Francis A. Ewing）。华盛顿说,这人是"老派绅士,穿着齐膝短裤、绣花背心,很像美国国父本杰明·富兰克林（Benj. Franklin）老先生"。华盛顿自己并不赞赏这里的教育,说教学内容"并不比三年前我在亨纳学校的课程更先进。这只证明了一点,就是我当初应该在萨克森堡多住几年"。接着,约翰·罗布林出了事故,形成了一种诡异的前兆,预示了将来取走他性命的那起事件。事故让华盛顿的教育出现了重大转折。1849年的圣诞节前,罗布林一家最小的孩子查尔斯刚刚出生几天。这一天,约翰在缆绳作坊里,工人已经发动了机器。作坊里有一种他发明的特殊设备叫反捻机,用来把各条索股捻成一条铁丝绳。机器设计得十分巧妙,操作时,缆绳的紧张度也极高。华盛顿叙述道:"他观看作业时,站在反捻机的配重箱附近,一只手无意中抓住了铁丝绳,铁丝绳把他的手拉了上去,左手卡进了绳轮的凹槽。"斯旺听到约翰的惨叫,赶忙让机器反转,将他血肉模糊的手臂解救出来,他"向后倒去……毫无生气"。后来,约翰恢复了,但左手和左腕基本上不能用了。"吹笛子、弹钢琴（除了用右手弹的部分）全都告终,画图更加困难了,很多行动也受到了严重阻碍。"然而,"他最伟大的工程杰作,都是在事故之后完成的"。

约翰因事故而受到严重刺激,甚至完全不能写字了,尽管他的右手毫发无损。约翰坚持在治疗措施里加入水疗。他曾一度妥协,允许特伦顿最有名的外科医生詹姆斯·B.科尔曼大夫（Dr. James B. Coleman）进行初诊,但他很快无视了大夫的建议,自选"热水袋、冲洗疗法、坐浴,而且耽于普里斯尼茨的一切最新时尚疗法"。"尽管如此,过了一个月,他就重新站了起来,到处行走,到二月份,已经能够出差了。"但约翰还是不能写东西,还需要别人帮他穿衣服。于是，还没满十三岁的华盛顿就当上了父亲的护士、秘书兼副官。整个冬天及1850年的春天，小华盛顿一直陪同父亲视察莱克沃克森河、特拉华河、内弗辛克河和朗道特河四处高架渠的工地。这一连串的经历，让华盛顿铭记终生。

华盛顿回忆："当时的乡村还非常原始，非常不稳定，晚上能听见狼嚎。"野狼使得小华盛顿惊悸不已，父亲的怒火也让他战战兢兢。"我当了他的文书助手，按他的口授写东西，表现极差。我只有十二岁半，自己的书写还没有成熟，于是惹得他十分不满。"艰难不只有心理上的，还有生理上的。寒冬腊月，父子俩前往内弗辛克高架渠，先是坐运河拖船与火车，接着坐敞篷雪橇，最终步行走完了最后3英里的路。这趟旅途听上去很快乐，其实并非如此。他们不得不穿越"一场猛烈的北方冻雨风暴"。"我既无大衣，又无内衣，冻得几乎丢了性命。这次旅程，我永远难忘。"华盛顿身为约翰的长子，也是约翰实际上的手下，却不记得在旅途中穿过一件厚衣服。约翰·罗布林对家人一直很吝啬，这次旅程正是他吝啬的戏剧性体现。华盛顿写到父亲约翰喜欢高档服装，笔调充满苦涩，也就天经地义了。

冬天余下的时间，以及开春后很久，华盛顿都不得不陪同父亲旅行，没有去上学。1850年5月，父子俩去了纽约州高瀑高架渠，还有朗道特溪流高架渠。有一次，前往工地的船挤满了去视察的运河公司高管，于是华盛顿竟然骑着牛去工地。"我刚刚爬上去，那牛就跑了起来，而且是全速猛冲……我坚持了3英里，就从它圆滚滚的背上翻了下来，牛转身又跑回家去了。感觉就和骑单峰驼一样，既像晕船，又像患了脊髓震荡。"

约翰·罗布林之前为水陆联运铁路制造铁丝绳时，还有一笔尾款没有收回，于是华盛顿又跟着父亲去宾夕法尼亚州首府哈里斯堡收钱。他们要入住的旅馆全部客满，只剩一个房间预留给了詹姆斯·布坎南（James Buchanan）。他是宾夕法尼亚州头号政治家，后来当了第15任美国总统。[1]不过，因为布坎南还没有到，罗布林父子就得以入住了。"老板告诉我们，这是双重的荣耀，不仅能入住旅馆最豪华的客房，还能睡在布坎南先生的床上。"但在约翰·罗布林看来，这却不算荣耀。布坎南是民主党人，约翰认为他对奴隶制太过宽容，只是个"道貌岸然的伪君子"。他后来大力支持新成立的共和党，也就是林肯的党派。在哈里斯堡，华盛顿还参观了宾夕法尼亚州众议院，满心觉得会看到一个庄严隆重的场面。"我在旁听席前排就座，突然飞来一个大纸团，打到了我脸上。接着我就看到整个大厅都坐满了一群激动的人，全都冲着彼此大呼小叫，场面狂野而滑稽。人人都有一批弹药：镇纸、旧鞋、帽子、布娃娃，相互扔来扔去，欢天喜地。"华盛顿发现，这是一种悠久的传统，每次议会开到最后一天都有这种仪式。"我只是碰巧走运，撞上了而已。"

　　回顾父亲的一生，华盛顿认为，这四座高架渠是他最大的成就之一。不过，在多面手看来，这些高架渠远没有后期那些大桥更加漂亮迷人。高架渠的柱身刚度足够，完全可以作为桁架而支撑水道，于是缆绳只需要承载水体自身的重量。但在1921年拆除高瀑高架渠的时候，测试发现缆绳的抗拉强度为94166磅每平方英寸[2]，这一数值比约翰·罗布林的设计要求 90000磅每平方英寸高出很多。历经七十年风吹雨打，缆绳依旧完好。华盛顿说："我经

---

[1] 1857—1861年任美国总统。——译注

[2] 1平方英寸合6.4516平方厘米。——编注

常想，阿勒格尼高架渠倘若提前十到十二年建成，或者更早，那么爸爸至少能多修二三十座。"[1]

*

19世纪50年代初，约翰大部分时间都用来经营铁丝绳产业，很少设计工程项目。华盛顿回忆道："爸爸发现，专业工程设计这种工作常常时断时续，很不稳定，因此对制造业从未有过一刻的忽视。制造业不需太多关注就能继续发展，还能给他留出一些时间搞设计，获得足够的进项渡过暂时的难关，以及逐渐积累一点资历。"然而，想打下制造业的基础并非易事。约翰·罗布林完全是白手起家，不仅需要拉出铁丝，为铁丝退火，也就是用高温处理，保持铁丝的韧性，还要用酸除去不平的鳞皮[2]，最后再用石灰处理。石灰不仅能起到润滑作用，还能中和酸。这些事情，罗布林没有一丁点经验，而他竟然能发展成为当时最杰出的制造商之一，这就进一步证明了他的志向与勤奋。

尽管约翰在科学上一丝不苟，但他对替代疗法[3]的热衷却依然不减。对待工程项目或是缆绳作坊，他决心坚定，从一而终，而对待那些宣扬水疗信条的人，他却十分善变。据华盛顿说，普利斯尼茨这个"水疗法的创世神"，在年纪大些的约翰那里失宠了。约翰转而信任了一系列江湖医生，最出格的一位叫乔治·梅尔克舍姆·伯恩（George Melksham Bourne）。此人二十年前在纽约经

---

[1] 约翰·罗布林建造的特拉华高架桥，现名为"罗布林桥"，连接纽约州的米尼辛克福特村和宾夕法尼亚州的莱克沃克森镇区，跨越特拉华河，如今是美国现存最古老的悬索桥。后来改造成公路桥，1968年列入美国国家历史名胜。

[2] 工业用语为"除鳞"。——译注

[3] 泛指不同于现代西医的疗法，如水疗。——译注

销油画，生意做得很大。如今，伯恩同艺术告了别，变成了约翰信任的又一个"托钵僧骗子"。"伯恩送来各种各样的信，谈的都是水疗、卫生学、颅相学[1]等，让爸爸全身心入了迷。"伯恩自己出了一本杂志《家庭医生》，自称"汗蒸医师与先锋水疗医师"。他相信，蒸汽浴室、冷水浴室与湿冷的毛巾能让人流汗，有着疗愈的力量，因此，他根据拉丁语流汗"sudare"自造了一个词：汗蒸医师"sudatorist"。伯恩对常规医药的猛烈嘲讽不亚于约翰·罗布林："医药界的这些刑具和吸血蚂蟥要阻挠科学进步到几时呢？他们设计出来这种体系，就是为了让受害者忍受痛苦，从而为他们的阴谋所奴役。这种邪恶的体系，人们还要纵容多久呢？"伯恩得到批准来到罗布林家，指导全家人的饮食。在孩子们看来，这完全是一种刑罚。华盛顿写道："每个小孩的盘子里，堆满了圆锥形的全麦面粉，有3英寸高。他要我们干嚼，还看表，必须一分钟吃完半茶匙，然后命令我们咽下去。就这样周而复始，直到全部吃完，或者暗中吐出来。"更离谱的是，伯恩既不让吃肉也不让吃蔬菜，咖啡、甜食也禁了。于是"买下了成袋的枣、无花果，都生了很多虫子，而这还算一种奢侈品"。"这种生活持续了一周，我们都瘦成了活骷髅，在家的周围鬼鬼祟祟地走来走去，从泔水桶里刨食。"

后来，罗布林家的小孩还是从这场营养噩梦中得救了，而契机是一个极为突然的转折。伯恩有个儿子，只比华盛顿小一岁左右，有一天不幸遇难了。一个周六，他莫名其妙地失踪了，人们遍寻不着。华盛顿写道："我告诉他们，他可能去游泳淹死了。于是我脱了衣服，潜下水，花了半小时终于在运河底找到了尸体。一切抢救尽都

---

[1]一种伪科学，研究头骨形状与性格的关系，现在已很少有人相信。——译注

无效。"华盛顿跟这孩子很不相熟,日后回忆起来,也没有什么悲伤,倒是觉得很庆幸,因为"接下来的葬礼永远结束了这种饿殍式的饮食法,我们也就保住了性命"。华盛顿还专门提到,伯恩在下一周就逃去了加利福尼亚,带着别人的老婆。

华盛顿陪同父亲视察完四处高架渠的工地后,进入了特伦顿学院(Trenton Academy)。这是宾夕法尼亚州乃至全美最古老的学校之一,1782年创立。华盛顿和弟弟费迪南,都列入了1851—1852学年的名册。然而,华盛顿逃离了家却并没有逃离辛勤的劳作。当时的课本全都强调勤勉、守纪、服从领导——这些品质,华盛顿已经很熟悉。《柯布少年读本(第二册)》写道:"勤奋的同学……会尽快回到家里,有很多话要对父母说,有很多事要为父母做。"[1]《威尔逊读本(第三册)》写道:"懒孩子几乎总是贫穷而痛苦的,努力的孩子就会快乐而发达。"

---

[1] 莱曼·柯布(Lyman Cobb, 1800—1864),下文的威尔森是马修斯·威尔森(Marcius Willson, 1813—1905),两人都是当时美国著名的出版家。——译注

第 4 章

我不是老一辈的翻版

专利体系使得发明家能够看着自己发明的新技术冠上自己的名字，并从中获得利益。1787年，美国制订宪法时载入了专利体系——至少是专利体系的雏形。不过，这一体系直到1836年才真正运作起来。接着，通过了一项专利法案，设立了专利办公室，由一组检验专家以检验发明的创造性、新颖性、实用性为基础，来授予专利。技术进步的速度能从几十年中专利发放的数量增长中看出来，先是两倍，接着是四倍，等等。1840年，授予了477项专利；1850年，增加到986项；1860年，这个数字上升了三倍多，达4588项。蒸汽船、运河、新式耕地、新式脱粒、新式磨面，以及新式的挖煤法、炼铁法……美国的土地、美国人的生活方式，都因这些科技发生了不可逆的巨变。

不过，给美国的国土和人民带来最大变化的，还要数铁路。1850年，作家纳撒尼尔·霍桑（Nathaniel Hawthorne）在笔记中提到，铁路是怎样改变了他无比熟悉的马萨诸塞乡村的。"纽卡斯尔火车站是一所小小的木屋，一侧通过一条铁路，另一侧通过另一条，彼此交叉成十字形。稍远一点，立着一座木制教堂，黑色，大而老旧。顶上一座方形主塔,窗户已然破碎,屋顶正中有一道裂缝,一副破败而朽坏的样子。还有一幢旧式的农舍,屋顶长而倾斜,与教堂一般的黑色,立在路的对侧,附近有数座谷仓。火车站所见之建筑,仅此而已……未几,便听得一阵闷雷,沿着那些钢铁轨道滚滚而来,越发大声。远处可见一物,飞速驶近,临到眼前,迅疾而不可免之状,宛如命运。片刻之间,此物即驶到站前缓缓停下,车头冒烟吐气,盼望行进下去。这片寂寥之地一下子涌进了多少生气啊!长长的车厢四五节,或许每一节都载着五十多名乘客,他们或读报纸,或读袖珍本小说,或高声谈笑,或沉沉睡去,这就是火车上人们的日常生活景象!火车停下后,扛行李的脚夫便把旅行箱、包裹放到车上,如此过了片刻,钟声响起,火车便又开动,疾速地驶出了原地停留者的视线。于是,数小时的孤寂再次笼罩了小站,而小站也就由此与那些遥远的城市得以连通刹那,然后依旧茕茕孑立,与那破败的黑色教堂、老旧的黑色农舍为伴。这两座建筑皆于多年之前建造,在那年月,铁路甚至不曾被人梦到。"铁路是进步的主要象征。

在铁路建设中,抹杀距离与隔阂最为戏剧化的展示,莫过于尼亚加拉瀑布上的铁路桥了。1845年,查尔斯·B.斯图尔特(Charles B. Stuart)负责为加拿大西部铁路公司选址。斯图尔特写信给几位著名工程师,邀请他们参加铁路桥项目的投标。有两位工程师回了信,一位是约翰·罗布林,另一位是查尔斯·埃利特(Charles Ellet)。约翰后来把埃利特当成了主要竞争对手,再往后,儿子华盛顿也是。埃利特是杰出的人才,比约翰小上几岁,1810年生于宾夕法尼亚州巴克斯县(Bucks County)。在他小的时候,父母想要培养他当农场主,但他在十七岁时找了一份沿着萨斯奎哈纳河进行测量的测量员工作,从此离开了家。接着,他去了弗吉尼亚州切萨皮克与俄亥俄运河上工作,并一直在攒钱。1831年,埃利特用攒来的钱上了巴黎的法国国立路桥学校,这所学校的地位相当于约翰曾就读的柏林建筑学院。年仅二十二岁时,他就向美国国会建言,请求在波托马克河上建造一座跨距1000英尺的缆绳悬索桥。然而,美国立法机构并未支持,理由是"此类性质工程之可行性,仅在该名工程师的思想中得以体现,现实中则不具备"。十年之后,他建造了美国第一座悬索桥,位于宾夕法尼亚州费城费尔芒特街区,跨越斯库尔基尔河。

这座桥建成后的第三年,埃利特接到了斯图尔特请求建设瀑布铁路桥的信,便给斯图尔特回了信。他写道:"尼亚加拉瀑布之下可以造桥,安全性完全可以保证,而且在一切方面都适合铁路之用。此桥作为火车头与货运列车之通道,将会十分安全,且能够改装而适用其他一切可能之目的。只是为了达到这一目的,设计须十分谨慎,并合理装配。若合理建设,则悬索桥的安全性将超过其他一切桥梁;若对平衡知识了解有误,则悬索桥危险性也将超过其他一切桥梁。"

约翰也认为建设跨越瀑布的悬索桥可行,而且这座桥也足以支撑铁路。他对这种结构的平衡知识有着十足的信心。"若工艺纯熟,则缆绳必然成为支撑重物的最安全与最经济的方法,这一点毫无疑问……所支撑的重量越大,则缆绳强度必须越高。这完全取决于精确计算,因此强度系数将不会有问题。唯一的问题在于:悬索桥的刚度能否支撑火车不均衡的重量而不至于断裂、弯折。火车快速运动时会产生剧烈的震动,这种震动会对常规桥梁带来巨大的损害,这一损害能否避免、消除?"约翰·罗布林回答了自己的问题:

"我的答复是：能。跨距越大，则刚度可以越高，这刚度来自巨大的重量，重量是确保稳定的必要条件……为抵消缆索的可挠性[1]，须使用斜拉索来固定多个点，这些点必须对应震动的绳结。如此，缆索与斜张缆索就能共同支持桥面。"

埃利特最终于1847年拿到了合同。恰好在同一年，英国迪河上的一座铸铁桥在一列四节车厢火车经过时，垮塌了。《伦敦新闻画报》生动地描述了这场事故："火车从切斯特站出发，六点半时，全速前进的火车刚刚抵达迪河上新建的铸铁桥，突然，桥的最后三个铁拱发生了严重坍塌，整列火车随之落入河中，只有车头与煤水车安全抵达对岸。遇难与濒死者共有九人，另有数人不同程度受伤，肢体缺残。司炉工从工位上被抛到煤水车上，当场死亡。"这座桥的设计者著名工程师罗伯特·史蒂芬森（Robert Stephenson），是"火车之父"乔治·史蒂芬森（George Stephenson）的儿子。乔治在1829年发明了新式火车头"火箭号"，为工业带来了革命性的发展。这次事故，最后总共有五人遇难。有些受害者在事后想要起诉罗伯特·史蒂芬森，告他过失杀人罪。

迪河大桥之所以坍塌，是因为一根主梁发生了金属疲劳。当然，迪河大桥的设计与埃利特、罗布林设想的形式全然不同。饶是如此，认为悬索桥足以吊起火车头外加整列车厢的想法在当时依然十分惊人。埃利特估算他造桥的成本是190000美元，比罗布林投标的成本高了10000美元，不过，当时埃利特名气比罗布林大，所以合同还是让他拿到了。为了在峡谷上方架起铁丝，埃利特想出了一个巧妙的办法：悬赏五美元，征求一个人把一只风筝放到峡谷对岸。最

---

[1] 容易弯曲的特性。——译注

后，十五岁的少年霍曼·沃什（Homan Walsh）拿到了赏金。埃利特通过风筝线，拉起了第一条铁丝。1848年夏末，一座临时桥梁架了起来，并对公众开放了，也就在这个时候，埃利特与桥梁公司有了矛盾。临时桥梁吸引了大批游客，没多久，埃利特就收了五千美元的门票钱。这笔钱，埃利特打算自己留下。华盛顿记载了埃利特的失宠，笔调非常戏剧化："步行桥造好的时候，埃利特与上司起了纠纷……他把桥据为己有，不论是谁，必须交钱才可过桥。他在两端修起了工事，安装了大炮，给手下人发了枪支，对两国[1]的民兵嗤之以鼻，甚至也瞧不起治安官……最后来了一个团的兵士，才把埃利特撵走。"华盛顿有可能是从他的父亲那里听来的，而约翰跟埃利特是竞争对手。华盛顿自己也承认这种说法不一定准确："以上是道听途说，但五十五年之后成了现实。"当时报上登了一篇檄文，猛烈抨击埃利特，证明在桥上的确有一场激烈的冲突。埃利特在桥两端装了大门，不让桥梁公司的老板们上来。

　　埃利特被开除了。约翰·罗布林的计划得到了批准。1852年，他当上了总工程师。埃利特认为，可以让铁轨和马车道并行，位于同一水平面上。华盛顿却认为这种方案无论如何行不通，说这结构"没有适合的加劲桁架支持"，还说"埃利特提高桥梁刚度的手段，主要是用固定负载——岩石，这纯属胡闹！"不过，对于他的这一系列批评，最好带着适度的怀疑来看待。华盛顿之所以这么攻击埃利特，是因为继瀑布桥之后埃利特依然是他父亲的对手。埃利特的下一个项目是俄亥俄河上的桥，位于俄亥俄河的支流惠灵河上。约翰·罗布林也想要这份工作，但最后又是埃利特赢了。埃利特的这

---

[1] 这座桥位于美国和加拿大边境。——译注

座桥,净跨径是当时全球最长的,达1010英尺,1849年对公众开放,至今仍在使用,是美国名胜之一。所以,华盛顿·罗布林说过的"只要一谈到具体细节,埃利特就没有成功的时候"这句话只是出于敌对态度,而非实际情况。

不管华盛顿·罗布林和父亲约翰有什么冲突,他在公开场合一直为约翰的为人和名声辩护,而且非常景仰约翰的事业心,正是事业心让约翰成就了伟业。华盛顿回忆起在尼亚加拉瀑布的那段日子,写道:"爸爸最主要的性格就是行动力极强,又非常独立。我不记得见过他有一刻的空闲:刚用过早餐,他便立即开始工作,绘图、策划、安排,总是在制订目标,总是在改进原有的理念。我说,爸爸为建起的每一座桥都制订了五十来个计划,却都并未执行,并不是什么奇谈。"

约翰在瀑布上建起的悬索桥主塔,用的是埃及复古风格,由加拿大石灰岩建成。大桥其他部分主要是木材,因为当时还不能制造钢铁结构。约翰的设计十分新颖,有四根主缆,从而无须在桥面上建设连接拱架以稳定主塔。缆绳所用的铁丝是从英国曼彻斯特采购的[1]。1853年,下层桥面首先建成。上层桥面需要铺设铁轨,最后建成。大桥跨径800英尺,桥面上下层之间以木质桁架进行加固,主塔的巨大重量又提供了附加的稳定性。3月18日,《纽约时报》报道第一列火车驶过了大桥。这辆火车的火车头是当时最大的车头之一"伦敦号",自身重量就达到了23吨。

"当代巨作已经完工……有些全世界最卓越的工程师宣称,这一工程理论不可行,实践亦不可行;而今证实,其理论、实践皆可行。

---

[1] 伦斯勒理工学院存有一批早期草图,其中一张绘有一座主塔,连接一座哥特式尖顶拱门,形状颇似后来布鲁克林大桥的拱门。

1857年，约翰·A.罗布林尼亚加拉瀑布桥锚锭加固

大桥已成为现实，而非妄想。它对未来有绝大的助益，不可限量……
18日上午十点半，首列火车由英国（加拿大）一侧出发，以慢速通
过大桥，行驶到纽约中央铁路公司的铁轨上。该火车由车头、煤水
车及二十节满载的货车车厢组成，长度超过了整座大桥。火车总重
约350吨，第一次穿越大桥时，即有猛烈的暴风雪袭来，然而，火
车的重量与暴风雪均未使大桥产生任何能被人感知的震动。"这一
戏剧性的场面，《纽约时报》的记者当然没有放过。"在尼亚加拉河
面上空245英尺的高度跨越河流，让我们看到了世界的奇迹：一侧，
壮观瀑布一览无余；另一侧，能看到著名大漩涡的一部分，可怖的
涡流足以吓退那些最勇敢的领航员、最无畏的探险家。悬索桥呈现

的场面，乃是人类双眼有史以来所见过的最壮观的场面之一。"[1]

　　然而，并非人人都对约翰·罗布林这座令人目眩的桥迷醉不已。作家马克·吐温（Mark Twain）在散文《尼亚加拉一日》（*A Day at Niagara*）中说：瀑布乃是"最有乐趣的小憩之地"，可是"然后你就从'悬索桥'上驶过，将痛苦一分为二：一面担心坠入200英尺下方的河流；一面担心头上的火车会从天而降。无论哪种可能，单独存在就已令人不适；而混合在一起，更是叠加成难熬的痛苦了"。这些理由，都让马克·吐温战战兢兢。然而，当时另有一位名人，恰恰因为这些理由而专程前来体验，那就是让-弗朗索瓦·格拉维莱（Jean-François Gravelet），艺名叫夏尔·布隆丹（Charles Blondin），是19世纪杰出的funambule[2]。1859年6月，布隆丹利用一根马戏团的绷索，第一次穿越了尼亚加拉瀑布。伦斯勒学院档案馆藏有一张立体相片[3]，拍的就是布隆丹走绷索的场面，背景是约翰·罗布林的桥，与绷索几乎平行。照片的边缘是华盛顿清秀的手迹："W.A.R.1853年观看演出。"这句话写错了，因为约翰的桥直到1854年方才竣工。但无所谓了。这短短的一句话，就显出了华盛顿与约翰这座不同寻常的大桥的微妙联系。

＊

　　1854年3月13日，华盛顿给父亲的得力助手查尔斯·斯旺写

---

[1] 约翰建造的这座令人惊叹的桥现已不复存在，但人行道依然可用，纽约一侧的一部分桥台也留在原地。1896—1897年，莱弗特·L.巴克（Leffert L. Buck）设计的拱桥"漩涡激流桥"代替了原来的悬索桥。华盛顿用拉丁语写道：Sic Transit Gloria Mundi。（世界荣耀就此消失。）

[2] 法语，走绳索杂耍人。——译注

[3] 指用两台相机并排拍摄的照片，可用类似看三维立体画的形式，看出立体图像。——译注

了一封信，当时斯旺正在特伦顿。华盛顿给斯旺的信语气总是亲切友好的。从小到大，华盛顿与斯旺的互动都比与父亲的要温暖得多。华盛顿问斯旺能否给他寄一本书："拉·维加男爵（Baron de La Vega）[1]的《对数表集合》，维也纳出版，左边是拉丁语，右边是法语。"这本书摆在华盛顿家的书架上，他把具体位置告诉了斯旺。过了几个星期，华盛顿又写道，"我刚刚游过了哈得孙河"，累坏了。"我的事情足够我忙碌，并没有空闲之虞。事情自己找上门来，想要就能得到，有时候还会太多。"

这一年华盛顿十七岁。也是在这一年，他启程前往纽约州特洛伊市（Troy），进入伦斯勒学院正式参加工程师的培训。直到今天，特洛伊的风景都十分优美。那里的原住民是莫希干人（Mohicans），属于美洲原住民的东阿尔衮琴部落（Eastern Algonquian Native American）。莫希干人曾与邻居莫霍克人（Mohawks）争战多次，损失惨重。17世纪到18世纪早期，莫希干人把大部分位置良好的肥沃土地卖给了荷兰人。特洛伊市一名历史学家写道："交易记录显示，莫希干人出让土地，换取了如下物品：小地毯、火枪、大水壶、黑火药、铅条、皮帽、衬衫、印第安贝壳钱串、成串的烟草、小孩子的大衣和衬衫、刀子、短柄斧、锛子、皮制烟草袋、袜子、连帽粗呢外套、面包、啤酒、一块布、一把水手短剑、斧头、几罐朗姆酒、毯子、枪支、马德拉葡萄酒、烟斗、五先令。如今，有些人会觉得这笔买卖不甚划算。"特洛伊原名叫范德海登农场，1789年才改了名，与著名的希腊古城同名，并开始转型成为"19世纪的硅谷"。这个地方，差不多是领航员在哈得孙河上能够到达的最北

---

[1] 应为朱利·维加（Jurij Vega），又译朱立·维嘉（1754—1802），斯洛文尼亚数学家，其编制的对数表影响极大。——译注

端,也是伊利运河的东方尽头。当时水路是最好的运输手段,因此,特洛伊成了运输与贸易的黄金地带。此外,有多座瀑布流经特洛伊市的悬崖,可以为工厂提供动力。天时地利加在一起,使得特洛伊在1840年人口普查中,排在全美最发达城市第四名。19世纪,有一名屠宰场兼肉联厂老板,叫萨缪尔·威尔逊(Samuel Wilson),在特洛伊发了家。据说,他就是美国象征"山姆大叔"的原型。特洛伊造出了第一批可分拆的衬衫衣领,还造出了最早的机械加工的铁路道钉和马蹄铁。南北战争期间,美国北方海军小型铁甲舰莫尼特号的甲板,也是特洛伊铁厂制造的。

20世纪,工业发生了衰退,特洛伊的经济也随之衰退。市中心原本矗立着很多豪华的褐沙石房屋,曾是一道风景。如今,很多房屋已然用板子封了起来,室内空空如也。尽管有不少人说起经济复苏,却一直没有实现。但特洛伊的一部分历史却继续辉煌着,那就是雄踞在高地上宛如一座山城的伦斯勒理工学院,英语缩写RPI。

学院的创始人是一个荷兰人,叫斯蒂芬·万·伦斯勒(Stephen van Rensselaer),1764年生于名门望族,1789年当选为纽约州众议院议员,后来又成为州参议员,最后当上了副州长。他还加入了一个委员会,这个委员会的任务是在1810年勘测伊利运河的水道。此外,他还出任了纽约州第一个农业委员会的主任。1824年,就在伊利运河通航的前一年,伦斯勒在家族广袤地产的附近新建了一所学校。伦斯勒自述:"我在特洛伊最北端伦斯勒县境内建了一所学校,用的是老房子,人称'河岸故地'。我希望培养一些致力于将科学应用于日常生活的人才。我的主要目标是培养教师,用授课与其他方式指导那些农场主、机械师的子女,将各种科学应用于现实：实验化学、哲学、自然史用于农业、国内经济、艺术、制造业……若能将有用的技术进步平等分享给每一个人，应当对我国的公民、人才更有助益。"

从某些方面来说，"将科学应用于日常生活"这种观念并不算新颖。早在1799年，英国伦敦皇家学院（the Royal Institution）的介绍文件就体现了这种精神。伦斯勒如今是在有意响应。但是，把这样的教育"平等分享给每一个人"，却带有鲜明的美国色彩。土木工程的英语是"civil engineering"，中文为"民用工程"，为的是同军用工程相区别，这在当时还是一个新概念。华盛顿入行的时候，大多数上过大学的工程师都是在西点军校学的工程课，其他的美国工程师，则基本上都是一边做一边学。1747年，法国成立了法国国立路桥学校，1794年，成立了巴黎综合理工学院。1815年，维也纳成立了帝国皇家理工学院，也就是今天的维也纳科技大学。六年后，1821年，柏林又成立了皇家贸易学院。1840年，英国伦敦大学开设了工程课。同年，格拉斯哥市设立了一个专管土木工程与机械的官员职位。在如今所有英语国家的科学与土木工程类学校中，伦斯勒学院（RPI）依然是最早设立的一所，且一直没有中断过办学。万·伦斯勒有一位重要的合作伙伴，叫阿莫斯·伊顿（Amos Eaton），是地理学家。伦斯勒在勘测伊利运河的时候认识了伊顿，任命伊顿为学院第一位高级教授。1825年1月3日星期一，学院正式成立。伊顿是一位杰出的科学家，曾得名"美国地理之父"，还精通植物学、化学、动物学。

伦斯勒的教学体系十分独特，强调主动而不是被动学习，关注知识的实际应用，而且除了让讲师讲课，还让学生自己讲课，展示自己学到的知识。在其他各个方面，这所学校也很先进。成立之初其就制定了一些规章，用于女子教育。1828年10月29日，阿莫斯·伊顿在笔记里写道："以私人名义""在几位明智的朋友紧急建议之下，任命一位称职的女士担任化学与自然哲学这两门实验课程的讲师，每年为女生讲课。附加的通知里还建议设立同样的课程，为男生讲课。这些课程为期九周，时间安排相同，学费也相同……"1835年，有档案记载，进行了女子的"一组非正式测验"。

一份内部章程记载了一张课程表，包含所有学科。章程说："每位学生每周必须有5节系统植物学课程，前3周包括标本展示。学生须完成两项任务中的其中一项：1）收集、分析、保存多种植物标本。2）在一名教授或助教引导下，在学校作坊观摩艺术家与工人的操作……每周6天，每天4小时；除非有天气、健康或其他合理的原因教授准假。余下的12周，每位学生应有15节矿物学、动物学课程，包括标本展示；15节化学工艺与非金属材料课程；15节自然哲学（含天文学）课程；15节半金属、金属、土壤、废料、矿物质水、动植物成分课程；必须亲手实验，并完整记录。此外，每周六，学生必须在一名教授或助教的引导下，观摩学校作坊的艺术家操作，时长为四小时，除非出于前述原因而被准假。"1835年，学校成立了"数学艺术部"，专门教授工程学和技术。早课上，教师让学生复习之前的内容，并给予"详细评判"。这些课程全部用实验教授，实验总数达1200个，全都让学生亲手完成。

这种严苛的教学体系，吸引了全国各地的学子。19世纪，"刻苦"是一项重要美德，被广泛传颂。1848年，学校有22名学生，5名教师；1855年，已经有114名学生，11名教师。这114名学生中就有华盛顿·罗布林。约翰为他付了每年60美元的学费，让他得到了这项特权。

*

华盛顿去特洛伊上学的时候，家里正闹得不可开交。回忆录中，华盛顿写道，他之所以在那个时候离家去上学，其中一个原因是约翰"突然从尼亚加拉瀑布带回一个叫露西亚·库珀（Lucia Cooper）的女人"。多年以后，也就是1867年，约翰与露西亚结婚了。露西亚的父亲也是个工程师，生于都柏林，1820年有了这个女孩子。露西亚一直没有结婚，跟姐姐格里芬太太（Mrs. Griffin）一起住在尼亚加拉瀑布附近。露西亚就是在这里遇到了约翰·罗布林。此时，约翰这个聪明且刚愎自用的工程师正值年富力强，而露西亚则是个老姑娘，已经三十四岁了。两人的关系究竟怎样，外人不得而知。在他们结婚之前，华盛顿一直没有提到两人的关系，只有一次除外。有一次，华盛顿表示，他心爱的母亲从来没有像露西亚一样，成为父亲约翰的得力助手，成为跟他社会地位平等的人。1854年，约翰带着露西亚·库珀小姐回到特伦顿时，原配乔安娜·罗布林当然还活得很好。这自然惹得家里"争吵不休"。华盛顿直言不讳："爸爸命令我……打好小包裹，告别原来的学校，去到纽约州特洛伊市。他把我一个人丢在车站换车，每天只给我一美元，应付所有的开销……然后，整整三年半，我都挣扎在饿死的边缘，而且精神也是永久的苦闷……回过头来，常常莫名惊诧，自己是怎么活下来的？"华盛顿承认，伦斯勒学院确实是全美最好的工程院校，但也是"天下最让人心碎、最折磨灵魂、最全面碾压学生的所在"。当时，伦斯勒学院的院长是本杰明·富兰克林·格林（Benjamin Franklin Greene）教授，也是伦斯勒的毕业生。华盛顿说，格林教授是有史以来最严厉的监工，能够挨到毕业的孩子，"离校之时，精神上已成废人"。

最早给罗布林家族写传记的作家汉密尔顿·斯凯勒，对华盛顿在大学时的惨痛回忆表示了怀疑。他认为，华盛顿可能"对他求学岁月的紧张条件作了些许夸张，而且他偏好用一些强烈的词汇，使他跨过了清醒事实的边界"。他还进一步主张："华盛顿之后的表现也从来不像是经过那么可怕的折磨，因为他说毕业生'精神上已成废人'，但他显然从来没有变成那种废人。"华盛顿写下回忆录的时候，已经七十多岁了。倘若他的记忆能"夸张"到在这样的高龄还能引发如此强烈的感情，我们也同样可以说，他当时的感受只怕比老年时的还要强烈吧。

有一点不容置疑：伦斯勒的技术与工程训练可以用残酷形容。"8周的训练，要学会使用如下仪器：链、天平、量角器、分线规、水平仪、象限仪、六分仪、气压计、液体比重计、湿度计、雨量计、温度计、望远镜和显微镜等。这些仪器用于以下任务：制图、水准测量、计算挖方与填方[1]，测量高度和距离、比重与液体重量、湿度、风暴、温度、纬度与经度，观察月亮和月食。"接下来，"之后的8周训练包括：简单机械、圆周、圆锥曲线、桥梁建筑、圆拱、桥墩、铁路、运河、环形铁路，通过反射与地球的凸面校正长水平面误差，计算晨昏时大气高度与地球任一部分上的压力，计算山峰与河谷的大气压力、影响高度，维修打气筒的进水阀；以月球的水平视差计算地球与月亮的距离；以次数的立方与距离的平方的比例项计算行星距离。"以上所有这些内容，只是伦斯勒学员必须塞进脑子的沧海一粟。那个时代还没有网络，没有谷歌搜索引擎，所有的数学，如微积分、代数，全都要用笔在纸上一栏一栏填满数字来计算。

---

[1] 挖土和填土的体积。——译注

那一年，华盛顿·罗布林十七岁，比班上很多同学起码小上两岁。很多同学已经十九岁了，还有年纪更大的。华盛顿后来写道，他当时太小了，根本经不起那种考验。他还因为父亲是著名工程师而背上了额外的负担，付出了代价。华盛顿回忆："那些小伙子们必须学会照顾自己，而不受外部强加的压力伤害。这一方面，我如今与当年一样脆弱。我需要的不是教育，而是脸面。时至今日，我依然受到所有人的摆布。我不是老一辈的翻版。"终其一生，华盛顿·罗布林的决心、勤劳、勇气，得到了认识他的所有人的一致尊敬。他在这段话中流露出来的脆弱，或许不过是转瞬即逝的幻想，写下来又忘掉了。然而，在这一页表现出来的这份脆弱也可能伴随了他一生，成为他内心的秘密和负担。但有一句老话：没有恐惧、怀疑，也就没有勇气。如果这些拦路的情感没有加以控制，那些看似勇敢的行动可能只不过是莽撞而已。华盛顿·罗布林从来不是莽撞的人。

不过，华盛顿无法在父亲不近情理的要求面前勇敢抗争，这种怯懦还是伴随了他一生。他在伦斯勒的苦痛，进一步证实了他确实不能反抗。他写道："我一直认为，毕业生不应该和爸爸一起工作。"正是这份工作，让华盛顿有了一辈子的心理阴影。"至少，不应该和我爸爸那样的人一起。只要我在某个专业问题上提出不同意见，爸爸就说我白痴，说我的老师白痴。我要是还敢据理力争，就会刮来辱骂的风暴，接着是人身攻击的飓风,说我的生活怎样怎样。他怒不可遏的时候，会唾沫横飞，胳膊撕裂空气，跳着脚，脸部可怕地扭曲，骂个不休……不管是谁，但凡比我有胆量，都会想杀了他。"华盛顿的笔调，直白得让人震惊。

可后来华盛顿还是把自己的儿子小约翰送到了伦斯勒学院。华盛顿表示，这样做，他十分后悔，而且不光是为了儿子后悔。华盛顿用最辛酸的笔调写道："工程师有儿子，但儿子不必成为工程师。我的儿子本应做个医生！我父亲的父亲以售卖烟草、卷制雪茄为业，若是想象我父亲也卷制雪茄，这情景实在荒唐，即便是一匹马也会笑出声来……有时候，我想，研究男孩子性格的教授必得是一名女子。女子的直觉太过准确，其只消一瞥所作的结论，男子须花费一年方能得出，而且还是错的。"

华盛顿在查尔斯·斯旺面前，可能表现得对自己很有信心，但他在后来的回忆录中更加直率的表达却显得并非如此。特洛伊市渡口街97号有一栋砖房，是华盛顿当年的宿舍。这栋砖房如今依然矗立着，华盛顿在这间屋子里度过了疯狂、劳累、饥饿的日子。他写道："没有足够的饭食来供养我紧张的精力，也没有一人关心我。学习夜以继日，从未中断。每晚都熬到午夜之后，累死累活，抄写当天大量的笔记。这些笔记，时至今日，我都没有读完一遍。而看到笔记，我又认不出这是我写下的东西。早饭之前，已经忙着复习前一天的课程了。"

日复一日，华盛顿不得不在脑中塞满各种知识和数字。华盛顿现存的课程笔记，都是些厚厚的本子，印有横线。课程把信息的洪流倾倒在华盛顿头上，而他就把这些洪流规规矩矩地抄了下来。光是看到这些笔记，就足以让人觉得精疲力竭。有一段标题是"悬索桥的刚度"，文中，约翰的影响清晰可见："传统桥梁建筑，柔性甚高，人行其上，来回摇摆。作为核心条件之一的柔性，与悬索桥的设计密不可分；相应地，人或动物（如牛、马、士兵）踩踏而过造成的振幅，会扩大数倍。此柔性可用晶格结构、护墙、纵弦杆及一种刚性地板材料来克服。此外，为保护桥梁不受风之影响，须给予特别之注意。我国因风吹而坍塌的悬索桥中，将近半数的设计均明显存在此方面的疏漏……关于将悬索桥用于铁路运输之目的，欧洲工程师已有许多讨论，主要原因是英国两座普通悬索桥之坍塌事故。这两座桥，起初为满足运输之需而匆匆搭建，在硬度与刚度方面几乎没有任何保证措施——然而，此方面我国至少有一例成功，即尼亚加拉瀑布悬索桥。"

这一切想全都记住根本不可能。华盛顿总结道："我估计，学院教授的知识比我能正常吸收的多上五倍。虽记忆力得到了充分的激发，但如今，一切技巧当中，我认为记忆力是层次最低的。培养记忆力就会扼杀创造性，阻止精神分析的威力，促进奴颜婢膝的模仿，而且还会损害自立精神。"华盛顿还说，倘若马和狗也能学会记忆，这种本事算不得惊人，也算不得必需。

华盛顿晚年回忆起伦斯勒学院的求学生涯时，只记得疲劳与苦涩。他没有写任何长期的友情或因缘际会，尤其是，他没有选择怀念一场特别的友情，对方是一个没有留下姓名的小伙子，在华盛顿的班级毕业的前一年自杀了。开课的时候，全班共有65人，毕业的时候，拿到毕业证的只有12人。华盛顿说："这证明了学院的刑罚有多么可怕！"还不止这些。这个无名小伙子写的两张纸条保存至今，显示出了他对华盛顿·罗布林的深情，而华盛顿却无法回应。1856年秋天，男孩相当于是在恳求华盛顿，将两个人的友情"加深一步"，还让华盛顿"体谅"自己的感情。男孩在纸条上署名"你的朋友"，但是他本人的名字却被抹掉了，不知是他自己还是华盛顿抹掉的。男孩管华盛顿叫"亲爱的朋友"，说"这世上，我只珍惜你一个人的爱和友情，我的所有情感也只集中在你一个人身上"。几天前的一个晚上，他问了华盛顿几个问题。他在信里写道："我一生的快乐就依赖你对这些问题的回答！"从这封信推测，华盛顿好像回避了这些问题，这封信是男孩哀求华盛顿给个明确的说法。男孩写道："有些事情，在我看来再自然不过，在你看来却可能无法理解，甚至觉得荒唐。"他想让华盛顿宣布，他们之间的纽带是独一无二的。对于这个悲伤的问题，他想要一个是或否的回答："在你认识的所有人中，除了你爸爸妈妈、兄弟姐妹，我是不是你最爱的一个？"

若是能够确定华盛顿爱他，"我就能得到有生以来最大的满足。要是得不到，天知道我会做出什么事情！"过了一个多月，男孩又给华盛顿写了一封信。这封信原件已经没有了，但华盛顿凭着记忆抄写了一份。这孩子显然患有焦虑症，已经习惯用氯仿作为镇静剂。他说，他万一服用过量，就让华盛顿"往我头上浇凉水，用嘴往我的肺里呼气；要是还不管用，就去找伯尼特肯大夫（Dr. Bonetecon），让他掐我的脖子；ultima ratio[1]还可以试试电磁疗法。要是一切努力都无效，就这样：我一切的东西，你喜欢什么就拿什么，都是你的！"

华盛顿仔仔细细地给这封信写了说明。"这时候，他忽然跟跟跄跄地闯进来，问我为什么没有跟他待在一起。于是我就去了他的房间。后来，他把这封信拿走了，我也就没机会抄写。接下来的内容是他的物品清单，还有几句诀别的话。"这几句诀别的话，不论是怎么说的，都给华盛顿造成了极大的震撼。这份回忆录相当于一份正式文档，因此他没有在回忆录中写下这几句话，也是天经地义的事。华盛顿愿意披露自己父亲的残忍，披露他和家人在父亲威权下的苦痛，却不愿披露这几句话。然而，这些话一直如影随形地跟

---

[1] 拉丁语：最后一招。——译注

着他。多年后,南北战争期间,他随着北军在弗吉尼亚扎营的时候,给未来的妻子艾米莉(他们在1865年结婚了)写了一封信,谈到了男孩的自杀,还有自己的困惑。信中写道:"我面前的蜡烛一定让人施了魔法,每过五分钟就会熄灭一次。烛芯里定然有什么东西,不然则是某种人造的完美灵魂,在我给心爱的姑娘写信时,过来烦扰我了。不知你的旧情人当中,可有离世的人? 我若是没有荒废通灵书写的练习,就可以很快发现了。"[1]

华盛顿又写道:"我只想跟一个朋友的灵魂交谈,你有一张我和他的合影。他自杀了,因为他爱我,而我却没有给予足够的回应。我劝他去寻找例如像你这样的人,但他总是回答,没有哪个女人的头脑,足够理解他的爱。"

战争期间,艾米莉究竟拿着恋人的哪张照片呢? 华盛顿在特洛伊照过一张照片,那时他已经是一个帅气的小伙子了,两眼间距很宽,头发锃亮,覆盖着宽而干净的前额,充满了青春气息。或许艾米莉拥有的是这一张,也可能是另一张,拍摄于1861年,彼时华盛顿刚刚参加北方的统一大业。不论艾米莉放在梳妆台上的照片是哪一张,华盛顿不光送给她自己的照片,还送了自己好朋友的照片,这一点似乎确实不太寻常。

1857年夏天,华盛顿毕业了。他的毕业设计是一条悬索高架渠,就像父亲约翰修建的工程一样。论文共有62页,用深棕色墨水写成,字写得小而精致。然而,华盛顿却感到自己在其他领域一事无成。多年之后,他写道:"我在特洛伊留下了一个永远的遗憾,

---

[1] 通灵书写,又叫自动书写,在某种无意识状态下写出信息的行为,类似我国的扶乩、笔仙等。有神论者认为这是与其他灵魂沟通的结果,科学界则认为属于自我暗示。——译注

那就是并没有学到一点名叫'行为'的课程。"华盛顿说，要是有人教他们一些其他东西，比如身体健康如何重要就好了。"认为吃苦光荣，真是愚蠢至极！"他还希望当初能够学到"股票、债券、抵押贷款，还有别的投资——利息、怎样借钱、怎样合伙……"他十分了解工作，却感到自己并不十分了解生活常识。

第 5 章

真奇怪，人一激动，头脑便发昏了

或许美国人多了解一些"生活常识"，就能对整个国家有所助益吧！19世纪50年代是美国飞速发展的年代，铁路四通八达，加利福尼亚州又发现了金矿。1853—1856年，英法、俄国为争夺克里米亚地区发动了克里米亚战争（the Crimean War），在此期间，欧洲无法进口俄国谷物，于是转而从美国进口，刺激了美国经济的增长；但1856年战争结束后，欧洲的需求又大幅下降了。美国的贸易继续发生入超[1]，黄金储备锐减，开采加利福尼亚州的丰富矿脉也没有挽回颓势。雪上加霜的是，1857年发生了一场严重的海难。载着从美国西部开采的价值160万美元的黄金和400多名乘客的美国蒸汽船"中美洲号"，在海上遇到飓风沉没了。银行停止用黄金支付，停止提供贷款，于是很多工程被迫停工，失业率也迅速上升。数以千计的公司倒闭，其中包括纽约市一半的经纪行。单单纽约一地，就因公司倒闭而损失了1.2亿美元。

　　这次恐慌席卷了全国，约翰·罗布林纵然是头脑清醒也未能幸

---

[1] 即贸易逆差，指一国在一定时期内进口贸易总值大于出口总值。——编注

免。1857年8月，俄亥俄人寿保险和信托公司破产，成为美国历史上第一家破产的大银行。俄亥俄州西南部的辛辛那提市陷入恐惧之中。此时约翰·罗布林已决定在辛辛那提市修建一座跨越俄亥俄河的大桥，然而金融危机终结了这个计划，至少是暂时修不成了。

不过，在危机来临之前的增长期，约翰似乎想起来（不论想起的时间有多么短暂）当初他来美国的目的是搞农业。于是，1856年，当华盛顿在毕业的前一年回到特伦顿家里过暑假时，约翰命令他陪自己去一趟爱荷华州。华盛顿写道："和当时大部分美国人一样，爸爸对土地也有狂热的爱好。"美国最早是由移民到东海岸的欧洲人建立的，建国之后，一直在向西扩张，占领了很多肥沃的平原地区。早在1839年，《纽约布法罗日报》就有一名通信记者称："从土地、木材、水源和气候这些方面来看，爱荷华州可称为密西西比河谷最好的所在。"印第安人也是这么认为的，而且据此给爱荷华州起了名字。据说，印第安的苏族（Sioux）和袋与狐部落（Sac and Fox），第一次看到这片辽阔土地的美景时，伸开双臂兴奋而激动地喊道："I-O-W-A！"部落语言的意思是"就是这片地方！"后来，这声叫喊就成了爱荷华州的英文名。1839年下半年，又有报道说："辛辛那提有一位市民从爱荷华州旅行归来，说他从来没有在别处见过那样的特大丰收场面。"将近二十年后，约翰·罗布林又在辛辛那提市听到了类似的说法。约翰为了买45000英亩土地，卖掉了特拉华与哈得孙运河公司的股票，筹到了所需的3万美元。"运河公司因此大怒，威胁说，要撤回铁丝绳订单。"[1]

---

[1] 当时美国政府有一种"军功授地"制度，奖给一些老兵土地。约翰买下的土地，有一部分就是跟这些老兵买的。在这种情况下，老兵卖地必须经过美国总统签字批准。现存的交易文书说明，约翰·罗布林直到1861年还在爱荷华州买地，有两份1861年的契约上有总统亚伯拉罕·林肯的粗体签名。

华盛顿跟着父亲出发，经过辛辛那提，来到了爱荷华州中部的格兰迪县（Grundy County）。华盛顿写道："这里是一片平缓起伏的草原，无边无际，目之所及没有人家。"还专门写道，这里的印第安人，包括苏族、索克族（Sauk）、麦斯奎基族（Mesquakie）、温纳贝戈族（Winnebago），"最近都搬走了"。其实，倒不如说是移民定居、贫穷、战争逼迫太紧，把他们赶走了。罗布林父子来到格兰迪县的时候，这里最大的猎物北美野牛早已不见了，不过还有鹿，还有多种别的猎物。最初的勘测工作就让华盛顿与父亲发生了惯常的争吵；华盛顿在伦斯勒学院新学的知识，毫无疑问又让父子俩吵得更厉害。"谁能与爸爸共事呢？他学的是德式测量法，我学的是美式测量法，水火不容，于是导致他整日骂个不休，第二天还是骂个不休，一直骂到人人疲惫不堪为止。"

华盛顿在乡下度过的暑假，虽然没有田园诗里形容的那么惬意，但在特洛伊的紧张学习之后，依然让他感到很愉快。华盛顿骄傲地说："我学会了耕地，学会了弄碎草原上的草皮。我的耕作队伍是四头高大的牛。打头的牛，一头叫布坎，一头叫布雷肯。"那一年，美国有两位总统候选人，詹姆斯·布坎南（James Buchanan），还有约翰·布雷肯里奇（John Breckenridge）。华盛顿就给两头牛起了总统候选人的名字。另外两头牛用《圣经》人物命名，一头叫力士参孙（Samson），一头叫巨人歌利亚（Goliath）。华盛顿又写道："我学会了怎么耕出一条长达一英里的垄沟，还学会了用牛的语言骂人。后来存粮都吃光了，我们就把可怜的老参孙吃掉了。只剩下了一袋干苹果，还有草原上的野鸡，我们打到多少吃多少。"后来子弹也用光了。响尾蛇到处都是，威胁一直很大。华盛顿回忆道，"每隔10英尺就有一条"。农场有个工人只因为穿了一双靴子就被毒死了。那靴子的主人之前也是被响尾蛇咬死的。毒牙嵌在了皮子里面，第二个受害人穿上靴子的时候，毒牙里还有毒液。华盛顿说起这个故事时写道："这可没有道德上的教育意义！"华盛顿还说，一天早上，他差点被一颗陨石砸死。

　　尽管有这样种种的考验，约翰还是重新燃起了对土地的热情。华盛顿写道："他决定要住在那里，在上帝赐予的自由土地上耕作。"约翰盖起了一栋房子，还从特伦顿来了一位表亲，给约翰搭把手。9月，华盛顿又返回东部，去特洛伊上学。他走了才一天，约翰就接到消息说修建俄亥俄大桥的资金已经全部到位。于是约翰把农场交给特伦顿的表亲照看，但表亲很快就把事情搞砸了。华盛顿写道："他去肯塔基州，以每头75美元的价格，买回了25头野猪。第二年冬天，这些野猪全都在爱荷华冻死了。"于是，约翰只得"完全停止了这场闹剧"，虽然那片土地之后卖掉了，还赚了钱。

　　华盛顿回到特洛伊上学，约翰则开始修建卡温顿—辛辛那提大桥。他们在卡温顿和辛辛那提两侧，先后打好了主塔的基础，然后开始在上面修建砖石部分。与桥面平齐的砖石部分在水位最低的时候，高于水面80英尺。就在这时，传来了俄亥俄人寿保险和信托公司破产的消息，全国一片恐慌。约翰·罗布林也不免害怕起来，担心全国的存款人都从银行取出硬通货。用华盛顿冷静的笔调说，便是"真奇怪，人一激动，头脑便发昏了"。当时约翰十分有钱，华盛顿就带着事后聪明认为爸爸可以在著名的"化学银行"[1]股票暴跌的时候大量买进。但是，"我当初要真是这么建议，爸爸会把我宰了"。约翰当然没有这么做，而是吩咐华盛顿与查尔斯·斯旺一起前往纽

---

[1]摩根大通的前身。——译注

约，找到名称独特的"鞋子与皮革"银行，提了价值3万美元的黄金出来。华盛顿写道："银行反对了一天，第二天终于妥协了，但还是说，黄金保存在银行金库里，要比放在特伦顿来得安全得多。黄金太重了，我们简直搬不动。"当时，1金衡盎司[1]黄金的价值约为20美元多一点。华盛顿和斯旺手里大概提了100磅的黄金，十分沉重。"我们回到家，在地窖里挖了一个洞，把金子放了进去，在金子上坐了很久，罗布林先生才回来。一段时间之后，局势稳定下来了，罗布林先生又命我们把金子背回那家银行，银行职员把我们大大地嘲讽了一番。"

1857年的金融危机使得俄亥俄大桥工程暂停了，一直到1864年南北战争快要结束的时候方才重新动工。华盛顿从伦斯勒毕业后，有一阵子"什么专门的工作也没得做"，于是去了特伦顿的铁丝绳作坊，在查尔斯·斯旺的监督下学习"铁丝绳制造的奥秘"。1858年，约翰拿到了新合同，要在宾夕法尼亚州西南部大城市匹兹堡第六大街附近的阿勒格尼河上设计建造一座桥，于是华盛顿又被送到匹兹堡。匹兹堡当时已经得名为"通往美国西部的大门"，它一开始是交通枢纽，后来又变成了制造业基地。1860年，该市已经有作坊1191家，工人20500人，产值2656.3万美元。当时一份城市导览《今日匹兹堡》提到，这个大都会"将会成为全国进步最快，积累最丰富的城市"，因为其地理位置优越，自然资源丰富，盛产煤炭和天然气。后来一位历史学家说："大自然好似将所有工厂聚集在一起，一股脑儿扔在了这里。匹兹堡宛如永远拥有了一切的必需品。"诚然，几十年之后，钢铁大王安德鲁·卡内基（Andrew Carnegie）

---

[1] 1金衡盎司约合31.103克。

与实业家亨利·克莱·弗里克（Henry Clay Frick）就在匹兹堡创建了自己的工业帝国。第六大街的旧桥是木桥，19世纪初就建起来了，如今这座桥显得太窄了。约翰·罗布林的悬索桥于1859年造成，比马车道的两倍还要宽。[1]

就在匹兹堡的阿勒格尼大桥上，华盛顿生平第一次看见了现场制造的铁丝绳。他写信给斯旺说，他一半时间在办公室，一半时间在工地。"迄今为止，我总能找到足够的事做。镇上生意兴隆得很，轧铁厂全都在生产，往来汽船不计其数……"华盛顿说，匹兹堡是个激动人心的所在。"匹兹堡逐渐成为犯罪者的天堂，天天上演着谋杀和持刀伤人事件。"有一次，匹兹堡来了一个歌剧团，华盛顿去看了意大利歌剧《塞维利亚的理发师》《艺术家的生涯》《唐·帕斯夸莱》。约翰·罗布林也对歌剧有着"狂热的爱好"，这方面父子俩倒是一样的。有些从外地来到匹兹堡的人，抱怨这里的工业生产一刻不休；华盛顿却不这么想。他给特伦顿的一个朋友写信道："前几天，克拉克·费舍尔（Clark Fisher）到外地去，路过匹兹堡。我说服他住一天，看看这座城市。我敢保证，他对匹兹堡厌恶透了。当时恰好是一个常见的下午，彤云密布，到处是阴霾与黑烟；不见阳光，四点半就要点上煤气灯。至于我，一想到将来要离开，就很是依依不舍。"1858年年底，华盛顿又写道："我认为此地就是我的家乡，相熟的人也比特伦顿的多十倍。"

数十年后，华盛顿的回忆却阴沉了许多。他在大桥上工作时，只作为父亲约翰的一根"会说话的标杆"。他写道："爸爸关于宗教、化学、政治以及其他一切的古怪念头，一开始全都砸到了我身上。

---

[1] 这座桥一直用到1892年。华盛顿记载："一座巨型桁架结构桥，替代了匹兹堡人为之骄傲的悬索小桥。"现今的桥建于20世纪20年代，名为罗伯托·克莱门特桥。

若是我不能理解，或不愿理解，他就骂我是蠢驴，是恶棍。我能全身而退，保住性命，就十分高兴了。"约翰对医学的各种迷信，也继续伤害着儿子。华盛顿于1858年写道："这一年，他吃了不少木炭，我也要如法炮制，但我还是活了下来。"华盛顿当时备了一个小笔记本，里面有一个名单，都是"我在宾夕法尼亚州匹兹堡时，别人介绍我认识的人"，还有各种"记录、评论，都是关于我多次罹患的急性腹痛"。最可怕的病痛在冬天，"当时我做了一个大雪球，过度疲劳，后来又患了感冒"。他说，疼痛"让我生不如死"。不过，治疗的办法似乎也同样令人生不如死。药方有详细记载：

> 倘若症状再次出现，我得先服用一剂很浓的芥子膏药，并尽量多喝热水或热茶，让膏药能留在胃中。如果未能留下，则我必须先将胆汁全部呕出。然后，为尽量多地排气（放屁），须用直肠导管尽力插入结肠。服用的不仅是温水，还有马蒂森大夫（Dr. Mattison）笔记中开列的如下食谱中的一部分：

> 第一，取松节油一匙，蛋黄两个，充分搅匀，加温水一品脱[1]；

> 第二，取松节油一匙，橄榄油或猪油两匙，充分搅匀，加淀粉黏液一品脱，黏液制法为淀粉一匙，与冷水混合后煮沸……

华盛顿的父亲约翰有一次说道："身体不管什么部位得了慢性

---

[1] 美制一品脱合0.4732升。

病，胃部的神经组织或其他组织中也存在相同的症状。这是铁规。"

1859年，阿勒格尼大桥竣工后，父子俩回到了特伦顿。约翰督促卡温顿—辛辛那提大桥快些完工。这时候，两座主塔已经完成了一半，高耸在俄亥俄河的上方。与此同时，华盛顿的妹妹劳拉订婚了，未婚夫安东·梅特费塞尔（Anton Methfessel）是来自米尔豪森的德国移民。他"喜欢卖弄学问"，在纽约湾斯塔滕岛（Staten Island）开了一所学校，就是今天的斯塔滕岛中学（the Staten Island Academy），仍然办得十分优秀。华盛顿说，妹妹劳拉是钢琴家，非常聪明，他自己当时也跟着一位当地名师练小提琴。华盛顿还加入了一个业余管弦乐团，但乐团"压力太大，我的神经受不了"。"躲避父亲"的紧张情绪，依然在影响他。

这时，整个美国也弥漫着紧张情绪。华盛顿写道："1859年冬

约翰·A.罗布林在阿勒格尼河上造起的桥

天，我和爸爸都在家里没出去。南方军队叛乱之前，政治形势太紧张了，爸爸因此十分激动，他一点也不同情南方。"1859年10月，废奴主义者约翰·布朗（John Brown）——三年前，他在堪萨斯境内杀了五个蓄奴主义者——袭击了弗吉尼亚州（今西弗吉尼亚州）哈珀斯费里市（Harpers Ferry）一处的联邦兵工厂，想要引发奴隶暴动。结果，袭击失败。上校罗伯特·E.李（Colonel Robert E. Lee）率领一队美国海军陆战队士兵击败了布朗。布朗被俘，12月2日因叛国罪被执行绞刑。亨利·大卫·梭罗（Henry David Thoreau）评论说，布朗的事迹和死亡，就像划过天空的流星，"我从未听说哪个人会分外地真诚而勇敢，但我第一便想到约翰·布朗，想到他与真诚、勇敢者的关系。在每个街角，我都会遇见他。他死了，却比他活着的一生更加鲜活。他已荣膺不朽……他不再劳作于黑暗，而是劳作于大众之中……在照耀这片土地的、最清白的日光之下"。

约翰·布朗的自我毁灭让他成了烈士，也在南北各州引发了两极分化的政治感情。袭击之后没过多久，罗布林一家所在的新泽西州就选出了新州长，这人叫查尔斯·史密斯·奥尔登（Charles Smith Olden），属于新成立的共和党，反对奴隶制。但是，新泽西人并不全都拥护共和党，以及共和党总统候选人亚伯拉罕·林肯。林肯是伊利诺伊州的律师，1860年2月在纽约库伯联盟学院（Cooper Union）发表演说，要求至少在西部各州停止奴隶制的扩张。《泽西旗帜报》攻击林肯，说他是"五流男人，没有公众经验，举止粗俗吵闹。他的演讲是笨拙的笑话、小丑式鬼脸的混合，十分下流"。1860年大选，北方各州只有新泽西州存在一些没有投给林肯的选举团票[1]，其余各州的选举团票都尽数给了林肯。最终，林肯当选了。特伦顿有一家报纸《特伦顿真美国人日报》倾向民主党，报纸高兴地报道："选举团票的结果摆到了我们桌上。我们记录下这一页，带着无比的骄傲与满足。尽管并非是压倒性胜利，但结果明白地显示，这个'伐木工人'在本州已经被超过五千张选票打败了！"还说："林肯当选的结果，似乎已经不幸地在四面八方发生了。不论林肯当选会给美国带来什么样的灾难，至少本州的民主党和联邦人会欣慰地知道，他们对此不负责任！"

新泽西州的人可能对林肯抱着憎恶的感情，但1861年2月，林肯去参加就职典礼的路上，依然经过了新泽西州首府特伦顿。21日中午，林肯到达特伦顿，发现火车站到州议会大厦的路上，聚集了两万人左右。华盛顿当时正在铁丝绳作坊忙着干活，没有时间前去观看，但他还是写道："公众情绪高涨起来，爸爸的情绪也随之高涨，我们在家里简直待不下去了。"1861年12月，南卡罗来纳州退出联邦，鼓动其他南方各州也退出。在大选的前两个星期，新泽西州、密西西比州、佛罗里达州、亚拉巴马州、佐治亚州、路易斯安那州、得克萨斯州退出联邦，美利坚联盟国在亚拉巴马州首府蒙哥马利市（Montgomery）宣告独立，推举密西西比州参议员杰弗逊·戴维斯（Jefferson Davis）为总统。不过，林肯对议员发表演讲说起这一天时，还是表达了避免冲突的愿望："所有在世的人中间，没有一个比我更热心致力于和平事业。"议员们欢呼起来。林肯警告道："没有人像我一样更努力保卫和平。但是，或许有必要一脚踏下去，采取果断措施！"

---

[1] 当时这个术语意为大众选举票，与现在的意思正好相反。

1861 年 4 月 12 日凌晨，美利坚联盟国的南军，向北方控制的南卡罗来纳州查尔斯顿港（Charleston Harbor）萨姆特堡（Fort Sumter）开炮，打响了南北战争的第一枪。萨姆特堡的驻军不足 90 人，首领是罗伯特·安德森少校（Major Robert Anderson）。当地的《查尔斯顿水星报》强烈主张分离主义，说这次炮击是"一场绚丽的烟火表演"。安德森少校虽然忠于北方，但迫于形势，不得不在 4 月 14 日星期日这一天对南军投降，交出了要塞。南北战争从此爆发。

*

约翰·罗布林听到战争的消息后，十分激动。华盛顿回忆道："他总是哀叹自己太老了，身体也太过衰弱，没办法直接参与战事。他说，要是年纪稍微轻一点，他就会参军，一年之内当上陆军元帅！"老罗布林向政府预付了 10 万美元贷款，充当军费，这个数额当时堪称天文数字，即使是现在对个人来说也是一大笔钱。他的儿子华盛顿则替他上了前线。参军的故事，华盛顿多年以来一直反复提起。他不带感情地回忆道："差不多是萨姆特堡发生炮击的时候，有一天，我们正在吃晚饭，爸爸突然对我说：'华盛顿！你在我的桌子下面把脚踢来踢去已经太久了，现在给我滚出去吧！'[1] 我正朝嘴里放土豆，土豆一下子掉到了盘子里。"华盛顿站起来，戴上礼帽，出了门，当天就参了军。1861 年 4 月 16 日入伍的名单中，有华盛顿的名字，他属于特伦顿市国民警卫队一连，兵役三个月。6 月，华盛顿又转到了纽约州第九团。

多年之后，华盛顿还记得自己同战争爆发之间有一种特殊的

---

[1] 据可靠消息，时至今日，在德国父亲依然会对儿子这么说。

联系。在特洛伊上学的最后几个假期中，有一次，华盛顿跟父亲约翰去了美国首都华盛顿特区。著名军旅工程师蒙哥马利·梅格斯将军（General Montgomery Meigs）正在负责建造新的美国国会大厦。华盛顿说，大厦是当时全美同类工程中最庞大的，约翰建议蒙哥马利·梅格斯将军用张索加固大型转臂起重机。将军采纳了建议。与将军的会面，对华盛顿的陆军生涯"产生了巨大影响"，因为此后他就在将军麾下服役了一年半。不过，在华盛顿特区，父子俩还拜访了一位上校，这人负责管理全国所有的邮局大楼。父子俩和上校讨论这些邮局大楼应当怎样用一种新型铁梁进行防火。这种铁梁产自特伦顿的库珀与休伊特公司，于是，从特伦顿作坊来的政府铁梁检查员罗伯特·安德森少校，就跟父子俩同行了。安德森正是先前提到的萨姆特堡的那名北军指挥官，因为南军的炮击而出名。华盛顿记得，安德森在路上把帽子丢了。"安德森少校是这么一号人物，为人和善，乐于助人，性格温良，不骂人，不伤人，不发怒。我当他是主日学校的老师，却不知道他未来会走上这样的路。帽子丢了，他并没有买新的。"

很多人估计南北战争很快就能结束。华盛顿的服役期只有三个月，条例上在规定时间的同时还说了一句"除非提早遣散"，说明军方根本没有考虑长期作战。半个世纪之后，第一次世界大战爆发时，人们也是这么想的。然而，现实毕竟不同。华盛顿写信给查尔斯·斯旺说："局势变化十分缓慢。"华盛顿的连队驻扎在首都。华盛顿回忆，一开始的战备工作做得毫无条理："不光我们的连队，所有人的主要任务似乎都是在营地四处游逛。一早一晚，比较凉爽的时候，我们就练习军刀。从现在起，练上六个月，大概就能通晓一二了。"士兵们发了军装，但华盛顿还是自己忙穿鞋的事。他写道：“请告知小南[1]，让他前去格莱美茨鞋店为我订购一双鞋来，鞋帮中等高，鞋底要突出在鞋面之外，如图。”接着是一幅小画，准确地画出了鞋的式样，“鞋底要加重两倍。小南有我上一双鞋的尺码，告诉他，上一双鞋的鞋面有点紧，这一次要宽一点；鞋带要皮子的，用加急邮件（邮费预付）发到华盛顿K大街514号，由E. K.克诺尔（E. K. Knorr）转交给我”。读士兵从战场上寄回的家信，就能知道最重要的往往是衣服、被褥、食物。所幸，北方联邦军的补给线一直胜过南方邦联军。这个对比，战争一拉长，就变得十分明显。

然而，战事并不总是轻松愉快的。部队开拔往前线进发。过了一个月左右，华盛顿写信给妹妹艾薇拉：“我现在得空，写上几行字就该吃晚饭了，吃的是一块硬饼干，一块肥猪肉。”兄妹俩很是亲近，艾薇拉就成了华盛顿重要的倾诉对象，“饼干硬得用锤子才能砸碎，于是得名‘山姆大叔馅饼’”。华盛顿还说，自从离开首都华盛顿特区，一身衣服就没换过。士兵们睡在光秃秃的地面上，只盖着一条毯子。“这样的日子，倘若吃食足够，倒是很健康的，但吃食竟然也常常不够……整个北军都缺少军粮，因为缺少运送军粮的马车与马匹。”华盛顿给艾薇拉写信时，正在弗吉尼亚州查尔斯镇，“一个破旧的小镇子”，因约翰·布朗在此被处决而广为人知。华盛顿告诉妹妹：“布朗吊死的玉米地就在我们旁边。有一根玉米秆标志着绞架的位置。还有人在卖绞架碎片，一磅碎片1美元。”

华盛顿亲眼看见的第一场战斗是布尔悬崖战役。这是北军将领乔治·B.麦克莱伦少将（Major General George B. McClellan）在弗吉尼亚州西北军事行动的一部分。麦克莱伦，人称“小麦克”，

---

[1] 即费迪南，华盛顿的弟弟。——编注

也叫"小拿破仑"，陆军大部分军人都很爱戴他，不过华盛顿·罗布林却不这么看，至少回顾的时候对麦克莱伦颇有微词。北军主力是波托马克军团，原首领是温菲尔德·斯科特将军（General Winfield Scott）。1861年秋，斯科特因年迈而卸任，麦克莱伦开始指挥波托马克军团。美国与墨西哥发生战争时，他就曾在斯科特手下效力。然而，为了取悦自己的司令，麦克莱伦指挥策略太过谨慎，反而引起了上级不满。1862年，发生了惨烈的安提耶坦战役，之后不久，麦克莱伦就被撤了职。在此之前，1861年10月，在布尔悬崖，北军要渡过波托马克河，却一开始把河对面的一排树当成了南军兵营。渡河之后又遭到了南军的攻击，渡船却不够用，无法撤回原先一侧。华盛顿回忆："麦克莱伦这蠢驴什么也没有损失，我们却损失了几千人！河上既无驳船，也无划桨船。我军26000人只得坐在河岸上，敌人从另一侧高地上往下看。"最后终于找到一艘划桨船，却只有20英尺长，只能用它来运送几百号士兵。敌人当时睡了一阵，醒过来之后，"还以为是一场马戏表演，做梦也没有想到我们用一艘小船来运送一支军队……我们大多数人没有掩体也没有防护，只得蹦来跳去，拼命躲闪从对面悬崖上射来的子弹的'问候'。很多人命丧当场。我侥幸逃过一劫。我当时骑着马，一颗子弹穿透了马鞍，却被一个黄铜部件挡住了，因此没有射进我的体内。"

华盛顿今后还经历了很多生死考验，这是第一次，但周围的战友死伤很多，让这次体验最为惊人。尽管华盛顿自称身体在战前就已经不好，多年之后修建布鲁克林大桥又严重损害了健康，但能够从南北战争的修罗场上全身而退，确实有不可思议的好运。南北战争期间，双方军人一共死了75万，相当于全美国人口的

2.5%。[1]布尔悬崖战役结束后，又过了几个月，两军共6万人在不到50英里开外的弗吉尼亚州东北部马纳萨斯镇（Manassas）的郊外相遇，第一次马纳萨斯战役打响，这是南北战争的第一场大规模战役。才过了12小时，就有900人阵亡，2700人受伤。而1846—1848年发生的美国与墨西哥战争，两年时间双方总共才死了1700人。当时几乎没有医疗资源，卫生条件恶劣，战争初期也几乎没有什么机制用来掩埋死者、救护伤员，于是，战争的恐怖难以想象。华盛顿完全是从冷静旁观的角度记录的，使得他所见的惨景更为真实。

后来，华盛顿做了乔治·米德将军（General George Meade）的下属。米德将军的另一个下属西奥多·莱曼上校（Colonel Theodore Lyman）简明扼要地介绍了华盛顿这名下级军官："华盛顿·罗布林是个怪人，军衔少校，担任副官，工程师。父亲是德国工程师，在尼亚加拉瀑布上建起了著名的悬索桥。罗布林浅色头发，蓝色眼睛。他看东西的神态就好似全世界都是一场虚幻的表演。他经常驼背，骑马时若有脚蹬，他的脚趾尖刚刚能够碰到。此外，他还不穿马靴，马裤的裤脚总是破烂不堪。他会前往最危险的地方侦察，摸清敌人的位置。他带着完全冷漠的表情，说话简单粗暴，没有客套话作为修饰。有一次，米德将军喊道：'那儿怎么有个多面堡？'这个沉默寡言的人回答：'不知道，不是我放的。'"罗布林看似年轻，却已目睹了很多暴力，特别是在自己家里。他在家里、在学校都受了很多苦，还在19世纪工业技术蓬勃发展的日子里见过很多心口不一的行径。于是他自然变得沉默寡言，也不对别人吐露

---

[1] 以美国现在人口而言，2.5%的战争死亡率就是700万人。参考《美国体验：南北战争的数字》，网址：www.pbs.org。

心声。然而，不论过去还是现在，他的性格都十分鲜明。战争让几十万人死于非命，让远超几十万的人的身体残缺，却在很多方面造就了华盛顿·罗布林。四年之内，他从列兵一直升到上校，余生都顶着罗布林上校的头衔。

第 **6** 章

这一刻，紧张压倒一切

布尔悬崖战役爆发时，华盛顿已经升到中士。秋去冬来，华盛顿写道："睡在10华氏度的冰冷地面上并不惬意，但也不会丧命。"不过，严寒从未让华盛顿敏锐的眼光变得鲁钝。有一件小事，显示了他在二十五六岁的年龄已经积累了怎样丰富的经验。华盛顿回忆，有一天晚上，士兵们正在一片冻土上扎营，他发现自己被一片铁丝网钩住了。"我发觉身上的毯子挂在了铁丝网的捻接处。这种捻接方式很是眼熟，却又不同于我们惯常制造的铁丝绳的捻接方式。过了片刻，我才想起1858年参观惠灵河大桥时，曾见到这样的捻接方式。既然如此，问题来了：除了查尔斯·埃利特，还有谁会制造出这样的铁丝网呢？后来证实就是他没错。"纯粹因为巧合，这支连队竟然不可思议地在约翰·罗布林的死对头拥有的土地上扎了营。当时在世的全体美国人当中，除了华盛顿，大概没有一个人能认得出这种捻接方式了。第二天早上，华盛顿敲响了埃利特农庄的门，发现这名工程师已经"参军去了"。埃利特为北军造了一批带有冲角的船，在密西西比河上用来对付南军的运输船队。1862年6月，他在孟菲斯战役中受了重伤，不治身亡。

华盛顿的连队进入马里兰州南部，在匡蒂科河口扎营。营地对面就是南军在"装运点"设立的炮台。在这之前，南军已经封锁了马里兰州首府安纳波利斯（Annapolis），北军基本无法用波托马克河航运，而南军却能通过马里兰州查尔斯郡（Charles County）得到补给。有些"侨居英国伦敦的忠诚美国人"（华盛顿后来回忆时说），送来两门加农炮，让华盛顿保管。有了大炮的支援，华盛顿就尝试冲破封锁。这些大炮是英国产的惠特沃斯加农炮，式样很不寻常，也很先进，是当时全世界几乎绝无仅有的后装式大炮，而不是前装式的。华盛顿说："一天，我指挥士兵在一块高地上进行一次试射，看看炮弹能否击中2英里开外的装运点炮台。我亲自瞄准，每次都击中目标。当时还不知敌军损失如何，但我们都看见炮击掀翻了一支牛车队。后来，敌军从炮台撤退，我们过去后见外科医生的办公室壁炉台上有被惠特沃斯炮弹破坏的痕迹，还贴了一个标签：'这是北佬那天开的炮，打中了我的房子。'"华盛顿后来回忆，双方的炮击练习似乎非常没有条理："双方总是互相开炮，但没有造成损害，看见大颗圆形炮弹打来，也能够轻易躲开。"但他当时在前线的记录相当啰唆，一点也不简明："我们昨天做了不少运动，向对面装运点的叛军炮台开炮。一般情况下，叛军觉得我们的炮火并不值得回应……但这次他们却大发雷霆，用9英寸炮弹向我们开了火。哨兵一见敌军大炮开火，就大叫'炮弹来了'，所有人全都连滚带爬进了掩体，挤成一堆，直到炮弹飞过，炸裂开来……炮声响过4秒左右，炮弹才到来，引信燃着，呼啸着慢慢飞过。炮弹倘若恰好在掩体上空爆炸，我们就全都要去见魔鬼了。"

1862年春，南军的封锁解除了。倒不是因为北军这一边的进攻，而是因为约瑟夫·E.约翰斯顿将军（Joseph E. Johnston）指挥南军去增援弗吉尼亚州首府，当时，南方邦联的首都是里士满（Richmond）。华盛顿听得消息，大吃一惊。他看到了敌军是怎样毁坏废弃炮台的。他给弟弟写信说："自从我们来到此地，这个礼拜天是最为重要的一天。饭后，我们都静静地坐在阳光下沉思，这时消息传进营中，说对岸浓烟滚滚。刹那间，只要爬得上去的树顶全都坐满了好奇之人。我们发现这消息竟然是真的。烟与火越来越大，只消片刻，所有敌营（不止6个）已变成一大团浓烟，向匡蒂科河上游远远飘去。很快，蒸汽船佩奇号（一艘用于南军封锁的战舰）上就冒出了火焰。同时起火的还有三艘多桅帆船，这三艘船刚一下水，就被佩奇号上的火点着了……火焰蔓延至弹药舱，发生了数次巨大的爆炸。"于是，北军占领了南军炮台。

几天之后，华盛顿前往被占领的南军炮台视察。南北战争中，敌对双方从来都是不对等的：北方完成了工业化，拥有大量铁路和工厂，而南方大部分地区还处在农耕状态，实力一直不如北方。早在1862年，华盛顿参观这个南军废弃要塞的时候就发现，南军士兵对前途有着不祥的预感。华盛顿写信给弟弟费迪南："我刚刚从分离主义者的圣地上回来。军营相当污秽，营房大多数是炮台后方山体内挖洞建成的。"这是为了防止炮击的伤害。华盛顿还说："无数的给养散落满地，有生牛肉与烤熟的牛肉，有米，有土豆、淀粉、玉米面、干苹果、干桃子、咸饼干、肥皂，有咖啡研磨机但没有咖啡。一切生活必需品都很丰富，但没有金银细软……还找到了很多信件，信中说，这兵役服得十分辛苦，未来还将更苦。"

即使如此，北军对胜利也并没有十足把握。1861年夏，南方海军改装了蒸汽护卫舰梅里马克号。南方控制的著名铁厂——里士满的特里迪加铁厂——为军舰制造了2英寸的钢甲，保护吃水线以上的上层结构；还有一组1英寸的铁板，保护264英尺长的船壳，这部分装甲深入水下3英尺。梅里马克号装备了大量舰炮，船头改装成钢制冲角，于是军舰本身也成了致命武器。然而，发动机功率太弱，军舰重量加重后机动性大减，转半圈要花上半小时。北军一听说南军改装护卫舰的事，就立刻展开了军备竞赛。林肯总统急急忙忙成立了装甲舰委员会，把合同交给了在瑞典出生的工程师约翰·埃里克森（John Ericsson）。埃里克森设计了一种十分新潮的军舰，并且保证100天以内就能把设计变为现实。

北军造出的莫尼特号是一艘前无古人的军舰，在布鲁克林市绿点地区的欧陆铁厂组装。莫尼特号吨位远远小于梅里马克号（梅里马克号后来改名弗吉尼亚号，但这个名字一直没有流行开来）。梅里马克号有12门炮，莫尼特号只有2门。但莫尼特号的舰炮有最新式的回转炮塔，还有8英寸厚的装甲保护；平直甲板也覆有将近5英寸厚的装甲，保护着军舰所有核心机械。军舰的船舷仅浮出水面不到2英尺，敌人的炮火很难击中。1862年3月8日，梅里马克号首战告捷，开炮攻击了弗吉尼亚州詹姆斯河上的5艘北军军舰。这5艘军舰的火炮加起来超过200门，但才几小时，就被梅里马克号击沉了拥有24门炮的坎伯兰号和拥有50门炮的国会号。合众国的敌人之后再也没有获得如此迅速的战绩，直到1941年日本偷袭珍珠港。这段时间，莫尼特号一直向南行驶。3月9日星期日上午，两艘船终于碰上了，一场较量下来，双方谁都没有占到便宜，结果不分胜负。[1]不过，将来的海战形态却由此发生了巨大变化。《泰晤士报》评论："有一个结论确定无疑，那就是，木船永久退出了

---

[1] 即上文提到的汉普顿锚地海战。这是人类历史上第一次铁甲舰与铁甲舰的冲突。——译注

海战。"

华盛顿第一眼看到莫尼特号就大吃一惊，他后来写信给斯旺说："我不知道她[1]竟然这么小……"华盛顿晚年时回忆，部队在弗吉尼亚州北军要塞门罗堡把军备装船的时候，"听到消息，说叛军梅里马克号对我军造成了极大的杀伤，使整个北方军都惊慌失措。但我们当时太过忙碌，正拧着骡子的尾巴让它们上船，并没有空闲太过激动。我一直注意到，紧张忧惧的解药之一正是全神贯注的劳作"。华盛顿的部队乘船来到弗吉尼亚州东南部水域汉普顿锚地下了锚。"次日，晨雾消散，眼前现出奇景：所有的帆船、蒸汽船似乎全都远远逃走了。大船逃往海上，小船逃往切萨皮克湾。不久，我们就注意到，诺福克[2]方向出现了一座巨大'谷仓'，黑色的屋顶向我们漂浮而来。雾霭散尽后，我们又见到近旁有木筏载着一只'干酪盒子'，它于前一晚抵达。""谷仓"是梅里马克号，"干酪盒子"就是莫尼特号的炮塔。华盛顿继续写道："我们陷入绝望，无法逃脱……我们把6磅大炮对准了梅里马克号，但有所克制，并没有将她击沉。"当然，"有所克制"纯属讽刺，华盛顿的意思是不可能将敌舰击沉。他还写道，莫尼特号必须旋转炮塔，从而"使动作放慢了"；而梅里马克号不得不"旋转舰身，才能将舰炮瞄准小目标"。[3]华盛顿又一次拼命地抱怨麦克莱伦的指挥，说这次战役"严重影响了士兵们的士气。麦克莱伦的指挥部瘫痪了，不晓得应当前进，坐定，还是采取其他措施。于是，一如往常，他完全没有行动，

---

[1] 对于船、国家等事物，美国人习惯用女性称呼。——译注

[2] 弗吉尼亚州东南部港市。——译注

[3] 最终，梅里马克号在1862年5月11日被南军自己炸毁，以防落入北军之手，莫尼特号在1862年12月31日遭遇风暴沉没。——译注

浪费了将近一个月的时间"。

这年春天，麦克莱伦或许一直在捻着大拇指，举棋不定。然而，这段时间对南北双方都至关重要。1862年2月，北方提出了《法币法案》(*Legal Tender Act*)，建国以来第一次发行了全国范围的纸币，俗称"绿背票"。美国自建国以来，唯一的法币只有金银，而战争的耗费惊人，金银已经被彻底消耗光了，于是纸币承担起了一切支付责任，只有两种交易除外，一是公债利息，二是进口关税。当年晚些时候又通过了《税收法案》，第一次向美国居民的个人收入征税。这一年，南方也出现了兵员紧缺，4月16日通过了美国历史上第一个征兵法案。4月6日，在西部田纳西州夏伊洛(Shiloh)发生了一场战役，最后由北军司令尤利西斯·S.格兰特将军(General Ulysses S. Grant)获胜。这是南北战争开始以来最惨烈的战役，双方伤亡人数超过2万。战后，格兰特写道："除了彻底征服南方，我已不再考虑其他任何拯救联邦的途径。"

当时华盛顿远在弗吉尼亚，他写信给父亲，谈到了进攻南方首都里士满的计划。弗吉尼亚州有约克河与詹姆斯河，形成了一片俗称"半岛"的地区。麦克莱伦想要经由这里向里士满推进。南军少将约翰·班克赫德·马格鲁德(Major General John Bankhead Magruder)为了防备麦克莱伦，开始修筑防线，加固各个要塞。这些要塞当初在美国独立战争时极大地帮助了乔治·华盛顿。此外，马格鲁德少将还修筑了新的土方工程、新的水坝，将低地淹没，阻止北军推进。4月16日，华盛顿写信给父亲说，沃里克河(Warwick River)上修筑了"六座水坝"，周围数英里乡村都被淹没。"每座水坝都由对岸一座要塞防护，此地必然有最激烈的战事出现。"战斗开始后，华盛顿又写道："你若是想要一辈子耳聋，不妨穿过斯坦顿（Stanton），南下来听一听。双方炮火不绝于耳，夜以继日。敌方所发，都是重炮。"华盛顿说，南军给北军炮兵带来了"严重"损失。此外，英雄主义也并未带来任何确定的回报。"我方神枪手占据了优势，有些人已打死敌人30余名。有一个加利福尼亚州人……因战功而骄傲不已，乃至拒绝换岗。于是，第二天，叛军一名特等射手便用一颗子弹射穿了他的脑袋。"过了几天，华盛顿又写道，看见一小队叛军俘虏被人押着走过去。"他们形状可怖，操作加农炮却非常熟练。昨天，有两名地形工程师截掉了左臂。"华盛顿极度善于观察，他写给父亲约翰的信，内容非常现实，而且有许多是描述地形的。从信中可以看出，几乎没有什么能逃过他的眼睛。

麦克莱伦的军队人数远远超过邦联军队，差距达十比一。华盛顿在后来的回忆录中写道："14万人对5千人！这又是一次（麦克莱伦）特色的迟延！"这个说法有所夸大，但确实能说明麦克莱伦的优柔寡断。马格鲁德用了一条妙计，他让一小队军人反复经过同一个地方，装作是一支大军的样子，以此蒙骗麦克莱伦。这一战术后来名声大噪。林肯总统绝望了。他写信给麦克莱伦将军："发起进攻是你不可推卸的责任！ 我之前写给你的信……从未带着如此深沉的感情，也从未带着如此迫切的目的，想让你支撑下去……但你必须行动！"麦克莱伦一向瞧不起林肯，因此完全没有理会。他甚至写信给妻子说，林肯要是想冲破敌军防线"就最好亲自前来"！ 最后南军还是撤退了，但麦克莱伦的迟延为南军赢得了宝贵的时间集合军队，最终把麦克莱伦从"半岛"地区赶走了。

当时流行一句俗话："看见了大象。"意思是经历过战斗。"大象"，华盛顿是确定无疑地见过了。但此时，他的军旅生涯却发生了意外转折。华盛顿在随军前往弗吉尼亚州东南部威廉斯堡市

（Williamsburg）的路上，忽然接到了惊人的消息。华盛顿写道："我竟然接到国防部长的命令，他命我立即前往首都华盛顿，向总军需官梅格斯将军报到。我不晓得这命令的意思，于是我去了，历经重重困难终于到了首都。"多年以后，华盛顿说，这次召见是因为梅里马克号进攻北军之后，北军指挥官普遍有了恐慌情绪。先前，梅格斯已经召见过约翰·罗布林，讨论用铁丝绳封锁波托马克河，但北军最终放弃了这一计划。不过，"与梅格斯将军商议时，将军认为，陆军如能应用一系列轻型军用悬索桥，将受益良多。罗布林先生也如此认为，并提到他有一个儿子正在军中，技术经验足以修建这些悬索桥"。

在一切方面，这次转折都至关重要。5月5日，爆发了威廉斯堡战役，死伤非常惨烈。多亏了梅格斯的命令，华盛顿才逃过一劫。关于把他召回首都的命令，华盛顿写道："或许，这命令使我免于一死，因为全军将士有很多阵亡。"但更重要的意义在于，"这命令彻底改变了我在军中的职业生涯，也是我一两年痛苦岁月的开端。这段时间，辛劳无比，得不偿失，而且工作根本不可能完成，因为梅格斯的计划纯属幻想！一两天内可以在河流上建一座浮桥，但悬索桥万万不可能，尤其是我既没有人手，又没有设施，也没有工具。我一无所有，只有这光荣的一身！于是，悬索桥只是偶尔为之，我大多数时间继续在军中服役。服役生活倒是愉快至极，让我得以参与很多战役，至少二十次以上；此外，还给予我某种程度的自由，我非常珍惜"。

梅格斯向华盛顿要的头一样东西是一本军用悬索桥建造指南。华盛顿三个星期就写完了。不过，按照华盛顿的说法，梅格斯将军把功劳都抢过去了。手稿名为"军用悬索桥建设手册"，时间为

1862年，附有大量的详细插图，还有一个基础装备的列表，如钳子、梯子、钢丝、绳子等。封面顶上潦草地写了一行铅笔字："方案与手稿，送梅格斯。"

铁丝绳在特伦顿造好后，华盛顿又受命前往拉帕汉诺克河边上的弗雷德里克斯堡（Fredericksburg），来到欧文·麦克道尔将军（General McDowell）麾下，任务是"造好军用悬索桥，轰动世界"。华盛顿了解到，任务规模宏大，而军方的支持却极少，不禁大吃一惊，但没有办法，只得听命去了。华盛顿终其一生，都不信任政府机构，不信任那些公众和私人的团体，但这些团体的要求，他不得不回应。他多年表现出来的斯多葛主义和出乎意料的惊人恢复能力，无疑源自他在战时工作中打下的基础。6月，军方似乎打算在弗吉尼亚州弗兰特罗亚尔镇附近修建一座悬索桥。然而，工程刚一开始，北军就撤走了，工地也就废弃了。华盛顿给弟弟费迪南写了一封信，他虽然不用干活了，语气却一点都不轻松："在此造桥十分辛苦。所需木板，最近也必得从亚历山德里亚市（Alexandria）运来，其他一切所需东西都是如此。我要建造两座复线铁路桥，第一座在谢南多厄河（Shenandoah）的北支流，第二座在南支流，都在交汇处上游半英里左右。第一座为三跨，每跨125英尺；第二座为两跨，每跨也是125英尺。水流如迅速转动的磨坊水车般湍急，河上不见船只踪影，为测量每跨的长度，我不得不口叼卷尺，游过河去。"

除了谢南多厄河上的两座桥，华盛顿还受命在拉帕汉诺克河上造一座桥，但前景相当不容乐观。华盛顿回忆："我的岗位完全虚假，既无人手，又无机械，既无工具，又无建材，什么事都做不成。"草图、勘测、估值，一切都必须从头开始。因此，华盛顿不得不专门派人赶回首都申请所需设备，但所有资源都"吝啬至极，而且必须经历无数繁文缛节才能领到"。除了设备，当然还需要人手。华盛顿写道："我们向金将军（Gen. King）申请人手，被拒。所幸，我正与将军交谈时，将军突发癫痫倒地，接近半死，副将为尽快将我摆脱，才让我把工人带走。"这些工人是100名逃跑的奴隶，有些人比北军士兵更加能吃苦耐劳，"但没有一名机械师，也没有一个人有一点手艺"。黑人木匠把木材刨光，用来制造悬索桥的主塔。此外还有两名南方木匠，二人从未加入过叛军，"这两人的用处胜过余下所有人的总和"。逃奴与南方白人一起在华盛顿的工地上劳作。

这一年2月，华盛顿升了职，当了中尉。与此同时，他还当上了悬索桥的总工程师和军需处长，管理军需处，为手下士兵安排粮食和住房。华盛顿睡在一间老式的石头监狱里，头一晚就被吓了一大跳。"监房中有一只长方形大箱，谁也不知道里面有什么东西。一天，我深感好奇，便撬开一块木板。"华盛顿伸手一摸，竟然摸到一张冷冰冰的人脸的轮廓，大吃一惊。他简明地写道："我略微有些惊吓。"后来他才发现那不是死人，而是一座雕像，雕的是美国开国元勋乔治·华盛顿的母亲玛丽·华盛顿（Mary Washington）。之前为了安全起见，才把它存放在监狱里。

后来，铁丝绳终于运来了。华盛顿又到处寻找耕牛，用来把铁丝绳运过浅浅的河流，再提升到主塔之上。悬索桥的桥面横梁是专门拆毁当地房屋而来的。等到铺设桥面横梁、从主缆上悬挂吊索的时候，"工人大都头晕目眩，纷纷逃走"。这工作也确实很危险。华盛顿写信告诉斯旺，有两人落水，还有一人摔在引桥之上，险些把脊梁摔断。

华盛顿在战争回忆录中写道："最终，这座1000多英尺长的小桥投入使用了，建成当天，有一个骑兵旅从上面走过。我有疑问，这座桥的建成是否值得这么多麻烦呢？就我个人而言，显然不值得。"悬索桥只用了一个月多一点时间。北军撤退的时候，伯恩赛德将军（General Burnside）炸毁了桥的锚锭，桥也就倒塌了。

此时，约翰·普波少将（Major General John Pope）已经接管了北军的弗吉尼亚军团。在华盛顿看来，这一任命是"首都那些官僚铸成的大错之一。普波爱慕虚荣，专爱自吹自擂，并无实际经验……普波缺乏远见，为人莽撞，不爱进取，总是坐失良机……而且低估南军将领'石墙'托马斯·杰克逊（Thomas 'Stonewall' Jackson）"。不过，华盛顿此时倒是好过了一些。"我现在所服的兵役，乃是最惬意的一种。我熟悉侦察技巧，也善于沿路速写、制图，善于寻找敌人方位，善于了解地形。我有carte blanche[1]，可在全军范围内，或军队周边的范围随意游走。我还冒险进入敌人的战线内，去麦迪逊县法院，几乎成了间谍。"一次，华盛顿勘察弗吉尼亚州道路，连续骑了36小时的马，他后来在给父亲的信中写道："这匹马我一周前才买来，我骑马骑得半死。"这次旅程，华盛顿没有看见什么敌人，"只有散兵游勇八九人被我军俘获。去程走小路，回程走大路。凌晨五点，我们大吃一惊，忽然看到叛军少将詹姆斯·斯图尔特（Maj. General James Stuart）与部下在吃早饭"。华盛顿的手下和马匹都太过劳累，不能追赶，让斯图尔特跑掉了。后来，华盛顿为这匹可怜的马写了一份"赦免申请书"，说自己不得不骑马连续走上80英里，而牲口没有一点草料。

---

[1] 法语：全权委托。——译注

华盛顿还告诉爸爸，他对北军的一些行动很失望。[1]"我在河边有幸见到了著名的白硫泉镇的建筑废墟。我军士兵一路破坏极多，昨天又将这些建筑毁坏了。我多次亲眼见到，有些人家前一天还称得上小富，后一天就变成了无家可归的乞丐，不知下一顿饭的着落在何处。军人的破坏行为多数纯属恶意，也没有必要，专为使此地居民成为我军最大的敌人。"

这封给约翰的信，于8月24日开始写，一直写到9月初。此时，第二次奔牛河战役已经结束，北军战败，双方死亡人数超过22000人，普波将军因此被撤职。战后刚过一周，密歇根将军艾菲尔斯·斯塔基·威廉斯（Alpheus S. Williams）写道："我军之精锐士气几乎丧尽，无数公共财产或被掠，或被毁，我方数千精兵白白牺牲。"威廉斯与华盛顿·罗布林都认为，战败的根源不是别的，正是约翰·普波将军。华盛顿也写道："关于这位指挥官，我不敢说出我所感觉到的与所相信的事。或许可以说，如此厚颜无耻、目空一切、一无所知、自命不凡，从未综合于一人之身。"华盛顿后来对战争的回忆，显出了一些事后聪明，但他即使在战事最激烈的时候，也是个头脑清晰的观察者。战斗最后一天，华盛顿写信给约翰，说起让北军彻底崩溃的指挥有多么糟糕："整夜，我方没有任何部署以迎击敌军的冲锋……我方所有将官都安坐不动，任凭敌军为所欲为，而且十分满足……我军士兵的狂奔（指逃离战场）已经开始，最少有一万人都用尽全力奔跑。很多人没有听到一声枪响便已逃开。此情此景，堪称奇耻大辱，显示我军士气已经彻底丧尽。"此前，"我方向敌方打去20发加农炮弹，敌方仅向我方打来一发，而且敌

---

[1] 普波将军下令实施焦土政策，规定任何协助南军的平民都要逮捕枪决，房屋也要烧毁。这是作战以来第一次有人下令针对平民实施报复，产生了很坏的影响。——译注

军的滑膛枪里没有装铅弹，打来的都是石子"。尽管如此，普波将军还是下令撤退。华盛顿对这种奇怪的命令进行了尖锐的嘲讽。

华盛顿自己的信心也快要丧失了，但他依然对南军的意志表示敬佩。他写信给约翰说："我已精疲力竭。连续三周，每天一顿饭都不能保证；每夜露宿，经常没有毛毯，骑马行军也不停息。幸好没有被枪弹打伤……未来的希望彻底没有了；上周六晚上，我对战争厌倦到了极点，憎恶到了极点……手下士兵也已厌倦，既没有作战目标，也没有热情；我们对上峰，除一二人外都丧失了信心……说到勇气，叛军一人抵得上我军五人。"一年后，华盛顿回到第二次马纳萨斯之战的战场[1]，同行的还有新上级古弗尼尔·肯布尔·沃伦（Gouverneur Kemble Warren）将军。华盛顿看见有些猪把死人从坟墓里拱了出来，还看见一副南军士兵的骨架。"这副6英尺长的骨架，已被蚂蚁啃食成森森白骨；一窝黄蜂在颅骨内筑起巢穴，从眼眶飞进飞出。这幅景象，堪称对战场荣耀的哀伤评论，我这样刚硬的人也不免潸然泪下。"

但当时没有掉眼泪的时间。在马里兰州，波托马克军团多次进攻罗伯特·李的南军，其中一次进攻造就了美国军事史上最为惨烈的一天。1862年9月中旬，空前激烈的安提耶坦战役之后，双方阵亡人数近6000人，还有17000人受伤。华盛顿之前对爸爸慨叹"幸好没有被枪弹打伤"，如今却参加了最激烈的战斗。华盛顿部队的指挥官是约瑟夫·胡克尔少将，外号"好斗的乔"（Major General Joseph "Fighting Joe" Hooker）。部队渡过安提耶坦河，进攻敌人。华盛顿回忆："而后，麦克莱伦命伯恩赛德、胡克尔的

---

[1] 即南军对第二次奔牛河战役的称呼。马纳萨斯是一座车站，南军用来给战役命名。——译注

部队当晚渡河就位。但我军并没有桥可以渡河，只得在两小时内在这条深河上建起一座桥，好在日落前过河。"华盛顿带着克制写道："这真是一场血战……我同里克茨将军（Gen. Ricketts）说话时，一枚加农炮弹飞过，将我口中空气吸出，使我险些丧命。"

华盛顿与胡克尔将军麾下的其他士兵一道，在邓克尔教堂附近作战。这座教堂是一位德国和平主义者修建的，此人相信"全面浸泡洗礼"。教堂朴实无华，刷成白色，没有被炮火击毁，依然矗立在战场之上。伯恩赛德本来可以率部队涉水通过附近浅滩，但他偏偏浪费时间去守卫安提耶坦河上的桥。华盛顿写道："实际上，他位于敌人的后面。在这种位置上，换任何一名其他将军都已经轻松取胜了。"晚夏酷暑，这场战斗的后果之可怕，难以想象："战场上的景象极为惨不忍睹。烈日之下，死者过了几小时就因腐败而膨胀，乃至无法移动，我们只得挖出长而宽的壕沟，将数千具尸体胡乱倾倒进去。尸体用栅栏抬送，用绳子拖曳。死者没有人认出，也没有姓名留下。从军者能得到的'荣光'大都如此。"战斗结束不到一天，华盛顿·罗布林就在黄纸上绘制了战场的详细地图，长约25英寸，宽约20英寸。每一块土地都有描述，还非常精细地画出了树木和建筑。地图右方标记了胡克尔部穿过安提耶坦河时经过的浅滩，还有他绕过此地前往右侧的线路（在地图顶部）。地图中部，在一小片玉米地的南方，华盛顿用小字标出了"胡克尔在此脚部中弹"。地图非常精确，却也做到了高度抽象化。实际上，在华盛顿绘制地图的时候，他讲述的那些狰狞可怖的尸体应当就躺在各自倒下的地方。美国著名摄影记者亚历山大·加德纳（Alexander Gardner）在战场上拍摄了一些有名的照片，其中就包括这些阵亡的士兵。

虽然麦克莱伦让李将军的部队逃回了弗吉尼亚。但从战略层面上来讲，北军还是取胜了。华盛顿写道："我军略微进行了追击，但李依然重新渡过了波托马克河，没有损失。"邦联原本期望得到英国重视，这次失败后，英国一看战争对邦联不利，不愿插手，邦联的希望因此受挫。[1]此外，战役还很快促成了美国历史上最有名的事件之一。战役结束后第五天，林肯告知内阁，他已同上帝定下契约：北军如能把叛军逐出马里兰州，他便发布《解放黑人奴隶宣言》。宣言规定，除非叛乱各州在1863年1月1日前回归联邦，否则，这些州的奴隶"都应在那时及以后永远获得自由"。[2]

战役结束后，没过多久，华盛顿就病倒了。他回忆道："先前我全凭激情支撑，如今激情已然消失，也就完全垮掉了。我发高热，一连说了几天胡话。我爬到一家新建的野战医院，躺了十天。"父亲约翰强加给华盛顿的一个理念是，不论什么病因，只要有正确的精神态度，就能祛除一切疾病。华盛顿虽然反对这个理念，却一直深受影响。他坚持说："只要有足够好的自制力，就可以彻底免除这场疾病。一切疾病都不是必然的！"华盛顿痊愈后，与手下官兵驻扎在弗吉尼亚州东北部哈珀斯费里镇（Harpers Ferry）。谢南多厄河流经此地，河上的一座桥被毁坏了，麦克莱伦将军亲自下令重修。华盛顿写道："重修该桥也许是明智之举。"这个项目进行了四个月，到年底方才完工。华盛顿派人去请一位老先生大卫·鲁勒（David Rhule）。他是约翰的工头之一，作为"土木工程专家"当

---

[1] 林肯解放黑奴之后，欧洲舆论更是一面倒地同情美国北方。1863年4月，英国终止了对美国南方的援助措施。——译注

[2] 此处译者认为，林肯是作为军事统帅发表《解放黑人奴隶宣言》的，因此这里的解放黑奴的规定只是战争手段的一部分。

华盛顿的顾问。鲁勒"十分焦急，想要为国效力"。士兵们都愿意干活，这一次的麻烦倒是少了很多，"士兵对待工作，就像野餐一样，很是乐意前来"。实际的麻烦并非因为工程本身，而是来自负责的将军们，特别是巴尔的摩市出生的约翰·里斯·肯雷将军（General John Reese Kenly）。1862年年末，华盛顿给爸爸写信："这将军对桥梁的认知实在怪异！他觉得，桥梁只不过是一种大路，敌军可借此追击我军，因此是危险的存在！"肯雷来到工地的时候，桥面横梁已经铺设了四分之三。将军相信，如在横梁上铺设木板或跳板与地面相连，敌人就可能因此入侵。华盛顿非常为难。"手下都没有飞行的本领，因此我被迫铺设一条轨道，轨道由两块木板制成，上面支撑着纵梁。数日后，肯雷将军听说了这件事，立即派人来将我怒斥了一通，说我犯下了弥天大罪等，而且命令我当晚就撤去所有木板。"一天之内，只要白天铺上了木板，就必须在晚上取下来。华盛顿非常恼火："这种样子的工作，纯属要把人害死！我已经决定了，我要离开工地，回到首都，听候新命令！"不过，很快肯雷就被接替了，接替他的是约翰·亨利·凯利将军（General John Henry Kelly）。"此人是条汉子，于是工程有了新风貌。"1863年年初，华盛顿回顾了这次工程。他给一向严苛的父亲写信，承认对工程相当满意，仅说了几句自我批评的话，显示出罗布林家族的家风永远是要求进步的："大桥竣工后，其结实与坚固程度超出了我最初的预料，即使没有桁架栏杆，仍有极高的刚度，经受住了骑兵与大风的严峻考验。近来天气恶劣至极，工人上工时间不及预计的一半。缆绳制造时，没能提高强度，我深表歉意……如果强度更高，则与桥梁其余部分配合得会更加完美。"

林肯总统也有所进步。1862年11月，他终于撤了乔治·麦克莱伦，让安布罗斯·伯恩赛德（Ambrose Burnside）继任波托马克军团指挥。但安布罗斯·伯恩赛德没有指挥多久。1862年11月，北军在弗吉尼亚州东北部弗雷德里克斯堡市遭到毁灭性打击。战斗持续了四天，北军阵亡人数达13000人，南军则只有5000人。1863年1月，"好斗的乔"胡克尔走马上任。1863年3月，北方通过《征兵法案》，历史上第一次试图强制征召"炮灰"。年初时，《解放黑人奴隶宣言》已经生效，很多白人工人相信那些新解放的奴隶会拉低工资，本已十分恐慌，《征兵法案》一通过，更是火上浇油。夏天，白人工人在纽约市掀起了"征兵暴动"。此处暴动是美国历史上死亡人数最多的一次，死了100多人。

1863年春，华盛顿向梅格斯将军申请从事新的任务。华盛顿不动声色地回忆："我认为，他此时已经厌倦了军用悬索桥。"梅格斯把华盛顿送到亚当·伍德沃德将军（General Woodward）麾下听令，后来又送到北军总工程师赛勒斯·康斯托克将军（General Cyrus Comstock）麾下。1863年5月，钱斯勒斯维尔战役（the Battle of Chancellorsville）之后，康斯托克调到了田纳西军团（the Army of the Tennessee），负责西部作战，于是华盛顿又到了古弗尼尔·肯布尔·沃伦将军麾下，沃伦是波托马克军团的首席地形工程师。"我同将军建立了长久的友谊，在他帐下一直服役到战争结束。"华盛顿这个年轻中尉刚刚见到沃伦将军的时候完全没有想到，沃伦会给自己人生的方方面面带来怎样重大的影响。

华盛顿回忆："安布罗斯·伯恩赛德进攻弗雷德里克斯堡市后侧玛丽高地失败后，我军才逐渐恢复过来。"说的是北军多次进攻南军驻守的玛丽高地而失败的事。[1]北军虽然失败，士气却提升了。胡克尔得到了普遍拥戴，而且为士兵"注入了新的精气神"。当时，因季节原因，路上一片泥泞，无法行军。华盛顿的工程技巧又派上了用场，用来搭建"木排道路"，就是把一根根圆木铺在烂泥上。童年时期，华盛顿在宾夕法尼亚州经常伐木，这个本领也用上了。"真正的美国人，都晓得抡斧子。"差不多也在这时候，他还发现，"我在拉帕汉诺克河上造起的悬索桥已然不见了。战时做了多少无用功啊！"

在胡克尔命令之下，北军前往钱斯勒斯维尔镇（Chancellor-sville）与南军作战；与此同时，华盛顿也奉命渡过拉帕汉诺克河。战役[2]的结果是南军罗伯特·E.李将军获胜，而南军名将"石墙"托马斯·乔纳森·杰克逊将军却阵亡了，这一损失是叛军无法承受的。华盛顿回忆，他在夜间渡河时偶然看见了朋友克罗斯上尉（Captain Cross）——他们曾在特洛伊一起上过学——"前额中弹，当即殒命"。战役第二天，5月1日中午，华盛顿接到胡克尔将军命令，命他立刻去进见。华盛顿回忆，将军的命令十分明确："我已决定在钱斯勒斯维尔用刺刀迎接来犯的敌人。我命你骑马去见斯洛克姆将军，命他停止前进，与手下返回这里。"华盛顿写道："我既然听见命令，就必须服从。"亨利·斯洛克姆将军（General Henry Slocum）非常讨厌胡克尔，而且已经向前进发，接到命令后大发雷霆。华盛顿写道："我见到斯洛克姆将军时，已能望见塞勒姆镇（Salem）锡安教堂钟楼的尖顶。我转达了胡克尔的命令，斯洛克姆一脸怒色，转向我道：'罗布林你他妈撒谎！ 我们就要胜利了，疯

[1] 玛丽高地位于弗雷德里克斯堡市西部，是南军防守的要地。——译注
[2] 两军于4月30日—5月6日交战，史称钱斯勒斯维尔战役。——译注

子才会下这种命令！我这就亲自去见胡克尔将军，要是发现你的话有半字虚假，我在回来的路上就毙了你！'"斯洛克姆不敢相信指挥官竟然真的下令让他撤退，而不是前进，或是至少进行防御。华盛顿写道："斯洛克姆走了，部队也停住了。从这时起，钱斯勒斯维尔战役就输定了。"战争结束以后，华盛顿与斯洛克姆也有过更厉害的冲突。毋庸讳言，华盛顿的回忆可能掺杂了战后的感情色彩。

华盛顿记得，当时高地已经被敌军占领，而钱斯勒斯维尔地势低洼，不能防御。"胡克尔一直冥顽不化。这是他一种丑陋人格的倾向，人只有喝得半醉才会变得这样。"关于胡克尔的酒瘾，史家争论很多。有人觉得，胡克尔在钱斯勒斯维尔战役时远远不止半醉。南北战争历史学者加马列尔·布雷德福（Gamaliel Bradford）认为，当时人们都爱喝酒，胡克尔的酒瘾不一定十分突出，但依然有影响。华盛顿认识布雷德福，看法也相同。华盛顿写道："五十年或一百年前，人人不论等级，都习惯每天喝几次香甜烈性酒，或威士忌，或白兰地，或比特酒。胡克尔习惯就是如此，在他戒酒之前一直继续……我从未见过他真正酩酊大醉，其他人也从未见过。但这种癖好也有严重后果：如有紧急军情，需要强有力的领导，他将无法作出反应，继而崩溃。"华盛顿坚持认为，胡克尔已经"消耗殆尽"了。

钱斯勒斯维尔战役中，华盛顿再次侥幸逃生，而且亏了他思维敏捷，还救了指挥官一命。身为老兵，华盛顿在事后回忆时可能掺杂了过去的诸多光荣历史，但依然值得我在这里重复一遍："战场景色，实在伤心惨目。四面八方都有加农炮弹与子弹扫过，死者与濒死者塞满了道路；惊恐的逃兵纷纷乱闯，不知怎样走才好……我骑马前往第一军团，一名南军忽然从近处林中走出，瞄准我开枪。枪法极准，只是弹道太低，洞穿了我的靴底和马肚子。"事情还没有完结，"在钱斯勒家宅邸的门廊上，一颗子弹正中我前额。幸好我戴有军帽，帽上有坚硬的帽舌，将弹丸弹开了，但打中了一名旁观者的脸颊，他用另一边脸颊咒骂我"。钱斯勒斯维尔镇是一个小村子，法语意为"钱斯勒的城镇"，以一名叫弗朗西斯·钱斯勒（Frances Chancellor）的寡妇命名。华盛顿当时就倚靠在钱斯勒家门廊的一根柱子上观战。胡克尔从屋里出来，也靠在同一根柱子上。"当时，我看见一颗子弹飞来，就要击中胡克尔。我大叫'将军退后'！他挪动不到一英尺，恰好没有被子弹射杀。"但胡克尔被击倒，昏了过去。华盛顿以为他死了，冲进屋子大喊："胡克尔死了！"部下把将军拖进一个帐篷。华盛顿写道："我倒不如一言不发，让他被打死得好。如此，钱斯勒斯维尔战役还可能不至于惨败！"

战役结束了。至少在华盛顿看来，这场战役输得非常可耻。他受命到树林里筹划一条战壕的位置，将来要挖出战壕，作为一道额外的屏障。但他迷了路，又下起了瓢泼大雨。"当晚，我方所有军团分别撤退，无人指挥……这场惊人的闹剧就此完结。"华盛顿认为，胡克尔是"道德骗子"。华盛顿还料想，将军可能也愿意在林中迷路。"他一定愿意躲进灌木丛，然而注视着他的眼睛成千上万，司令官便没有了列兵的特权。"后来，华盛顿又写信给历史学家布雷德福，尖锐讽刺胡克尔："我有时沉思，这个半疯的可怜人（胡克尔）用尽手段帮助李将军与南军获胜，然而，因这场战役获胜而居功至伟的人，却不是胡克尔，而是李将军与南军。这是为什么？"

*

西部战场，北军开始转运了。密西西比州沃伦县维克斯堡镇（Vicksburg）是南军的关键要塞，北军司令尤利西斯·S.格兰特领兵围困。7月4日，要塞内的南军投降。在东部战场，华盛顿也开始了战时最不寻常的工作——气球侦察。

早在1794年，法军就使用过空中侦察术。法国大革命之后，法兰西共和国军与反法兰西的奥地利、荷兰同盟军作战。1794年6月26日，法军夏尔·库迪尔上尉（Captain Charles Coutelle）和安托万·莫洛将军（General Antoine Morlot）在奥属尼德兰（Austrian Netherlands）的弗勒吕斯地区，乘坐气球企业号升上天空，观察敌情。气球充的是氢气，被拴在地上，视野可达18英里。6月26日法军与奥军全天交战中，在高空的夏尔·库迪尔与安托万·莫洛两人一直与地面保持通信，用一个袋子通过系缆上下传递各种问题、命令。这是人类第一次运用操纵空气的能力打赢战争。

到了19世纪中期，大西洋另一边的美国，新罕布什尔州（New Hampshire）出了一位叫撒迪厄斯·索别斯基·康斯坦丁·劳（Thaddeus Sobieski Constantine Lowe）的发明家，引起了舆论注意。劳先生生于1832年，很早就对新兴的飞行科学产生了兴趣，十八岁时去上了一门课程，讲的是比空气轻的气体，从此确定了未来之路。1859年，劳先生准备乘坐自己设计的飞艇纽约号飞越大西洋。著名杂志《哈勃周刊》报道，这艘飞艇"以斜纹布制成，表面涂油，并覆有三层特种清漆。清漆是劳先生自制的，专为使气球的气囊保持气密性。这一工程共耗费六千码布匹，十七台缝纫机不停赶工，将各片缝合"。这艘飞艇后来改名为大西部号，却从未真正飞过大西洋。不过，它确实曾经尝试从俄亥俄州辛辛那提市飞到首都华盛顿特区，引起了联邦政府的注意。1861年4月，南军夺取萨姆特堡后才一个星期，劳先生就从辛辛那提市起飞，但飞行偏离了航线，落在了南卡罗来纳州，很快就被当成北军间谍抓了起来。当地村民因为两件事很吃惊：一是劳先生戴了一顶高高的丝绸帽子，二是他带了几个橡胶瓶子，瓶里的水结了冰。"有人问，他若不是魔鬼，怎能从瓶嘴处塞进那么大一块冰呢？"多亏劳先生认识当地的知识分子，最后被释放了。最终，劳先生见到了林肯总统，献上了气球。他还第一次从空中向地面发了电报，让林肯尤其叹为观止。林肯任命劳先生为美国陆军航空军团的首席航空员。于是，1863年5月26日，华盛顿·罗布林二十六岁生日的这一天，就在气球吊篮里度过了。

劳先生的首席航空员却没当多久。当时，他在弗吉尼亚州东部奇克哈默尼河一带侦察，这条河附近的沼泽蚊子丛生，因此染上了疟疾，又因军事命令十分恼怒，便于1863年5月初辞职了。但他造的所有气球依然在服役。他还发明了一种便携式氢气发生器，使得气球得以跟随军队前往各地。按照华盛顿的说法，军队向北移动时，"我被选中负责乘气球观察敌情"。他回忆："系留气球可升到1200至1500英尺的高空。"系留，顾名思义，就是用绳索系在地面，而不是自由飘浮在空中。"气球于日出之前升空，只有这个时候，才可以观察到晨炊的营火，否则将被密林遮挡住。"华盛顿生平第一次直面了飞行的危险。他写道："第一次升空着实有些紧张。气球一直旋转不停，指南针也受到了干扰。高空风紧，气球倾斜了，我几乎被甩出吊篮。使用眼镜与地图，着实需要机敏；而要观测目标，还须了解更多技巧。"不过，第一次升空之后，"余下就轻松了"。而且，华盛顿清楚，至少在某些方面，这工作"值得人羡慕"。"晴日，视野便非常开阔。西边地平线上，蓝岭慢慢升起，波托马克河有如一道银练，甚至能望到远处的切萨皮克湾。我能听到下面最轻微的呢喃声，头顶上空则几乎全无声息。"

*

　　1863年5月中旬，邦联首府里士满，南方总统杰弗逊·戴维斯召开战略会议。罗伯特·E.李将军提出计划，要进军宾夕法尼亚州，把战火烧到北方土地上。一日拂晓，华盛顿·罗布林乘坐气球，看到了李将军的行进方向。华盛顿回忆："一天早上，营火消失不见，我报告说，这迹象可能表明李正向西前进。"华盛顿还说，两天之后，有两名南军逃兵证实了这个情报。于是，1863年6月中旬，"我军开始跟踪李部"。北军没有宾夕法尼亚州的详细地图，于是派华盛顿到费城去运一些地图来。华盛顿拿到地图后，还有时间乘坐气球飞回特伦顿看看家人。华盛顿发现："一切都绝望而混乱。各种凶兆使人们沮丧至极……我乘下一班火车归队，军中是我所知道的唯一安全的地方。"华盛顿回忆，父亲约翰也为可能发生的事情非常焦虑。"他确信李将军一定会战胜我军，占领费城，继而北上占领特伦顿，一把火烧光他的铁丝绳作坊、缆绳店、新宅子，使他成为地球表面的乞丐。我们身在军中，没有发现后方家乡的居民已被吓得要死。我回到葛底斯堡，对局势无动于衷。这态度，父亲并不能理解。"华盛顿离开的时候大家都依依不舍，母亲掉了眼泪。"我再见到母亲，她已卧床不起，再也没有恢复。"

　　华盛顿重新往南，想要在巴尔的摩见到古弗尼尔·肯布尔·沃伦将军，但将军已经到别处去了。于是，华盛顿又前往马里兰州弗雷德里克市（Frederick）。此时，城市周围建起了工事，教堂钟声召唤着人们去守卫。根据情报，李将军就在附近。华盛顿写道："我比较怀疑这消息。时值六月，天气晴朗而温暖。我沿收费大路独自骑马走了30英里，却不见一个人影，这真是最令我不解的事！"后来他才知道，路上之所以没有人，是因为南军骑兵前一天刚刚横

147

扫此地，当地居民要么逃难去了，要么藏了起来。华盛顿在一棵苹果树下睡了一晚，依然不见别人，尽管"我清楚，各个军团就在附近"。他骑马一直往前再往前，终于隐约听到了炮声。耳朵贴地后，炮声便清楚起来，远处的炮声如雷鸣般作响。华盛顿发现自己已经进入宾夕法尼亚州境内，就在一处旧铁矿中过了夜。第二天，他终于在宾夕法尼亚州"利特尔斯敦自治市"同北军第五军团会合。此处距离他们的目的地葛底斯堡，已经不到12英里了。

论实力和人数，北方都超过南方，但在1863年夏天，战争似乎仍然不分胜负。战争初始，北方曾任命李将军为北军总司令，但李将军拒绝了，说他不能领兵反对自己的故乡弗吉尼亚。李是一位充满勇气和颇具远见的军人。很多南军官兵都认为，自己作战是反对外国人侵祖国。[1]华盛顿与正在行军的北军会合后，发现北军指挥官又换了。钱斯勒斯维尔战役之后，胡克尔被撤职，由乔治·戈登·米德将军（General George Gordon Meade）接任[2]。华盛顿感叹："葛底斯堡战役，米德［与胡克尔］的表现何等不同啊！ 一言一行，都展现了伟大军事家的素质！"

南军将领安布罗斯·鲍威尔·希尔（Ambrose Powell Hill）得知葛底斯堡有一批鞋子，便命令手下的人去取。[3]希尔的手下路遇北军，北军先前预计将在附近开战。葛底斯堡镇位于十字路口，周

---

[1] 当代美国史学家、小说家谢尔比·福特（Shelby Foote）记载，北军曾俘获一名衣衫褴褛的南军士兵，此人显然不可能是奴隶主。北军问他为了什么打仗，南军士兵回答："我打仗，是因为你们来了！"

[2] 当时李部打算进攻北方首都华盛顿特区，林肯命胡克尔迎敌，但胡克尔非常惧怕李将军，不肯从命，林肯只得让米德接替胡克尔。最后，进攻的南军和防守的北军在葛底斯堡附近相遇。——译注

[3] 此说在史学界有争议。——译注

围山岭环绕，很利于防守。战役在7月1日全面爆发。第二天，李将军命詹姆斯·隆史崔特将军（General James Longstreet）向位于城南"墓地岭"的北军发起进攻。隆史崔特将军抗议，认为这样正中敌人下怀，但司令官让他别无选择。与此同时，米德将军火速调集援军奔赴战场，部署在一块麦田，一处桃园，一处叫鬼窟的圆石阵，还有一座叫小圆顶的小山上。假如南军的炮队能占领这座小山，就能比平地上的北军更占优势，于是，从亚拉巴马州来的一个旅的南军出发去占领小山。路上除了一处北军信号站，无其他拦阻。

北军的沃伦将军也发现小圆顶无人驻防。罗布林所在的北军旅的旅长是沃伦当年在西点军校的一名学员，帕特里克·奥罗克上尉（Captain Patrick O'Rorke）。这一旅官兵之前一直沿着小山旁边的道路前进，突然接到了沃伦的命令，命他们急行上山，驻防小圆顶。沃伦的传记作家说，忽然间，"罗布林这位有条不紊的工程师，变成了充满激情的恶魔。罗布林知道沃伦是一名职业军人，经验丰富，沉着冷静，他若是宣称有紧急情况就一定会有险情"。罗布林中尉率领手下连队旋风般冲上小山。

华盛顿在回忆录中宣称，直到1907年故地重游，他才真正明白当天的情况。他看到麦田、桃园都已成"血战的剧场"，还记得米德将军听到"那边有雨点般的枪声传来"，便说"你骑马前去观察战况吧。若有严重事件，一定要妥善处理"。罗布林率领部队前往小圆顶。一路上，他见到了"可怕的杀戮场面"。米德说的"雨点般的枪声"原文是peppering，意思是像撒胡椒一般密集。华盛顿在回忆录中保证说，就连这个说法都是轻描淡写，实际情况更加严重，他的连队遇见的场面就是如此。华盛顿冲上小山，"见一名通信官蜷伏在岩石后面。我刚刚从岩石后面探出头，耳边立刻就有子弹呼啸起来。前方树林中可以见到南军士兵。我奔回沃伦将军处，两人一起向上前行。短短数分钟，敌军已大批赶到……一刻不能耽误。小圆顶山头必须竭力守住……然而，道路崎岖至极，马匹无法拖运大炮前行，我们只得徒手推车"。来到山顶的北军遭到了南军狙击手的袭击，华盛顿又一次死里逃生。他说："沃伦部队倘若晚到五分钟便太迟了，战场将会被敌军占领。围绕小圆顶这个地方，双方展开了殊死搏斗，人人都顾不得自己。这一刻，紧张压倒了一切。战事结束后，人的神经已濒临崩溃。"

北军认定可以守住小山之后，华盛顿便骑马去见米德将军报告情况，"至少给了他一丝安慰"，然后便返回了。南军狙击手直到深夜仍在不停射击，"带来致命的结果"。北军没有办法，给30名北军士兵下了详细命令，一旦有南军开枪，就朝火光处射击，"希望至少有一发子弹能找到自己的归宿。第二天早晨，我们发现一块裂开的巨石中有一具南军尸体，但身上并无伤痕，必然是死于多发射击引起的震荡"。

多年之后，特伦顿的詹姆斯·F. 鲁斯林将军（General James F. Rusling）写信问华盛顿在战时服役的情况怎样，华盛顿写了回信。说起小圆顶，他不动声色："冲上那座小山不值得居功，但守在山上而不被打死，却有一些功绩。"北军的约书亚·劳伦斯·张伯伦上校（Colonel Joshua Lawrence Chamberlain），仅仅在这场战争的前一年还是缅因州鲍登学院（Bowdoin College）的修辞学和语言学教授，战役当中，他率领第二十缅因团位于全旅最左翼，驻守高地。张伯伦的手下子弹打光了，他便命士兵安上刺刀冲下山坡，与南军决一死战。这是南北战争中最有名的进攻战例之一。小圆顶山攻防战是葛底斯堡战役的转折点，也普遍被人认为是南北战争的转折点。第二天，7月3日，李将军再次命令乔治·皮克特少将（Major General George Pickett）领兵对北军中线发起冲锋。这次战斗史称"皮克特冲锋"，很多人觉得这是南军最为英勇的一刻，充分展现了南方各州的无畏意志。历史学家詹姆斯·麦克弗森（James McPherson）说，叛军士兵"有如秋风扫落叶一般倒下。14000名南军士兵潮水般涌上前去，回来的只有一半"。因为地形开阔，北军得以展开全面炮击，南军冲锋部队死伤惨重，最后失败。纽约的日记作家乔治·坦普尔顿·斯特朗（George Templeton Strong）说："这次胜利乃是无价之宝，打破了罗伯特·E.李将军不可战胜的神话。"

叛军在冲锋之前，首先展开了猛烈的炮击，企图突破北军阵线。南军开炮的时候，华盛顿已经从小圆顶山下来，回到了指挥所。他称这所指挥所为"滑稽可笑的木屋，只有两个房间，误称指挥所"。华盛顿回忆，138炮兵团进行齐射，持续一小时之久。回忆录记载："自从那一天起，已经过了将近四十五年。而那场炮击的回忆，仍然鲜明。那场面恐怖得令人麻木，我无法找到描绘的言辞。想要逃跑，却没有用，只得站定不动，把灵魂托付上帝……我与潘恩上校在看几张地图时，忽然有一块炮弹破片穿过门扇，击倒了放地图的桌子。我们便迅速终止了研究。"潘恩上校即是威廉·潘恩（William Paine），测量员，华盛顿的战友。日后在布鲁克林，他成了华盛顿最得力的助手之一。屋外拴着一群马，"有12匹，很快便死于非命"。华盛顿写道："子弹撕裂马肉的钝重声响令人作呕……也经常有炮弹在马腹中爆炸，可怜这牲口便炸成了碎片。"敌军一向把炮击的标尺定得太高，这次也不例外，"于是，我军的阵线匍匐在地，位于一座小丘后面，便顺理成章地安然无恙"。

南军停止了炮击，然后开始冲锋。"我军有炮一百余门，全部得到命令，皮克特横队刚一出现就开炮轰击。"华盛顿就在怒吼的大炮阵列旁边。"突入我方前线的敌军，或被俘虏，或被击毙。敌军前进的田野，尸横遍野；还有多人为免遭一死而趴倒在地。我军炮火极为猛烈，所以敌军都无法抵御。"华盛顿写道，他当时就肯定，那一天将具有历史意义。这么说，也许是掺杂了事后聪明。"我们感到，这必是李将军最后一次进攻，并非他旗下人手不够，而是他们已没有粮食果腹。乡村里的所有粮食都被抢光了，李也没有铁路可通向南方的南军仓库，所以他别无他法，只有两条路：要么饿死，要么撤退。"当晚，李的部队果然撤了。

战场上，有一块农田已经耕过地。当晚，华盛顿睡在农田的一条垄沟里。夜间下起了瓢泼大雨，雨势凶猛，很多伤兵竟然在原地淹死了。然而，华盛顿却回忆说自己睡得十分香甜。第二天，他又骑马穿过满目疮痍的战场。"几乎每走一步，都能踩到死尸。很多尸体仍在痉挛，说明还没有死透。我军指挥所已经变成军医的屠场。小窗后面，截下的手臂与腿脚已经堆到六英尺高……惨象与苦痛见得多了，人心也就刚硬起来。胸中的怜悯只余下这么多。"华盛顿在回忆录中提到，迄今为止所见的所有关于葛底斯堡战役的书，"大多数作者并没有身临其境，而且依据的资料都是战后数月、数年缓慢积累而得"。然而现实必然如此，"目击者只能描述在他视野之内发生的重大事件"。至于可信度和名声，"这些东西由报纸讲述给第一个符合报社要求的读者，从此固定下来"。

葛底斯堡战役，双方投入兵力超过165000人，死亡人数则超过5万人。刚刚取得胜利后，米德将军没有追赶李将军的部队。林肯听说米德犹豫，气得大喊："上帝啊！这是什么意思？肯定有什么人背信弃义……我军已经把战争局势控制在虚攥的拳头中却不肯捏紧！"华盛顿也回忆了当时舆论的强烈抗议："报纸一片可怖的喧哗……每小时就有一份电报发来，质问：为什么不进攻？为什么不乘胜追击，收取战果？这些人对真实情况既不了解也不关切……令人灰心的事莫过于肮脏、轻佻、卑鄙的报纸攻击，这种愚蠢无与伦比，只有他们的敌意才能超越！"北军决定于第二天也就是7月4日发起进攻，但李将军已经逃走了。华盛顿记录："当晚，鸟儿飞走了。"据他所说，北军如真对南军发起冲锋，将面临致命后果，因为南军一退，就能进入战壕坚守。"战壕位置优越，用圆木和泥土建成，有些地方前面设有坚固鹿砦[1]，我军无法占领。因此，我军没有尝试，让李将军大失所望。"

北军没有追击，转而前往弗吉尼亚州东北部哈珀斯费里镇。华盛顿曾在这里修复了一座桥，此时他见到了几个月前的工程遭遇的命运，于是指挥士兵们再次重修。"我军距离小镇约1英里时，我用野战望远镜观察去年冬天在谢南多厄河上建起的悬索桥。我看到敌军已将吊索砍断，桥面落入河中，但悬挂的缆绳则完好无损……我马上召集一队人手，一队马车，动手装运原木、木材和板材，它们来源于木屋及巴尔的摩与俄亥俄铁路的轨枕。大军到时，我已忙于重建悬索桥，两天就完工了，我军一部经由这座桥上过了河。"一年之后，南军将领朱巴尔·厄尔利（Jubal Early）把这座桥彻底摧毁了。华盛顿始终明白，一座桥，友军能走，敌军也能过。至少有一次他留下了详细的指南，告诉人们一旦有敌军前来，应该怎么破坏自己的作品："在两座桥台[2]的地方，有缆绳从地下冒出，用

---

[1] 鹿砦：砦，读音 zhài。用倒下的树枝做成，专为困住进攻一方。——译注

[2] 在岸边或桥孔边缘，介于桥梁与路堤连接处的支撑结构。——译注

冷凿[1]与锤子将任何一座的缆绳切断。如果没有冷凿与锤子可用，则命一人将连接缆绳的连接环中的锚销敲出，或用斧子将一座引桥的桥墩砍掉。"

---

[1] 一种不与其他加热工具联合使用的凿子。——译注

第 **7** 章

就是她，虏获了你哥哥阿华的心

华盛顿的回忆录本来是要写成纯粹的自传，战争的部分几乎是被迫插入的。葛底斯堡战役之后，战争叙述便戛然而止。他本来不想专门讲战争的话题，却发现无法回避。1916年，已迈入晚年的华盛顿对鲁斯林将军说："我一开始写战争，就不知在何处停笔。"华盛顿在战时坚持与亲友通信，经常写信给爸爸，给弟弟费迪南，给查尔斯·斯旺。部队闲下来的时候，打发时间的方式之一就是写信。华盛顿经常反复说道："我们又恢复了先前的工作，尽全力坐定不动。"这句话，写于1863年8月。当时，沃伦将军已经受命指挥第二军团，接替温菲尔德·斯科特·汉考克将军（General Winfield Scott Hancock）。小圆顶攻防战中，皮克特冲锋时，汉考克受了重伤。华盛顿是沃伦将军的第一副手，他发现，北军来到南军领地，仅仅是待着不走，就让南方老百姓付出了沉重代价。夏末，华盛顿写信给斯旺："预计不出几日，我军骑兵警戒哨即可沿拉皮丹河[1]巡逻。一方面来说，占领此地乡村不动乃是好事，因我军有

[1] 弗吉尼亚州中北部河流。——译注

如遮天飞蝗，将土地完全破坏，强令居民迁入弗吉尼亚州深处，从而成为那里人民的负担……有一事确定无疑，我军不论统帅为谁，必将占领南方首府里士满。"

然而土地还是要一寸一寸夺过来，华盛顿的战争也仍在艰难地继续。1863年11月末、12月初，在弗吉尼亚州奥兰治县（Orange County），米德将军试图进攻南军右侧，但李将军已在麦伦地区小山谷内准备好了野战防御工事，其实力与北军相当。华盛顿与沃伦都发现了这一情况。"凌晨，我和沃伦在月光映照下，匍匐爬行到李部的工事附近，看见所有工事都有人驻防。工事是去年修建的，又高又坚固，我军一旦突击则必然失败，一万人将在此丧命……麦伦地区的工事，昨天并无人驻防，我方本可以长驱直入，但我方仅仅留在原地等待而没有占领，于是麦伦地区落入了敌手。"

尽管到处是泥泞和杀戮，也要有些事情转移注意力。于是在1864年2月22日，华盛顿受邀参加了一场舞会。四天后，他写信给妹妹艾薇拉。在比较隐秘的事情上，他总是给这个妹妹写信倾诉。在华盛顿看来，当晚的盛会圆满举行，很是成功。他写道："第三军团在六星期前已办过舞会，第二军团则竭力办得更为隆重，让先前的舞会黯然失色。""我们的晚餐花费了1500美元，家具也是从首都华盛顿运来的。首都还来了一些非常重要的名媛：哈默林小姐（Miss Hamlin），副总统之女；凯特·蔡斯（Kate Chase），林肯财政部长萨蒙·波特兰·蔡斯（Salmon P. Chase）之女，政界名人；还有楼下的黑尔小姐们（Misses Hale）。"黑尔小姐们的父亲是新罕布什尔州参议员黑尔。但华盛顿写信给妹妹，并不是因为这些名媛。"最后、最重要的人物是艾米莉·沃伦小姐，沃伦将军的妹妹，专程从西点军校赶来参加舞会。这是我第一次与她相见，却已十分确信：

就是她，虏获了你哥哥阿华的心。这次进攻至为凌厉，没有任何预警，我也完全没有预期到此事，因此也就更为成功。我确定，我是说我已投降，带着最大的快意！"

当晚，华盛顿与艾米莉怎样交谈，怎样跳舞，艾米莉是怎样的装束，华盛顿军官上衣的扣子怎样映照烛光——这些，都已经无从知晓。但华盛顿写给妹妹的话语，却真实而清晰。只是华盛顿还没有准备好公开这份感情，他告诫艾薇拉："亲爱的，可不要像只呆头鹅把这封信到处传给别人看，可否？"又说："千万不要！你是我最喜欢的妹妹，你也晓得，她是沃伦将军最喜欢的妹妹，你定然能理解我的感受。我能理解你读到此信的感受，在此焦急等待你的回信飞来！"华盛顿还加了一个"又及"，完全是小伙子写自己心爱姑娘的细节："艾米莉有时会嗓子痛，这让她更加迷人。"落款跟以前一样，"你深情的哥哥，阿华"。

*

1620年初秋，英格兰普利茅斯港（Plymouth），有一艘叫五月花号的商船扬帆起航，前往新大陆。乘客中有一个叫理查德·沃伦（Richard Warren），是伦敦的生意人，也是"年轻"的美洲殖民地最重要的人物之一。他于1628年去世之后[1]，人们对他表示哀悼，评价他是"一位有用之才，生前为新普利茅斯种植园定居点的艰难困苦而费尽心力"。根据威廉·布拉德福德（William Bradford）[2]记载，沃伦是第一批见到美洲原住民的外来人之一。他的妻子伊丽莎白（Elizabeth）为他生养了七个孩子——两个儿子和五个女儿，

---

[1] 理查德·沃伦大约生于1578年，1628年去世的日期和死因不详。他和众人建立了北美第二个英国人定居点，命名为"新普利茅斯种植园"。

[2] 另一位殖民地创始人。

八口人都活了下来。在定居者当中，这一家族的子孙最为繁盛。家族传承中，美利坚合众国成立了。亲眼见证美国建国的几代人的后代，认为自己的祖先非常光荣。追溯艾米莉·沃伦家族的祖先，就到了这里。艾米莉在晚年写了一本小书，叫《五月花号之理查德·沃伦与其部分后裔》，把自己和家人牢牢固定在这份光辉的家谱中。艾米莉写道，祖先约瑟夫·沃伦（Joseph Warren）参加了美国独立战争的第一场战役——邦克山战役，光荣牺牲了。还有将军詹姆斯·沃伦（James Warren），是"不朽的华盛顿总统的友人与通信记者"，后来又担任了美国众议院发言人。

19世纪早期，沃伦家族已经十分显赫。艾米莉的祖父约翰·沃伦（John Warren），1765年生于纽约州达奇斯县（Dutchess County），于1837年，也就是华盛顿·罗布林出生的那年去世。约翰·沃伦拥有一处300英亩的农场，一家铁匠铺，一座磨坊。他也有七个孩子，艾米莉的父亲西尔瓦纳斯（Sylvanus）就是其中一个，还有一个叫科尼利厄斯（Cornelius），在普通民事诉讼法院担任法官，后来也当了美国众议员。西尔瓦纳斯娶了菲比·利克利（Phebe Lickley）。他是纽约州众议员，也是纽约州普特南县（Putnam County）菲力普镇的民选镇长。菲力普镇有一个村子叫冷泉村。1843年，艾米莉在冷泉村出生，在活下来的孩子当中排行老五。西尔瓦纳斯有一位挚友叫古弗尼尔·肯布尔（Gouverneur Kemble），是一位出色的外交家、实业家，在纽约州西点要塞建起了一家重要的火炮铸造厂。后来，西尔瓦纳斯就用他的名字给艾米莉的哥哥命名。哥哥古弗尼尔·肯布尔简称G. K.，比艾米莉年长十三岁。

古弗尼尔一直非常疼爱这个比他小很多的妹妹。古弗尼尔二十二岁那年，艾米莉九岁。他写信给妈妈菲比："听说罗伯特与艾米莉生病了，我非常难过，尤其担心艾米莉。他们年纪太轻……需要密切看护。请您务必让弟弟妹妹穿暖，并给他们穿上最好的鞋子，别让双脚潮湿。"当时女子教育经常被人轻视，古弗尼尔却主动提出用自己的薪水支付艾米莉的学费。他说："有时，男子投资考虑的是长远利益，而不是眼前利益，在年轻女士方面尤为如此。因此，只要费用能够担负，女子就应当接受最佳教育，把她们带入正常的社会，给她们选择如意郎君的机会。"1859年，艾米莉十六岁，前往首都华盛顿特区"圣母往见"乔治敦学院（the Georgetown Academy of the Visitation）就读[1]。那一年是学院成立的六十周年。艾米莉在学院接受了多种严格训练，包括古代与现代世俗史、地理学、神话学、散文创作、修辞和语法、法语、代数、几何、簿记、天文学、植物学、气象学、化学、地质学，此外还有家政和家庭经济、缝纫、油画、音乐。

艾米莉的聪明、活泼、魅力，对周围的人展露无遗。华盛顿与艾米莉相见不久，就着手把姑娘介绍给家人。"我已将你的两张小照寄回家去，家人必然说你过于富态。但小照并不能显出你独特的风华……举手投足都优雅的人，天下并没有几人，尤其在脱离幼年之后。"

这封信的俏皮语气，给两人（或者至少是华盛顿一个人）的通

---

[1]"圣母往见"又译"圣母访亲"，是《新约圣经》中的重要事件，记载于《路加福音》。相传，耶稣的母亲玛利亚怀孕之后，曾探访表姐伊萨贝尔，与她分享喜讯。伊萨贝尔也祝贺了玛利亚，让玛利亚鼓起勇气完成使命。1610年，法国天主教会成立了"圣母往见"女修会（Order of the Visitation of Holy Mary），美国首都的这所学校是女修会的下属机构，1799年成立，曾为教育事业作出很大贡献。——译注

信带上了一种别样的风味。可惜的是，两人的远程求爱通信，只有一半保存了下来，因为华盛顿从参军开始，就完全没有保留私人信件。1864年夏天，华盛顿写信给艾米莉说："你是否经常想到，两人天天写信却几乎无事可讲，是怎样神奇的事？你的来信，我收到后几乎全部烧掉了，因为我晓得，我若要检视那一大堆信，就会有这种感觉。我认为，泛黄的旧日情书只会让人沉浸在忧郁的气氛里。"

舞会初见之后，华盛顿就一直给艾米莉写信。他告诉妹妹艾薇拉，他与艾米莉是coup de foudre[1]。华盛顿如此描述心爱的姑娘："翘鼻子，形状美好的嘴和牙齿……谈吐极为有趣，这是极好的，因为我是如此笨嘴拙舌。艾米莉体格略大于常人，容颜靓丽。"华盛顿还对妹妹和艾米莉本人承认，真爱的照片他一张都不喜欢，"有些人的美不在于相貌五官，而在于各种情感之下面容所呈现的多样表情"。终其一生，照片似乎总是反映不出艾米莉的美丽，哪怕19世纪末曝光时间已经缩短了，她还是不上相，照片上的她总是僵硬而冷漠。华盛顿发现，艾米莉似乎就是这样一种人，魅力无法被静态的照片保存下来。

华盛顿对艾米莉的爱慕之心无可怀疑。早年曾有人介绍华盛顿认识一些姑娘，后来，华盛顿把这些姑娘的名字专门编成一个列表：曾介绍给我认识的匹兹堡众人名单。不过，并没有证据表明他曾与这些人谈过恋爱，倒是有相反的证据。匹兹堡有一座第六街大桥，华盛顿在这座大桥的工地上工作时，他的母亲给他写了一封信，说："安妮·特雷恩（Annie Train）要结婚的消息落实了……据说男

---

[1] 法语：一见钟情。

方是师范学院的教员。你或许还认识他。我还听说，安妮宣称，只要她想，不论何时都可以嫁给华盛顿·罗布林。你曾那么着急向她求婚？我认为，她如果等你的话，应该已经等成老姑娘了。"艾米莉却值得等待。哪怕考虑到19世纪中期求爱的行动还十分保守，我们也看得很清楚，两人之间有着身体上的吸引。遇见艾米莉后，过了六个星期左右，华盛顿写道："借问，爱是什么？是亲吻？呵痒、相拥？是写'倾述'[1]？互踢小腿？——没错，我觉得就是小腿！"往前一周，华盛顿还在北军司令部时给艾米莉写了一封信，问她能否寄来一只猫，除掉那些困扰官兵的大老鼠。他狡黠地说："不要公猫，公猫太过懒惰，不日即会被某位老姑娘俘获。你可否向我解释，老姑娘为何偏爱公猫？[2]我实在不能明白！当然，这句话没有含沙射影的意思，你个笨瓜！"华盛顿管艾米莉叫"我亲爱的，我的姑娘"，还在信纸最下面留了一个小印记："这个圆点，是让你亲的。也为我画一个圆点吧，我们要接吻，必得通过代理！"二人订婚之前，华盛顿还写过一封信，日期不明，让艾米莉发来一些非常特别的东西："我说，咱们动手吧。你把你设想的新婚之夜画一张画儿，我也给你回上这么一张。你会爱抚我吗？还是会觉得自己无法胜任？喝上一杯再开始好了。你那样的绘画笔法，但愿我也能拥有……"信的结尾十分热烈："晚安，我珍爱的美臀女郎——迷恋你的，阿华。"

所幸，新婚之夜会发生什么，华盛顿已经知道很多了。1864年年底，华盛顿告诉艾米莉，他和一些战友在敌人领地上缴获了一

---

[1] 法语"情书"为billet-doux，美国化之后变成billy dux，华盛顿借此来说俏皮话。汉语译为"情书"的谐音"倾述"。——译注

[2] 公猫英文为Tom cat，有"到处找女人鬼混的男人"之意。——译注

本《新婚夫妇指南》。众人全都在看，"兴趣甚浓"。他听说艾米莉也在看一本以当时标准来讲相当暴露的书后，写道："看啊，你的趣味低俗到无可救药，所有这种热辣猥琐的读物，人们都应该很快厌倦。但我将自行出任此类货物的供应商，为你服务。你想要的，我都会为你送去。我了解多少，就想让你了解多少！"华盛顿告诉艾米莉，"我内心强烈渴望拥抱"，还逗她说，两人一旦结了婚，她就再也逃不掉了。"啊，你的吻，我总是假装索然无味，你便有意给我两倍的吻，这恰恰是我引诱你做的事情！要想得到什么东西，必得略有麻烦，这才有趣味。然而，我们结婚后，你绝不可应用这一法则。你的一切都要归我所有，你若不从，我就咬你！"

华盛顿忐忑不安地写信给父亲约翰，告知了他和艾米莉的婚事安排。一向严厉的父亲，这一次对儿子的婚姻和未来的看法热诚得令人吃惊。1864年3月30日，约翰回信给儿子："我亲爱的华盛顿：25日的信，昨夜收悉，匆忙回复。你订婚的消息，我先前已从艾薇拉那里略知一二，所以并不惊讶。我相信，驱动你的力量非爱莫属，因为倘若无爱，结婚便无异于自杀。我也相信你选择的女郎必值得你所爱。这两点如能确定，你前路的阻碍则只剩下叛乱与战争的风险，再无其他。等这些意外之事了结后，欢迎你与新媳妇回到特伦顿父母的居处。我的宅邸将始终为你和她敞开大门，如果空间狭小，难以安居，可在相邻处再建一栋房子……至于你将来的供给，你很清楚，特伦顿的产业因缺少主管正面临困境，必须有额外的帮助才能考虑扩张与增大。我向来不愿同生人接洽，盼望你能够前来帮助我推动家业，积累自身财富……你若有资金困难，随时告知。末尾，我有一个要求：在新媳妇来我家之前，在我有幸同她相熟之前，请保证代我向她转达最热情的问候。"

约翰迅速表现出的这样大的善意，显然把华盛顿吓了一跳。他把这封称作"不祥的信"，并把它转发给了艾米莉，还附了一张字条，称呼她"Ma chère fiancée"[1]。华盛顿虽然表面上不想结婚，却也知道已经无法回头了。他写道："我开始感到恐惧了。一切发生得如此之快，以至于我不知如何是好。最大的困难竟然如此轻易克服，令我瘫作一团。想到要困在可爱的妻子身边，年轻人会这样沉思：难道不可怕？ 但你绝不能令我放弃这种想法！ 告诉我，我不能放弃！"这个小笑话显示了华盛顿有多么严谨。人们都认定，华盛顿在童年时期目睹了父母紧张的关系，有这种经历的人是没办法准备好投入真正的婚姻的。不过，父亲如此乐意地接受了他的订婚消息，让他彻底放了心，也十分高兴。"他慈爱的话语让我十分满意。我先前以为，可能要与他长期通信，解释很多，但他一封热情的简短回信便解决了一切。"他还对艾米莉表达了疑问：约翰是否真的了解爱情？"爸爸谈论爱情的方式，让我感觉到他或许在年轻时是有些经验的。然而，我却从未听说他对自己婚前的个人经历有过最微弱的暗示。"

接着，华盛顿又嘱咐艾米莉，争取"你哥哥GeKay[2]的同意。发挥女人的智慧，想出一些途径或手段把事情做成。我若是直接说出'将军，我要娶你妹妹'，他听后极可能回答'去你妈的！'"艾米莉保证，一定会处理好这一令人生畏的任务，这让华盛顿很是欢喜。"如今，我们一切都好。从这以后，永远不要让我们心中生起对彼此的犹豫、怀疑；让我们彼此绝对信任，永恒真爱的基石只需这一点而已；有爱之处，便自有相互的崇敬和尊重。"沃伦显然赞

---

[1] 法语：我亲爱的未婚妻。——译注

[2] 古弗尼尔·肯布尔的简称。——译注

成了他所疼爱的妹妹的选择，因为他把一柄宝剑赠给了华盛顿这位年轻的军官："这把剑就像他（沃伦）自己的佩剑，希望他（华盛顿）永远杰出！"

华盛顿的部队驻扎在弗吉尼亚州北部库尔佩珀县（Culpeper County）时，瓢泼大雨下了一天又一天，冲毁了公路和桥梁，火车不能通行，邮件也中断了。华盛顿待在帐篷里，依然给艾米莉写信。就在写信的这几小时里，他告诉艾米莉他在特洛伊上学时，那个爱慕他的小伙子为情自杀了。这再明白不过地显示，华盛顿对艾米莉的感情有多么信任，而且这信任足以让他向艾米莉吐露对两人前途的担心。凌晨两点，华盛顿写道："你盲目地相信着我的信仰和坚贞；有关你的一切当中，这一点最影响我的感受和判断。你完全不知道，你的情感状态是怎样用力地抓住了我；你和我在一起时的陪伴和感染力对我的影响，远不及这种情感状态。你在我身边时，我总有一种莫名的冲动想要逃离你的影响，想要释放自己，仿佛这影响来自你的身影；而当我离开你了，又只是想着你的善良，你准备好为我作出的自我牺牲，于是这冲动就会完全止息。我只能说，你是善良可爱的姑娘；你爱着你的阿华，我也希望你继续爱下去，我向你保证，阿华也爱你……若上帝饶我不死，我将会撑过这些恐怖的时日，全身而退……直到今天，我都不明白你为何会爱上我。我爱，就在这关键之处，再次满足我焦虑的灵魂吧！我爱，或许你情不自禁——果真如此吗，小莉？我参军离家时所在的团，纽约州第九团今日已开拔返乡；想到你，心里略感沉重；但我相信天意，也相信亲爱的小莉为她的阿华的祈祷！"

此刻，两个人谁也想象不到，艾米莉的"自我牺牲"最后究竟意味着什么。北军波托马克军团向里士满艰难推进的时候，牺牲的想法重重地压在华盛顿的心头。这实在是天经地义的事。五月初，在弗吉尼亚州斯波齐尔韦尼亚县（Spotsylvania County），两军再次激战，史称"莽原之役"。上级命令沃伦将军进攻敌人所在的一处森林灌木丛，沃伦表示抗议。华盛顿回忆，沃伦担心的是"敌人一进灌木丛就会隐身，我军无法看到，也就无法取得任何成绩"。北军总司令尤利西斯·S.格兰特完全不接受沃伦的抗议，"严令沃伦马上发起进攻……否则当即免职！"

莽原之役，华盛顿再次幸存下来，毫发无伤。可是几天后，华盛顿就写下了那些惨烈日子带来的余波——北军阵亡人数接近19000人。当时北军征用了一艘叫丹尼尔·韦伯斯特号[1]的蒸汽船，在波托马克河上充当医疗船。华盛顿也被迫参与护理伤员。此时，华盛顿的军衔已经升到少校。军衔虽升了，恐惧却没有缓解。一晚，风雨大作，蒸汽船无法进入首都港口，只得抛锚停泊。华盛顿写道："船上约有伤员400人。军医仅有科森大夫（Dr. Corson）一人……我们亲力亲为，将所有伤员抬到船上。多年以来，我从事的工作没有这样辛苦的……船上没有任何便利设施，没有担架、补给、药品、食物、寝具。我从一名外科医生与科森那里取来绷带与威士忌等若干，整晚都忙于为船上可怜的战友洗涤、包扎。伤兵中有人已断粮四天，且于战场包扎后一直未能再次包扎。我们设法煮成几桶麦片粥，又把自带的咸饼干分发给伤员。伤员狼吞虎咽，一扫而光。吃完了就似乎满足了，卧在各种污秽与旧稻草上。他们的伤口恶臭不堪，场面令人作呕。最悲惨的景象，除了战场大概莫过于此了。"

莽原之役期间，沃伦将军经历了三场小战役——莽原、斯波

---

[1] 以当时一位已故的美国政治家命名。——译注

齐尔韦尼亚、冷港战役，为期43天，手下各个兵团一共28000人，伤亡12000人。冷港战役中，北军死伤极多，他们用战友尸体建筑防御工事，仍遭遇了一边倒的失败。华盛顿的一名亲密战友也阵亡了，华盛顿写信向艾米莉报告："我一军中密友，弗兰克·A.哈斯克尔上校（Colonel [Frank A.] Haskell）阵亡了。他曾在我部第二兵团服役[1]。这些死亡接二连三，规律至极，令我想到法国大革命时的断头台。"不过，华盛顿也看得很清楚，南军能派上前线的人越来越少，他看到了一种兵员不足的迹象。他写道，南军之中，"我们接下来将会看到女哨兵。倘若从军只需要爱国热情，这些女兵出征的热情倒是足够的。我们确实在敌军炮位上俘获了一名熟练的女炮兵，很是泼辣与独立。南方女士大都如此"。过了一个月，华盛顿在彼得斯堡（Petersburg）写信。[2]彼得斯堡有南军重兵防守，北军后来对此地展开围困。华盛顿说他看到"有缕缕银发的老人与十三四岁的小男孩并排死于战壕之中。南方军人为保家卫国有如此热情，我军却被迫与他们交战。想到这里，几乎令人难过"。

　　各种无法控制的力量，损害了华盛顿与他周围的人。华盛顿几乎没有表达过什么对于"伟业"的信念，反而表示，一个年轻人始终明白必须完成任务，为此不得不服从命令。他的战友们也都明

---

[1] 哈斯克尔全名富兰克林·亚里达·哈斯克尔（Franklin Aretas Haskell），不仅为华盛顿所记录，而且青史留名。哈斯克尔是佛蒙特人，达特茅斯学院毕业，同罗布林一起参加了葛底斯堡最激烈的战斗。哈斯克尔给哥哥哈里森写了一封信，后来编辑成《葛底斯堡战役》一书，在他阵亡后出版。现在普遍认为，这是葛底斯堡战役最重要的一手资料，曾多次再版。

[2] 彼得斯堡位于弗吉尼亚州东南部，里士满东南约35公里，是里士满的最后一道重要屏障。1864年6月至1865年3月，双方曾发生一次攻城战，一次长期围城战，也是世界上第一次大规模壕堑战；最后北军胜利。——译注

白这一点。1864年6月23日，华盛顿写信给艾米莉，直言不讳："北方有诸多'人类工厂'[1]。此处战场的杀人需求远远超过供应能力；北方必须注入新的动力，加紧生产了！"仅仅在一周前，华盛顿参加了北军对彼得斯堡的第一次突击。此时，沃伦的人马已经开始准备长期围城。华盛顿又写道："最后一人被杀，战争也就结束了，堪称一种安慰。感谢上帝！你晓得，这场战争不同于以往任何一场战争，因为我们并无战斗目的。除非一方的兵员死尽，否则不会告终，双方都想尽快将对方斩尽杀绝……这场战争最大的英雄正是那些列兵，那些扛着火枪的人。有时我想到这些人日复一日的行动和遭遇，想到他们始终面临生命危险，不禁疑惑：怎么会有这样的愚人？除了愚人，想不出其他的称呼。这就是我们为之辛苦的麻烦所在——愚人都已经阵亡，剩下的人以为战斗结束，便站起身来，中弹倒下。"

莽原战役之前，华盛顿第一次亲眼看到了林肯总统，北方"人类工厂"的总司令。1861年，华盛顿到首都时曾见过林肯一眼。1864年，林肯南下来到弗吉尼亚州北部库尔佩珀县，在莽原战役之前检阅军队。几十年后，华盛顿写信给朋友，回忆了林肯参加骑兵列队检阅的场面："总统马术显然不精，而且马的脾气也很坏，桀骜不驯。游行开始后不久，总统的高筒礼帽就掉了；马裤也没有在脚踝处扎牢，往上滑到膝盖处，露出了土布织成的长衬裤。衬裤下方用白色布带绑扎，但布带也很快松脱了，衬裤往上滑动，露出了多毛的长腿。"

"我们忍俊不禁，然而见到可怜的总统被迫忍受如此不应得的

---

[1] 指军营。——译注

羞辱，又十分懊恼。有人将林肯的衣服理顺。阅兵继续，但为照顾总统而缩短了时间。此后我再也没有见过总统。后来，我在肯塔基州卡温顿获悉他遇刺的凶信。"

　　在华盛顿表达了对军中列兵崇敬的前一天，当时的著名摄影师马修·布雷迪（Mathew Brady）来给将士们拍照，华盛顿没有赶上。马修·布雷迪和助手们使用的玻璃负片为摄影技术带来了革命性的发展，也刷新了全世界对战争的认知。布雷迪是来拍摄沃伦将军和他的手下的。华盛顿写道："所幸我当时不在场，也就获得了赦免，没有看到我现时的模样被化作永恒。"他是什么模样呢？他在信中说："我浑身肮脏，衣衫褴褛，可用丑恶形容。军大衣上没有一颗黄铜纽扣，且自离开库尔佩珀县后，也无衬衫领可穿；衬衣只有一件，洗掉后，只好卧床不起了。"艾米莉担心华盛顿的安危，华盛顿尽力安抚她："你知道，凶信的传播远快于喜讯。你若没有听到任何消息，就作最好的期望吧。"当时，艾米莉似乎正打算去特伦顿拜访，华盛顿说："在斯旺先生面前，你尽量表现得有趣些。我能够预料到，你的俏皮将使他笑死。"华盛顿的妹妹劳拉住在斯塔滕岛上，艾米莉去看她，因为"一切繁杂的德国叔父、表亲"（华盛顿语）而闷闷不乐。华盛顿再次努力安抚艾米莉，说她看到的生活方式其实没那么复杂，应该是她想得太复杂了。艾米莉家族并不是来新大陆寻求发展的移民，而是五月花号的"朝圣者"，是新大陆殖民地的创始人。华盛顿写道："你来信的语调充满悲伤无奈，乃至你的阿华似乎都难以让你的天平重新平衡。此外，你一生都不必在斯塔滕岛上的德国人群中度过……我爱，你一定要清楚，我的家族美国化的程度一定能令你满意，除了我的母亲，因为她实在没有拥有美国化的机会。"

艾米莉在岛上所见的典型德国家庭生活，以及华盛顿母亲乔安娜的命运，一直困扰着她。她担心，一旦做了工程师的妻子，会有什么样的未来，在华盛顿家中又会有什么样的地位。华盛顿在战场上随部队围困彼得斯堡的同时，在西部的辛辛那提市，约翰·罗布林的俄亥俄河大桥项目复工了。大桥一旦建成，地价必然上涨。当地报纸《辛辛那提问询报》上登了一份卖房广告。卖主承诺："第二大街与格林纳普大街路口转角处房屋出售，物超所值！此地位置优越，几乎正对新悬索桥，必将吸引额外投资到来。"哪怕是在南北战争期间，辛辛那提市也一直在发展。1861年，该市新建了336幢建筑，其中"仅有27幢为木制"。作家查尔斯·西奥多·格雷夫（Charles Theodore Greve）为辛辛那提写了一部百年史，特别提到了这个细节。到1865年，辛辛那提全市人口已达20万；第二年，发生霍乱大流行，死了2000人，但即使算上这一损失，人口还是增加了1.1万。也是在1866年，全市警局和消防局安装了电报系统，"由此，舆论认为消防局有了极大进步"。

华盛顿困守在彼得斯堡的战壕中时，对他来说，父亲约翰的俄亥俄河大桥还只是个抽象的概念，北军的命运也悬而未决。北军将领威廉·特库姆塞·谢尔曼将军（General William Tecumseh Sherman）正向亚特兰大进军，但十分缓慢；南军将领朱巴尔·厄尔利向华盛顿特区进军。《泰晤士报》评论："南军的攻势空前猛烈。"华盛顿给艾米莉的回信也表露了一些沮丧之情。当时艾米莉正在担心，在俄亥俄河大桥的工地上，会有怎样的命运等待着他们这对恋人。6月27日，华盛顿写道："你问到了'辛辛那堤'[1]。"写

---

[1] 应为辛辛那提，原文Cincinnati，华盛顿常犯拼写错误，写成Cincinatti，译文作相应处理。——译注

对这名字的窍门，华盛顿一直没有掌握。"那里的事，我也几乎全不晓得。首先，我必须退役，然后过几天我们就结婚；一起共度一段美妙时光后，我们可以在特伦顿过上几个月清闲的日子，估计到四月底为止。那时，你就将想以罗布林太太的身份回到冷泉村，去见你的母亲和姐妹。到时候，'辛辛那堤'的工作若有足够的进展，我会前往工地，你便在娘家待些时日。到工地后，我就必须停留到圣诞节才能回家；你若愿意，可来看我一两个月；我横竖是期望你来的。哎！明年我若不去'辛辛那堤'，我们就留在特伦顿，做一对模范夫妻，敬畏上帝，按他的教导行事。"艾米莉回信，直接表达了对这种计划的强烈不满——原因多种多样。未婚夫的回信也同样直接。

8月2日，华盛顿写道："我面前摆着你的长信。如何作答，我目前还几乎不知。我必须承认，来信的大部分内容令我深为痛苦悲哀。而且在反复细读之后，我有一种微弱的感觉，我认为我爱的女郎，让我有生以来唯一一感受到真实、长久、诚挚感情的人，对我已不再拥有女人对情人的尊敬……天晓得，我若真有热切的盼望，那必然是与你永远相伴！我绝不会如此不近人情，说什么'我不管你能不能再见到故乡'，你永远不会听到我这样的暗示。我信中的提议，仅仅是为了让你给我时间找到适合的住处，然后我再派人将你接来……你提到我母亲的情况，但你并不了解全部真相。家父年轻时获得了当时最好的教育，不论身在何处，总位于当地社会顶层，尽管他在赴美之后才学会英语，众人却并不将他当作外国人，就像众人不将我当作外国人一样。另一方面，家母却从未受过良好的教育，仅在过去十年才习得足够的英语，可供日常社交与生活应用。"从信的内容看，艾米莉之前已经观察过华盛顿的家人。显然，她很

172

担心婚后被迫与冷泉村的亲戚隔绝，再也见不到他们，孤零零地被家务拖累。与此同时，华盛顿却在全国到处旅行，与各地名流见面。最后，华盛顿写道："我沮丧至极，只能搁笔。你要是清楚你的来信令我怎样痛苦，就再也不会写一封同样的信了。"

华盛顿的沮丧还有另一个原因。在他写信之前，北军曾冒险尝试突破李将军的防线，史称弹坑战役，却失败了。这个计划最早是宾夕法尼亚州的北军士兵提出来的，这些人平时以挖矿为生。他们想要在南军防线下面挖出一条地道，最后挖出的隧道长度超过了500英尺。北军往隧道里运入四吨黑火药，然后引爆，在地表炸出一个大洞。《纽约时报》报道："有大量暗红色泥土抛向高空。爆炸点附近的人说，土块重量至少有一吨。这可怖的喷泉中，清晰可见大炮、人体、炮车、轻武器，它们一齐上喷而后下落，变为不成样子的齑粉。这次爆破，目标已经完全实现。爆炸将一组六门炮台和炮台的守军——南卡罗来纳一个团的军营——尽数摧毁，作用有如一个楔子嵌入敌阵，使我军可发起突击。"然而，爆炸太过猛烈，北军阵线也同样陷入一片混乱；刚刚取得的优势很快就丧失了。7月30日，战役刚刚结束，华盛顿写信给艾米莉说："这一天悲痛至极！最初的片刻成功使大家狂喜，乃至已经在想象中占领彼得斯堡全城。但15分钟后，一切彻底改变了，一切成就化为乌有，大家坠入绝望的深渊。当晚，全体军官几乎一起借酒浇愁。"尽管是将军的妹妹，艾米莉也不可能想象，华盛顿日复一日看到的是怎样血腥的场面。华盛顿写道："我被杀只是时间问题。战争如果继续，我们所有人都会死去，迟早的事……最壮观的景象是，我们上空盘旋着大群秃鹰，它们正等待飨宴。这些禽鸟至少是中立的，因为南北两军尸体都被它们吃掉了；在我看来，虫子也是一样。"

战争依然继续，总统大选也越来越近了。林肯的将军乔治·麦克莱伦曾因顽固不化、缺乏行动力，让林肯非常头痛。此时，他被推举为民主党总统候选人，与林肯竞争。民主党计划，一旦赢得竞选就打算与南方讲和。但在9月3日，形势发生了变化，北军攻克了南军重镇——佐治亚州首府亚特兰大，切断了所有公路和铁路补给线。此外，弗吉尼亚州的谢南多厄河谷是南军的主要资源储藏地，一个月后，北军将领菲利普·谢里登将军（General Philip Sheridan）指挥将士攻占河谷，执行了总司令格兰特的命令，将谢南多厄河谷变为"一片不毛之地"。北方的日记作者乔治·坦普尔顿·斯特朗激动万分。他写道："今晨有特大喜讯，我军终于攻克了亚特兰大！！！（在政治危机时刻）这是战争中最重要的事件！"几家欢喜几家愁。南方的南卡罗来纳州有一位参议员叫詹姆斯·切斯纳特（James Chestnut），妻子是玛丽·切斯纳特（Mary Chestnut），她拥护南部邦联，在日记中表达了完全相反的感情。得知格兰特手下攻占河谷并破坏物资后，她写道："我军在河谷遭遇的惨败消息传来，有如尸体上的重击。亚特兰大失陷后，我感觉我的心仿佛已彻底死去。"那些反对林肯的人则拼命叫嚷，发泄愤懑，《纽约自由人杂志与天主教周刊》（New York Freeman's Journal & Catholic Register）都发了一篇文章，说"合众国总统公然宣布、承认、鼓励禽兽学说，准许黑种男人与白种女人通婚"。文章还破口大骂："污秽的黑鬼，油腻，散发汗臭，令人作呕，如今这些畜生竟然到处推搡白人，甚至推搡女士，在朝见总统时也不例外！"

这年秋天，华盛顿也注意到了北军的精神胜利，在信中体现了出来。此外，尽管有些婚前争吵，但他与艾米莉的订婚还是让他十分高兴。秋天，华盛顿写信给查尔斯·斯旺："先生，近来生意是否兴隆？""你将投谁一票，老亚伯（Old Abe）抑或小麦克（Little Mac）[1]？ 其次，你对我的艾米莉感觉如何？ 她是否是个杰出的人物？ 她写信给我说她令小南很是困窘。可怜的家伙，我着实同情他！ 我唯一恐惧的事就是艾米莉力气大得惊人，我们一旦斗起来，她必然将我痛打。"后来，林肯成功连任。历史上第一个连任两届的美国总统是安德鲁·杰克逊（Andrew Jackson）[2]，第二个就是林肯。11月8日，华盛顿精神饱满，再次给艾米莉写信。"为老亚伯喝彩！ 我们接到电报，得知他已连任。新泽西州投票结果还没有到来，但我不在那里投票，无所谓了。"

然而，家乡传来的消息并不总是喜气洋洋的。华盛顿的母亲乔安娜身体不好已经有一段时间，生活的压力把她拖垮了。约翰在生活上极端俭省，医疗理念又太过奇怪，使得妻子和孩子的生活更为艰难。七个孩子挺过了难以忍受的童年，但乔安娜的身体却越来越差。约翰负起了治疗她的任务，安排一切措施。1864年11月17日，约翰写信给儿子："你母亲在缓慢恢复，我认为水疗与配套饮食的作用使得她在切实恢复。我已托布林克曼医生照料她……布林克曼医生经验丰富，智慧过人。科尔曼医生能力不够，无法治疗病人，而且对水疗也不了解。""一切物理疗法对她均属毒药，必须竭力避免。你母亲十分衰弱，且极为消瘦，要一年方可完全康复。"康复永远不会有了。才过了没几天，华盛顿就收到了一封电报。发件人不是约翰而是查尔斯·斯旺，收件人也不是华盛顿，而是华盛顿的上级兼未来大舅子沃伦少将。电文只有一句话："告罗布林少

---

[1] 分别是林肯与麦克莱伦的谑称。——译注

[2] 安德鲁·杰克逊是美国第七任总统，1829年至1837年连任两届。——译注

校其母今日午后去世。"圣诞节，华盛顿写信给艾米莉："我们当中最慷慨的施与者去了。"如今，特伦顿的河景公墓里立着乔安娜简陋的墓碑，而旁边约翰的墓碑却大得多，也豪华得多。生前如是，死后依然如是。父亲对母亲的虐待，华盛顿一辈子也没有原谅。他在回忆录里写道："这可怜的女人，纵然年仅四十八岁，却乐意赴死。她一生艰难：工作繁重没有尽头，孩子众多，丈夫的责骂永无止息，延绵不断，毫无道理，神经永远受着折磨；病中，丈夫又禁止请医生为她诊治；她在绝望之下撒手而去，等于死在了冰水的浸泡中。"尽管约翰认为科尔曼医生不称职，华盛顿还是"把科尔曼偷偷请来，开了死亡证明"。

长子华盛顿回忆，母亲唯一的快乐就是在约翰·罗布林出远门的时候。"母亲的人生之路，只有在她丈夫因工程离家很久时，才能洒上不多的几缕阳光。我家庭的悲惨史，还可以写上很多页，但意义何在呢？不可外扬的家丑，每户人家都有。几年之后，我们必然全都死掉，家丑也就全都忘却了。"

只是，这一切并没有被人忘却，尤其是华盛顿有意专门写下乔安娜的遭遇。华盛顿既是工程师，也是地质学家。无论从天性方面，还是从教育方面，他都愿意把目光放得长远些。只不过，这样的展望从没有磨灭他的情感。

战争结束后，又过了许多年，华盛顿给特伦顿的詹姆斯·鲁斯林将军写过一封信。他说，他是在弗吉尼亚州五岔口战役北军获胜的前不久离开部队的。这场战役，北军虽然胜了，但菲利普·谢里登将军却把沃伦撤了职。沃伦和家人都因此受到严重打击，阴影伴随一生。当时的情况是，谢里登进攻五岔口镇的交叉路口，沃伦第五军团为谢里登提供了重要支援，但在谢里登看来，沃伦部队提供的支援不够重要。华盛顿写道："试想，谢里登坐在篱笆上，每五分钟就派一名军官催促沃伦赶快来救自己与手下的骑兵，以免遭李将军的手下擒获。沃伦部队迅速赶来救援，但途中有一条小河，河水冰冷，淹到腰部，将士们只得涉水过河。终于，他们救下了谢里登，打赢了战役。但谢里登竟然痛骂沃伦，还把沃伦撤了职。司令格兰特曾私下多次承认，谢里登大错特错，却最终没有勇气给沃伦昭雪冤情。"

这场战役发生在1865年4月1日。[1] 在这之前，1864年12月6日，华盛顿名义上晋升为陆军中校，并于1865年1月21日退役。华盛顿显然非常后悔，没能帮到沃伦，不论在战场上还是在后来——战后多年，沃伦一直努力为自己澄清罪名。李将军在阿波马托克斯县法院村正式投降[2]的几周前的一个春日，华盛顿因"战时勇猛顽强，功勋卓著"升为上校。但在此之前，他要先跟艾米莉结婚。

---

[1] 这段时间，南方几乎陷入瘫痪状态。4月3日，北军攻克南方首都里士满，南军大势已去。里士满失陷之后，李将军率部撤退到阿波马托克斯县，再次被联邦军包围。无可奈何之下，其于1865年4月9日在阿波马托克斯向格兰特投降，南北战争结束。——译注

[2] 此地是一个偏僻的村庄，现为一国家公园，位于今天阿波马托克斯县法院所在的阿波马托克斯镇东侧郊外。李将军在平民威尔莫·麦克莱恩（Wilmer McLean）的住宅里投降，而不是在县法院大楼里。——译注

第 **8** 章

万事开头难，只要别放弃

1899年4月15日星期六，《奥尔巴尼法律杂志》出版了最新一期，上面登了一篇短文，叫《妻子权利的种种缺失》，作者是艾米莉·沃伦·罗布林。两周前，艾米莉以优异的成绩从纽约大学女子法律培训班毕业，毕业典礼在麦迪逊广场花园举行。《特伦顿晚间时报》报道："培训班共四十八名女士，皆头戴方帽身穿长袍。第一排的教授和毕业生的长袍更加华美，使典礼更加壮观。此外还有大量鲜花；庄严的羊皮卷叠成一叠；几百名毕业生的友人前来，想要目睹前排青年女郎们骄傲的人生时刻。"这些毕业生是女子培训计划的第九班。《特伦顿晚间时报》仔细描述了华盛顿·A.罗布林上校夫人艾米莉的风采。这一年，艾米莉已经五十五岁——作为学生来说，她已经相当成熟，而这对她颇有助益。报纸刊登了她毕业论文的几段。这篇论文拿了学校的最佳论文奖。艾米莉的论文发表的时候，美国社会仍然就两条宪法修正案进行着激烈的争辩。一条是《宪法第十三条修正案》，它将南方奴隶全部解放了；另一条是《宪法第十四条修正案》，给予美国境内一切人员平等的法律权利，主要是为了解决遗留的黑奴问题。[1]艾米莉的论文强烈要求男女平等，在当时的环境下是很惊人的。艾米莉写道："传统的习惯法规定，已婚女子与各种不具能力的人属于同类，这些人包括婴儿、疯子、挥霍者、酒鬼、罪犯、外国人、奴隶、海员[2]。单身女子不存在这种不具能力的身份，反而一旦经过了婚姻的神圣典礼，女子即获得'殊荣'，在法律责任方面同傻子和奴隶为伍。"

18世纪，英国法学家威廉·布莱克斯通（William Blackstone）向读者保证说："妻子所承受的一切权利缺失，其目的均为保护妻子并对妻子有利。"艾米莉承认，当今的美国社会已经比保守的18世纪社会进步了一些，通过了一些法律，至少允许已婚妇女拥有私人财产，但是进步还远远不够。艾米莉·罗布林宣称，女子还没有享受到婚姻中的应有权利："丈夫人生的成败，女子难道没有大的贡献？丈夫如有命运的逆转或贫困发生，女子难道不应当承受？丈夫如有一切成功与发达的利益，女子难道不应当合法分享？"

*

1865年1月，南北战争还没有结束。艾米莉日后的辉煌也还位于无法想象的遥远未来。但无可置疑，她为丈夫华盛顿的成功人生做出了极大的贡献，她会完全地参与丈夫的种种斗争。这篇论文中，艾米莉尽管小心谨慎，但仍表现出了不屈不挠的精神。这种精神为她所用，在日后让她承受了丈夫命运的逆转。不过，眼下两口子必须先找一处房子。提上日程的不光有罗曼蒂克，还有同样多的

---

[1] 这两条修正案分别在1865年和1868年通过。艾米莉论文发表在1899年，社会上就这些平等问题辩论了30多年，可见影响之大。

[2] 过去航海条件极为恶劣，人们都不想去当海员，航海甚至被视为一种刑罚，海员因此受到歧视。

现实杂务。华盛顿从特伦顿写信给未婚妻："若有人要送你礼物却不知送什么好，你告诉他们，送一打银质甜食餐刀就可以了。我有一个箱子，箱中有空位可以放餐刀，而我却没有餐刀可放。结婚戒指我已备好，字也刻好了。花束你想捧在手中，还是插在台座上？是否有花束？"有趣的是，在当今的美国婚礼上，花束台座依然是个有争议的问题。

两人于1865年1月18日结为伉俪，地点是冷泉村大街上的一座红砖教堂；同时结婚的还有艾米莉的另一位哥哥埃德加·沃什伯恩·沃伦少校（Major Edgar Washburn Warren），妻子是科妮莉亚·巴罗斯（Cornelia Barrows）。华盛顿之前从费城买了结婚戒指，刻上了"E. W. & W. A. R. Jan 18 1865"（艾·沃与华·奥·罗，1865年1月18日）。他用特别快车往冷泉村发送结婚请柬，花了70美元，这在当时是很高的费用。他还拿了一个袖珍笔记本，简明扼要地记下了婚礼的准备。几年之后，他在布鲁克林大桥工地上用的也是这样的笔记本。他列下一张详细的物品清单，从中可以看出他和妹妹艾薇拉有多么亲密：

高筒礼帽

指甲刷

亚麻布立领12件

白丝缎男式领巾

10.5英寸长筒袜6双

长衬裤3条

汗衫 我有

手帕 6 块

艾薇拉做衬衫

白色儿童手套

他还专门提到了要向裁缝定做的各种衣物：

大衣

正装，燕尾服？

睡袍

室内拖鞋[1]

后来他还提醒自己需要"金表和表链"。笔记本最后一页，他画了一个小木偶，四肢带有关节，还有一根提线让木偶活动。木偶的面部表情多少有些痛苦。当时，华盛顿正在被各种义务牵掣，分身乏术：第一，南北战争快要结束了；第二，卡温顿—辛辛那提工地上还有工作等着他；第三，他结了婚，又负起了一家之主的新责任。一个半世纪之后，读者看到这幅画，若是了解当时的背景便会忍俊不禁。婚礼结束后，过了几个星期，两人照了结婚照。华盛顿坐在椅子上，裤子的尺寸好像太大了，艾米莉站在他背后，一只手扶在椅背上。两口子目光交叉，看着不远不近的地方，表情难以捉摸。由此，一段令人叹为观止的合伙关系开始了。这段关系不仅留下了爱的遗产，也留下了钢铁和岩石的遗产，尽管艾米莉后来对已婚妇女的法律权利颇有微词。

---

[1] 原文 pantoufels，当时常用拼写应为 pantoffels，为室内拖鞋的旧称。作者说：有些人希望这个旧称再次流行起来。——译注

"此地一切都是漆黑的，其他颜色的服装已经没有用了，所以也没有人穿。只要待上一周，你的紫白相间的丝绸就会变得与黑色丝绸没有什么两样。不论怎样洗手，双手依旧肮脏。我现在穿上了法兰绒衬衫，因为白色衬衫洗衣费用过高。"华盛顿在俄亥俄州的烟雾中写信给艾米莉，两口子在特伦顿罗布林家住了几个星期后，华盛顿就离家去找房子。他来到辛辛那提大桥工地上。工地的规模让他吃了一惊。"我们的桥体积非常大，远远超过我的预期，也远远超过我先前的所有想象。但不久之后，我将适应一切扩大的规模，就像看待其他事物一般正常地看待这座桥。"他还给斯旺写信，说工程"乃是美国最高的建筑，主塔极高，仰视顶端令人脖子发疼"。

华盛顿的工作之一是为特伦顿铁丝绳作坊招徕顾客。3月，华盛顿写信给作坊里的弟弟费迪南，问先前托他印的名片印好了没有。"名片如能大量寄来最好。此地是一座发达的工业城市，有无数起重机等机械。"第二年，华盛顿又告诉弟弟，已拿到美国西部各州大部分商业地名辞典[1]，他想要寄出一千份广告邮件。华盛顿还不动声色地写道，约翰不喜欢做广告，"因为十五年前他在波士顿做过广告，却没有接到一份订单"。这都没关系了，"我有机会得到北部各州商业地名辞典，这些地区可以收费寄出广告邮件，我计划彻底宣传一番。或许要花上一年光景，还需要特伦顿总部花费大量资金购买信封、邮票、地名辞典。第一批一千份，作为宣传的开端"。

这年春天，艾米莉从特伦顿来到了华盛顿身边。华盛顿后来回忆道："家父强烈反对工程师带着妻子同行各个地方，说他自己

---

[1] 当时的电话本，记载了各家公司的电报挂号。——译注

没有这样做，我为什么要这样做。"这是华盛顿针对父亲的很少的反抗行为之一。艾米莉动身之前，两口子已经找到一处房子，华盛顿称为"南佬之家"[1]，因为当地有很多居民同情南方的邦联，特别是俄亥俄河的卡温顿一边。这里就是华盛顿和艾米莉定居之处。两口子花一星期20美元的租金，在一户姓鲍尔（Ball）的人家租了一个房间。华盛顿写信给费迪南："希望随着季节推移，他们能够改善伙食。这户人家并没有别人租房，因此我们成了这个家庭的一部分。他们是实实在在的南方反贼，因此认为我们也是反贼。镇上所有德高望重的人，都被人称为南方的同情者，只有少数几人例外。"而且，"出租的房屋极少，必须提前一年寻找"。拜战后商业繁荣之赐，夫妻俩拼了命才找到这么一处房子。

不过，新的繁荣也不都是麻烦。这座大桥在战前已经停工，如今又开工了。19世纪50年代，约翰计算大桥成本将近60万美元，如今他发现要上升到90万美元。给桥梁公司股东的最终报告显示，这个数字刚好比150万美元少一点[2]。这些年，人力和材料成本上涨了200%，而且大桥主梁的材料也从木材换成了熟铁。

即使在战争期间，辛辛那提也在继续发展。这座城市原本只是河边的一个定居点，却发展成了俄亥俄州西部最大的商业中心、制造中心。这样的成绩，大部分要归功于屠宰行业和肉类加工业。早在1815年，辛辛那提第二大类出口商品就是猪肉、熏肉和猪油；到1825年，全市养猪4万头；辛辛那提原本外号"皇后城"[3]，后来

---

[1] 北方对南方军的戏称。——译注

[2] 这座桥在将近150年后仍在服务周边群众，质量很是出色。因此当时花了150万美元也不算贵了。

[3] 全称Queen of the West，西部皇后城。——译注

又多了个外号"猪城"。1863年的档案记载，全市人口186329人，到1865年已达到200000人。不过，尽管城市如此繁华，这座大桥暂时停工之后的命运依然多舛。大桥建成后，约翰回顾说："因为没有'西部皇后城'的道义支持与财政支持，卡温顿的工程因而休眠了，险些使这座大桥灭亡。大桥所在地的业主诉求并未全部解决，因此威胁要公开拍卖辛辛那提大桥的石砌主塔；这座主塔耸立在基础上，高达45英尺。"万幸，最后大桥躲过了一劫。"战事紧急，大批部队与物资都必须运过河去，使得永久桥梁的需求更加突出。"战争期间，当地的一名建筑师韦斯利·卡麦隆（Wesley Cameron）在俄亥俄河上用运煤的旧驳船建起一座浮桥，将人员和军备从卡温顿运到辛辛那提。辛辛那提报纸报道，有很多平民申请走浮桥过河，报纸正式表达了对申请的不满。人们多么需要一座永久桥梁，由此可见一斑。1862年9月，《辛辛那提问询报》登了一则通知："市民要理解，河上浮桥仅供军队使用。目前不断有多位市民、女士急于过桥而请求卫兵准许，而且目的似乎只是猎奇，让桥上的卫兵不堪其扰。"

*

华盛顿的新居，鲍尔一家的这座"南佬之家"，如今还在卡温顿，是一排漂亮的河景房里的一栋，位于第四大街与加勒德大街路口西北角。约翰也住在附近，而且有两个住处：第一处是杰西·威尔考克斯（Jesse Wilcox）的家，威尔考克斯是一位商人，桥梁公司董事会主席；第二处是威尔考克斯拥有的一处短租房，桥梁公司的办公室从这儿走个拐角就到。

华盛顿与父亲约翰都认为，尽管经济前景变差了，仍要确保大桥顺利完工。华盛顿写道："必须趁热打铁。"1865年6月，华盛顿比较顺利，他写信给在特伦顿作坊的弟弟费迪南，说到了他工作中的一些激动人心的事，每日的流程，以及去看音乐剧的一些"插曲"："前日，卡温顿主塔上掉下一块石头，将小桥尽头砸坏，因此停工一天。所幸没有人受伤。起因是一处接头断裂，手柄处有一焊点损坏了……为何能坚持如此之久，我很是不解……主缆十分巨大，令人惊叹的程度就好比看到一头大象……拖曳主缆相当困难。负责运送木材的人一开始放弃了，我们不得不替他装载木材……今晚我们去看莫扎特歌剧《唐·璜》。希望这场戏精彩。下周末，我们将开始安装两座主塔的檐口，两座主塔即将完工……小查来信要钱。我想，这恰似一个乞丐向另一个乞丐讨钱。"小查指的是华盛顿和费迪南的弟弟查尔斯，当时在斯塔滕岛求学。学校是罗布林家的亲家安东·梅特费塞尔（Anton Methfessel）建立的。在资金方面，查尔斯受到了很严格的限制，华盛顿自己也是如此。

罗布林家雇了一位优秀机械师，外号叫"弗兰克"的埃德蒙·F. 法林顿（Edmond F. "Frank" Farrington）。大桥竣工之后，法林顿出了一本书《卡温顿—辛辛那提悬索桥尺寸与详细建设情况的完全描述》，是一份简洁清晰的工程记录。其中提到了此时正在建设的主塔："一共两座，（完工后）矗立于俄亥俄河两岸，相隔距离略宽于1000英尺。"主塔基础为"巨大的方形橡木，以螺栓横向固定，内部空间全都灌满水泥。石塔高达200英尺，长80英尺，宽51英尺"[1]。

运到工地上的主缆并非罗布林作坊的产品，而是从英国曼彻斯特的约翰逊叔侄公司运来的。这家公司成立于18世纪，之前的

---

[1] 主塔原先建在地面上。现在俄亥俄河因修建一系列水坝而导致河面加宽，淹没主塔基部，从而让主塔看似与布鲁克林大桥一样是建在水下的，实际并非如此。

尼亚加拉悬索桥的缆索也是他们供应的。不过，主缆要到秋天才能在河上架起，在这之前还有很多工作要做。6月底，华盛顿写信给费迪南："工程略微放缓，接近主塔顶部部分无法快速作业。另一项工作，也就是缆绳作坊里用于制造缆绳的机械等则远远超前。英国主缆正在途中，会准时运到。"

"爬上主塔的过程十分可怕。长梯几乎直上直下，高约200英尺，我一天上下五六次，后背就痛了。我曾经攀绳上去，后来被父亲严格禁止。"

"现在有一个问题很是恼人：你能否推荐我某种途径，使我的收入增加？"向约翰要求加薪应该是不可能的。华盛顿告诉费迪南，这年夏天很热，"热到想象的极限"。多年后他还回忆："当时有一种风尚，反穿衬衫，让扣子位于背后。后背始终敞开，如此日头完全晒在背上。"也是在6月底，两座主塔已经可以装配索鞍了。索鞍就是一种带有沟槽的板，沟槽用来放置主缆。先在主塔顶端建起砖砌的塔楼，建成之后高度将达240英尺。再在塔楼上嵌入一组"底板"，底板每块重9吨，长11英尺，宽9英尺。最后再用起重机吊装索鞍，索鞍每块自重13000磅，背部弯曲并有放置主缆的沟槽。两座主塔越来越高的同时，辛辛那提乃至全美国都在力图平复战争带来的创伤，但伤口显然还在流血。《辛辛那提问询报》报道："整个南方所遭遇的毁灭与枯竭，没有人能够想象。铁路报废，车辆要么已被破坏，要么全都没用了。很多篱笆与房屋被焚毁，没被焚毁的也损坏严重；骡马被军人抢走，一切物资都极为匮乏。"

埃德蒙·法林顿写道，大桥缆绳的制作，"其过程十分有趣，没有亲眼见过的人，难以清晰描述"。从曼彻斯特进口的主缆，须先涂上亚麻籽油，再捻接在一起，形成一根连续缆绳，进行校直后再缠绕在大桥锚锭的巨大木制卷轴上。卷轴直径7英尺，宽16英寸，每一个卷轴都能承载一吨缆绳。校直的方法是把缆绳通过一组木块。捻接的同时还要把每一根铁丝头4英寸左右的长度锉成平且渐尖的形状，然后将它嵌入一组槽口，把各股绕在一起，最后在连接处绕上细丝，涂漆。法林顿说："这种方法捻接的缆绳很是牢固。实验证明，它所承受的张力高于实线可承受的。"[1]

9月，第一根缆绳架上了主塔，终于连接了两岸。这根缆绳并不是最终的主缆，而是以此为基础建起一座步行桥，方便工人施工。缆绳一端先通过辛辛那提一侧的锚墩地面，向上架到主塔顶端；再把缆绳盘起放入一艘平底船上，用汽船把它拖到卡温顿一侧。缆绳在放出的过程中渐渐沉到河底。最后再用蒸汽机把缆绳拉起，让重新浮出水面的缆绳穿过卡温顿一侧主塔的顶端。10月5日，华盛顿写信给弟弟说："工程进度还可以忍受。步行桥昨日已完工。桥是木制的，又长又巨大，一旦有风暴来袭就可能被吹垮。希望至少在几股缆绳架好之前不会有剧烈的风暴袭来。下月初，我们大概就可以着手生产缆绳了，也有可能要到11月中旬。"步行桥是用橡木制成的，宽3英尺，用比6英寸略宽的板条制成。实际上，后来狂风把步行桥吹垮了三次。最后一次，穿越卡温顿主塔的整体结构完全落入河中。

埃德蒙·法林顿的笔法一直很生动，他在步行桥竣工之后写道："两岸的交通已永远建成！"这座摇摇晃晃的桥，马上吸引了市民的注意。法林顿报告："已有几名贵妇人在不同时段走过步行桥；更有少数几人冒险爬上梯子来到了主塔顶端。一夜，繁星闪烁，笔者

---

[1] 咨询了从事材料专业的朋友，得知捻接处比缆绳本身坚固是很自然的，因为捻接处是两股缆绳的材料放在了一起。——译注

也被两位年轻的女郎说服，护送她们二人过桥，并登上了卡温顿主塔的顶端。两位女郎表现得十分勇敢，在令人最为眩晕的地方，除了略显慌乱的拥抱与尖叫外，并未表现出其他任何紧张迹象。"一名"白胖"的基督教循道宗牧师也想要过桥，但不敢。某个大雾的早晨，又有一名"辛辛那提的勇敢市民"，"避过看守的警戒"过桥，但"走到中间时，吓得跪倒在地"。看守们不得不提高警惕。报纸报道："每日有数百人申请过桥，都被拒绝了，因为平民过桥将严重干扰施工。"

根据华盛顿的记载，法林顿没有提到一件事，那就是在第一根主缆架设过程中，约翰·罗布林差点让自己和儿子都死于非命。华盛顿回忆："约翰·A亲自负责此事。他认为可以在主缆一头系上麻绳，但张力太大，麻绳断裂了。主缆飞过主塔落入河中，险些将我和他撞死。"华盛顿评论父亲计划的失败毫不留情。他对步行桥并没有感情，而且自始至终面临最大风险的人都是他而不是他的父亲。冬日的严酷天气损坏步行桥后，也是华盛顿负责监督修复的。"这份工作一直让我面临生命危险。一次，我在桥上不得不沿着主缆走回到主塔顶端，还没有走到塔顶体力就耗尽了，一旦坠落必死无疑。我拼死才走完余下的100英尺，时至今日，想起来仍是一场可怖的噩梦。"

但华盛顿别无选择，只得坚持下去。10月中旬，华盛顿写信给特伦顿的弟弟："进展顺利，开始捻接。已经送上吊篮并架好作业绳。铁丝将在一周内耗尽，预期归家之前可制作并完成一股索股。""归家"的意思是回家过圣诞节。如今缆绳终于能开始制造了。几十年后，1895年，两座主塔顶端又各加了一根主缆，因为这时桥上的交通更加繁忙，负重加大后需要强化桥体。因此，大桥今天的样子与刚刚投入使用的时候相比差异很大，其不如一开始那么优雅，但依然很美，而且主缆上斜扫下来的斜拉索也预示了布鲁克林大桥将来的样子。斜拉索与垂直吊索均由铁丝绳捻合而成，同捻合麻绳的工艺完全一样。这些铁丝绳是特伦顿的罗布林作坊制造的。但主缆则是用英国铁丝制造的，这些铁丝彼此平放"搓"在一起，每根铁丝的拉力都仔细调节过。如果想要了解主缆的内部结构，最好的办法是看看华盛顿在1899年绘制的一幅精美绘画，画的是正在施工的威廉斯堡大桥（the Williamsburg Bridge）的主缆结构。威廉斯堡大桥是另一名工程师莱弗特·L.巴克（Leffert L. Buck）设计的，但是钢缆[1]还是罗布林公司生产的。这幅画画出了每一股的排列情况。每股排列起来之后，再为整条缆绳裹上一层铁丝，铁丝一圈紧挨着一圈，毫无间隙，使缆绳成为坚固的整体。

　　华盛顿之前预计缆绳制造要花六个月，实际上花了九个月。圣诞节之前，他和艾米莉的居住条件变好了。他离开了鲍尔的短租房，在另一名房东道奇夫人（Mrs. Dodge）那里租了一处房子："条件有了极大改善。"第二年1月底，华盛顿写信给费迪南说，工地已经准备好绑扎各股缆绳，再将其坠入鞍座指定位置调节拉力。华盛顿对工程的记述务实而不动声色，完全没有揭示出工程自始至终的危险。缆绳的制造很困难，几十年后，华盛顿简单地说：所有岗位之中，驯服新手"是极为可怕的工作，极少有人有勇气从事"。而最危险的部分，是各股完成之后要放出索股，把它们连接在锚链上，锚链将固定各股位置。此时铁丝的张力已经达到40吨，如有一根铁丝脱开，则会扫过极远的距离，一旦有人被扫上，必死无疑。

---

[1] 布鲁克林大桥之后，钢缆全面代替了铁缆。——译注

卡温顿—辛辛那提大桥的主缆制造

几年后建造布鲁克林大桥的时候，绳股生产的最后阶段就发生了这样的惨剧。"这危险行当的管理工作，一如既往落到了我头上，让我生出了很多白发。"

跟往常一样，这当然说的是华盛顿与专横的父亲约翰之间的冲突。回忆录写到这项多年前的工程时，华盛顿表达了对父亲的不满。不仅针对约翰的言行举止，还针对约翰在工程方面的决定。华盛顿认为辛辛那提大桥的斜拉索系统不足以负担桥上交通的重量，尽管他"从早上七点到晚上六点，在严寒中不停劳作"，安装撑条。

另外，华盛顿也认为桥面太脆弱，即使在建造的时候也不能负担实际需求的重量。19世纪末的最后几年，这座桥果然增加了一个钢制桁架，还有一个桥面横梁系统。约翰·罗布林坚持要用水泥浇筑在缆绳一头固定在锚链的部位，"他对水泥保存铁件的效果深信不疑"。25年后，华盛顿在回忆录中写道，人们发现水泥实际上对缆绳造成了严重损害。

华盛顿纵然是军人、上校，亲眼见到了很多血腥场面，却依然没办法与父亲争论。"与罗布林先生讨论这些事情根本不可能。别人的意见只要与他略微不同，他暴虐的脾气就定然发作。我面对他，是儿子面对父亲，他拥有执掌儿女生死的大权，我只得落荒而逃，保全性命。倘若这种脾气的人能够约束自己，将这一脾气仅用于碾压对手，控制暴民，克服巨大的现实障碍，则一切都无所谓，但他们无法做到。无罪的人，无害的人，应得帮助的人，全都被一同碾压。"

转过年来，1866年春天，尽管俄亥俄河的河面上经常刮来大风，施工仍在继续。华盛顿一边在工地上辛勤劳作，一边为作坊寻找生意，两件事情同样辛劳。也许他希望家族产业发展能改善自己的经济状况。19世纪的一项重要发明，即将改变整个铁丝绳产业的面貌，而且还将使罗布林家族企业"约翰·A.罗布林诸子"获得约翰想象不到的巨大利润，那就是电梯。1857年，在纽约曼哈顿的百老汇和布鲁梅路口，豪沃特百货公司正式开业。这座建筑设计新颖，采用了铸铁立面，如今依然矗立。这一年的3月17日，公司老板在《纽约时报》上宣布："本公司拥有各种精致而丰富的新商品，也许全国都无人能比！"但广告里没有提到百货公司真正的独特之处：大楼各个楼层之间安装了第一部真正意义上的客运电梯。电梯工程师叫伊莱沙·格雷夫斯·奥的斯（Elisha Graves Otis），普遍认为，奥的斯就是现代电梯的发明人。他拥有的安全设备专利最终使得高层建筑成为现实。这种新设备第一次亮相就是在豪沃特百货公司。跟水陆联运的铁路一样，电梯的曳引绳起初也是麻绳，但奥的斯先生的产品很快就和罗布林先生的产品走到了一起。华盛顿回忆，最早的时候，查尔斯·斯旺觉得电梯曳引绳"令人讨厌"。"然而，四十年后我们每年都生产数百万英尺曳引绳，生产量占全部业务近一半。万事开头难，只要别放弃。"

1866年4月底，主缆制造顺利进行。华盛顿往密歇根州、印第安纳州寄出了数千封广告邮件。6月，缆绳基本完成，但有一场"小飓风"破坏了卡温顿一侧的步行桥。7月底将要给铁缆绕线。到秋天，大桥就差不多要竣工了。

但是冬天来临之后，华盛顿却因辛苦工作损害了健康，成为将来更严重问题的不祥之兆。华盛顿患了严重的胸膜炎，"攀爬陡峭的长梯登到主塔的顶部后，我开始出汗，接着突然吹到冷风。我一连几天神志不清，而且没有医护。胸膜粘连处的疼痛[1]大半生同我形影相随"。而且，"每天都在桥上做苦工"，约翰的桁架系统又不达标，让华盛顿更加难熬。桥面下的桁架本应进一步提高桥梁的刚度，但在华盛顿看来，这只是"名义上的桁架"。可这座桥的一切责任几乎都归华盛顿，而不是约翰。大桥建设的最后几个月，约翰只来了几个星期。

1867年元旦，《辛辛那提问询报》登了一份广告，题目是"悬索桥开通"。正文写道："1867年1月1日，今日，悬索桥正式开通，不论是何种轮子的车辆都可通行。"广告署名：总裁A.欣克尔（A.

---

[1] 胸膜一共有两层，胸膜粘连是胸膜炎的症状之一。——译注

Shinkle）。欣克尔是卡温顿与辛辛那提桥梁公司的总裁，署名里的"A"代表他的教名阿摩司（Amos）。他在卡温顿一侧的河岸上有一栋宅邸，美轮美奂，至今依然矗立。欣克尔是那个年代优秀的企业家，一开始在俄亥俄河的平底船上做厨师，后来当了煤老板，之后又在其他很多领域作出成绩。华盛顿写道："阿摩司经营水利工程、煤气厂、公共马车公司、玻璃厂、煤矿、烟草业、威士忌、采石业、五金业、桥梁、房地产。这样的人，成功乃是天经地义。"欣克尔还孜孜不倦地宣传这座大桥，而他后来也的确从中获益良多。

元旦当天，河面恰好结冰，渡船无法通行。《问询报》睿智地评论："然而只要有大桥在，大量的生意仍可留在这两座城市，不会流失。"《问询报》报道：获得第一个过桥殊荣的是亚当斯捷运公司的一列马车队。第一辆马车有8匹马，第二辆6匹，第三辆4匹。这些马车全都以"旗帜、羽毛等物"装饰。报道还说："队伍走到桥上，众人齐声欢呼，声音响彻天空。乐队也用激动人心的乐曲伴奏，创造出了非凡的热情。"

辛辛那提、卡温顿两座城市，几乎万人空巷，市民都前来参加庆典了。这一天，估计穿越大桥的行人多达50000人，客运与货运马车更是川流不息。"如有任何人怀疑大桥的坚固，那么昨日不寻常的测试必将满足最怀疑的人。实际情况是，这一庞大的结构没有丝毫的摇撼，且在承受远远超过几名工人的重量时，似乎变得更加坚固。大桥极为成功，这个项目的计划者与业主，理应荣获无限的赞美。"

大桥从辛辛那提的前街到卡温顿市第二大街，全长2200英尺，主跨1020英尺；位于俄亥俄河低水位线之上100英尺。弗兰克·法林顿报告说："大桥整体样貌十分宏伟壮观。"《问询报》的观点也和总机械师法林顿一致："大桥的每一处细节皆可唤起人们对设计者的天才、对执行者工艺与勇气的惊叹与敬意。"过桥费为行人3美分，马车15美分，牧羊人每带一只绵羊过桥要多花1美分。

新桥如此成功，华盛顿却已在预先谋划其他事业了。1867年4月，华盛顿写信给费迪南，讨论如何保证罗布林家族企业产品的供应。他说，是时候在纽约市开设一家铁丝绳商店了。他写道："已有绝对必要开店，现在正是时候。我如果有一家这样正式的商店，一定会完成这项业务的一切细微工作。这家商店不仅要有销售部门，还要有20～30卷的铁丝绳库存，让顾客能够马上买走。"在纽约要做的工作似乎不只有"细微工作"。也是在这个月，纽约州首府奥尔巴尼市立法机构（the Albany legislature）投票通过一份特许状，授权一家私人公司在东河上建设并运营一座桥，预计完成时间为1870年1月1日。一个月后，1867年5月，新成立的纽约桥梁公司指定约翰·罗布林担任这座设想中的大桥的总工程师。公司主管是亨利·克鲁斯·墨菲（Henry Cruse Murphy），律师出身，之前编辑过《鹰报》，也是布鲁克林市的前任市长，如今担任纽约州议会参议员。墨菲将会成为大桥建设的幕后推手。公司档案显示："为保证公众与投资者的信心，最佳方法莫过于雇用一名工程师。曾经作出最好成绩的工程师，最有可能完成这一伟业。"

匹兹堡大桥、尼亚加拉大桥，加上如今的卡温顿—辛辛那提大桥，证明约翰在美国工程界已是首屈一指的人物。如今，他又要把精力集中于纽约和布鲁克林两座城市间酝酿的非凡项目上了。就如同在俄亥俄河大桥工地上一样，华盛顿将成为父亲约翰的左膀右臂。然而，华盛顿受到父亲的控制远不止在工作方面。前一年，约翰在辛辛那提的时候，有一天晚上一家人曾出门参加一次非常特殊的聚会。华盛顿写信给费迪南："昨晚，2月27日星期二……我、爸爸、艾米莉前去拜访著名的灵媒科尔切斯特（Colchester）先生。我们都被确认为唯灵主义者，而我和爸爸均是优秀的灵媒。我们已同威利沟通过几次，也与妈妈和其余多位过世的亲朋沟通过。小威利非常欢喜有机会与我们交谈，还保证经常与父亲交流。我问了他各种问题，其中问到你现在怎样，他回答我说，你很不舒服，已经睡下了，大约在晚上九点钟。你可否写信告诉我，情况是否属实。"

*

19世纪中期，现实与宗教的边界还在确立，区分是很模糊的。照相术和电报的发明，让人类能够超越距离而沟通，超越时间而保存，因此很多人都相信人间和冥界也能够连接起来。经过了南北战争的大灾难，人们无比渴望穿越这个终极界限，与鬼神实现沟通。波士顿有一批以威廉·H.莫拉（William H. Mumler）为代表的摄影师，在南北战争爆发之前刚刚开始营业。他们发明了一种肖像名片，能够让客户在照片里坐在已故的亲朋身边。林肯遇刺后，过了几年，其遗孀玛丽·托德·林肯（Mary Todd Lincoln）委托莫拉拍照。莫拉拍出的照片里，林肯如灵魂般的影子，站在玛丽的身后，把手放在她的肩上。[1]19世纪40年代以来，全美国人对唯灵主义都有着狂热爱好，"通灵摄影术"便是这种爱好发展的自然结果。此时，美国还是个新国家，居民处在现实、技术、心灵学的前沿地带。威廉·莫拉和唯灵主义者安德鲁·杰克逊·戴维斯（Andrew Jackson Davis）就是在这种气氛中发迹的。他们甚至说服了约翰·罗布林这样的科学家相信这些鬼把戏。

1867年夏天，华盛顿与怀孕的艾米莉登船前往欧洲。此时，

---

[1] 后来经鉴定，这张照片只不过是二次曝光，与超自然毫无关系。——译注

家里的事情也很复杂。约翰与当初在尼亚加拉大桥工地上遇见的露西亚·库珀结婚了。华盛顿在回忆录里说，"她是无害的生物，本应于二十年前嫁给另一种男人"。让华盛顿焦虑不安的还不止约翰的第二任妻子。他回忆道："在南北战争中服役四年使我精神严重崩溃。无休止的激动，生命的危险，在我身上均留下了印记。"而且，战后紧接着的卡温顿—辛辛那提大桥的工程，用最容易的话说也是一个巨大挑战。"大型悬索桥的建设对我的影响，不亚于战争对我的影响……发现这些情况后，我便计划前往欧洲作短暂的旅行。"这是华盛顿第一次出国，两口子过了九个月才回到国内。不过，华盛顿这次旅行的真正目的并不是恢复健康，而是要去考察全欧洲的工地和制造厂，了解哪些企业最能够服务于布鲁克林蓬勃发展的宏伟计划。华盛顿后来回忆："这次旅程带我穿越许多国家，使我与众多名流有了联系。我当时年纪相对轻些，身体也好，一切经历都很顺意。"而他的"特别考察"，则"针对桥梁的深基础，特别是沉箱中压缩空气的使用方法；这些将来都可能成为布鲁克林大桥承重部分的技术"。

1867年7月1日，夫妇俩乘船出发，计划先到伦敦，再到英格兰北部，再到巴黎，最后再穿越德国。这次旅行十分劳累，对华盛顿如此，对艾米莉尤其如此，穿越欧洲的时候，她已经有几个月的身孕了。艾米莉决计留在丈夫身边，似乎证明了她确实有着强烈的愿望，想要逃离已故的婆婆的命运，那个被时间抛在身后的女人。

两口子在欧洲旅行的时候，家里出现了幽灵。纵然约翰又结了婚，但乔安娜依然是特伦顿家里的"真正一员"。约翰一直没有从丧妻之痛里恢复过来，后悔当初的错误治疗。乔安娜死后，约翰在家用《圣经》里写道："亲爱的乔安娜，希望能在更高的生命层次里与你再见。我还希望我的爱与忠诚更加值得你的爱与忠诚。"1867年11月，仿佛是回答一般，费迪南写信给华盛顿："我们拥有的最新感受，是与母亲的灵体交流……灵媒是艾德·里德尔（Ed. Riedel）。"里德尔是华盛顿和费迪南的表亲，也是特伦顿铁丝绳作坊的工头。费迪南写道："上周六晚，艾德和爸爸的制图员正坐在房间里，他听见脚底下有人敲了三下。他不晓得这是什么意思，便与制图员检查房间、门廊及四周，但敲打声仍在继续……第二天早上，他们告诉了爸爸。三人便在爸爸的办公室中围成一个圆圈，但没有交流发生。艾德一回自己的房间脱掉靴子，便又听见敲打声。他们又叫上爸爸一起去了厨房。厨房里没有地毯，敲打声更大一些。然后他们用字母表发现了灵体的身份。[1]灵体只回答艾德的问题。她说她在第四空间，威利、玛丽、祖父祖母也跟她在一起。在父亲的建议下，他又问了不少问题，但灵体都没有回答。最后她说两周内她还会回来。"

约翰在乔安娜生前就已经相信物质和精神是统一的。他写了一篇很长的论文《自然之真理》，连篇累牍地分析了想象所及的一切。约翰的字迹倾斜得厉害，一直写到纸的最边缘。有一个小章节叫"真实与表现"，写道："黑格尔教导说，人必须首先思考事物，方可得知其内在真实。人的思想必与事物的内在真实等同，方可理解自然……事物的形式变化时，如冰化为水，水化为蒸气，即是否定与自相矛盾。因此，自然界若没有否定，则没有肯定……存在，是一个变化的过程，肯定与否定同时发生。一物必存在，亦同时不

---

[1] 可能指字母朗诵法，由通灵者逐一念出英文字母，念出灵体想说的字母时，灵体会发出敲打声。也有可能是用通灵板，在印有字母、数字的小板子上指示灵体要说的话。但通灵板流行时间比这个时候略晚。——译注

存在。"约翰还讨论道，人类的实体和精神界限究竟在哪里："若物质能产生精神，那么精神是否也能产生物质？这一谜团，在两种情况中同样神秘。人类的理性不得不作出决定，认为有一种绝对存在，也可以称之为神，即一种普遍精神的存在，其余事物都从它出发，也都归属于它。"

费迪南给华盛顿写信后，又过了几天，约翰用清晰的笔迹写下了给亡妻幽灵的一系列问题：

1. 你在此是否有其他灵魂陪伴？
2. 你的母亲是否在此？
3. 你的父亲是否在此？
4. 你的妹妹？
5. 小威利？

妹妹指的是乔安娜的妹妹玛丽·赫汀（Mary Herting），两岁时罹患猩红热失聪；1859年去世，年仅三十三岁。威利·罗布林是约翰的一个小儿子，南北战争第一年死于白喉。威利的死对约翰打击很大。1861年10月，他写信给华盛顿："威利过世让我的家庭空虚至极，你母亲与我都长期感到这种空虚。威利十分可爱，性情乖巧，天资聪慧，想忘掉他并不容易。我不知其他人的死能否像他这样带给我如此深重的影响。"

约翰一直坚持在问乔安娜，还用铅笔写下了乔安娜偶尔的回答。约翰想知道："我的朋友奥弗曼是否在那里？"说的是弗雷德里克·奥弗曼（Frederick Overman）。华盛顿后来回忆，他是父亲的"挚友"，报馆老板，还会操作高炉。他俩都热爱玄学，因此走到了一起。后来奥弗曼因实验事故遇难了。华盛顿回忆："对父亲与奥弗曼的友情，母亲一直很冷淡。玄学对她完全没有用。"的确，乔安娜一生操劳，所做的事情不需要玄学帮忙。约翰问："你的儿子华盛顿是不是灵媒？"铅笔写下一个答案"是"。华盛顿活下来的最小的弟弟埃德蒙当时只有十三岁，也是灵媒。约翰问自己是不是灵媒？回答"否"。[1]约翰问亡妻："若有更好的治疗，你的寿命能否延长？"回答"否"，很方便地证实了他的理论。这个问题列表明显是约翰为自己已有的信念提供证据，证明他的理念不光正确，还得到了冥界的证实。

"我爱，你是否记得我同你提到过的关于灵界、其他空间的对话？"回答"是"。"关于这个话题，你是否记得安德鲁·杰克逊·戴维斯告诉我的意见和观点？"乔安娜记得。她怎么可能不记得？戴维斯曾在纽约州波基普西市活动，得名"波基普西的预言家"。约翰一直很认可这位预言家，原因之一可能是戴维斯相信理性。戴维斯曾写道："理性乃是人类独有的法则。思想的职责，就是调查、寻找、探索自然法则，并追寻自然法则多种不同作用的形式。"戴维斯相信，物质就是精神的产物，而死亡并不存在。"死亡过程仅仅是肉体与灵魂的现存关系消解的过程。"仅此而已。人在死后，灵魂会通过六个"空间"，最终到达最后的"天外空间"，实际上就是天堂。

戴维斯的父母很穷，他没有上过学，成年之后宣扬精神再生理论与社会重建理论。他认为人死之后灵魂会受到吸引，来到一个反映他们生前状况的层级，按照神圣法则向上穿越六个空间，来到

---

[1] 此处结果与之前华盛顿说的"我和爸爸均是优秀的灵媒"相反。原文如此，不作改动，以待研究。——译注

唯灵主义者的天堂——"夏日乐园"。《纽约时报》对戴维斯的理论表示非常怀疑，并针对戴维斯的一部新作写了一篇书评，其间充满了辛辣的讽刺："没有受过教育、极度无知的人，无论何时，只要写出一本极度愚蠢、不足挂齿的书，即乐于称为'某某哲学'。安德鲁·杰克逊·戴维斯先生身为不熟悉语法的预言家与极为枯燥的蠢话作者，已声名狼藉。这一次，他又发表言论，大谈与灵魂沟通的最佳途径，并描述死者的举止习惯，便自然将新书命名为《心灵沟通的哲学》。戴维斯先生的这项英文语法实验[1]所包含的哲学数量大致等于他所提供的可靠信息的数量。"

然而，乔安娜的灵魂却在"总体"和"细节"方面都证实了戴维斯的理论。约翰问乔安娜，她在灵魂世界的日子如何。她回答："我很好。"约翰又写道："与在人间一样，你从来不想自己只想着别人？"这些话旁边又写了一个"是"。"你在灵魂之家很快乐，对吗？你是否通过学习造物主的著作，从而对他有了更全面更深刻的了解？在你的周围，有人讨论各空间与人间成员的心灵沟通情况吗？你是否太累不想回答问题？"约翰询问正在辛苦劳作的妻子的亡灵。不出所料，亡妻回答"是"。

就算对方死了，约翰还是想与对方辩明问题。1868年，他又追问亡友弗雷德里克·奥弗曼，尽管奥弗曼已经死了十六年。据华盛顿记载，奥弗曼业余搞化学，有一次在分析石灰矿时，吸入了矿石散发出的含砷烟气，不幸身亡。约翰向奥弗曼的亡灵证实了他的死因后，开始追问亡友的信仰，以及在他死后信仰有什么变化。

"你生前不相信心灵主义？""是。"

---

[1] 讽刺他的文章文理不通，有严重语病。——译注

"我记得与你就此讨论过，还讨论过安德鲁·杰克逊·戴维斯的各种'启示'。你并不相信这些启示，你是否记得？""否。"

"你是否记得你的老朋友冯·莱辛巴赫（von Reichenbach），还有他发现的奥丁力[1]？""是。"

这里说的是男爵卡尔·冯·莱辛巴赫医生，当时德国著名的科学家，热衷于研究奥丁力，他认为一切生物都有这种力。奥弗曼生前似乎并不相信这种观点。

"你生前似乎对此没有多少信仰，但你生前也认为莱辛巴赫是诚心追求真理之人？"评论莱辛巴赫人格的时候，约翰至少给了亡友一个怀疑的机会。不消说，奥弗曼的灵魂答复"是"。

"你在灵魂之家是否曾重新思考过这个问题？""是。""莱辛巴赫的观点是否正确？""是。"奥弗曼确实从灵界发来了证实的信息。

哪怕对方死了，约翰还是一定要证实自己的信念没错。这些不寻常的记录始终伴随着一个凡人父亲的悲伤。约翰的这一面非常少见。有一天晚上，小威利发来信息："大家晚上好。"约翰悲哀地问："威利，你长大一点了吗？"

问候完小威利之后，约翰又问亡妻华盛顿是不是灵媒。此时他正全神贯注地坐在木桌旁，而华盛顿与他相隔万里，在大西洋的另一边。亡妻回答"是"，还说华盛顿是"写作灵媒"，意思是他能够写下她从冥界发来的信息。据说，华盛顿以前的老师尤利乌斯·里德尔也有这样的能力。不过，华盛顿对父亲的唯灵主义生活基本守口如瓶，在回忆录中很少议论。"水疗之后又是哲学，将其当作一

---

[1] 一种设想中的神秘力量，也翻成"生命力""自然力"或"气"。现在科学界普遍认为这是伪科学。——译注

约翰·A.罗布林，约摄于1865年
罗格斯大学图书馆，学院档案与特藏馆

乔安娜·赫汀·罗布林，约摄于1860年
新泽西州罗布林镇，罗布林博物馆，
费迪南·W.罗布林三世档案馆特别
提供

华盛顿就读于伦斯勒学院期间

纽约州特洛伊市伦斯勒学院，学院档案与特藏馆，罗布林藏品

立体照片，法国杂技演员夏尔·布隆丹穿越尼亚加拉瀑布，背景是约翰·罗布林修建的尼亚加拉瀑布桥，右侧有华盛顿写的说明

纽约州特洛伊市伦斯勒学院，学院档案与特藏馆，罗布林藏品

华盛顿，约摄于1861年入伍时

纽约州特洛伊市伦斯勒学院，学院
档案与特藏馆，罗布林藏品

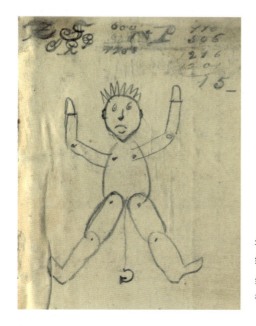

华盛顿手绘的木偶，绘于1865年
结婚时所携带笔记本封底

纽约州特洛伊市伦斯勒学院，学院
档案与特藏馆，罗布林藏品

艾米莉与华盛顿的结婚照

罗格斯大学图书馆，特藏与大学档案馆

立体照片，1869年，参观约翰大桥的专家团在"瀑布奇景"悬索桥（即尼亚加拉瀑布大桥别名）上。摄影师为查尔斯·比尔施塔特（Charles Bierstadt）。约翰位于右前方，华盛顿位于左前方

纽约州特洛伊市伦斯勒学院，学院档案与特藏馆，罗布林藏品

▲ 1870年，布鲁克林沉箱下水之前
纽约州特洛伊市伦斯勒学院，学
院档案与特藏馆，罗布林藏品

◀ 1872年9月，纽约主塔建设中
纽约州特洛伊市伦斯勒学院，学
院档案与特藏馆，罗布林藏品

布鲁克林大桥纽约主塔下方基岩标本，有华盛顿写下的标签
艾丽卡·瓦格纳提供

建设中的布鲁克林大桥。J. A.勒罗伊（J. A. LeRoy）摄
纽约市博物馆，J. A.勒罗伊作品。编号X2010.11.8439

◄ 布鲁克林大桥钢缆

纽约州特洛伊市伦斯勒学院，学院档案与特藏馆，罗布林藏品

▼ 布鲁克林大桥建设中的临时步行桥，其上有人

纽约市博物馆，拍摄者不详。编号X2010.11.8463

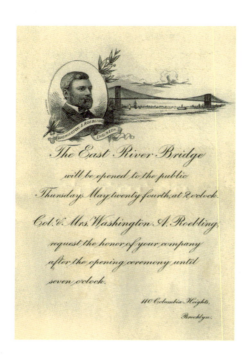

◀ 布鲁克林大桥正式通车后，罗布林家发出的聚会请柬

纽约州特洛伊市伦斯勒学院，学院档案与特藏馆，罗布林藏品

▼ 1883年5月24日，纽约与布鲁克林大桥通车日盛大焰火表演俯瞰图

纽约市博物馆，A.梅杰（A.Major）作品。编号29.100.1752

▲ 1925 年的布鲁克林大桥。欧文·昂德希尔（Irving Underhill）摄。背面有华盛顿手迹"待收入我的影集"

纽约州特洛伊市伦斯勒学院，学院档案与特藏馆，罗布林藏品

◀ 晚年艾米莉·罗布林

纽约州特洛伊市伦斯勒学院，学院档案与特藏馆，罗布林藏品

晚年华盛顿·A.罗布林上校

纽约州特洛伊市伦斯勒学院，学院
档案与特藏馆，罗布林藏品

◄ 1888年，约翰·A.罗布林二世（小
约翰）在伦斯勒学院

纽约州特洛伊市伦斯勒学院，学院
档案与特藏馆，罗布林藏品

▼ 特伦顿华盛顿宅邸的矿物陈列室

纽约州特洛伊市伦斯勒学院，学院
档案与特藏馆，罗布林藏品

► 艾米莉·罗布林在特伦顿宅邸的
楼梯上。楼梯上方可见绘有布鲁克
林大桥的蒂芙尼花窗

纽约州特洛伊市伦斯勒学院，学院
档案与特藏馆，罗布林藏品

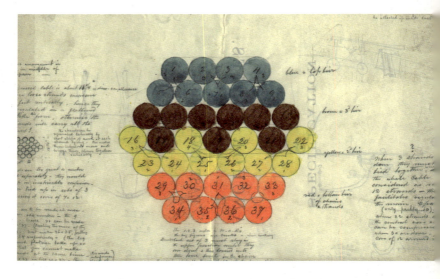

▲ 华盛顿手绘的威廉斯堡大桥钢缆横截面图，日期为1899年12月31日，示意钢缆索股的排列

纽约州特洛伊市伦斯勒学院，学院档案与特藏馆，罗布林藏品

► 约翰的商业伙伴查尔斯·斯旺，曾对少年华盛顿十分照顾

纽约公共图书馆阿斯特、莱努克斯和蒂尔登基金会，一般研究部

查尔斯·罗布林，约摄于1908年
罗格斯大学图书馆，特藏与大学档
案馆

费迪南·罗布林，约摄于1913年
罗格斯大学图书馆，特藏与大学档
案馆

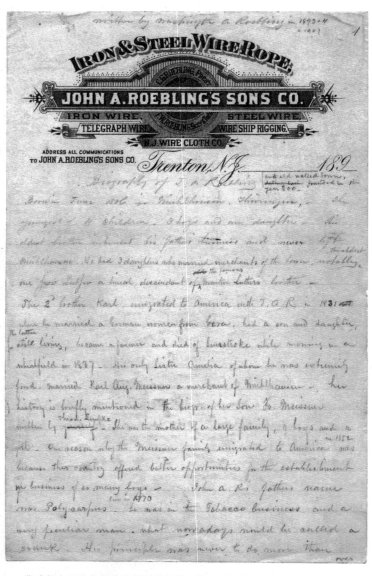

华盛顿为父亲约翰作的传记手稿第一页，读起来很像一本自传

罗格斯大学图书馆，特藏与大学档案馆

► 1896年，艾米莉·沃伦·罗布林参加沙皇尼古拉加冕典礼。布面油画《艾米莉·沃伦·罗布林肖像》，作者为法国画家卡罗勒斯·杜兰（Carolus-Duran），原名夏尔·奥古斯特·爱弥儿·杜兰（Charles-Auguste Émile Durant, 1837—1917）。尺寸226.1厘米x120.7厘米

布鲁克林博物馆，由华盛顿后代保罗·罗布林（Paul Roebling,1934—1994）捐赠。编号1994.69.1

►► 布面油画《华盛顿·A.罗布林肖像》，作者为法国画家泰奥巴尔·沙尔特朗（Théobald Chartran, 1849—1907）。未装玻璃。尺寸201厘米x134.9厘米，连画框重75.3公斤

布鲁克林博物馆，由华盛顿后代保罗·罗布林（Paul Roebling, 1934—1994）捐赠。编号1994.69.2

种娱乐。"华盛顿写道，"如今，他热情追随洛伦兹·奥肯（Lorenz Oken）。"奥肯是德国医生、自然哲学家，有强烈的超验倾向。[1] "他也曾相信戴维斯、瑞典哲学家伊曼纽尔·斯韦登伯格（Emanuel Swedenborg）、美国思想家拉尔夫·瓦尔多·爱默生（Ralph Waldo Emerson）。他的思想一直在探索，从未满足。"华盛顿似乎并不想评论父亲约翰的信仰，这些观念大部分是在他离家之后产生的。华盛顿受到了父亲的暴行和水疗的伤害，却从来没有被这些信仰伤害过。

华盛顿与怀孕的妻子艾米莉代表父亲出访欧洲，沿途见到什么就汇报什么：伦敦泰晤士河的黑衣修士桥，巴黎世界博览会，波西米亚的银矿。尽管这时纽约和布鲁克林对东河大桥的呼声日益高涨，但就在这次旅程中，华盛顿看见了一个机会，让他有机会逃脱父亲的控制。他决定抓住机会。

---

[1] 超验倾向：近代美国一种哲学思潮，主张人能超越感觉和理性而直接认识真理，强调直觉的重要性。——译注

第 *9* 章

必须开始某种营生

"1866年年底到1867年年初的一个冬日，罗布林先生接到一封信，寄信人是纽约市一名造船厂厂主。他在南街有一间小店，用来制造小船。他请罗先生为连通布鲁克林的东河大桥估价。"华盛顿在回忆录里讲述了布鲁克林大桥开始筹建时的事。这是一个有关钱的故事，因为这个不知名的造船人声称，他能为大桥拉来"大人物的支持"。这显然是胡说。但约翰还是花了一周时间作估价，计算出这座桥的成本为425万美元。这个计算结果预示了今后几年的一些困难，因为约翰在一开始的报告里总是倾向于低估成本，这次也不例外。华盛顿记载："第一份报告过后，进行了实地考察，然后又进行了长时间的详细计算。一年多以后，公布了第二份报告，成本增加到725万美元。"华盛顿承认，如此巨大的差异造成了"无限烦扰"，因为后来有人宣称，300万美元的差异正是纽约市的腐败政客想要从大桥项目中贪污的数目。纽约有一个民主党中央组织坦慕尼协会，实际掌握着纽约政府的运转。项目在策划的时候，坦慕尼协会主管威廉·M.特维德（William M. Tweed）当选为纽约州参议员，把纽约市政权和财权抓得更牢。大桥竣工之前，"特维德圈子"垮台，特维德身败名裂，然而，他已从纽约财政里贪污了数千万甚至数亿美元。父子俩的大桥也未能逃脱丑闻的牵累。

19世纪中期的纽约正是让人发财的地方。当时的文献记载："这座城市已变为美国工业化与西进运动的首要助推力量，有大量资本流过，从纽约的银行与股票交易所流向西部铁路、煤矿、土地和工厂。纽约是移民工人的重要门户，同时也出口美国传统农产品与最新工业品。"早在南北战争之前，纽约街道上就奔驰着598辆出租马车，4500辆货运马车，190辆快运马车。还有公共马车，每日运送乘客10万人次。19世纪50年代，在百老汇街与富尔顿街岔路口的圣保罗礼拜堂前，每日有15000辆马车穿过。一位伦敦记者访问纽约，在这种喧嚣面前很是不安。《泰晤士报》评论："即使在伦敦人看来，纽约商业区的人流与车流也是惊人的[1]。主干道上的交通堵塞，蔓延近两英里。"

1867年夏天，批准成立纽约桥梁公司的特许状颁布后不久，华盛顿和艾米莉正在远离美国的伦敦，亲眼看到了《泰晤士报》上的新闻。华盛顿住在泰晤士河旁边的伦敦皇家酒店，就在黑衣修士桥新桥的工地附近。他动笔写了一组描述非常详细的信，给爸爸约翰、查尔斯·斯旺、弟弟费迪南。这些信为约翰·A.罗布林诸子公司提供了当时欧洲的工程设计、钢铁制造与施工的详细资料，且一如既往地表现出了华盛顿对品质和细节的敏锐洞察力。

信里还写到了华盛顿自己的一些梦想。他说伦敦实在令人迷醉。"人所能探访的名胜不计其数，在此停留期间，我仅能探访一小部分。我们去过圣保罗大教堂、西敏寺、伦敦动物园、英国国会

---

[1] 当时伦敦是举世闻名的大都会，人们已经习惯了繁忙的交通。这里借此极力渲染纽约的繁华。——译注

大厦。泰晤士河上至少有一百艘小型蒸汽快艇，我们便乘坐快艇往来穿梭……"华盛顿还坐了新建的地下铁路，这是全世界第一个地铁系统，于四年前，也就是1863年通车。纽约直到20世纪初才有地铁。但华盛顿对英国的火车比较失望。"在我看来，最顺畅的铁路交通莫过于宾夕法尼亚州中央铁路的火车。"他还附上了一幅路基的小图。"我造访了庞大的珀金斯与巴克利酒厂，但酒厂的表现也不如我的预料。我以为能看到大如巨象的马，但这里的马并不比我家作坊里的更高大。"珀金斯与巴克利酒厂的常用名是"巴克利珀金斯酒厂"，19世纪时是伦敦重要的观光景点，位于泰晤士河畔萨瑟克自治市（Southwark）境内。虽然华盛顿感到失望，但当时这里仍是重要的工业基地，每年啤酒生产量就达50万桶。

华盛顿也详细记录了伦敦各处的桥梁。"泰晤士河上的许多桥梁都极为有趣，有两座桥正在建设。"他写信给父亲，"从我的房间可以俯瞰黑衣修士桥的工地……先前我已将工地的描述寄给你了。工人们正从查令十字桥上将圆筒沉入水底，要在泰晤士河上新建一座公路桥……"新黑衣修士公路桥是一座拱桥，设计师为约瑟夫·丘比特（Joseph Cubitt），1865年7月奠定基石，1869年完工，就在东河大桥开始建设的同一年。过了几天，华盛顿又去看了伦敦兰贝斯区（Lambeth）和切尔西自治市（Chelsea）的两座桥，后者的设计师是托马斯·佩奇（Thomas Page）。华盛顿认为，切尔西桥"极为美观，尤其是端视图[1]；侧面则不太美观，因为桥面没有一点弧度"。如今这两座桥都已拆毁，由别的桥替代。

7月底，夫妻二人坐船前往巴黎，并在巴黎住了一个星期。他

---

[1] 站在桥的一端看另一端。——译注

们来巴黎主要是为了看世博会。这是一场空前盛大的全球盛会，在市中心的战神广场举办，从4月一直持续到11月。官方目录表明共有42000家展商（后来的统计数字更大），展馆面积超过120英亩。全球能够出产的所有产品都在这里展示了。展品共分十大类：有艺术品、图书、数学工具、乐器；"一般工艺的设备与工序"，如矿业、林业、化学、制革；当然还有工程学、市政工程、建筑；各种食品和保存食品的技术；家畜、农场建筑也都展现在大家面前——包括"家牛、水牛等及有用的昆虫"。

罗布林家族的竞争对手亚伯兰·S.休伊特（Abram S. Hewitt）当时也在巴黎。他平时也住在特伦顿，后来在东河大桥工程中起了巨大作用。休伊特是世博会的美国代表，他发表了一份报告，对美国的展览做出了尖锐的批评。他说："美国展览极度缺乏个性，外国人参观世博会各个场馆后必然得出这样一条结论：虽然美国在全球钢铁生产中名列前茅，但钢铁工业却达不到同等级别……"不过，休伊特也提到了世博会标志着全球钢铁制造业的重要转型。这一转型，对东河大桥的建设产生了重大影响："按照一般公认的看法，舆论似乎都认为，当代工业最突出的特征就是，在同时需要强度与轻便的一切场合上，钢的制造逐渐代替了铁的制造。舆论已经注意到，世博会上钢制产品规模巨大。但是，有智慧的观察家只有在观察到钢制品的无数形态与应用的目的后，才被迫承认'铁时代'已然变为'钢时代'了。"

华盛顿在世博会参观了三天，"足以看到世博会全貌，而且精疲力竭；在我看来，这是一场巨大的广告展示，因为一切均可出售"。他迫切想要离开巴黎，不光是厌倦了世博会，还有其他种种原因。"若非参观费用十分昂贵，我们原本可能停留一星期以上。但我的

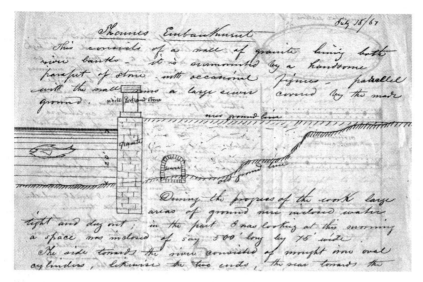

华盛顿所画之黑衣修士桥旁泰晤士河大堤，并绘有鱼类（选自华盛顿1867年7月18日写给父亲的信）

资金不足以在巴黎坚持两月。此外，一名女士在海外旅游的开销，相当于两名男子。"

这封信里还有一幅小图，画的是一座沉箱。沉箱就是在修建大型桥梁的初期深深沉入地下的巨大箱体式基础，桥墩就在它的上面建造。华盛顿还见了年轻的英国工程师詹姆斯·德雷奇（James Dredge），德雷奇的父亲也是桥梁工程师。华盛顿记载："德雷奇今天对我讲了奥迪仕先生在莫尔道河上安放桥墩的基本情况。"工程师罗兰德·梅森·奥迪仕（Rowland Mason Ordish）的主要作品是伦敦圣潘克拉斯车站的屋顶。当时，奥迪仕正在布拉格用这种新办法建造一座跨越莫尔道河的步行桥。从华盛顿的图画里可以看出，这座桥有四座桥墩，也叫桥柱，下部分是沉箱的边缘，术语叫"刃

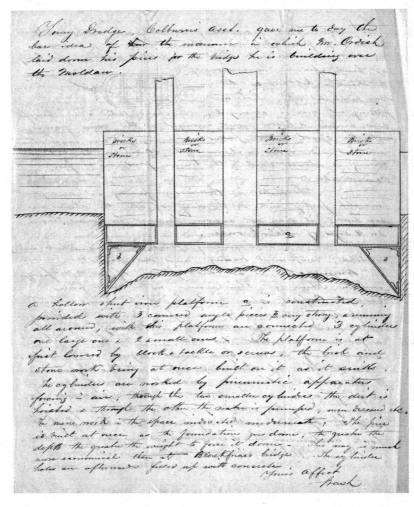

沉箱示意图（选自华盛顿 1867 年 7 月 29 日在欧洲旅游时给父亲的信）

脚"。华盛顿还描述了一个有三个圆筒形空腔的坚固平台。"起初，用滑车组将平台下放……沉入底部后，立即在上面建设砖石结构；之后再用气动装置向圆筒内注入空气；通过两只较小的圆筒将泥土提出来；通过第三只较大圆筒将水注入，将人员放入；等等……基础安放好后立即开始建设桥墩，基础的位置越深，则施加在基础上的桥墩就越重。"这一段简明的介绍，就是将来连接布鲁克林和纽约大桥的施工步骤，只不过规格放大了许多。这一段的描述无比现实，也是典型的华盛顿风格。他对能够取得的成就毫不怀疑。接着，华盛顿又前往距离英格兰西部大城市利物浦20英里远的默西河旁的朗科恩镇（Runcorn）。著名工程师威廉·贝克（William Baker）在这里的"巨大"桥梁即将完工。这座桥至今仍在使用。华盛顿写信给约翰说"这座桥的基础非常有趣"，又附上了好几幅沉箱绘画。

华盛顿还走马观花地参观了两座桥：梅奈悬索桥，连接威尔士与其西北部的安格尔西岛（Angelsey），建造者是托马斯·特尔福德（Thomas Telford）；还有克里夫顿悬索桥，位于英国西部布里斯托尔港，建造者是伊桑巴德·金德姆·布鲁内尔（Isambard Kingdom Brunel）。这两座桥都是工程史上的杰作，在当时备受尊崇。不过，华盛顿从未因其他人的意见而动摇过，他评论道："要说到造型的古雅和罗曼蒂克，两座桥中，托马斯·特尔福德的梅奈悬索桥显然更为突出。"他评论克里夫顿悬索桥："主塔的设计十分丑陋，整体建造则更加丑陋；主塔的材料是小而不均匀的碎石，但这些碎石几乎完全不符合最低标准。我认为我的速写看起来胜过实物。"

参观过伦敦之后，华盛顿去了北方。这里有些人正热切盼望他的到来。尼亚加拉大桥和辛辛那提大桥的主缆，是英国曼彻斯特的约翰逊叔侄公司制造的。华盛顿还在伦敦的时候，那家公司的主管，"叔侄"中的"侄"约翰·休里斯·约翰逊（John Thewlis Johnson）就曾登门拜访过。约翰逊之前听说华盛顿访问欧洲，就专程前来拜访。"约翰逊非常害怕我不去曼彻斯特，专门与我约定要我陪他们三天。这可怜的人完全不知道，这恰恰是我访问英国的目的。"华盛顿写了14页密密麻麻的纸，详细描述了他在约翰逊叔侄公司各家工厂见到的一切。这家公司走在钢缆制造的前沿。就在和华盛顿见面的前几年，约翰逊公司的技术主管乔治·贝德森（George Bedson）为全球第一家成功的连续棒材轧制工厂申请了专利，从而大大提升了钢缆生产的速度，引发了广泛关注。[1]华盛顿的对手亚伯兰·休伊特在巴黎世博会上见到了贝德森的发明，深感兴趣："贝德森的机械，既提升了产品质量又降低了成本，其双重效果前所未有。这种机械完全可以获得博览会金奖，却只得了银奖，所有熟悉此机械的新颖与功效的人都为此感到十分遗憾。"

接着，华盛顿和艾米莉又回到欧洲大陆，来到了父亲的故乡德国。10月初，华盛顿写信给约翰，报告他去过的所有城市：哥达、法兰克福、洪堡、达姆施塔特、维尔茨堡、纽伦堡、普里兹布拉姆（今普里布姆）、布拉格、德累斯顿、弗莱堡、莱比锡、埃尔福特，最后到了故乡米尔豪森。"这份列表看似惊人，实乃一次小规模旅行，因为大多数城市已经通了铁路。"华盛顿统计了参观过的名胜，还特别提到了洪堡市附近的上乌瑟尔镇一家棉纺厂使用钢缆传送动力的情况。他沿着信纸的长边缘画出了传送动力的钢缆系统。华盛顿曾在布拉格参观过"即将完工的奥迪仕式新悬索桥"，在巴黎时，

---

[1] 钢材生产的一个关键步骤叫"轧制"，这个步骤可以生产出线材、棒材等钢产品，用于进一步加工。按照现代标准，棒材一般是指圆形截面在直径20厘米以上的钢材。——译注

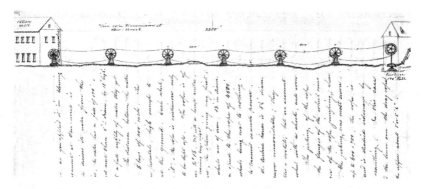

华盛顿绘图，显示铁丝绳动力传输。地点为德国洪堡市附近的上乌瑟尔镇（选自华盛顿1867年10月2日给父亲的信）

他就被这座桥的沉箱系统吸引住，如今终于亲眼见到了这个系统。

此时，艾米莉的身子已经很沉重了，他们就在米尔豪森暂时定居下来。房子位于"英国庭院"，正好在华盛顿的姑妈家对面。安顿好妻子后，华盛顿再次出门远行。他从约翰故乡发出的信仍关注当下的工作，主要谈的是欧洲的技术和工程进展，个人问题基本抛在了一边。他对父亲说："这里的很多中年男人在你离开时都是十到十二岁的小男孩。他们只记得你当时穿着一条漂亮的黄马裤，其余都已忘记。他们想问你，那条黄马裤是否还在？"华盛顿后来又访问了德国西部城市埃森市（Essen）的克虏伯工厂。克虏伯工厂也参加了巴黎世博会，展出了重约110000磅的后装大炮，拿了特等奖。工厂夸耀说，一把汽锤就重达48吨。华盛顿还连夜赶往波西米亚参观银矿，矿石用钢缆从地下运出。他也参观了制造钢缆的工厂。然而，尽管华盛顿小时候一直说的是德语，直到很大了才开始说英语，但他的儿时母语在这些地区竟然用不上了。"我发现自己成了陌生土地上的陌生人，周围都是土生土长的波西米亚人与捷克人，他们完全听不懂我说的德语。此处唯一的德国人就是负责银矿的奥地利官员，为其他人所深恶痛绝。"

这一年早些时候，奥匈帝国刚刚通过《1867年协约》，建立了二元君主制。[1]华盛顿发现，旅行所过之处都十分贫穷，居民思想狭隘，而且舆论普遍对奥地利不满。华盛顿报告父亲："此地经济仍很凋敝，经常有人自杀。火车离开霍若维采（Hořovice）[2]前往布拉格的途中，有一个衣冠楚楚的陌生人突然卧在火车头前的铁轨上。被火车碾压后，立刻身首异处，头颅滚下土堤，而躯干仍卧在铁轨上。谁也不认识他。"这封信的下一页底部，还画了一幅罗兰德·奥迪仕在布拉格建造的弗朗茨·约瑟夫桥[3]的详图。华盛顿还说他已寄给约翰一本书，作者是勒夫勒（Loeffler），写的是柯尼斯堡市（Königsberg）[4]普雷格尔桥的新桥墩基础。"这本书非常有趣，而且配有精美绘图，详细说明了向圆筒内注入空气的所有机械，以及在一旁挖泥的机械。关于这种施工的专著，我曾致信所有科技书商询问，但目前只拿到这一本。"显然，罗布林一家正在科技的前沿奋斗，至少打算这样奋斗了。秋去冬来，华盛顿按照约翰的要求

---

[1] 19世纪初，拿破仑战争摧毁了神圣罗马帝国，导致德意志分裂。19世纪中期，德意志仍分裂成很多小国家，其中最强大的两个是普鲁士和奥地利。为了完成德国统一，普奥联军首先击败丹麦军队，继而火并，发生了1866年的普奥战争，奥地利被排除在德意志之外。此后，为求得稳定与发达，奥地利联合治下的匈牙利建立了奥匈帝国。其工业曾一度繁荣，但内部矛盾仍很激烈。一战后，奥匈帝国才最终解体。当时波西米亚民族和捷克民族都处在奥匈帝国统治之下，这两个民族非常不满奥地利统治者，刚好被华盛顿看到。——译注

[2] 今捷克共和国中波希米亚州的小城市。——译注

[3] 应当是以奥匈帝国皇帝弗朗茨·约瑟夫一世（Franz Josef I）命名的。——译注

[4] 当时归普鲁士，现在俄罗斯联邦境内，名为加里宁格勒（Kaliningrad）。——译注

拿到了钢坯和钢条的样本。华盛顿报告："贝塞麦钢[1]是目前最廉价的选择，而且工厂一直在提升质量。"

1867年11月21日，艾米莉在米尔豪森生下一个男孩。这是她与华盛顿唯一的孩子。华盛顿奉父命在奥匈帝国旅行的时候，艾米莉跟华盛顿的亲戚待在一起。她怀孕的最后几周曾摔过一跤，严重损害了健康。华盛顿没有告诉约翰，而是告诉了查尔斯·斯旺。这年圣诞节前，华盛顿写信给斯旺："我亲爱的斯旺……"然后说到了艾米莉因摔跤而"很不好"，"前四周，她一直或多或少地流血，身体非常虚弱，昨天才不再流血，第一次坐了起来，体力也迅速恢复了。但我仍因她必须渡海返回而深感恐惧。我认为，如果2月的第一周必须从不来梅或汉堡出发前往英国就太过麻烦了"。虽然有这些麻烦，他们最后还是去了英国。这封信的末尾，华盛顿加了一个"又及"："这孩子长得很快，一定会长成聪明的小伙子。容貌非常像我，但有尖下巴。"

1868年元旦，孩子在米尔豪森的方形市场大教堂里接受了洗礼，取名约翰·A.罗布林二世（John A. Roebling II）。这座教堂之所以出名，是因为著名音乐家巴赫（Bach）曾在这里演奏管风琴。华盛顿告诉约翰，洗礼之后"按照惯例举行了咖啡会[2]。按照米尔豪森传统，典礼必有咖啡会方可完成"。艾米莉也给公公写了一封短信："约翰·A.罗布林的名字必然永远属于你和你的功业；但我带着身为母亲的骄傲与美好希望，相信我的儿子必能拥有与这个名字相称的价值，尽管我无法盼望他能获得如你一般的成绩。"约翰之前给米尔豪森的家人写了一封信，感谢他们照料艾米莉。艾米莉

---

[1] 以英国工程师命名的一种钢材。———译注

[2] 欧洲的一种传统庆祝仪式，类似中国古代的"汤饼会"。——译注

因此也感谢了约翰。她说自己的德语水平无法胜任这一任务，另外"你知道阿华对礼节向来很是冷淡"。

*

华盛顿的欧洲之旅十分辛苦，证实了他对父亲的事业，还有父亲布置给他的任务有多么投入。历史学家大卫·麦卡洛写道："儿子如此有价值，父亲当然注意到了。"但这种价值是有代价的，华盛顿也十分明白。在这次漫长的旅途中，华盛顿认为自己看到了父亲给他规划好的未来，他决定脱离"约翰·A.罗布林诸子"公司，开创自己的事业。

原来，华盛顿在德国时看到了一种新式发明。发明家是尤根·朗根（Eugen Langen），德国工程师，比他大四岁。华盛顿在写给约翰的信里说，朗根"聪慧，有才能，精明强干"。朗根在研制一种小型发动机，燃料不是煤，而是燃油。华盛顿相信朗根的发明很有前途。他在法兰克福与朗根见了一面后，写道："德国长期以来都有一些小型机修厂无法承担蒸汽机的费用，或者工作断断续续，不经常使用蒸汽机。这些人需要一种廉价而经济的引擎，而朗根的引擎满足了这种需求。美国也有这类需求。"蒸汽机有外置锅炉，非常笨重，而且煤炭效率也不高。19世纪50年代，人们制造出了一种液体燃料——煤油。过了几天，华盛顿又给约翰写了一封信，描述见闻："这种机械的动力来自用95%的空气与5%的一般煤气混合成的一种可爆炸的气体，威力甚大……朗根认为，我们应成立一家公司，购买他的专利，在美国按照专利生产这种机械……长期以来，朗根一直让我做决定。这种发明是全新的创造，我完全相信它在美国会大受欢迎。"

给约翰的这封信，华盛顿写得很谨慎，特别是谈到自己想参与这项新技术的时候。不过，他也在思考美国家中等待他的究竟是什么。这一年，华盛顿三十岁，结了婚，在旅行之后也变得更加独立了。他相信他也许能够选择自己的人生道路。在这之前，华盛顿曾写信给费迪南，提到用特伦顿铁丝绳作坊的废铁开展业务："我一回家就必须开始某种营生，而且还是这样做比较好。"可是，当初华盛顿向约翰说他要跟艾米莉订婚的时候，约翰也明确宣称，他已经计划好了家族企业的将来："我向来不愿同生人接洽，盼望你能够前来帮助我推动家业，积累你自身的财富。"如今，华盛顿想要摆脱这种命运。他认为朗根的燃油引擎体积小，适应性强，又便携，是一种比废铁更好的选择。9月中旬，华盛顿写信给查尔斯·斯旺，与他讨论这种引擎。"是否将燃油机器的事告知小查·凯尔（Charley Carr）[1]，听听他有什么看法……我如果在家就一定会开始这项事业，作出成绩。"但他对在特伦顿的费迪南提出了一项切实的商业计划，与造桥、造钢丝都没有关系。这是华盛顿开始新生活的一次努力。"对于燃油机器的事，我有一个提议。你说他们要专利费10万美元，如果再加上40%的附加费与10%的交易费，一共是15万美元。我们不妨先成立一家公司，筹到20万美元购买专利。这样，你我不仅无须花费一分钱，每人还可得2.5万美元。之后公司就有权利用此专利来赚钱，或者对想入股的股东略作评估后，再开始制造这类引擎。开始事业的良机，莫过于现在。去年，全国的锅炉爆炸事故极多，平均每日一起（死亡人数每日有一人左

---

[1] 即华盛顿的弟弟查尔斯。——译注

右）。事故太多，连报纸都习以为常了。"这就是绝妙的时机，非抓住不可，华盛顿很清楚。然而，先期投资需要钱，需要很多钱，而他们所认识的最富有的人——约翰，对整个计划并不看好。"爸爸说他绝不参与此事。他若参与，则我要退出。他似乎并不在意我们的关系。我们早一天独立对我们都更有好处……请你见信速回，告知我你的看法。"

这封信写于1867年11月12日。巧的是，这封信还在路上的时候，约翰两天前从特伦顿给儿子写的一封信也在路上。关于华盛顿的计划，约翰已经跟亲家讨论过了。约翰有个姐姐叫弗雷德里克·阿玛莉亚（Frederike Amalia），两人关系极好。阿玛莉亚嫁给了米尔豪森的富商迈斯纳（Meissner）。约翰来到美国定居后，迈斯纳一家也陆陆续续搬到了美国。约翰对儿子十分直白地说："迈斯纳一家问我，我用朗根的机器做些什么。我回答我与这机器没有一丝一毫的关系，并告知他们，朗根也不想与他们（迈斯纳）的公司有任何来往。他们对这件事非常恼火，我希望你也不要关心这种机器。这种机器无钱可赚，我对此十分满意。"

约翰下令不准再讨论引擎了。如果约翰·罗布林认为朗根的这种新玩意儿引进美国赚不了钱，那么别人就不能再争辩。他还专门给华盛顿举了一个反面例子：瑞典工程师约翰·埃里克森（曾在南北战争期间为林肯制造了铁甲舰莫尼特号，还发明了螺旋桨）制造了一种"热空气机"，用热空气而不是高压蒸汽来推动活塞。1851年，埃里克森把热空气机装在了一艘船上，尽管引擎本身没有问题，船却动力不足，因此这次应用失败了。之后，热空气机一直没有流行起来，而那艘埃里克森号也在纽约附近的海上因风暴而沉没了。

燃油引擎的未来，约翰实在没有看准。华盛顿遇到朗根的时候，朗根已经和著名德国工程师尼古拉·奥古斯特·奥托（Nikolaus August Otto）联合起来。奥托的四冲程引擎使得现代汽车成为可能。他们在德国科隆（Cologne）成立了尼古拉·奥古斯特·奥托公司（N. A. Otto and Cie），这是全球第一家引擎工厂。两人合力赢得了巴黎世博会金奖。之后，公司招进了戈特利布·戴姆勒（Gottlieb Daimler）与威廉·迈巴赫（Wilhelm Maybach），两人是后来的奔驰公司创始人；奥托公司一直经营到现在，叫道依茨公司（Deutz AG）。燃油引擎当然有钱可赚，但赚钱的人却不是华盛顿·罗布林。我们不知道华盛顿收到父亲的信后，对艾米莉说了些什么；甚至不知道他是否说了话。也许他的服从是完全私底下的事情。当初在北军的时候他服从了上级的命令；如今他成了父亲的副手，他的工作、他的人生之路都要为此服务了。父亲的资助是指望不上了，华盛顿很清楚。他写信给斯旺说起引擎生意需要的投资，末尾不动声色地写了一句："我的麻烦在于，我没有资金去做自己想做的事。"落款："你亲切的"。

后来，汽车开始大行其道。1908年，汽车大王亨利·福特（Henry Ford）推出了福特T型车。一直有说法说华盛顿不喜欢汽车。他甚至从来不坐汽车，而只喜欢坐特伦顿有轨电车，在垂暮之年也是如此。

*

1868年年初，华盛顿、艾米莉，外加刚出生的小约翰回到了美国。严冬天气太恶劣，因此耽搁到现在。华盛顿在1867年年末给家里写了一封信："这里的一切都上冻了。祝你们圣诞快乐，可惜我不能同你们一起——要再过六周才能考虑回家的事。冬天多有暴雪，带着婴儿旅行风险过大。"

艾米莉抱着小约翰，1868年

约翰修建东河大桥的决心坚定不移；然而，在纽约，并非人人都如他一般。纽约《商业日报》登了一封读者来信《布鲁克林之桥》："各位编辑先生：罗布林先生提议建设此桥，毫无疑问能够建成，但是否会有人走？其工程将很雄伟，其景色也称得上壮观，但对于实用性我则深表怀疑。据罗布林先生的计算，即使通过东河的大船能够将顶桅拆下，行人想要从大桥通行仍要爬到180英尺的高度。而大桥如果要避过轮船的顶桅，则行人要爬到街道上空200英尺的高度。布鲁克林高地在哥伦比亚街与柳树街的路口，其海拔仅为66英尺，而这座桥有200英尺高，布鲁克林的市民每日要攀爬两次或更多，要如何实现呢？我认为，除非立法禁止渡船通行，否则极少有布鲁克林市民每年会通过此桥几次。"作者署名"您的高地"。

1869年1月，《鹰报》报道奥尔巴尼立法会接到了议案，申请批准建设东河大桥。此次报道提到议案差不多可以用"顺便一提"来形容，因为报道还说了其他消息，前一条是一个委员会报告佐治亚州战后重建的情况，后一条是一个养老金议案。大桥议案正好夹在中间。同一期报纸上还登了一篇文章《大桥的科学论证》，报道说，曼哈顿下城的库珀研究院举行了会议。会上，英国工程师怀特（Wright）提议修建一座拱桥与悬索桥的混合桥："应使用铁制拱肋，其主梁近似水平，压在东河两岸两座巨型桥台之上。"道（Dow）先生建议，应在东河两岸建起巨型凸式码头，以"大为缩短海峡的宽度。与此同时，从炮台公园至总督岛修一条堤道[1]"。里奇（Rich）博士认为："造桥的一切计划都不过是空想实验而已，民众的迫切需要应通过修建堤道来满足。因为一座桥的高度如果足以通行船舶，则此桥须在东河两侧的滨河地区至少延伸出去四分之三英里。我美利坚民族忙碌而不耐耽搁，这一距离必然过远而不可实行。"还有一位 S. F. 谢尔本（S. F. Shelbourne）先生说，整个讨论似乎"全无益处"。

然而，工作还在继续。下个月，约翰·罗布林与一组"顾问"见面，这些人将会赞成约翰的计划。顾问包括：霍雷肖·艾伦（Horatio Allen），多年前曾驾驶美国第一辆蒸汽机车斯陶尔布里奇雄狮号，这辆蒸汽机车是从英国铁路工程师"火车之父"乔治·史蒂

---

[1] 穿过水域或湿地的堤坝形道路，截断水流。——译注

芬森手里买下的；还有威廉·贾维斯·麦卡尔平（William Jarvis McAlpine），美国土木工程师学会的会长；以及詹姆斯·皮尤·柯克伍德（James Pugh Kirkwood），他与尤利乌斯·亚当斯上校一起建设了宾夕法尼亚州斯塔鲁卡高架铁路，美轮美奂，至今仍是一处名胜，彰显着他们的不朽功绩。

亚当斯跟约翰可是有过宿怨的。十二年前，他们因在肯塔基河上修建一座铁路桥之事，发生了激烈冲突。根据华盛顿的记载，两人动手打了起来。布鲁克林有一名著名承包商叫威廉·C.金斯利，到约翰的顾问团队聚齐的时候，金斯利已经采取了一些措施修复了两人的关系。这些措施多少见了效，约翰死后，华盛顿与亚当斯成了朋友。亚当斯本人也曾提出过东河大桥的设计方案，这座设想的桥位于今天这座大桥的北方。在布鲁克林大桥开通前不久，《工程新闻纪录》杂志曾报道"这一设计方案是约翰·奥古斯都·罗布林提出的"，亚当斯还专门写了一封长信说明情况。然而，纵然有这些因素，亚当斯和约翰之间并没有进一步的怨恨。亚当斯说："1866至1867年，有人请我与威廉·C.金斯利先生接洽，当时金斯利是一名颇有经验的重要承包商。后来，我习惯于为金斯利先生解决事业上的问题。我为纽约与布鲁克林双城间的悬索桥项目制定了多项计划，尽管我不能说这些计划是在他的建议之下完成的，但他确实鼓励了我。1866年，这些计划在美国纽约科技协会的展览上展出过。"显然，亚当斯不愿失掉他在历史上的地位。

于是，1869年春天，亚当斯参加了一次旅行。他与另外20多人陪老罗布林前往匹兹堡、辛辛那提、尼亚加拉参观让老罗布林成名的大桥。这个"桥梁聚会"主要是由华盛顿组织的。如此一来，这些大人物、技术专家就能看到约翰·罗布林的能力。《鹰报》主笔托马斯·金塞拉也在队伍当中。他以轻松的笔调写了一篇报道，表示了他对这项事业充满信心。1869年4月17日，《鹰报》发表一篇短文，报道了视察的情况，作者是一名神秘的通信记者，自称"奥布里克"。"罗布林要修建东河大桥。此前，他已在美国西部与尼亚加拉修建了数座桥。有一行人，含军官、编辑与科学家，已动身出发，考察这些桥是否依然矗立，考察是否能够发现其中一座适合于东河，以买下一座现成的桥梁带回纽约。"

当这位通信记者看到匹兹堡的阿勒格尼河大桥后，便以严肃的口吻说出了很多人的主要疑惑："有人提出疑问：纽约现有悬索桥最大跨度仅为350英尺，而设想的东河大桥跨度长达1600英尺，我们如何相信此桥能够矗立呢？答案是建筑方式完全一样。尼亚加拉悬索桥跨度超过800英尺，辛辛那提的俄亥俄大桥超过1000英尺，未来的东河大桥将为1600英尺。罗布林先生认为，即使跨度长达2000英尺，其困难亦能克服。"几天后，一行人离开匹兹堡这个"大号的煤烟污迹"，前往"猪城"辛辛那提。金塞拉写道，罗布林父子建设的雄伟工程"突显在我们眼前。大桥极为雄伟，是天才、勤勉、技术的最佳证据，我能得见，实属三生有幸"。他还写道："大桥整体没有一丝脆弱或危险的迹象。我们在桥上徘徊一小时之久，脚下的桥面和河流两侧的土地一样坚实稳定。然而，到了桥面之下，却见桥在高空中摇摆，极优雅，却又很安全。这实在是一项杰作，可唤起人们的敬畏与奇思妙想。"

最后一站是参观约翰·罗布林的壮举——尼亚加拉瀑布桥。这座精致的悬索桥承托起了一列轰鸣的蒸汽火车，任它风驰电掣般地驶过深渊。在那个动荡的年代里，它的存在让一切显得皆有可能：大桥不仅象征着新世界和旧世界的会面，也象征着受过创伤的国家能重新团结起来。

＊

1869年5月19日，《鹰报》宣布大桥计划"终于得到政府监督部门的批准"。6月，准将兼总工程师A. A. 汉弗莱（A. A. Humphrey）带来正式消息：国防部长批准了计划。约翰·罗布林估计，大桥最终建成要花费6675257美元；实际上，完工后的成本比这个数字高出两倍多。纽约桥梁公司总裁是参议员亨利·墨菲（Henry Murphy），但工程的幕后推手则是承包商威廉·金斯利。最后《鹰报》写道："金斯利先生可视为东河大桥的真正规划者。"多年之后，纽约"特维德圈子"被曝光，"老板"特维德因多项腐败罪名而被起诉，其罪名之严重，后世也罕有同等者。这一事件，给工程带来了巨大影响。

数十年后，华盛顿在回忆录中痛斥威廉·金斯利耍弄阴谋："金斯利祖先来自苏格兰，是一个擅长花言巧语的政界承包商；高而瘦，红色卷发。我对他感到极度厌恶，不可忍受，恰如我厌恶一切不独立、不光明磊落的人一般。"约翰下葬的时候，墨菲来吊唁，华盛顿记载，尽管墨菲与金斯利曾经密切合作宣传大桥，两人却水火不容到令人吃惊的程度。他写道："墨菲憎恶金斯利，与他发生过不止一次的生死搏斗。一次，金斯利酒醉发疯，将老墨菲逼到一个角落，用大棒痛打。墨菲大叫，引来人行道上数人的注意，人们冲上前来救了他一命。"这故事很是惊人，《鹰报》却从来没有刊登过。多年后，华盛顿在回忆录中叙述："事后许久，我才得知与工程宣传相关的一切内幕。"

＊

1869年春夏之交，华盛顿完成大桥参观之旅后，开始在布鲁

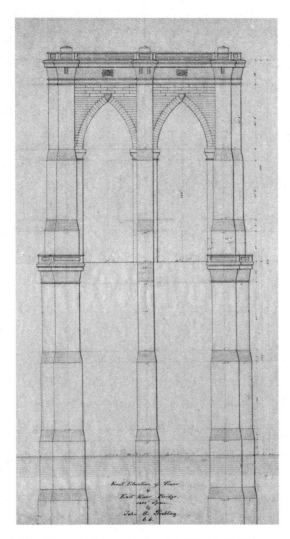

约翰·罗布林绘制的东河大桥一侧主塔的全高绘图

229

克林建设自己的新生活。此时，他和艾米莉在布鲁克林高地希克斯街的一处宅邸内安居下来。华盛顿给特伦顿作坊的费迪南写信："我的房子目前还是一片混乱，恰如东河大桥。"华盛顿的通信显示，每一个阶段他都有多种障碍需要克服，但他的语气充满希望，甚至喜气洋洋。他对费迪南说："我们已同各位工程师顾问有过几次热烈的讨论。有些顾问有如骡子一般顽固。各家报纸连篇累牍地报道大桥，从不间断。"华盛顿还着手寻找那些愿意与他一道工作的人。"如今的麻烦之处在于寻找优秀的助手。"修建大桥的工人达数百人，但华盛顿最核心的助手只有六人：威廉·潘恩上校，在南北战争期间，与华盛顿是战友；C. C. 马丁，伦斯勒毕业生，曾就职于布鲁克林海军工业园区，是纽约展望公园的总工程师；弗朗西斯·柯林伍德（Francis Collingwood），也曾在伦斯勒就读；萨姆·普罗巴斯科（Sam Probasco），纽约人，十几岁搬到加利福尼亚州，19世纪50年代淘金热时，在采矿营地住了一年，感到难以忍受，据说，他徒步走回东海岸，做起了工程师的行当；乔治·麦克纳尔蒂（George McNulty），二十岁，曾就读于弗吉尼亚大学；威廉·希尔登布兰德（Wilhelm Hildenbrand），刚从德国赶来不久，一位天才制图员，曾为纽约大中央火车站设计屋顶。华盛顿有一系列放在口袋里的小笔记本，记录了他见过的一系列可能参与工作的候选人，这些名单与供货商、潜水员、投标、售价混在一起：

C. P. 拉德（C. P. Ladd），布鲁克林市伍德胡尔街31号。

自称可当助理或工头。曾在维多利亚桥等工地工作，也有多座悬索桥经验，熟悉钢材安装。可能当工头。

麦克纳米（McNamee），亚当斯上校办公室，劳斯第一助手。柯克伍德推荐从事水上工程，能力中等。

A. M. 霍威尔（A. M. Howell），原木及木材检查员，南第四大街2号。

A. 威廉斯堡（A. Williamsburgh），愿参加制作沉箱的木材工作。

惊人的是，华盛顿必须关注的桥不只有东河大桥这一座。当时，"约翰·A. 罗布林诸子"还负责其他很多工程，费迪南一直不停地联系华盛顿，让他监管这些工程的进度。当然，这些工程规模小得多，但工艺必须一丝不苟，成品也必须坚固。费迪南写信给哥哥："我告诉他们所有人，我将能以固定价格马上开始建设这些桥。我猜测很多人会信以为真。"纽约州特拉华县的汉考克计划修建一座桥，宾夕法尼亚州派克县的布什基尔镇也是，两座桥造价均为21000美元。"此外，联合布鲁姆公司有人请我们在纽约州杰维斯港北部的漩涡池塘村造桥，基本可以肯定由我们负责……这座桥成本约5万美元，最少也得这个数……此县有可能为我们带来更多收益。"

7月下旬，约翰·罗布林遭遇事故，布鲁克林渡口的木桩撞坏了他的脚趾。他感染了破伤风，过了一个星期多一点，不幸去世。华盛顿这一年三十二岁，最懂得父亲约翰设想的未来；曾游历欧洲，学习当时最先进的技术；曾让父亲的俄亥俄大桥的梦想成为现实。8月3日，纽约桥梁公司开董事会，短短几分钟就确定了华盛顿的岗位。"经詹克斯（Jenks）先生提出动议，会议决定任命华盛顿·A. 罗布林上校为总工程师；执行委员会有权力确定其报酬。此外，经执行委员会批准，华盛顿有权雇用其认为适当的助手。"

这一刹那担负的责任是他一生的重要转折。历史学家大卫·麦卡洛写道："他会成为拥有最终决定权的人。不论他的团队有多少人，每一个重要的决定都要由他来做。在这个过程里，很少有人知道那些必须作出的决定中，有哪些在长远看来会成为至关重要的决定……报纸和少数职业记者将很乐意登载一些突然出现的'专家'的评论，这些评论也将由罗布林负责回答……随着工程的进展，罗布林必须说明进程的每一步骤……若出现异常现象、材料质量问题、设备损坏、工期延误，若桥梁结构的某部分发生毁坏，若账目有人造假，成本超出预算，若下属发生判断失误，若发生事故，都将由他承担责任。"

很容易想象这样一幅图景：夏末的一个温暖的夜晚或清晨，这个中等个子的男人走在布鲁克林一侧的东河拐弯处，手上挎着轻便外套，口袋里揣着一根雪茄，灰色眼瞳平视着驶过的一艘艘渡船留下的白色涟漪，画出好似幽灵一般的水上路径。他略停片刻，然后继续往前。

第 **10** 章

完全可以作为基础

悬索桥的主塔、钢缆和坚固的路面是看得见的奇观，是既坚固又灵活的统一，高悬空中，横跨水面。然而，这一切都是由深埋地下的基础支撑的。你看不见桥身下面的部分，可它就在那里——其他的一切都依赖这沉入深深黑暗的部分。

　　我们所造的一切都是如此。每一次行动，每一个决定都存在一个基础——通常，对个人而言，其行动和决定就依赖于人格的基础。布鲁克林大桥的兴建让华盛顿·罗布林接受了前所未有的考验，即使在战场上也不曾有过。当然，这座大桥给他的人生带来的转变也远远大于战争。这些考验是人生的"枢纽"：是选择"坚持下去"，或者如何在特定环境下采取行动，则极为鲜明地表现了一个人的人格。然而，这些时刻并不能证实任何"英雄气概"，它考验的是人的忍耐和执着。对华盛顿·罗布林来说，第一个严峻的考验便是把沉箱沉到主塔位置的下方。

　　一直到死，约翰·罗布林都在制订东河大桥的修建计划。据华盛顿说，约翰从来就没有指望自己能够看见大桥竣工，毕竟他的年纪已经不小了。"他从未想过能看到他参与的伟业完成，但的确希望寿数足到可以看见大桥如火如荼地建设，走在完工的路上。"日日为辛辛那提大桥的主缆而劳作的是他的儿子华盛顿；游历欧洲考察最新工程技术的也是他的儿子。而到了将塔基沉入东河河底的时候，准备最充分、最适合眼前这项工作的还是华盛顿。

"布鲁克林大桥基础的沉箱是一个倒扣的巨型容器，类似底朝上的煎锅，侧面极为坚固。里面以足够的压力压入空气，将水排出；并通过适当的竖井与气闸室建造入口，在下方形成一个巨大的操作间。"1873年，华盛顿发表了一篇引人入胜的文章，清楚地介绍了大桥基础的建设过程。后来，为罗布林家族作传的第一人汉密尔顿·斯凯勒稍微扩写了这一段描述，他写道："沉箱实际上是一个大木箱，底部开口，放置在河床上。往沉箱内注入压缩空气，将水排出。一队工人在充满压缩空气的沉箱内工作，挖出下方泥土；另一队工人则在位于水面之上的沉箱顶部建设主塔的砖石结构部分。主塔在建设过程中，重量逐渐加大，同时，下方的泥土不断被挖出，两相结合，沉箱就逐渐沉入河底固定不动。沉箱每下沉一英尺，就必须增加工人工作空间的气压，即使尽力采取了防范措施，也始终伴有可怕的风险，即通称的沉箱病或屈肢症[1]。在高气压环境下劳作的工人，很多都染上了这种病。"

这是一项刚刚起步的技术。约翰·罗布林的文件显示，大桥主塔基础的关键问题考验了他的计算能力。有一幅没有日期的大桥沉箱和主塔的草图，图下方有文字："木制平台的原理/是否需要打桩？/若不需要，多深？/如何将其沉下？"一位自学成才的工程师詹姆斯·布坎南·伊兹（James Buchanan Eads）在密西西比河

---

[1] 现在通称减压病（decompression sickness），泛指人体因周遭环境压力急速降低而产生的疾病。这种病对大桥工人乃至罗布林本人皆造成了严重损伤。——译注

上开了一家打捞公司，发了财。此时他正在圣路易斯河上修一座钢桁架桥，就用到了沉箱。在此之前，伊兹已经运用潜水钟[1]来打捞。华盛顿仔细研究了报刊上伊兹的成果。关于这项新发明，华盛顿在欧洲时已经看过能够搜集到的一切资料。访问欧洲的时候，他把1850年于莱茵河上计划修建一座桥的各项计划都抄了一遍；他还小心翼翼地从欧洲带回了一篇抄写的论文，原载于1863年12月号《土木工程师》杂志，讲的是东印度北部城市阿拉哈巴德（Allahabad）亚穆纳河上一座铁路桥的基础。此外，1864年1月，《奥普曼新建筑年鉴》登了一篇文章——《阿让特伊市塞纳河上铸铁圆筒为基础之格构桥》；法国港市布雷斯特（Brest）在建设一个沉箱，有一篇同时期发表的有关于此的论文。这两篇文章他也抄了下来，还翻译成了英语。

　　布鲁克林大桥所用的两只沉箱均由布鲁克林市绿点区的韦伯与贝尔造船厂制造，因为这两个部件的制造方式和下水方式都与轮船一样，只不过是倒扣的轮船。每只沉箱的长度约170英尺，宽度超过100英尺，基础为木制，顶盖厚15英尺。每只沉箱要支撑一座近7万吨的主塔。沉箱的工作空间净空高度仅为9英尺略多一点，工人在这个空间里挖掘河床的泥土，让沉箱进一步下沉；与此同时，在沉箱上面用砖石建设主塔。操作空间内注入压缩空气，把河水挡在外面，顶盖上则开了一组竖井用来运送材料。装载材料的是一艘抓斗式挖泥船，是"取物精确度可媲美人手的唯一工具"。每口竖井的上下出口处都有气密门，用来保持内部气压恒定，工人则通过

---

[1] 早期的一种打捞工具，用于将潜水员送至水底以及接回。运用潜水钟，可延长潜水员在水中的时间。其形状与钟相似，顶部封闭，底部开口，而沉箱类似于一只倒扣的船，因而两者有异曲同工之妙。——编注

这间气闸室进出操作间。进入的时候爬下一个铁梯子来到操作间内部。操作间被一组分隔框架分成六个房间。但关键的问题在于：沉箱必须沉到多深的位置？1867年，在河底进行了一次试钻，纽约市下面的基岩属于片麻岩，勘探人员在高水位时往下钻探96英尺深，发现在50～60英尺处的地层构造极为紧密；在没有管道支持的情况下，钻孔在海底工作了几个星期之久。然而，表层之下的情况非常复杂，没有统一的成分。"长岛的流沙层在相对短的距离之内含有地层种类极多，这种情况尽人皆知。"纽约市政档案馆藏有华盛顿为试钻结果画的一张图，河底有很多层岩石和泥土，令人叹为观止。

1870年3月19日，布鲁克林一侧的沉箱从绿点区船坞下水，重3万吨，使用了111000立方英尺[1]的木材，250吨钢材。华盛顿写道："沉箱下水各方面都极为成功。最后一层的遮挡分开后，沉箱开始移动……无须夯锤将它启动，也无须制动器将其拖住……下水的安排与一切责任均由韦伯与贝尔公司负责。公司能顺利完成如此新颖的工作，应获得最高的赞赏。它仅通过常规而简单的设计就达到了预期结果，没有浪费资金来做复杂的预防措施或应变措施。"

当然，并不是每一次轮船下水都能获得如此成功。之前，英国工程师伊桑巴德·金德姆·布鲁内尔建造了一艘巨型蒸汽船大东方号（最早叫利维坦号），1857年试图在伦敦米尔沃尔造船厂的支船架上完成下水，却在半途卡住了。之后又尝试数次全都失败，直到1858年1月才下水成功。[2]《机械师杂志》评论这次失败的下水是"专业领域内空前严重而昂贵的闹剧"。另一方面，《鹰报》评论，布鲁克林沉箱的顺利下水要归功于总工程师的技术能力。"布鲁内

---

[1] 1立方英尺合28316.8立方厘米。——编注

[2] 大东方号下水之后虽轰动一时，但始终命运多舛，1888年报废，被拆解。——译注

尔反复受挫，罗布林却一举成功。"沉箱在滑道上等待的时候，华盛顿是否想到了布鲁内尔，想到了大东方号？他有没有疑虑？即使有，他也没表现出来。因为当时根本没有时间疑虑。

沉箱工人每班工作8小时，报酬2美元[1]。沉箱下降之后，提升到了2.25美元。沉箱里的工作条件是这些工人从来没有遇到过的。多年之后，著名机械师弗兰克·法林顿给学生讲课时，描述了当时的环境："沉箱内温度约为80华氏度，工人半裸，灯火暗淡而飘忽，恰似诗人但丁笔下的《神曲·地狱篇》。"1870年夏天，《鹰报》派了一名记者进入操作间。记者走进沉箱入口上方的工人区后，写道："我们的注意力迅速转移到了一位先生身上。他慢慢地从竖井中出现，满面通红，低声却语气坚定地说他再也不想下去了。"记者进入操作间后，写道："有小型石灰光灯数盏，将摇曳的光束投射到工人忙碌的各个角落。固定在铁杆上的烛台上，鲸油蜡烛如火把，照亮了水下洞穴内参观者脚下的木板路。"[2]他又描述道："脚下的淤泥，侧面的暗色木板墙，灯火四散的操作间，在黑暗中忙碌着的工人，恰似一群好心的地精。"华盛顿绘制了一幅形象生动的画，展示了工人在沉箱中工作的情景。沉箱里，五个充满活力的人正在不停地挖掘，以让"刀脚"不断深入河床。《鹰报》记者还提道："大多数工人都说，这里气压虽高但并未造成不便。"

没有一样事情是容易的。布鲁克林这侧的沉箱遇到了一些巨大的圆石，因而无法继续下降。华盛顿写道："其坚固程度，连钢镐都没有用处。"华盛顿对地理有强烈的兴趣，具有丰富的知识，

---

[1]购买力约相当于2016年的34美元。——译注

[2]鲸油燃烧不会冒烟，因此长期作为上等的室内火把燃料。沉箱内部通风困难，只能用鲸油蜡烛。工业化之后，这种蜡烛被淘汰。——译注

这在沉箱下降的记录中明白地表现了出来。"90%的大圆石为暗色岩，来自哈得孙河的岸上岩壁，在冰碛纪由水流运输而来。其硬度极高,因此抵御时间的侵蚀也最久。石块大小不一,小则1立方英尺,大则250立方英尺,其中石英与片麻岩材质较少。此外,还发现了两块红砂岩的巨大圆石。其他各种较柔软的岩石已碎成鹅卵石。沉箱下降过程中所遇见的各种岩石样品,已涵盖布鲁克林北方及东北方100英里内所有的岩石种类。"几个月前,华盛顿去了一趟美国东北部的缅因州,亲自去考察狐狸岛花岗岩采石场的质量,对结果十分满意。"此地的花岗岩含水晶成分[1],表面粗糙,结构致密。长石成分约50%,石英30%,角闪石20%。长石为主,因而总体颜色为长石的颜色。岛屿的整体低而形状圆滑,没有突出的尖角。到处可见冰河运动的痕迹,所发现的岩石或多或少都分成好几层,层与层之间几近平行,或遵循山丘轮廓的走向。其他方向则有自然形成的深裂缝将岩石劈开。"华盛顿写道。这段记载的旁边照例配了一幅图。

危险一直如影随形。9月的一个星期日,有一口竖井的水位降得太低,到了竖井的边缘下方,这样沉箱内部就与上面正常气压的空气隔绝了。华盛顿在私人笔记里写道:"沉箱内的所有气体全都马上逸出了,所幸里面没有人。前三周,沉箱内没有进入河水,一切所需的水均由城市供水系统用管道运来……仅两分钟,所有的空气全都逸出。水、石、泥沙猛地向上喷出,高达500英尺,膨胀后产生了浓密的云雾,泥沙覆盖了周围地带。事故发生时,看守正站在沉箱上面正中央,外部的空气从排水井猛烈注入沉箱后,看守跌

---

[1] 水晶是一种石英结晶体,因此华盛顿说这里的石英是水晶成分。——译注

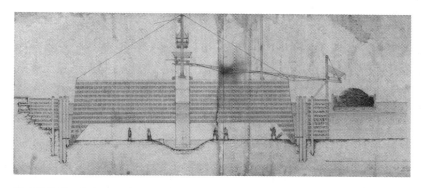

华盛顿绘图，作于1869年9月28日，工人正在沉箱中工作。下面挖土，上面堆起岩石。沉箱里，五个充满活力的人正在不停地挖掘，以让"刃脚"不断深入河床。

倒了，发觉不能脱身。倒地后，一块石头砸中了他的背。五吨重的挖泥船如羽毛一般被轻易地抛到半空，下坠过程中四分五裂，幸好有两条钢缆拉住它，因而没被抛入河中。其声响类似一座巨型火药库爆炸，达两分钟之久。方圆数英里内的居民全都惊骇异常，四散奔逃，好像遇到了地震。"

半小时后，气闸室才得以关闭，水又灌入了沉箱竖井内。竖井跟河水完全隔绝，没有河水渗入工作间。沉箱再加压的时候，华盛顿"深感痛苦"地再次进入沉箱，他在后来的报告中如此写道。压缩空气逸出后，砖石建筑的所有重量就压在了沉箱的顶盖、四壁和框架上。操作间下沉了10英寸，沉箱顶部的木制层被巨大的重量压扁了2英寸。华盛顿计算，冲击发生的时候，沉箱体所受压强可能达到了每平方英尺80吨；下沉时所受压强为每平方英尺23吨。而大桥完工后，沉箱只需承受每平方英尺5吨。当时，华盛顿在私人笔记里飞快地记录了一组计算数据。沉箱负重能力惊人，已经得到了证实。

所幸这一天是星期天，休息日，上午沉箱里没有人。但又有一天，当华盛顿在底部的操作间时，工人不慎让一摞砖从一口运输井中坠下，第二摞砖又紧跟其后落了下来。这些砖是用来在操作间里修建桥墩的——需要修建72座。"若空气喷出，则砖结构的最终承受力刚好够支持上方所有重量。"正规的操作程序是：先封上竖井的底门，把砖坠下，再封上顶门，最后才能打开底门，如此才能彻底防止压缩空气漏出。针对此次井喷事故，华盛顿写道："这次事件绝非意外事故。一百次事故中，也没有一次当得起'事故'这种称谓。"疏忽大意——"盲目自信，以为事情会自动解决"——再次成为事故的起因。两倍的重量把操作间的底门突然撞开了，结果令人惊愕。

　　"空气立刻从沉箱中逸出，发出了极大的声响，碎石与沙砾也随之喷出。上面的众人纷纷逃散，不顾底下工人死活。任何还有一点智力的人，都会立刻拉动绳索，关闭顶门。

　　"当时我恰好在沉箱里。气流声震耳欲聋，说话声完全无法听见。空气变得稀薄，水蒸气从中逸出，形成了一片黑暗大雾，伸手不见五指。所有的灯都熄灭了。众人无法逃脱，在黑暗中，有的人撞到了立柱与立杆上，有的人互相绊倒。有水漫过膝盖，我们以为河水灌了进来。事后确认，积水是因为各水井的水突然放出。此时我正在沉箱角落，半分钟后才意识到出了什么情况，一路摸索着走到漏气的运输井下方。但在运输井的下方，有几堆岩石与沙砾阻碍了底门关闭。我与数名救火夫合力将石堆清理干净。[1] 石堆甚大，因而发生了'双重喷射'。两三分钟后，我们才成功将底门关闭。"

----

[1] 这些岩石、沙砾，是工人们在沉箱底部开挖的土砂，集中到运输井下方，用抓筒将
　　土砂吊出。——译注

242

因为减压，砖结构的柱子和其他支撑物突然承担了上方3万吨的重量。众人检查了这些支撑物，看看是否有损害；结果是没有。

"有一个问题自然出现：倘若水进入沉箱的速度等于空气逸出的速度，会有什么结果？这次事件已经证实，不论设施多么完备，混乱、黑暗与其他障碍会阻碍大多数工人经由气闸室逃脱。如果水进入的速度与空气逃逸的速度相等，那么在逃生的全过程中，气压应当会保持恒定。现在有一个情况，就是运输井的井身恰巧从操作间的顶盖伸出2英尺，因此，若水位上涨到运输井底部，就会立即在井中上升，形成平衡水柱，阻止空气进一步逃逸。余下的2英尺空气会形成一个空间，足以让工人存活。即使水面动荡，把空间压缩至1英尺，工人也能保持足够的清醒。"华盛顿在笔记中评论道："为避免今后再次发生此类事故，唯有制作某种闭门装置，以供开启压缩空气之用。"华盛顿还给特伦顿的费迪南写信，告诉他这次井喷事故并不值得担心。他还用纽约桥梁公司信笺写过一封信，大部分内容是说账目的，只在角落里写了一句话："今晨有一场小事故，我在沉箱里的时候空气全部逸出。井喷持续了6分钟，除惊吓外没有造成伤害。"

*

与此同时，天光照耀之下，主塔的施工也在紧张进行中。钢制牵索支撑着转臂起重机，吊起一块块重达8吨的巨石，放在建设中的主塔顶端。10月的一天，一根牵索不堪重负，断裂了，巨石与起重机同时倾倒。[1]第二天，华盛顿写信给费迪南："昨日事故

---

[1] 布鲁克林大桥的石砌结构由花岗岩、石灰岩组成。主塔水下部分多为石灰岩，水上部分多为花岗岩。锚锭以石灰岩为主，锚板上方有650立方码（1立方码合764.554立方分米）的花岗岩块。

相当可怕。三人身亡，其余人因惊吓过度无法工作。两架起重机完全损坏，其他损失在2万美元以上。砖石工作将暂停，到下一季度再开始。"华盛顿知道，事情发生就必然有其原因。"这全都是特伦顿铁匠的错。插头手柄的焊接处出现了冷隔[1]缺陷，他们用锤子在表面将冷隔裂缝敲合，想要掩盖瑕疵，但实际上完全没有焊接起来。奇怪的是，为何没有早早断裂？它所能承受的张力仅为部件正常时应承受张力的五分之一。"

　　伦斯勒学院的档案中，有一份不寻常的文件。一开始是用铅笔写的，然后被划掉，又用墨水笔在下面重写。这份 Aidemémoire[2] 写得极为匆忙，笔迹却依然清晰可辨。标题是《各种事故》，第一个词是"火灾"。终其一生，华盛顿·罗布林对于写字的纸都不甚讲究，拿到什么用什么。有时候还写在旧信笺的背面，写在从抽屉深处找到的小纸片上。这份记录证明华盛顿把一切细节都记在了脑海中，这样做需要全神贯注，而且竭尽全力。现在读来，简直像一首匆忙写下的诗："小火灾7次。多处接缝处渗漏——一处麻絮填充物轻易着火了，其他处被轻易扑灭。一处在支座上，略严重，5英尺×6英寸的面积被烧毁。只得向沉箱内注水。减压后，水轻易地流入。当时只建了3层砖石结构。抽水。通气4小时。

　　"其后已加强监视。外部供水减少直至停止。如再起火，须从外部引水灌入沉箱。此操作有危险。须提高警惕。输水管道与软管。从外部接入蒸汽管。12月1日夜，火灾。蜡烛，水泥勾缝。起火部位糟糕，隐蔽而不可见。焦黑状，燃烧的木炭。使用大量水。框架之上无法堵漏。蒸汽不妙，显然用尽。清理。钻孔开始。起初无火，

---

[1] 冷隔是铸件里出现裂缝的情况，是常见的一种铸造缺陷。——译注

[2] 法语：备忘录。

外有焦味。有空气逸出，危险，沉箱固定不动。整夜。风险。最终决定。船只，38道水流，5小时——引水135万加仑。到顶，火才熄灭。"

"用水灌入很久。抽水6小时完毕。由水井强行排出。焦味，怀疑起火。各种理由认为无火。起火持续多久？木材内发热，无气泡。"

沉箱的木制顶部承载着整座主塔的重量，结果木材竟然着了火。一时的疏忽可能导致前功尽弃。华盛顿猜测道："火灾肯定是这样发生的：一名工人把他的衣服或晚餐放在靠近顶门的蜡烛箱里。他只能沿着框架梯子爬上去，才能够到箱子。当他把左手伸进箱里时，右手至少高举蜡烛一分钟。"《鹰报》报道，肇事的工人叫麦克唐纳（McDonald）。他一见火苗把木材烧了一个洞，就用灰泥补上，"遮掩自己的重大过失"。没多久，他就消失了，"再也没有人见过他"。然而，因为沉箱内富含氧气，被灰泥遮住的火在内部继续燃烧着，就成了华盛顿所说的"燃烧的木炭"。泼了一桶又一桶水，还用上了二氧化碳灭火器，都没有效果，只得尝试"紧急补救"。当时无计可施，只得从上面引来河水灌满沉箱。但这个计划风险实在太大了。华盛顿写道："如果在水上升到沉箱顶部前空气就已全部逸出，那么沉箱就会突然下降，2.8万吨的重量就会破坏所有支撑物；此外，沉箱也可能出现严重的泄漏情况，导致无法再次充气。"

此时，辛苦的工作以及责任的重量已经开始损害华盛顿的健康。"所有的考虑务须仔细权衡，各种风险也得两面审视，才可下令灌水。埃德蒙·法林顿已睡下，除他以外无人足够聪明可当顾问。我的助手们全都故意住在工地3英里开外，若有紧急情况并不能即时到岗。"华盛顿极为苦涩地写道，"与此同时，我已在沉箱内待了7小时，背部下方与双腿均出现了一种特殊的麻木感，麻木感过后，就会彻底麻痹……"一队消防艇被叫来了，从竖井上方灌入了135万加仑的水到沉箱内，灌水状态保持了两天半，沉箱下降了2英寸。水抽走后，留下了一个被火烧焦的黑空洞。工人们开始费力地修补空洞。首先向空洞里灌入水泥，但发现这是严重的失误，因为木材已经被烧成了一层木炭，柔软而易碎，这些部分必须彻底清除，代之以新的木材。当然，要清除木炭必须先清除已经灌进去的水泥。18位木匠夜以继日地干了两个月才把水泥清除。华盛顿写道："这工作令人极为厌恶，对健康也损害极大。工人必须在狭小的地方躺卧数小时之久，无法翻身；还得吸入烛烟、水泥尘土、木炭粉末的恶臭混合物，并忍受80华氏度的高温。"检查发现，有11层木材损坏了。水泥和木炭清除后，缺口处塞进了更多的松木和水泥，操作间的顶盖还钉上了铁条。

华盛顿在沉箱里待了7小时后，人们不得不把他送回家，"用盐与威士忌擦洗脊骨一小时"。他想休息，但又随时警惕着"门铃作响，告知我沉箱仍在燃烧"。果然，消息来了。"人们执行我的命令，似乎如往常一样有所迟延（所有的普通人类，包括我，均乐于耽搁与拖延）。"

显然，华盛顿已经恢复得可以写日记了。究竟是盐和威士忌起了作用，还是只是因为远离了沉箱才恢复健康，我们就不知道了。目前的资料没有显示艾米莉是否照顾了他，也不知道他这一段时间与三岁的儿子，或住在布鲁克林高地希克斯街最小的弟弟埃德蒙见了几次面。现实的严酷再次表现了出来，"开放的世界拥有大量的不确定性，这种世界相当严苛。"沉箱建设、空气泄漏、火灾——

即使人们作出最谨慎的计划，每天都还是有新的挑战，新的不确定。华盛顿·罗布林把处理这种事叫作"完成任务"；然而，只有考虑到思索与感受的力量，我们才能在想象中来到希克斯街上那间还飘荡着烟和威士忌气味的房间里，看到华盛顿从床上爬起来，坐到书桌前重新开始工作。因为，解决方案还没有全部找到。

*

　　1870年12月底，砖石工程已经垒到了东河的高水位线位置。1871年3月，布鲁克林沉箱进行了填充。华盛顿记载，从河底挖掘了2万立方码的土砂来填充。原以为这道工序一个月就能完成，实际上却花了五个月，因为河床表面虽然光滑，里面却有很多大圆石，很难挖掘。华盛顿写道："五个月，劳苦与焦虑从未止息，损坏与维修一直在继续。我们始终在研究探索是否可能有所改进。"有时候，竖井下方的石块必须徒手运走。华盛顿继续写道："肺部充满压缩空气，则能够轻松在水下坚持三至四分钟。"南北战争的时候，华盛顿曾叼着卷尺游过湍急的谢南多厄河，测量桥的长度。关于水下的工作，他当然是很有发言权的。华盛顿一心扑在工作上，孜孜不倦，没多久，代价就显现出来了。

　　5月，纽约沉箱下水。纽约沉箱与布鲁克林沉箱大致相似，只是顶部多了七层木材，内侧衬了一层轻质铁皮，保证气密性，防止火灾。气闸室要大得多，而且建在沉箱顶盖的内部，这样工人就不用在压缩空气中攀爬了。关于这些巨大工程的建设，华盛顿在报告里写道："对于砖石建筑的沉箱而言，将气闸室放在通风井底部并非新想法。早在1831年，英国的科克伦勋爵（Lord Cochran）[1]

---

[1] 应为托马斯·考克瑞恩勋爵（Lord Thomas Cochrane，1775—1860），英国海军军官，发明沉箱用来挖煤。华盛顿拼写有误。——译注

就提出来了；1841年，威廉·布什（Wm. Bush）又提出；1850年，德国美因兹市（Mayence）的G. 范米勒（G. Pfannmuller）也提出了。然而直到伊兹上尉（Captain Eads）在圣路易斯大桥[1]建设中首次运用，才使得美国大规模实际运用此种设计。"华盛顿在笔记本里写得很清楚，他去了圣路易斯大桥，考察了伊兹的工程在密西西比河水上和水下的情况。很快，两人就因一个问题激烈争论起来：华盛顿的工程到底借鉴了伊兹的多少？

华盛顿还写道，在纽约这一侧，为了获得轮渡下水的资格，发生了"令人烦乱的耽搁"。但是，当人们刚开始挖掘纽约一侧的河床时，就发现其物质跟布鲁克林一侧的完全不一样。纽约一侧的河床表层有一层恶心的淤泥，是纽约市民扔进河里的废弃物腐烂后形成的。（"这段工作最为令人反感，之后再也没有遇到过。"）沉箱很快通过这一层，进入了厚厚的泥沙层；再利用压缩空气的力量，轻易地从管道里将泥沙抽取到地面——正是这种力量造成了布鲁克林沉箱的井喷事故。华盛顿介绍："在60英尺的深处，泥沙以两分钟一立方码的速度，通过一根直径为3.5英寸的管道，需要持续抽出半小时。这就要求14名工人围着管道站成一圈，尽全力铲泥沙。"泥沙被吸出操作间的速度惊人，"石块与沙砾经常喷出400英尺高……为了让泥沙以适合的角度落下，管道顶端一开始使用了生铁与熟铁制成的弯头。弯头厚度达1.5英寸，但泥沙喷射极为猛烈，只需一两小时就能将它击穿，有时甚至只需几分钟"。最后不得不用沉重的花岗岩石块盖在管口上。"抽泥沙的过程中发生了几次事故。一个船夫被打掉了一根手指，另一个工人被一块大碎片击穿了

---

[1] 这座桥建在密西西比河上，1870年沉箱施工开始，1876年大桥完工。——译注

手臂。"

　　沉箱不断下降。为了让操作间里和水面上的工人能够互相联系，威廉·潘恩上校安装了一个"机械电报系统"。但新的问题又出现了。到68英尺深的时候，工人脚下的地层变成了粗砂砾和小石块，经常堵塞泥沙管道。在此之前，沉箱下沉的速度达到每天1英尺，但此时大大减慢，一周2英尺就算很快了，而且经常达不到这个速度。除了河床物质的问题，还有别的问题。布鲁克林一侧的沉箱已经沉到河面下45英尺处，内部气压大大升高了。所谓气压，是指地球大气层施加在某个特定区域的力。海平面以上，一个大气压是每平方英寸14.7磅；海平面以下45英尺深处，沉箱内的压强达到了每平方英寸21磅。1870年，《鹰报》记者曾冒险进入沉箱，报告说操作间里的工人"并未感到不便"。但现在的情况发生了变化。1872年1月，纽约沉箱下沉到了51英尺深，压强达到了每平方英寸24磅。此时，华盛顿在沉箱建设的报告中写道："几乎所有的工人上来时都感到肢体或骨骼剧烈的疼痛，或出现四肢暂时麻痹的现象。"

　　于是，这一年年初，华盛顿请了一名退役的陆军军医安德鲁·H.史密斯（Andrew H. Smith）为操作间里的工人看病。在密西西比河上施工的伊兹，之前也让自己的私人医生阿方斯·贾美特（Dr. Alphonse Jaminet）治疗工人。但两个人都没有查出准确的病因。如今，人们把这种病叫作"减压病"。这是一种现代疾病，完全是因为人类科技的发展而产生的。

　　早在17世纪，就有科学家和自然哲学家开始将空气作为一种介质来研究，认为人类在空气中活动就像游泳的人在水中一样。17世纪意大利科学家埃万杰利斯塔·托里拆利（Evangelista

Torricelli）最先发明了气压计，他在一封信里写道："空气是一片海洋，我们生活在海洋底部，被海洋淹没。"1648年，法国科学家、哲学家布莱兹·帕斯卡又发现海拔高度对水银柱产生了影响，与处于海平面的巴黎相比，水银柱在法国奥弗涅山脉多姆山顶上降低了3英寸。17世纪末，英国科学家埃德蒙·哈雷（Edmund Halley）朝另一个方向研究，造出了最早的潜水钟。1691年，哈雷与几个朋友在英格兰南部海岸潜水至60英尺深，长达一个半小时。

法国科学家夏尔-让·塔利哥（Charles-Jean Triger）在法国卢瓦尔河谷一处的煤矿里造出了第一只沉箱。1840年，医生在这所煤矿工地第一次观察到了所谓的"屈肢症"。因为这种病会让病人感到剧烈疼痛、抽搐，只能靠弯腰来减轻痛苦，故此得名。B. 波尔（B. Pol）和T. J. J. 瓦特勒（T. J. J. Watelle）两位医生注意到，一些病患"双臂与双膝剧痛"，"on ne paie qu'en sortent[1]"。病因不是进入沉箱，而是离开沉箱进入正常大气。两人还首先提出，回到压缩空气环境中即可治愈。几十年后，在布鲁克林和纽约，华盛顿也注意到了，回到压缩空气环境中的这种"英雄壮举"会减缓"剧烈的疼痛"。1872年，华盛顿在年度报告中写道："然而，压缩空气对人体的影响，成了工人在高气压的地基里工作的首要困难。"

后来，华盛顿雇来的军医安德鲁·史密斯于1878年发表了他在纽约沉箱中看病的结果。这篇论文获得了纽约内外科医师学院（the College of Physicians and Surgeons of New York）校友会的论文奖。论文开头提到了塔利哥等人早期使用沉箱的实践，以及沉箱对箱内工人的影响。安德鲁·史密斯详细记录了这种怪病。病

---

[1] 法语：只有在离开沉箱后才会发病。——译注

人的皮肤会变得苍白，指尖变皱，好像在水里泡过一样。史密斯猜测，这两种症状是因为体表血液循环变弱了。工人们出现剧烈疼痛，好像"被子弹击中一般"，又像"肉从骨头上被扯下"。华盛顿曾在笔记中写道："沉箱可能需要下沉至100英尺，因此沉箱的所有部件均须承受此位置的压力。"然而，还没有沉到100英尺时，华盛顿和史密斯就已经发现圣路易斯大桥的问题要严重得多。伊兹的沉箱沉到河面以下93英尺时，已有15名工人死亡。华盛顿当然不愿让这场悲剧重演。

　　4月下旬，一名德国工人约翰·迈尔斯（John Myers）遇难。接着，又有一名五十岁的爱尔兰工人帕特里克·麦凯（Patrick McKay）遇难，有人发现他"背靠气闸室的侧壁而坐，已昏迷不醒"，最后宣告不治。华盛顿写道，尽管这些死亡令人惋惜，但"死亡人数比例，已少于其他一切类似工程"。史密斯在1878年报告的末尾描述了一种措施，类似于现在医院的"隔离舱"。这是在地面上特制的一种房间，能够让工人不用专门进入沉箱，就能回到高气压的环境内。但是这种措施一直没有在布鲁克林大桥的沉箱建设中真正应用。当时极少有人采用上文提到的那种"英雄壮举"，也就是进入沉箱的治疗方法。这么做是情有可原的，因为实际情况是：高压环境不会造成问题，离开高压环境才会造成问题。这和人们的直观认知刚好相反，所有人都想逃离水下深处那种奇怪的环境。遗憾的是，贾美特和史密斯都没弄明白沉箱病的真正原因。高压环境下，大气中的氮气会溶解在人体的血液和脂肪组织中，倘若气压下降得太快，这些氮气就会快速释放出来，在血液中形成气泡。这些气泡会在静脉中合并，阻断血液流通，从而导致剧烈疼痛；如果气泡正好在关键部位，还会有更可怕的结果。就在贾美特和史密斯苦苦思索的同时，法国生理学家保罗·贝尔（Paul Bert）开始意识到了这一点。贝尔是第一个描述减压病真实病因的人，史密斯却公开反对他。史密斯和当时的很多人都相信，疾病是在沉箱中停留太久导致的，因此病人应当在沉箱外面停留更长的时间。这种措施是对的，但原理却错了。史密斯建议，每个大气压，也即每平方英寸14.7磅的压力，需要5分钟时间来减压。但这种做法工人很难忍受，而且与现代潜水减压表上的建议时间大相径庭。密西西比河上的圣路易斯大桥沉箱的最深处气压为每平方英寸45磅，在这种情况下，贾美特只用3分30秒就让工人完成了减压，而现代潜水员在这种深度下一般需要整整两个半小时！

这一年春天，纽约各大报纸一直在报道沉箱工人的伤亡。《纽约先驱论坛报》报道，1872年4月30日，住在罗斯福街23号的尤金·苏利文（Eugene Sullivan）和住在巴克斯特街25号的路易斯·吉福德（Louis Gifford）"突然发病"；5月5日，《纽约时报》报道，迈克尔·麦圭尔（Michael McGuire）、多米尼克·蒙特拉斯（Dominick Montrass）"突然罹患重病"。同一周，大桥工人罢工，要求只有提高工资才会继续这种危险的工作。5月10日，桥梁公司同意每4小时支付2.75美元。

4月26日，柯林伍德在《纽约先驱论坛报》上发了一篇短文："我得到授权向大家宣布一个喜讯：今日下午，我们的纽约沉箱已经到达了河床底部的基岩。"沉箱至70英尺深处时，华盛顿命令开始测深；在75英尺深处发现了曼哈顿岛水下片麻岩"薄而尖锐的山脊"。这一片基岩不是水平的，而是有斜度的。华盛顿不仅是工程师，还是地理学家，他判定基岩并不需要水平。现在，已经不用继续挖掘，也不用再让更多的工人面临生命危险，就可以完成纽约主塔的基础建设了。华盛顿在正式报告里评论这些基岩的支脉："此处基岩表面完全没有磨圆现象，说明从未有侵蚀或运动对其产生影响。"他又写道："基岩表面覆盖着一层极为紧密的物质，如用铁棒钻入，铁棒几乎会断裂。"于是沉箱就可以安放在这里不动了。"在这样的底部，无论平均坡度怎样，永远都不会发生滑动。"这一表面"完全可以作为基础，无论如何，即使将它换成混凝土，效果也几乎相等……我们已经决定，在78英尺深的基岩上安放沉箱"。

伦斯勒学院的档案里有一组罗布林家族的藏品，标签上写着"人造旧物"。学院的财产列表含有各种大小类，而这些藏品就登记在财产列表的最末，其中有一些文件，如1854年约翰·罗布林的"霍乱治疗费用"、华盛顿收藏的G. P. 夸克恩伯斯（G. P. Quackenbos）所著的《英语语法》（1862年出版）。藏品中的实物并不是很多，有华盛顿和艾米莉在布鲁克林高地旧宅的门把手、门环，那所宅子早已经拆掉了；还有约翰的大理石胸像高踞在图书馆的工具间里，样子有些奇怪。

这件藏品中还有一块小石头，大约不到两英寸长，一英寸宽。这石头看上去没有什么特别之处，不过，标签是根据石头的形状精心雕刻的，上面是华盛顿清晰的字迹："东河大桥纽约主塔下基岩的片麻岩，高水位下79英尺深处，1872年。"[1]

这块样本几乎不可能是华盛顿亲手采到的。华盛顿曾连续往返于布鲁克林和工地之间，劳累、压力、紧张的工作已经严重损害了他的健康。1872年6月，华盛顿提交了一份进度报告，冷静地说，两座主塔基础的建设，"有着相当大的风险与不确定性"。他

---

[1] 报告与标签所写的深度差了一英尺。实际深度可能比78英尺深了几英寸，比79英尺浅了几英寸。

写道："此工程开始之时，须克服的主要工程问题就是主塔基础的问题。基础问题解决之后，方可声称大桥已安放于坚实而不动的塔基上。两座主塔与上部结构的建设，先前均已有过小规模经验。然而整座大桥的稳定却依赖于两座塔基。整个工程都依赖于塔基的成功建造。"

这件片麻岩样本，大概是助手之一弗朗西斯·柯林伍德送给华盛顿的。柯林伍德比华盛顿大三岁，曾经在伦斯勒学院就读。大桥开工的时候，柯林伍德已经在纽约州埃尔迈拉市（Elmira）开了一家珠宝行，属于家族企业。后来柯林伍德又被大桥吸引，重操旧业。特洛伊市图书馆也有一份很长的文件，是艾米莉·罗布林的斜体字，笔迹透着自信，写的是华盛顿的小传。艾米莉写道："纽约沉箱下降的最后阶段使得罗布林上校极为焦虑。"那块不起眼的小石头成了一个真实的象征，象征焦虑终于解除了。华盛顿·罗布林既爱思考又十分敏锐，却不是多愁善感的人。他也不爱保留纪念品，只在晚年细心地保存了他和家人的公开报道，但这块石头他却留了下来。

1872年5月18日，挖掘工作结束了，纽约沉箱正式安放。《纽约时报》报道，这天是阴天。同一天，《时报》还登了一组时政方面的通信，是关于南北战争的余波。通信一方是时任美国总统尤利西斯·S.格兰特，之前的北军总司令；另一方则是南军总司令罗伯特·E.李将军。格兰特向李将军承诺："R. E. 李的赦免与宽宥申请将会得到批准。"又过了几天，格兰特签署了《赦免法案》。之前对南方居民的选举权和任职权有限制，《法案》把这些限制取消了。打过仗的人可能会想：可怕的战争终于结束了。重建国家就意味着在原先没有桥的地方造出桥来。纽约与布鲁克林之间的桥，会以独特的方式化为这次重建的象征！

第 *11* 章

我病势沉重已有些时日

安德鲁·史密斯在1878年发表的有关沉箱病的论文,虽然很有见地,但理解还是有错误。伦斯勒学院藏有这篇论文,某些段落的旁边有人用细细的铅笔画了线,还在页边上写了注解。看得出来这是华盛顿的笔迹。沉箱条件下的某些特征让华盛顿特别注意,例如沉箱中的高气压使得说话的低音"变成了刺耳的高音",心率常常加速,汗水不会蒸发,接触压缩空气之后食欲会加强。

这些笔记是什么时候写的已经不可考了。有人怀疑是他晚年时为父亲和自己撰写回忆录时写下的。他详细检查这些文件的时候就知道,有朝一日别人也会详细检查。因为在东河大桥竣工之前,他的工作十分紧张,健康状况又很差,不可能有什么时间让他反思。不过,在两只沉箱下降的过程中,哪怕是最焦虑的时候,华盛顿也没有忽视家族企业的经营。这跟以前是一样的。在辛辛那提大桥施工的过程中,他把公司的广告邮件发往全国各地。如今他又致信得克萨斯州奥斯汀市的市长约翰·W.格伦(John W. Glenn),提议修建一座三跨桥,每跨435英尺,估计造价为85875美元。华盛顿的全部精力都被布鲁克林大桥占用,于是推荐另一名工程师查尔斯·麦克唐纳（Charles McDonald）负责此事："此人各方面都非常可靠……我自己的时间完全用来建设东河悬索桥了。"另外，华盛顿还给俄亥俄州一座桥作了估计。纽约沉箱正式安放的三天前，也就是5月15日，华盛顿还与匹兹堡的一位工程师威尔金斯（Wilkins）通了信。威尔金斯属于威尔金斯与戴维森工程公司，想要改装匹兹堡的阿勒格尼大桥，好让火车通过。华盛顿回了信，详细分析了桥上负载集中会带来的问题。

华盛顿的家庭生活与个人生活，难以捉摸。他的儿子小约翰如今已经蹒跚学步。他也在照料最小的弟弟埃德蒙。埃德蒙的童年创伤一直没有修复，人生也化作了一场诡异的悲剧。华盛顿很小的时候，约翰就送他上了寄宿学校。1867年，年幼的埃德蒙也被送去寄宿学校，在学校里"受到了侮辱和诡计的恶意伤害，不堪忍受而出走；被人捉住送回，被残忍的父亲打得半死，又逼迫他回了学校"。华盛顿在20世纪20年代写下的私人回忆录记载，埃德蒙被迫返校后再次逃跑，下落不明，最后发现他被关进了费城的一所小型监狱里。"为了逃离父亲，他主动选择无业游民的生活，平生第一次尝到了快乐。"有一阵，华盛顿给埃德蒙请了家庭教师，但显然没有成功。当时还有些华盛顿的家庭开支记录，有一项"艾米莉家用款项4185.42美元"，下面两行是"阿华津贴"，897.57美元；再往后一点，华盛顿提到了"阿华的失业救济金"。华盛顿一直为钱的事发愁，入不敷出。两个弟弟费迪南和查尔斯的光景一直要好一些，经常接济华盛顿，免去了他每日面对的风险。

华盛顿一直像手下工人那样辛勤劳作，终于付出了代价。1872年春天，华盛顿的沉箱病发作得空前厉害，别人记载："他被人抬出纽约沉箱，几近完全昏迷。整夜，每小时，众人都担心他会死去。"华盛顿决定停止纽约沉箱挖掘之后，又过了五天，写信给弟弟费迪南："我病势沉重已有些时日，都是上周六过于轻率地在沉箱中停留太久的缘故。周六晚，疼痛极为剧烈，以为必死无疑。幸好有足量的吗啡，使我暂时麻醉，不觉得疼痛。"可是信的末尾还是写道："除此之外一切顺利。"

史密斯医生的论文有一段观察记录，也被华盛顿画了线。这一段说，尽管沉箱病能够导致麻痹，疼痛却不见减轻："肢体不会感觉到外部其他来源的疼痛，但内部仍会疼痛。例如，病人一条腿可能完全感觉不到刺痛或掐痛，却仍在剧痛，因此病人的症状并不能减轻痛苦。"史密斯记载，类似这样的发作，短则三四小时，长则六至八天。华盛顿即使在笔调十分冷静的正式报告中，也提到了"极为严重的个人体验"，也就是生不如死的剧痛。"只有用吗啡全面麻醉，方可得到缓解。"史密斯医生不同意贝尔（氮气影响了血液流通）的新观点，自己形成了一套理论。史密斯用的是麦角碱，这是一种植物碱，从小麦、黑麦上生长的一种真菌内提取而得，能够让血管收缩。今天临床上依然用麦角碱来治疗偏头痛。史密斯写道，麦角碱"能够为毛细血管提供必要的弹性，解决我认为的基础问题"。显然，他观察到用这种方式"完全缓解了"剧痛。但华盛顿在这一段的旁边写了两个字"存疑"。

深冬，河面结了冰，渡船在冰面上艰难前行。华盛顿感觉自己已经不能再去工地视察了，甚至可能活不到大桥竣工了。于是他拼命写，拼命画，一干就是几小时，为工程的方方面面留下了详细的指导。华盛顿病得已经走不出房间，但他无论如何也没办法丢掉自己的工作——也是父亲的工作。他的视力开始下降，就连长时间跟助手谈话都做不到。如今，助手们的帮衬，助手们对他领导力的信任变得更加重要起来。他觉得与世隔绝的生活一定有助于康复。1873年2月初，华盛顿写信给弟弟说自己大概能够起来去工厂了："这里的一切都寂静得很，不是结了冰，便是被雪覆盖。我在极缓慢地好转，大约再过两周便可前往特伦顿。"

然而，他最终还是担心身体会彻底垮掉。于是他请了假，不再前往大桥工地。多亏了华盛顿的指导，他那些熟练而敬业的助理工程师们很清楚自己的任务。华盛顿要去一趟欧洲，到德国莱茵河畔的威斯巴登市（Wiesbaden），在水疗浴室中休养。华盛顿后来写父亲的生平，把他的那些灌洗法、针剂、坐浴法大大嘲讽了一番，如今自己却要去做水疗，似乎很是怪异。但是别无他法。

1873年5月，华盛顿动身去了欧洲。他告诉弟弟费迪南："我感觉我的情况还用不上德国浴室，所以先到法国欧特伊镇本尼-巴德医生开的'健康之家'做一下初期的浸泡治疗。"当时，欧特伊镇位于巴黎郊区，因善于水疗和治疗各种神经症状而出名。本尼-巴德医生全名叫阿尔弗雷德·本尼-巴德（Alfred Beni-Barde），曾治疗过不少名人：作家莫泊桑（Du Maupassant）、大仲马（Dumas）和画家马奈（Manet）都先后拜访过这位医生。这时候华盛顿还照料着埃德蒙，于是夫妻俩和埃德蒙一起来到了英国。不久之后，埃德蒙不告而别，去了维也纳。虽然这次旅行是为了康复，但他们来到英国的时候，华盛顿几乎完全没有想到休息和康复的事情。华盛顿寄出了一封信，写的是他前往法国欧特伊镇之前的经历。这封信的前四页，写的是他访问胡珀电报厂的见闻，笔法之详细，是典型的华盛顿风格。胡珀电报厂位于伦敦米尔沃尔造船厂内部，专门制造海底电缆。华盛顿尤其关注捻接电缆的方法，并努力思考怎样才能把这种捻接法应用在东河大桥数千英里长的钢丝上。"13号贝塞麦钢的捻接法十分新颖。工人们用锉锉断，类似'桥接法'，并用纯锡制成的丝缠在外面。"说明还配有一幅精确的插图。然后给锡线刷上酸液，再焊接，最后中和酸液。华盛顿给弟弟写信说："如此即可完成高质量的捻接……生产极快，可为我们所利用，带来优势。"这时候，约翰·A.罗布林诸子公司还没有拿到东河大桥缆绳的生产合同，但舆论普遍认为非他们莫属了。

华盛顿和艾米莉来到巴黎，观看了年度美术沙龙的油画展览，这些富有象征意义的作品令二人叹为观止。他给弟弟写信："参观之后，我就认为纽约大部分绘画都一钱不值了。然而法国人画风景的水平不高。"（一年后，1874年，印象派画家就从沙龙中分离，自行举办了第一场沙龙；他们画的风景成了不朽的经典。可能因为来早了一年，华盛顿才得出了这个错误结论。）他想过要买下一幅油画，但又怕花光了钱："艾米莉的支出已超过我的预计。"显然，艾米莉回到光明之城，心中很是欢喜。[1]

华盛顿在法国欧特伊镇过得很快活。他充满希望地说："我认为灌洗法起了一定作用。他们将我关入一个围栏，用一辆蒸汽消防车、一只1英寸喷嘴向我喷水。想要康复，这就是关键。"天气转暖，他们终于来到了德国威斯巴登市。这里的数十处温泉十分有名，古罗马博物学家普林尼专门提到过。之后全欧洲的人都慕名而来沐浴。这一年晚夏，华盛顿接到消息，弟弟费迪南的第一个孩子降生了。他给费迪南发了一封贺信，希望费迪南可以在给孩子起名之前收到贺信。他写道："给孩子选定名字是一生中十分困难的选择之一。称呼不要像我一样如此之长。我为了写这个名字，一生浪费了无数

---

[1] 巴黎因为文化和教育发达，被人称为"光明之城"。——译注

墨水。"费迪南的妻子叫玛格丽特（Margaret），两人给儿子起名为卡尔·古斯塔夫斯（Karl Gustavus）。

1873年10月13日，华盛顿和艾米莉从南安普顿(Southampton)[1]坐船返回美国。独自去维也纳的十九岁的埃德蒙，也从不来梅（Bremen）坐船回了美国。然而，华盛顿一开始的乐观心态受到了严重的打击。此次旅程并没有产生任何积极的治疗效果。他写信给费迪南："我离开欧洲时光景并没有比去之前更好，甚至可以说还变坏了。"虽然参观了米尔沃尔船厂和巴黎沙龙，但华盛顿的心情还是没有改善。当时的医生很难彻底查清楚华盛顿的病因，如今想要查清楚也是一样困难。"回溯诊断"[2]是不可能真正成功的。但是，华盛顿童年经受的暴力、严苛的教育、漫长战争的恐怖，还有其后几乎从不间断的繁重工作，不确定性带来的焦虑——这些因素加在一起，很容易得出结论：华盛顿确实受到了某种心理疾患的折磨。八年之前，华盛顿在笔记本上画了一个提线木偶，四肢被线绳拴着，一脸痛苦。他正如这木偶一般，肩上担着重负，也没有走出父亲的阴影。

于是华盛顿又坐船驶向东河，他的使命还在等待着他。

*

华盛顿的余生，疾病一直如影随形，挥之不去。19世纪，英文语境里有一个惯用说法叫"invalid"，大致可以与汉语"废人"对应。这个词所指代的情况极为广泛，考虑到华盛顿的病情有些神秘，也可以称他为"废人"。不过，他成长起来的家庭却极为关注健康与疾病，以及二者的平衡。约翰认为，良好的健康具有道德因素。

---

[1] 英格兰的港市。——译注

[2] 用历史文献诊断病因。——译注

尼亚加拉大桥修建过程中曾有过一次霍乱流行。约翰幸运地没有染病，但他宣称，坚信自己不会得病就真的不会得病。早在华盛顿进入沉箱的十五年前，他就曾多次发作过腹部疾病，险些病倒。他详细记录了发病的情况，也记录了自己采取的治疗措施。这次经验大概就是他关心自身健康的开始。

在法国欧特伊镇，华盛顿曾收到费迪南从特伦顿寄来的一篇文章，是从一本技术杂志上剪下来的。这篇文章引起了一场风波。华盛顿回信说："几天前接到你的来信。看完你附上的英国《铁路公报》上伊兹上尉的一篇文章后，我一连几天都极为恼怒。这篇文章饱含嫉妒与密集的谎言，我先前从未读过这样的文章。伊兹完全在操纵舆论偏于他，因为工程师都拒绝付给他使用费，直到我们的官司判决为止。"

詹姆斯·伊兹也在密西西比河上用沉箱法修建圣路易斯大桥。他已经决定将来要把华盛顿告上法庭，指控华盛顿侵犯了他的沉箱专利。这一指控完全针对华盛顿个人。两人的争执不断升级，最后对簿公堂。这两名伟大的工程师对骂了很久，直到1876年，官司才算了结。无巧不成书，两人争执开始的同一年，美国陆军也有一个工程师委员会着手调查伊兹的桥，看其是否阻碍了密西西比河上的航运。委员会的成员之一不是别人，正是华盛顿的大舅子 G. K. 沃伦将军。最后，陆军工程师的报告声称大桥没有阻碍航运；伊兹与华盛顿也达成了庭外和解，华盛顿给了伊兹5000美元。华盛顿坚称，沉箱设计与气闸室的结构属于技术创新，不受专利限制。不同国家的人都各自作出了不同的发展成就，授予不同的专利。但华盛顿对伊兹的人身攻击作出了激烈的回应，让自己处在了不利地位。他相信自己的工程要更加高明一些："天底下安放的沉箱不会有比圣路易斯大桥更容易的，也不会有比东河大桥更困难的！"

华盛顿在圣路易斯大桥的所见所闻，无疑对他产生了很大影响。华盛顿曾在1870年写过一篇记录，写的是布鲁克林沉箱的下水过程。文中清楚地写道："我参观完圣路易斯大桥后，便意识到自己为工程设计的送料井太少了。现有的两口送料井虽然能足够快速地提供材料，但想要从上至下到达沉箱的偏远部位，距离就过长了，这是一大缺点。"伊兹的诉讼主要针对的是东河大桥气闸室的位置（在沉箱底部而非顶部），以及送料井的位置。华盛顿观察圣路易斯大桥的记载，证明伊兹是对的。伊兹的专利编号为123685，专利项目是《水下基础建设改进方案》。伊兹主张，他的专利提到了水管、沙管、通风管。这意味着纽约沉箱采用的体系侵犯了伊兹的专利。

但华盛顿也做好了充分准备。专利生效日期是1872年2月13日。华盛顿写道："布鲁克林沉箱于1869年10月开工，1870年3月19日下水；纽约沉箱于1870年11月开工，1871年5月下水。诉讼涉及的一切管道，在下水之前均已安装于沉箱之内。"华盛顿主张，管道的位置无论如何都不是专利所涵盖的。

不过，与伊兹产生的冲突还是影响了华盛顿很多年。有一点或许很讽刺，那就是伊兹的工程也受到了自己健康恶化的影响，但舆论对他的态度与对华盛顿的态度却不尽相同。伊兹是自学成才，在人们眼中是个英雄。而对于罗布林，争端一出，公众却认为，他的父亲约翰是开拓者，儿子小罗布林只是坐享其成。这种刻板印象，华盛顿·罗布林自己再熟悉不过了。人们觉得华盛顿只是照着伟大约翰的蓝图，按部就班地往前走。更有甚者，人们还推断华盛顿道德堕落，竟然偷窃了别人的劳动成果。这么一来，华盛顿可就受不住了。他后来在回忆录中写道："美国整个工程界都站在伊兹上尉一边，这件事不公平到极点……这些感情完全是出于嫉妒。布鲁克林大桥是当代规模最大、影响最为突出的工程项目；而从大桥开始建设到完工，工程界的同行们都对我充满了敌意、嫉妒与憎恶。"

华盛顿给费迪南写信时用了"嫉妒"一词；多年之后，他在写回忆录时也用了这个词。"嫉妒"一词本来就很重了，而"憎恶"就更重了。华盛顿的用词说明大桥对他造成了人身损害以及道德损害。19世纪中期，科技发展极为迅速，很多创新发明往往在时间上相互交错，于是发明和借鉴的区别就往往模糊不清。只有一件事很清楚——华盛顿极想保护自己的良好声望。

1873年下半年，华盛顿从欧洲回到美国。这时候他已经不住在布鲁克林了。他和艾米莉在布鲁克林高地买了一栋新房子，但紧接着就去了特伦顿。此时大桥的两座塔楼和巨大的锚锭已经在华盛顿缺席的情况下建设完毕；制造钢缆的设备也准备好了。华盛顿一直与那些得力助手潘恩、柯林伍德、法林顿等人保持通信，从而能够确保工程按照他的指示进行。尽管不能亲眼看到工程，但华盛顿很清楚工程的进度，各位助手全都忠心耿耿地执行了他的命令。而且，更重要的是，华盛顿了解助手们，助手们也十分了解华盛顿。

1873年，就在夫妻俩去欧洲之前，布鲁克林一侧锚锭开工了。这一巨型结构将会把大桥主缆固定在地面上。过了两年多一点，锚锭完工了。1875年，布鲁克林主塔完工，日期用巨大的石块砌在了主塔顶端。又过了一年多一点，1876年7月，纽约主塔完工；同月，纽约锚锭完工。

华盛顿离开美国的时候，有各种充分的理由让自己远离大桥，但这些理由与他的健康全无关系。

第 *12* 章

修建大桥，现在是最佳时机

1870年，外号"特维德老板"的威廉·马盖先·特维德（William Magear Tweed）[1]的势力达到了顶峰，他的名字也成了政治腐败的代名词。纽约长久以来都是全世界的工业、经济、文化中心之一。南北战争结束后，纽约又巩固了这一地位，多年没有改变。在这期间，特维德从纽约攫取了大量公共资本与私人资本，规模至今无人能比。特维德1823年生于纽约樱桃街，如今，曼哈顿人就通过这条街原本所在的位置去往布鲁克林大桥。特维德年轻的时候当过图书管理员和制作刷子的工人。当时纽约有很多消防公司，其中一家叫作第六消防公司，特维德曾在那里担任志愿救火夫，他的发迹就是从这份工作开始的。第六消防公司的徽章是一只咆哮的老虎，特维德在这里学会了"地方政治"的精髓，掌握了一系列技巧，如操纵别人，获得别人的信任和忠诚，也开始学习操纵本地政界。特维德拥有领袖光环、个人魅力，而且大腹便便，似乎显示他应当在这个世界上占据很大空间。1852年，年仅二十九岁的特维

---

[1] 纽约著名贪腐政客，前文特维德的中间名叫"马西"，是"马盖先"的简称。——译注

德当选国会议员；1858年，他又进入了民主党中央组织——坦慕尼协会。这个协会一直到进入20世纪很多年还在操纵纽约政治。时人评论特维德"生气勃勃，举止无拘无束，谈吐粗鄙但诙谐；走起路来步履轻快，高视阔步，从而深得下等人、穷苦人的拥护"。

1863年，特维德出任坦慕尼协会主管，也称"大酋长"[1]，自此获得"老板"头衔。"大酋长"和坦慕尼协会原本的名字"圣坦慕尼组织"都是1788年建立时确定的，来自历史上的印第安"伦尼-莱纳佩"部落（the Lenni-Lenape tribe）的大酋长坦慕尼德（Tamanend）。坦慕尼组织一开始建立了不止一个，最早的是在费城。当初，美国国父之一约翰·亚当斯（John Adams）写信给妻子阿比盖尔（Abigail）的时候，谈到了这个费城结社："民众视他（坦慕尼德酋长）为圣人，与他守约。"但19世纪的特维德可绝不算圣人，他在纽约政界步步高升的同时，还创造了一个非凡的机构，目的是为自己与狐朋狗友中饱私囊。

*

特维德建立的机构叫审计委员会，成员包括纽约市长A.奥基·霍尔（A. Oakey Hall），审计官理查德·康诺利（Richard Connolly），以及特维德自己。布鲁克林大桥在建设的时候要付给

---

[1] 这个头衔背后还有一段历史。早在17世纪，英国国王请英国政治家威廉·佩恩（William Penn）开发一片美洲殖民地，即现在的宾夕法尼亚州与特拉华州。1682年，佩恩来到美洲新大陆。盛传当地印第安人伦尼-莱纳佩部落大酋长坦慕尼德曾迎接佩恩。佩恩在建立殖民地的过程中奉行自由平等原则，与印第安原住民友好相处，保证了殖民地的和平与繁荣。1788年，美国建国后不久，为了纪念坦慕尼德酋长而成立了"圣坦慕尼组织"，后来改名为"坦慕尼协会"。自建立之日起，该组织的主管就被称为"大酋长"。——译注

县议会[1]的未偿付票据，全都被审计委员会掌握了。表面上看，这似乎是良性的政府改革，但这些账单金额达到了数千万美元，特维德一伙又使之增加了50%，最后把这些钱瓜分了。分赃的人包括：特维德自己，康诺利审计官，霍尔市长，坦慕尼协会战略家彼得·斯威尼（Peter Sweeny），还有一些知道这次虚报费用的内部职员。这就形成了庞大的"特维德圈子"。当时纽约正在建设很多公共工程，著名的有在钱伯斯街新建的法院大楼和中央公园。这些工程里虚报的费用自然就可以分出一些作为源源不断的好处。1869年，纽约市和纽约县的债务合计3600万美元，但到1871年，就突增至7300万美元。

1871年夏天，特维德的女儿玛丽·艾米莉亚（Mary Amelia）大婚，场面十分豪华。从这一刻起，特维德就走下坡路了。《纽约时报》对婚礼的报道堪称记者舞文弄墨的典范。这篇婚礼报道中的形容词与描述的各种细节，比其他所有报纸的社论都更有效地成了特维德定罪的证据。比如，报道说婚礼宾客在圣三一教堂等待婚礼开始时，带着"无言的敬畏"；还说特维德在43号大街和第五大道交叉口的住宅是"宫殿般堂皇的宅邸"；还登了结婚礼物的列表，几乎是按照《圣经》的要求准备的[2]：有四十套标准纯银的银器，四十件珠宝，其中十五件是钻石的，而这十五件中的"一件价值45000美元"。还没过五个星期，《纽约时报》就披露了特维德圈子贪腐的证据，于是，特维德的命运便被敲定了。10月26日，逮捕令发出了。

---

[1] 现在的纽约市曼哈顿区，在行政区划上也叫作纽约县，因此有一个机构名叫县议会。——译注

[2]《圣经》多次出现40这个数字，如《创世纪》中的雨下了40天，耶稣经受了40天的考验等。——译注

即使是在巅峰时期，特维德也想从纽约与布鲁克林之间的这个巨大工程中分一杯羹。1869年，在约翰·罗布林葬礼之后，特维德的名字就跟大桥紧紧地联系在了一起。他出席了桥梁公司新执委会的第一次会议。特维德被捕受审时声称：纽约桥梁公司总裁、参议员亨利·墨菲至少给了圈子5500万美元，这样纽约市参议会就能参与到大桥项目中，从而牟利。墨菲坚决否认。特维德还在法庭上宣誓，他的工资单上一直有建筑商威廉·金斯利的名字。当时在纽约，任何人想做生意都必须通过特维德。

华盛顿是工程师，不是逐利的金融家。于是他一直跟这些肮脏的交易保持距离，工程进行期间也是如此，甚至不惜付出个人代价。多年之后，他宣称父亲约翰对纽约市的公共工程投资的内幕早就了如指掌。1907年，雕刻师威廉·库珀（William Couper）正在为约翰制作雕像，这雕像如今还立在特伦顿市卡德瓦拉德公园。这一年，华盛顿与威廉·库珀通了几封信，除了谈论雕像的事，还聊了其他话题。华盛顿写道："你或许不曾晓得，'特维德老板圈子'想参与大桥的建设，唯一的目的就是抢劫两座城市的财产。家父一得知他险恶的用心便决计退出。1871年，圈子被推翻了。"华盛顿说话一直喜欢引人注目，年纪大了之后尤其如此。不过，这一说法确实反映出了华盛顿强烈憎恨投资过程中的各种阴谋诡计。

约翰·罗布林最早估计大桥建设成本略低于650万美元，后来成本大大提高了。特维德倒台后，舆论提出了各种尖锐问题，质问特维德圈子哄抬的商品价格、原材料价格是否影响了大桥工程。特维德原本是纽约桥梁公司执委会委员，倒台之后，他的位置被华盛顿的对手亚伯兰·休伊特取代。休伊特马上请求华盛顿告知委员会：石材、木材与其他材料的价钱是否"公道"？华盛顿回答得非常明确。

"有人指控桥梁公司成员所供应的物资的价格损害了大桥利益。但是我很清楚，一切交易所供应的物资均在合理竞争后达成协议，其费用低于其他一切投标者费用。"

"我还可以进一步说，为大桥付出的每一美元均以合法形式消费，而且均出于原定的正当目的。就我所了解，并无任何资金被转入外部渠道。我每天的全部工作时间都用来监督大桥工程，指挥从未间断；因此就此问题我有资格作出真实的判断。"然而，造桥成本上升是不争的事实。1872年夏天，华盛顿估计最终费用将达950万美元。

陷入危机的不止特维德一个人。1873年，19世纪著名的"长期萧条"开始了。南北战争结束后曾经有过一段短暂的繁荣时期。之后，"镀金时代"的经济泡沫破灭了。"镀金时代"是马克·吐温与同事查尔斯·杜德利·华纳（Charles Dudley Warner）合写的同名长篇小说里创造的一句流行语。这本书刚好在1873年出版，一语成谶。之后整整五年，经济发展停滞。当时，美国有一种"铁路狂热"，银行与个人都给数万公里的新建铁路投资，但这些铁路很多路段并没有挣得预期的利润。"铁路狂热"严重影响了钢铁产业。很多大银行倒闭了，其中最著名的是美国头号金融公司——杰依·库克金融公司。南北战争期间，杰依·库克曾大力资助北军。华盛顿和艾米莉从欧洲回国后不久，他就给费迪南写信，很是忧虑："我不在时，大桥施工进展非常缓慢；此刻，未来的前景也不甚光明。城市债券即使低于面值销售，也近乎无人问津。"

大桥的成本还在继续增加，华盛顿的报酬却没有增加。资金问题一直困扰着华盛顿。有一个解决办法，就是去政界拉关系，但华盛顿非常清楚纽约与布鲁克林两地的政界是怎么运作的。这种贪腐游戏太危险，他完全不想卷进去。

施工进度放缓了，但助理工程师的工资却不能不发，租金、燃料、税金和其他费用也不能不交。到了1875年，华盛顿发现总费用至少要1300万美元，只好写信向亨利·墨菲求援："成本增加如此迅速，必然会打乱资金供应……修建大桥，现在是最佳时机。过去14年，人工与材料价格从来没有现在这样低廉。今年的人工与材料价格可能会上升10%，这种上升幅度不算稀奇，人们不太虑及；然而，价格上升10%，就意味着大桥成本上升100万美元以上。立即开工即可大大节省！"

与此同时，华盛顿依然受到原因不明的剧痛困扰。他首先依赖的自然是妻子艾米莉。之后几年，主塔和锚锭相继完工，河上来回架起钢缆，最后铺设路面。在这漫长的过程中，华盛顿与艾米莉的婚姻变成了超乎寻常的合作关系，很快又成为猜测与谣言的对象，最后成了神话传说。

*

1912年5月，艾米莉去世大概九年后，华盛顿在特伦顿的家里收到一封信，是《纽约时报》M. D. 麦克莱恩（M. D. Maclean）先生写来的。这封信似乎先送到了约翰·A.罗布林诸子公司的办公室，然后才转送到华盛顿的面前。信上说："先生们：有人向我们提出一个问题，我们来信请教，你们大概能够回答。约翰·A.罗布林先生过世以后，他的夫人是否指挥了布鲁克林大桥完工？我们当然了解，大桥当年的负责人是华盛顿·罗布林先生。"

华盛顿认真而详细地写了一封回信："您5月14日的来信已收悉。您问道：'约翰·A.罗布林先生过世以后，他的夫人是否指挥了布鲁克林大桥完工？'我的回复如下：约翰·A.罗布林先生于1869

年去世，当时大桥还没有实际开工。他的遗孀，也即第二任妻子并未参与布鲁克林大桥的任何工作。实际上，大桥完工后我就没再见过她。"

"大桥开工后，过了数年，我身患重病。我的妻子——1903年去世的艾米莉·沃伦·罗布林，成了我最得力的助手，负责大桥的日常建设。我当时有眼疾，如今已治愈很久。眼疾使我无法大量读写，因此，艾米莉作为誊写员，乃是我的无价之宝。除誊写外，她也负责其他事务，如面试相关人员、发挥才智避免人际摩擦、解决各种困难。大桥工程带有一定的政治色彩，是其内在困难，而且合同上也没有记载。这需要工作很多天方可解决，因此，工程师团队的工作量大大增加了。工程的责任主体是一个董事会，由布鲁克林与纽约两地各出十人组成，政界一旦有变动则人员也会随之变动。新人来了之后，必然对旧安排充满怀疑，此时，艾米莉调停的天才就发挥了作用。而且她对工程与计划甚为精通，所有新董事全部信服她。十四年来，艾米莉主管工程的各个阶段，居功至伟，值得我永远感佩。"

信末署名"华·奥·罗　布鲁克林大桥工程师　时年七十五岁，精神矍铄"。

回顾华盛顿和艾米莉在恋爱中以及婚后早年的通信（只有华盛顿写的信保存了下来），不难看出，艾米莉所期望的婚姻是一种男女平等的关系。但艾米莉不可能预料到，这场婚姻将会给她带来什么，也不可能预料到丈夫华盛顿身染重病，一生未能摆脱，这悲剧会让她承担什么样的任务。

这段时间，艾米莉和华盛顿联系之紧密，超过了大部分夫妇。多份报告声称，19世纪70年代中期，华盛顿瘫痪，失明，失聪，说不了话。不过，他身体虽然很差，思想却如往常般敏锐，而且坚持指挥大桥建设。华盛顿手下的工程师认真地执行了他的计划，并向他直接汇报各种细节。1875年12月底，弗朗西斯·柯林伍德写完了布鲁克林主塔完工的报告，发给"华·奥·罗，纽约和布鲁克林大桥总工程师"。报告说，前一年，巨大的索鞍已经吊装就位，主缆将会安放在索鞍上。每座主塔顶端有四只索鞍，每只重达13.5吨。柯林伍德向华盛顿报告："砖石工程的完工相当困难而危险；顶部巨石有很多块重达9至10吨，拱顶石则重达11吨。"危险主要来自吊装石块的起重绳。起重绳由钢缆制成，直径1.5英寸，由蒸汽机驱动。因为起重绳很长，所以吊装过程中会产生振动，难以控制。尽管如此，却没有出什么乱子。柯林伍德写道："我非常荣幸地汇报，桥面以上部分（迄今为止，此处难度最大），所有建设过程中并未出现导致死亡或重伤的事故……工程师与各位监工保持警惕，方有如此完美的结果。"砖石工程共计497立方码。先前主塔上为建造哥特式拱门，内部竖起了脚手架，如今已被拆除。

报告送到华盛顿家，艾米莉给华盛顿大声读了一遍。从1875年12月下半月开始，华盛顿的信件草稿笔记本上全都是艾米莉的斜体字。这些信寄给华盛顿的助手，寄给亨利·墨菲，还有其他很多人。字迹十分流畅，表明华盛顿口授速度很快。显然，跟传言相反，他既没有失聪也没有说不了话。

就在感恩节之前，华盛顿接到了亨利·墨菲的信。墨菲说，资金快用完了，想要暂时停工，还建议助理工程师工资减半。12月6日，华盛顿用一贯的冷静风格回了信："个人认为，对诸位绅士减薪并非公平的举措。这些人不像那些日薪工人，能够随时招来。助理工程师们为工程付出了无限的脑力，不论在工地之外，还是在工地上。"实际上，华盛顿当天给墨菲写了两封信，第二封说的是将一份合同发放给谁的问题。这份合同是关于购买一种铁链的。这种铁链要连接到锚锭底部的锚固钢板上。锚固钢板每块重达46000磅，合23吨，埋在纽约和布鲁克林两侧锚锭的岩石结构中，由它们拉住大桥主缆，支撑大桥重量。有两家公司投标，第一家是凯斯通桥梁公司，第二家是帕塞伊克轧铁厂。帕塞伊克轧铁厂出价更低，但这家工厂先前从来没有制造过这样的部件。华盛顿谨慎地说："我认为东河大桥不适合拿来做实验。最后我想说，倘若规矩一概要求我将合同给予低价投标者，而不考虑其他一切因素，那么本人声明解除所担负的与工程顺利进行相关的一切责任。"为了避免误会，华盛顿还特别提到他与凯斯通桥梁公司"在政治上、经济上、社会上及其他任何方面没有任何关系"。华盛顿不得不做出这样的保证，说明纽约和布鲁克林两座城市的政治气候非常恶劣，而且还预示了将来的麻烦。尽管华盛顿病势沉重，但他似乎已有先见之明，发觉麻烦将会到来。

华盛顿的辛勤工作得到了艾米莉的极大帮助。那些日子很是漫长，铅笔削尖了一次又一次，煤块在炉中也要燃尽了。夫妻俩的独生子小约翰一开始在大学学院（耶鲁大学前身）学习，后来进入布鲁克林男童预科学校。这一年，小约翰刚满八岁，小儿子的陪伴是否给华盛顿和艾米莉带来了安慰，我们不知道。隐私毕竟是隐私，或者说差不多是隐私，因为给墨菲的信，还有末尾一段，是艾米莉的手迹："近来我的身体状况很不稳定，感觉工作能力越来越弱。因此，虽不情愿，但我仍不得不提出辞去东河大桥总工一职。原先认为时间与休息能够使我恢复，却是徒劳。想得到休息是绝不可能的。"末尾没有署名。"越来越弱"一开始写的是"已然丧失"，后来被划掉了。这一段话，似乎一直没有真正寄给墨菲。两口子至少有一个人改了主意。

有些人认为，未来几年当中，艾米莉的工程知识已经可与丈夫比肩。毫无疑问，一天天与丈夫坐在一起检查计划，听写信件，使得艾米莉对工作极为熟悉。1883年，大桥完工的时候，《纽约时报》头条登了一篇文章《布鲁克林大桥工程师的夫人如何协助了丈夫》，发稿地点是新泽西州特伦顿市。

"关于布鲁克林大桥及其众多设计者与建造者，已有无数文章介绍，但仍有一人的贡献还没有尽人皆知。"文章引用了夫妻俩的一位绅士密友的话："自从她的丈夫不幸病倒，罗布林夫人便取代了罗布林先生的位置，当上了总工程师。罗布林先生发热病倒后，罗布林夫人便刻苦攻读工程学，成绩斐然，短期之内即能够负起总工程师的责任。如此成就令人叹为观止。"这位绅士没有透露名字。文章继续说，大桥的锚锭杆是一种前所未有的钢铁构件。竞标制造锚锭杆的各家公司代表发现，与他们洽谈的并非华盛顿，而是艾米莉。"代表们见到罗布林夫人与他们坐在一起，非常惊讶；又发现她的工程知识非常渊博，帮助他们制订计划，解决了数周以来困扰他们的难题，就更为吃惊了。"

报道一出来就轰动了全国。《亚特兰大宪法报》、伊利诺伊州的《迪凯特先驱报》、新奥尔良的《时代花絮报》等报纸纷纷转载。在当时，妇女公开演讲都是稀罕事，而妇女竟然承担了总工程师的责任，简直闻所未闻。后来，在大桥开通典礼上，艾米莉·罗布林驾驶第一列马车队走过了大桥。几日后，《波士顿环球周报》又以更激进的立场评论说，这个仪式属于"空洞的荣耀"，"只显示出了全世界怎样忽视了女性的贡献"；还说"她经常帮助兄弟、丈夫及儿子取得成就。但她的贡献融入了丈夫的贡献，她的人生化作了丈夫的人生。于是，主要动力都是她提供的，而功劳却都归于丈夫"。

虽然这么说，但是艾米莉赶着马车通过大桥这份荣誉却并不是空洞的。艾米莉是丈夫的无价之宝，至于是否应该把她叫作工程师则是另一回事了。艾米莉的价值不仅在于对工程的了解，还在于她的同理心、勇气和智慧，这些与技术知识一样重要。作为丈夫的左膀右臂，艾米莉还查找了纽约、布鲁克林两地的报纸，搜集工程的一切消息，保存了两大本详细简报。《布鲁克林每日鹰报》《纽约先驱论坛报》《纽约世界报》上的各种文章都被她剪了下来，贴在了剪报册里，形成了大桥建设空前详细的记录，还包括舆论和社论对工程的各种意见，这些意见往往分歧很大。我们不知道哪些文章是艾米莉选的，哪些是华盛顿选的。只有一封信可能例外。这封信是艾奇摩尔钢铁公司的 W. H. 弗朗西斯（W. H. Francis）写来的，日期是 1879 年 10 月 28 日，谈的是大桥上部结构钢制部件的合同。称呼是"亲爱的夫人"，收信人是 W. A. 罗布林夫人，地址是布鲁克林高地。

1875 年，《纽约先驱论坛报》在纽约市兴建了一栋大厦作为办公楼，位于拿骚街的印刷馆广场，楼房顶部的尖顶饰高达 260 英尺，比竣工后的布鲁克林大桥主塔只低了 16 英尺，于是，这座大楼就成了曼哈顿下城最高的建筑。两年后，华盛顿、艾米莉夫妇回到布鲁克林，搬回了他们当初在布鲁克林高地的房子。这栋房子俯瞰着工地、东河，还有河对岸的曼哈顿。有一则《鹰报》消息，也被艾米莉小心地收藏了："上校离开布鲁克林已近两年，健康状况与之前没有差别。尽管他对大桥建设保持密切关注，但依然不能亲往监督。"

　　南北战争结束后，华盛顿在辛辛那提亲自监督了俄亥俄大桥主缆架设的全过程，每天在主塔上爬上爬下，出的汗把衬衫后背都浸透了。如今，华盛顿虽然出不了房间，却一如既往地辛劳、专注，与十年前毫无二致。对目前的工作，华盛顿表示满意，而且相信那些最大的障碍已经克服了。他的工作记录便透出了几分骄傲，类似父亲约翰。1876年度的报告由艾米莉另外手抄了一份。华盛顿写道："主塔与锚锭均已达到此一时期的最高完成度。所有悬索桥工程中，砖石工程工作量约占总体工作量的一半。砖石工程既已结束，我们可加以庆贺了。今后工作则完全不同。主塔与锚锭已然竣工，其坚固程度、材料质量、施工工艺，均足以傲视全球一切砖石工程……有足够的机械用以安放顶端石材，因此顶端石材每立方码的建设成本并不会高于底部石材的建设成本。这一现象大有深意，因为纽约主塔顶端高于基础345英尺。"两座主塔的建设有一些耽搁。华盛顿解释道："这种耽搁也不足为奇，因为石材切割的地方距离工地有600英里之遥，而且石材来自至少20处采石场，采石场与工地间有波涛汹涌的海水隔开。"往工地运的石材有数千车，丢失的只有一车。

　　下一步就是制造和安放主缆。华盛顿在还能写字的时候，为手下的工程师起草了一份44页的论文，说明了纽约与布鲁克林大桥主缆的制作方法。此时，大桥的名字已经换成"纽约与布鲁克林大桥"，因为它不再是私人工程，而变成了公共工程，"由两座城市建设而成，其建设是为了居民的居住、便利与安全出行"。大桥很快就要把这两座城市连成一体了。1875年，纽约桥梁公司解散，从此，大桥的成本就不再由公司股东承担，而是由两座城市的市政府承担。

华盛顿这篇44页的文章里，详细阐述了制造过程中可能出现的一切意外情况。铁丝绳的材料是"经过硬化、回火[1]、镀锌处理的铸钢钢丝"，华盛顿详细介绍了这种材料的强度，以及如何将钢缆固定在锚链上。这项工作很像俄亥俄大桥，只是规模大了许多。大桥主缆共有4根，每根主缆由19根索股组成，索股的钢丝全部平行排列。每根索股有332根平行钢丝，总共6308根，极限强度为10730吨。再用夹具把这些索股扭绑在一起。把索股组合成钢缆的过程叫做"捻制"，意思是将索股相互绕在一起，就如尺寸较小的"斜拉索"的制作方式。不过，主缆的制作却不只是这样。华盛顿写道："四根主缆可以一次性制成，这样可减少各种人员的数量：主管、监工、看守人、工程师、捻接工、码头工人等。如果天气晴好，索股制造进度足够快，那么就可以请一支特殊团队来将索股解开进行调整，工期为7～8天。各种令人厌烦的准备工作结束之后，即可轻松制造4根主缆。可同时制造2根，因为所有机械设备都有了双份。最后可节省2年时间，虽然主缆制造本身最快也需要花费2年之久。"辛辛那提的主缆花了9个月，华盛顿是据此推算出2年的。

沉箱的施工是一次黑暗中的探索，有大量的不确定因素，而钢缆的施工就不一样了。尽管华盛顿这时候身体还很虚弱，但他信心十足，从指令的清晰明快就可以看出。"从一侧锚锭至另一侧锚锭架设主缆，其方式为通过一根无极钢缆。此钢缆叫施工绳，为钢制，直径3/4英寸，种类是17号。施工绳在布鲁克林锚锭通过一直径为15英尺[2]的驱动轮及2只主要滑车轮加大两边缆绳间距……在纽约

---

[1] 一种增加钢铁柔韧性的方法。——译注

[2] 此处长度单位不详，推断是英尺。——译注

一侧锚锭，施工绳通过2只滑车轮，每只直径4英尺，安排在一个横断面的现代框架中，置于水平滑槽之上，由滑轮组固定；滑轮组保证施工绳始终张紧，保持恒定拉伸，但不能过紧，否则将从滑车轮内脱出。"19根索股中的12股制作完成并调整后压缩在一起，形成主缆的核心，余下7根则绕在周围，最后再在19根索股的最外层缠上钢丝。

1876年秋天，华盛顿写信给亨利·墨菲："一个人在数小时内构思的工作，即可使得一千人忙碌数年之久。"又说："大桥所用材料的重量与体积十分庞大，需要最有力的设备，且必须时刻保持关注，作出判断。"也是在1876年，华盛顿向委员会下断言说，工程不能缺少他的关注和判断。他认为，锚锭强度的两个关键因素"一是花岗岩，二是重力"。"花岗岩这种材料，其存在本身即蔑视'时间的侵蚀'；而重力则是自然界唯一恒定不变的法则。因此，我在锚固钢板上加了一定重量的花岗岩作为固定荷载，并确信无论何时它都必定岿然不动。"

1876年8月14日，第一根施工绳从布鲁克林拉过东河来到纽约，架设到了两座主塔之上。上午平潮时分，汽船将一艘平底驳船拉过东河河面，由驳船放出一根施工绳。施工绳先前已经通过了布鲁克林主塔。在现场监督的人包括：C. C. 马丁、乔治·麦克纳尔蒂，还有资深机械师弗兰克·法林顿。《鹰报》报道，施工绳跨越的距离是1599英尺6英寸。驳船放出绳索，绳索沉到东河河底，最低位置在水面下65英尺。驳船到达对岸后，由一架起重机将绳索架上纽约主塔。"但钢缆主体依然沉在东河底部。下一项工作即是将钢缆吊装就位。"可是，吊装钢缆需要河面完全没有船只通行。而这时候有工程师和许多市民前来观看，于是这个条件似乎永远不能满足：“来自哈莱姆区（Harlem）的很多汽船往复穿梭，懒洋洋的短途平底驳船与负重的纵帆船也来回行驶。两艘大型平底货船、一艘旅游汽船从杰维尔码头驶出，目的地是长岛海峡上的东方小树林。旅游船上正在召开野餐会。”

上午11点30分，两座主塔之间终于出现了一个空白地带，既没有小船，又没有大船，也没有纵帆船。施工绳原先由一根系索固定在布鲁克林码头上，这时一声炮响，系索被砍断，一架起重机发动，将施工绳提升出水面。一开始，钢缆的上升几乎是看不见的。华盛顿的助手之一威廉·希尔登布兰德第二年在《范·诺斯特兰德科学丛书》上发表了当天的工程记录。按照他的说法，施工绳出水用了4分钟；提升到东河的所有航船上空，又花了6分钟。

威廉·希尔登布兰德写道，这根钢缆就形成了“纽约与布鲁克林两市之间第一条连通的绳索，而且将永不断裂”。那个星期一的明媚早晨，在场观看的人们兴高采烈，但在他的笔下，这种欢乐情绪被轻描淡写了：“这操作十分简单，众人却因此而极为兴奋和关注；可能是因为这一天具有历史意义，双城被实际联结在了一起。几千市民密布在东河两岸，对这根冉冉升高的细绳大声欢呼。人们所抱有的对大桥建设与之后安全的一切疑虑，在这一刻仿佛全都消失了。东河大桥已成为既定事实。”

十天之后，两岸还会聚起更多的人。这是因为法林顿完成了一项壮举：穿着亚麻西服，戴着一顶毡帽，坐在往复转动的无极钢缆下面，第一个在两座主塔之间跨越了东河。这根回环钢缆类似一根晾衣绳，接下来几年就由它将数千英里的钢缆往复架设在两岸的锚锭之间。完工的钢缆内部钢丝总长度超过14000英里。法林顿坐的是船上水手常用的椅子，其实只是一块木板，用两根绳子吊在钢缆上。他穿越东河用了22分钟，其间众人"高声欢呼"，向这位"勇敢的航海家"致敬。法林顿则"亲吻手背，向众人抛出飞吻，回应欢呼"，还挥舞毡帽，"处境虽然险象环生，但神色如常，镇定自若"。

工作还在继续。法林顿想要安慰华盛顿·罗布林，告诉他一切都在控制范围之内。法林顿写道："工地上只有一个人见过钢缆的制造过程，因此我先前预计，指导缺乏经验的工人注意各种细节将会十分麻烦。然而，这些工人在准备工作期间，展示出了卓越的智力与技巧，我认为或许我高估了困难。"这些困难，总工华盛顿却估计到了。首先正如法林顿所说，这些工人面对的是全新的工作；其次，纽约的劳动力大都是移民，于是工地上的工人也就操着很多不同的语言，英语读写能力好坏不一。因此，捻制主缆的一切要素——机械、施工绳、临时步行桥，全都集中在工程师办公室里制造，也在办公室里保管。当时，布鲁克林工会披露了这种工作模式，说是法林顿发明的。法林顿专门用打字机打了一份回信，不承认这是自己的发明。"这种模式由华盛顿·奥古斯都·罗布林上校首创。罗布林上校是我们的总工程师，指导该模式建成。考虑到工程形势极端复杂，而且必须采取各种必要的预防措施以避免河上船只损害工程，这一模式不可或缺。尽管钢缆生产的计划，基本与卡温顿—辛辛那提大桥的成功计划相同，但罗布林上校在久病期间制订的这项方案，使得旧计划中所需大量人力物力在本工程建设期间得到了节省，所节约的费用极可能在25000美元以上。而且，对于所有的关注者来说，最大的优势在于本工程几乎不会影响东河航运。"

自然，对于这么重要的文件，艾米莉在剪报册里也保存了一份。此外，她还保存了《纽约太阳报》的另一篇文章。文章中提到罗布林上校病了很久，"已有两年没见过大桥"，但又认真地写道："总工罗布林先生仍监督大桥的每一道工序。"华盛顿的各位助手工作起来非常敬业,而且很注意维护他的名声。法林顿在给华盛顿写的钢缆生产报告中向华盛顿保证说,8月他乘坐缆车跨越东河并不是为了沽名钓誉。"8月25日第一名穿越东河的旅客,乃是历史的一部分。我希望在此表明,因为这件事而产生的短暂恶名,令我十分不快。我天性愿意第一个穿越,但主要目的是对手下各位工人显示我对工程强度与安全性有十足的信心。我的工人将来还会在更危险的条件下穿越东河。"当然,法林顿对总工华盛顿也有十足的信心,"我已严格执行你的各项指令……我对你的计划十分熟悉,自己也拥有经验,相信大桥主缆的质量可与全球所有的工程比肩,甚至还可能超越"。

法林顿的预期想要实现还得经过一段漫长的路。因为,进度必须取决于主缆的架设,而主缆的竞标到1876年年底才开始。华盛顿在1876年度报告中说:"正如所料,主缆问题已引发大量猜测与思考,特别在准备主缆具体规格方面。过去六年,一直在施工间隔期间进行各种测试;过去两年,测试从未间断。这些确定工作的指导方针是,用最低成本获得一定的强度。"

*

在抗拉性方面,钢是所有材料中效果最好的。布鲁克林大桥的主缆是第一次使用这种新材料制造的,从此以后,钢缆就被运用在越来越多的大桥上。大桥的跨度前所未有,因此钢的使用就不是选择,而是必然。华盛顿写道,如果采用铁丝,"则会使得主缆的重量与体积均无法实际操作,且制造过程会困难无比。至少我本人不愿负责此项工作"。

1877年年中,东河大桥上的钢缆捻制已经在全面进行了。此时，华盛顿和艾米莉把家安在了布鲁克林高地，华盛顿虽然还不能下到工地上亲自视察，但在家里的凸窗前安了一架望远镜，可以近距离观察施工情况。华盛顿的助手之一C. C.马丁对总工程师保证，上一年年底已毫无困难地找到了合适的工人，制造钢缆的时候"我们最优秀的工人互相较量，争相揽下最危险、最困难的任务"。

主塔之间已经架起了一座由轻木板制成的临时步行桥，从一侧河岸升到主塔上，跨过河面，再落到地面上。通往步行桥的木台阶上贴了一张告示："每次只可上25人。步行时队伍不可密集，不可小跑、奔跑或跳跃，众人不可齐步走！"告示的末尾有总工W. A.罗布林的签名。1877年早些时候，双城各家报纸都派了有冒险精神的年轻记者穿越步行桥。他们写下的报道全都险象环生。艾米莉收集的简报里说，《鹰报》记者沿着桥往上走的时候吓得一动不动。

《鹰报》记者当时的表现是"宛如彼得·库珀的胶水[1]把他粘在了原地。后来，总机械师不客气地告诉记者，他的女儿上午已经穿越了步行桥，记者这才挪动步子"。C. C.马丁的女儿们也穿过了步行桥。《鹰报》头条标题是《桥上美人》，报道称："其中一位女郎步履轻快地走上桥去，将同行者抛在身后。"

有些人依然在怀疑整个工程是否明智。艾米莉最早收集的剪报之一说的是一个叫做亚伯拉罕·B. 米勒（Abraham B. Miller）的人。1876年5月，这个米勒把纽约和布鲁克林市政府告上了法庭，想要彻底阻止工程进行。米勒"发出一项提议，申请法院禁令，阻止东河大桥完工"。原告声称，"计划中的大桥将会成为公害，且建设并未获得合法授权，将对原告的业务产生损害。原告拥有一组

---

[1] 彼得·库珀的女儿艾米莉亚嫁给了工程师亚伯兰·休伊特，库珀跟女婿休伊特密切合作。这次合作，记载于纽约市史密森尼设计博物馆所藏的库珀与休伊特公司的章程中。

面向东河的仓库，有货船在仓库旁卸货"。官司一直拖到1880年，被法院驳回。其实，相对而言，这件事不过是个笑话。1877年的时候，华盛顿要担心一个极为严重的问题，根本顾不上为这种事分心。

1877年12月3日，华盛顿口授了一封信，送给得力助手威廉·潘恩上校，内容是关于先前收到的钢丝样品的。十天前，有一根钢丝断裂了。华盛顿写道："感恩节断裂的钢丝，我已检查过。毫无疑问你也检查过了。这钢丝极为脆弱，像玻璃一样。这一根钢丝碰巧断裂，只是偶然。但由此生出的第一个问题是：如此脆弱的钢丝有多少已经进入主缆而不为我们所知？第二个问题是：要采取什么步骤，方可避免此类事件再度发生？是否检验体系有误？是否检验者粗心大意？你认为原因是什么？"

同日，华盛顿又口授了第二封信，是写给亨利·墨菲的："随信附上几根钢丝。前几天的感恩节，我们不得不将钢丝从钢缆中剖出……脆弱得像玻璃，是所有可采用的材料中最危险的。因为偶然，这种劣质钢丝才暴露出来。我不知道这种劣质钢丝已有多少掺入了钢缆中，我是否会因此承担责任。工程师本不该去做侦探的工作。我只知道一种办法可避免出现这种劣质钢丝，就是在承包商的工厂里将检查员数目增加一倍。现有检查员的负担已经太重。如果只有两人，那么不论是谁都不可能仔细检测这样多的钢丝。"

东河上来回架设的钢缆并不是约翰·A.罗布林诸子公司生产的。1876年秋天发布消息要公开招标钢缆生产商后，很多人表示有兴趣，但也猜测合同必然会直接送到特伦顿市的罗布林公司。既然这是罗布林家族建造的桥，当然要用罗布林家族生产的钢缆。但是，自从特维德倒台之后，董事会、纽约和布鲁克林政府，都要竭力避免给人这种印象，害怕被舆论谴责为自私自利。1877年9月，也就是在感恩节钢丝断裂的两个月前，出了一个麻烦。当时董事们召开会议，讨论应该把钢丝合同给谁。这是工程中一个极为重要的步骤。亚伯兰·休伊特提出了一个惊人的意见。此时大桥的主塔和锚碇都已完工，彻底竣工指日可待。据《纽约时报》和其他报纸报道，休伊特"检查了主缆规格，表示满意"。但他认为，罗布林家族已有一人担任总工程师，不应再让这个家族拿到钢丝或者其他一切材料的合同了。《纽约时报》的言辞直截了当。

休伊特先生提供的解决方案如下，其获得了一致通过：

> 决议：任何公司，如大桥董事、官员或工程师与其有利益关系，则该公司之投标均不予接受，亦不予考虑；中标者亦不得将其合同之任何部分，转包给任何符合前述条件之个人或公司。

会议暂停了。

《纽约时报》没有报道一个声明——董事之一约翰·莱利（John Riley）作出的。莱利之前听说过一个谣言，说华盛顿·罗布林病得太厉害，已经不能亲自抓工程，而是由他的妻子负责。莱利对此很是关注。取代罗布林的时机是否已经来到了？于是，围绕钢丝合同，有人开始公开私下攻击华盛顿，说他不配当领导，不会做决定，还说他根本不能一直负责到最后。

自己和兄弟们的能力遭到公开质疑，华盛顿自然气坏了，但他很清楚现今的世道是怎样的。多年后，他在回忆录中写道："最安全的方案就是预先认定人人都是盗贼，想要盗走我最宝贵的东西。"1876年，休伊特的决议登了报。华盛顿决定洗手不干，彻底辞职。他写信给墨菲，说自己实在太过痛苦，而且数年来一直扑在大桥上，没有顾及自家的生意。最重要的是："董事会副主席对我的无端侮辱，我不得不表示极大的愤慨……这人对钢缆与上部结构的意图太过明显，而且，他最初加入到管理委员会，唯一目的只有个人利益！"

华盛顿十分清楚，休伊特表面声称对钢丝毫不关心，实际上却不是那么回事。他向亨利·墨菲提辞职，被拒绝了，于是又给墨菲回信，说董事会应该严密监视休伊特。"您似乎对休伊特先生拒绝参与钢丝竞标之事深感敬佩，但我想说休伊特先生的宽宏大量纯属演戏。虽然库珀与休伊特公司没有一台设备可生产所需的钢丝，但如果您接到一家名为南布鲁克林黑格公司的企业投标，对其能略加调查，将受益良多。"

这封信显示了华盛顿的眼光何等锐利，不论怎样的病痛缠身，他都能够注意到工程的所有细节。当然，这也显示了华盛顿何等正直，正直得令人恼火。因为华盛顿给墨菲写信后没过多久，各大报纸就登了广告，说钢丝招标已正式开始。9月30日，《鹰报》在头版登了招标启事：

> 纽约与布鲁克林大桥董事会，需要8号制绳用镀锌钢丝3400短吨[1]，用于制造东河悬索桥的主缆。现面向社会公开招标。投标者可到布鲁克林市水街21号董事会办公室申请，截止日期为1876年12月1日。印刷版详细规格要求，将在投标者提交申请时提供。总工程师 W. A. 罗布林

华盛顿很清楚黑格公司欠了休伊特的钱，休伊特对黑格的布

---

[1] 美国通用重量单位，合2000磅，约907千克。——译注

鲁克林钢丝绳工厂有抵押借款。亚伯兰·休伊特的公司在特伦顿市，正好坐落在约翰·A.罗布林诸子工厂的旁边；华盛顿与弟弟们强调，他们很清楚竞争对手要干什么。罗布林与休伊特"或许可以称为商业对手……休伊特这一举动，在我看来是卑劣的伎俩，其目的纯属公报私仇"。

华盛顿把"诸子"的股票全都卖了，一共三百股。卖了之后，华盛顿就不再参与"诸子"的生意。既然"诸子"跟自己这个大桥总工程师没关系了，那么他的弟弟们也就可以自由参与竞标，如果他们想参与的话。华盛顿要揭开休伊特的画皮。即使如此，他还是承认，工程师的利益和工程的利益并不总是一致的；尽管两座城市的报纸和小道消息都说一致。华盛顿曾给费迪南写过一封信，没有写日期，信上说："最大的问题在于，投标是否是适合之举？绝大部分投标者只会提出一个价格，而就其所用的钢材质量则不置一词……我想要的是一种均匀钢材，不会破裂，这一点你同我一样清楚……纵然制造商怀抱最大的善意，依然可能以劣质钢材制造主缆，从而对工程构成极大的风险……只有施行最严格的检查方能保证安全。"

最后，黑格还是赢得了竞标。现存的一份档案是用铅笔在"纽约与布鲁克林大桥董事会"的信纸上写下的各家钢丝的测试结果。黑格公司的老板J.劳埃德·黑格（J. Lloyd Haigh），"递交了几份钢丝样品，显然是用三批不同的钢材加工的，其抗拉强度都超过需求，延伸率甚好，弹性极限也符合要求……该样品相当笔直，镀锌层也很平滑"。当然，"约翰诸子"也递交了样品，是"钢丝环2个，声称为铸钢；又有2个环，是贝塞麦钢的库存。最短的铸钢钢丝显示抗拉强度较高，而较长的钢丝测试则明显不符合要求，在测试中发现延伸率不足……弯曲试验也未达标，镀锌的表现也一般"。单看测试结果，黑格应该拿到合同，但是华盛顿与手下的工程师都很清楚，为了竞标而提供的样品完全不等同于每日、每周的长期供应。先前华盛顿就跟墨菲挑明了，这些测试完全不能反映供应商长期提供符合标准货物的能力。"我知道第一次测试各方面都不可能完美；我还知道每一天都能获得一定量的经验。如果动机良好，则只要时间足够，必然达到完美。"华盛顿也清楚最低标价一定会拿到合同，"我有责任保证测试与限制的各种细节，如能切实执行，就可以充分授权董事会将合同给予报价最低投标人"。

在果敢坚强的潘恩上校的帮助下，华盛顿决心调查内幕。先前是抽样检测，只检测每一组钢丝环的第10个、第20个……以此类推。华盛顿坚持改了规矩，要求黑格提交的所有钢丝环都必须检测。他怀疑黑格有可能贿赂检查员。后来查明，黑格果然行了贿，只是没有成功。黑格见这一招失败了，又制定了一个更为复杂的阴谋：先把检查员淘汰的钢丝放进自己的布鲁克林仓库，再从仓库偷运出来，装上运钢丝的马车，运到工地上。潘恩使尽浑身解数方才发现了黑格的诡计。华盛顿给亨利·墨菲写信说明了情况，读起来仿佛是南北战争期间一次胆大妄为的间谍行动。华盛顿写道："我们派人监视……终于揭穿了诡计。在检验员开出合格证后，装载优质钢丝的马车驶出了检验员的房间。马车本应驶向工地，却驶入另一建筑，飞快地卸下钢丝，换成了被淘汰的钢丝，凭借同一合格证前往工地。"

这封信写于1878年的夏天。然而，董事会没有采取行动制止，只叫来黑格要求他说明情况。黑格否认故意欺骗。华盛顿给墨菲写信时，大桥的主缆没有断裂的危险，尽管已有大量劣质钢丝掺入。根据华盛顿的计算，劣质钢丝总量为221吨。这当然不是小事。他告诉墨菲："如果有一根劣质钢丝同优质钢丝捻接在一起，架在主塔之间，那么全部结构的强度取决于劣质钢丝的强度。"捻接指的是将一根根卷起来的钢丝连接成一根长丝，而连接点的强度等于钢丝本身的强度。这种捻接方式"历尽艰辛"，研制两年才大功告成。这一点，先前华盛顿已经与墨菲说过。不过，华盛顿也预先留了一手，他知道要考虑很多不确定的因素，因此一开始便把主缆的强度设计成了所需强度的六倍。华盛顿提醒墨菲，自己在1877年1月7日写过一份报告，说"这超出来的强度，可防备主缆制造中的一切瑕疵"。黑格的诡计被发现后，华盛顿认为并不值得担心。而且，还可以不必增大缆绳卡箍，也不必改装绕包机，就可往每根主缆里再加入14.5吨钢丝。董事会看过华盛顿的报告后决定"在具体情况下以黑格认为适当的条件与规定"让J.劳埃德·黑格继续为大桥供应钢丝。华盛顿明确表示，只要遵守他的指令就不会让大桥面临危险。"超出的强度现在至少仍有五倍，我认为只要将来不出其他问题，就绝对安全。"

黑格同意自费供应余下的钢丝。不过，这一切都没有对外界披露，不论是工程师的调查行动，还是黑格的补救措施。或许是因为这一年报纸上的另外一些大事吸引了读者，让他们顾不得再去关注钢丝业务了。1878年4月，贪腐大亨特维德病死。《纽约时报》报道，他在勒德洛街监狱感染肺炎，"安然离世"，死前"曾表示守护天使会看护自己"。这一年秋天，两家历史性的机构爱迪生电灯公司和贝尔电话公司成立。纽约商业又开始兴旺起来。[1]1878年10月5日星期六，东河传来大新闻。《鹰报》报道，主缆的最后一

---

[1] 1873年开始的萧条暂时告一段落。——译注

根钢丝跨越了河面。

记者写道："最晚到周一，最后一根主缆的最后一根索股的最后一根钢丝即可架设成功。从1877年8月开始，自动轮高居空中运作，在河上来回穿梭，河上渡船的旅客都很熟悉；自动轮的任务已经完成，下周一过后，它将只留在大家的心中，人们将长久怀念它。自动轮将钢丝从布鲁克林拉到纽约，在过去十三个月内，穿过东河将近23000次。这一阶段总共应用钢丝3400吨，工作已近尾声。1870年早春，大桥沉箱下水。1878年的工作季结束后，我们发现各位工程师已准备开始最后阶段。一切主要工程问题都已解决，困难都已克服；一切对工程师责难与吹毛求疵的言辞都已被证实是错的。工程规模如此庞大，人员如此众多，任务如此危殆而险恶，但丧生人数却相对较少。大家都希望今后的任务仍保持如此的好运。"关于钢丝的生产，报道也提到了。"此事值得庆贺……中标者为布鲁克林绅士J.劳埃德·黑格先生，其工厂坐落于布鲁克林市红钩区。每一卷钢丝都由工程师潘恩上校与其助理测试，以确保主缆所用的每一根钢丝的质量。"

《鹰报》继续告知读者："下一步即是将这些巨型索股聚合成紧凑的主缆，并以镀锌钢丝缠绕……本周即将开工。"缠绕用的钢丝合同给了约翰·A.罗布林诸子公司。1879年12月，《纽约时报》报道，尽管经济形势好转，布鲁克林还是有一家公司倒闭了，正是J.劳埃德·黑格的公司。1879年12月30日，《纽约时报》头条为《与大桥董事会的钢丝合同使黑格受窘》。报道称："昨日，J.劳埃德·黑格破产消息发出，钢铁业界对此大为震惊。黑格是著名的钢丝生产商，公司位于约翰街81号……黑格之所以失败，主要原因是大桥合同；公司与各家钢材供应商存在几种未经调整的事项，使公司日常业务面临压力。"《纽约时报》还说，麻烦的焦点是匹兹堡的安德森公司供应的钢材"没有彻底满足合同各项要求"，导致黑格付出了代价。"如能有足够的时间，各方都期待黑格先生能够摆脱困境。"

但是黑格最终没有摆脱。公司破产后，黑格伪造文书，给自己带来了牢狱之灾[1]。艾米莉的剪报册里收录了多份剪报，报道这位布鲁克林钢丝商人被关进纽约州的新新监狱从事重体力劳动。在监狱里，他还企图向看守行贿。

艾米莉·罗布林没有保留《纽约时报》的一则通知，可能是因为她没看见：黑格的妻子伊丽莎（Eliza）去世了。"黑格夫人是一位杰出的女性。在丈夫颜面尽失期间，以及遭到诉讼与监禁期间，她从没有踌躇过，也从没有动摇过，坚定地支持丈夫。"通知还专门说，黑格夫人殁年三十六岁，若能活到下一个生日就满三十七岁了。她撇下了七个孩子，最大的是"一位十岁的小姐"。

---

[1] 为了搞钱，黑格伪造了一张汇票，声称自己之前合作过的公司詹姆斯·科纳韦公司在费城中央国民银行申请了这张汇票，向公司老板科纳韦要求支付2095.25美元。银行通知科纳韦汇票要到期了，科纳韦大吃一惊，立刻前往中央国民银行揭穿了黑格的把戏。这起伪造案曾轰动一时。——译注

第 *13* 章

请相信我

从这时起，工程本该一帆风顺了。可有些报纸依然大唱反调，认为大桥不可能完工。就在主缆架设完成的时候，还有一家报纸说："几乎可以说，东河大桥的末日就要到了。"亚伯拉罕·米勒打官司主张要拆除东河大桥的1878年年中，前法官E. M.谢尔曼（E. M. Sherman）也发表了一个惊人的论点，说有人研究了很多桥梁，得出结论：悬索桥如果没有张索或拉索在桥面下支撑，寿命最多只有六年。华盛顿对此嗤之以鼻，马上反驳了这个荒唐的论点。总工程师毫不客气的回信登在了《纽约太阳报》上。"仍受沉箱病之苦的华盛顿先生，卧在布鲁克林高地自宅起居室的简易床上，对此指责回复道：'在工程师看来，这说法荒谬至极。先前各项工程的实际情况与这说法完全相反，而且这一观点显示该法律人士对工程基础缺乏基本常识。俄亥俄河上的辛辛那提大桥结构与布鲁克林大桥类似，这座桥已矗立十三年，并没有易损迹象……即使经过数百年，布鲁克林大桥也必将完好无损。'"

　　话虽如此，但问题还是存在。华盛顿安慰公众说大桥会永久矗立，然而，这话才说完没几天，钢缆就发生了第一起严重事故，震惊了整个纽约。《鹰报》报道：1878年6月14日，星期五中午时分，"纽约一侧大桥沿线的工人突然听到一声炸裂巨响，接着厉声呼啸，宛如城市遭遇了龙卷风袭击。响声来自大桥的第四根主缆中一根索股，不知为何，它从纽约的锚锭上脱离了"。索股极为沉重，突然脱离后，"以骇人的高速"呼啸着扫过空气，撞击河面，掀起高达50英尺的水花，还险些将河上的一艘摆渡船击毁。索股万一真的撞上摆渡船，"则《鹰报》今夜必将印出一份更长的死伤名单"。实际上，有两名工作人员遇难了。一名是工人托马斯·布雷克（Thomas Blake），被索股抛起来后又摔在锚锭的岩石上，当场死亡；另一名是亨利·萨普尔（Henry Supple），钢缆组的一名工头，贡献极大，也被抛起又扔了下去，但在坠落的过程中被其他索股挡住从而减缓了速度。尽管如此，报道还是描述了惨状——"前额破裂，脑袋隆起"，人们估计他只能活上几小时了。

谣言四起，纷纷说是钢材质量问题。工程师团队进行了调查，报告说并非如此。原来断裂的不是索股本身，而是一根滑车钢索，也就是提升索，用来把索股下放到最终位置。滑车钢索之前一直在滑轮上运行，处于滑轮边缘处的钢索出现了磨损现象。滑车钢索一断裂，吊着的主缆索股自然也就随之脱落，因此造成了这场灾难。验尸陪审团得出调查结论后，最终认定布雷克与萨普尔的死是意外事故。然而，大桥造价高，建设周期长，总工程师又缺席，谣传是总工程师的妻子在现场替他指挥，这些特殊的情况让舆论对此工程十分不看好，而纽约与布鲁克林两市有些大人物对工程也很有意见。资金还是相当紧张，管理方不得不裁掉一些工人，"纽约'操纵者'拒绝继续付钱，导致资金周转不开"。所谓"操纵者"说的是约翰·凯利（John Kelly）。特维德倒台后，凯利继任坦慕尼协会"老板"。

《鹰报》报道，"凯利说有些人向他保证，大桥建成后将不会发挥很大作用。而且，大桥只会使布鲁克林单方面受益，因而纽约不应为大桥支付任何费用"。《鹰报》同时还发表社论表示了不同看法："明智的人都不可能想象得到，在目前的进度下将如何放弃工程。而且，工程投资高达百万、千万美元，竣工之前，每日无谓的耽搁必将大大增加成本。"

主塔和主缆都已完工，这时候有人站出来说大桥不应该完工，当然是一派胡言。华盛顿明白大桥本身没有危险，但自己的职务却面临着危险。从1877年到1878年，各家报纸一直在传播谣言，说华盛顿既无力思考也无力行动。更大的考验还在后面。报纸传谣是一回事，大桥董事会跟他对着干又完全是另一回事了。

1879年年中，形势变得更加艰难。桥面的桁架结构马上就要开工了。原本计划用铁制部件，不过助手潘恩给华盛顿打了一个报告，华盛顿看过后决定改用钢材，使得"纽约与布鲁克林大桥"成了全钢制建筑。但在5月初的一次会议上，董事亨利·W.斯洛克姆将军质疑这个决定。斯洛克姆说，他从可靠来源获悉潘恩一直从多家钢材生产商那里受贿。斯洛克姆还质疑，约翰·A.罗布林诸子公司参与工程本身就有问题。"我现在想说的是，我认为总工程师的弟弟们参与供应材料是卑劣之举。"斯洛克姆还指责公司搞阴谋：对桥梁用的钢材进行测试，说钢材不合格，却又不退还给制造商。

华盛顿与弟弟们，特别是费迪南，都火冒三丈。斯洛克姆将军跟华盛顿有宿怨，早在南北战争钱斯勒斯维尔战役之前，斯洛克姆就跟华盛顿见过。据华盛顿记载，斯洛克姆管他叫"天杀的骗子"，还说要把华盛顿枪毙。[1]董事会成立了一个特别调查委员会，把费迪南从特伦顿叫来作证。最后发现所有的指控纯属捏造。但华盛顿余怒未消，写信痛斥斯洛克姆："你反复声称我在担任总工程师期间允许舍弟为大桥工作是卑劣之举。你的这种言语，但愿我上次是最后一次听到！舍弟们完全自主工作，并未咨询过我，而且我对他们并没有管控权，即使想要阻止他们参与任何一份大桥合同的竞标也不可能。这些情况你是否明白？另，约翰·A.罗布林诸子公司的钢丝制造水平在美国位居前列，除了在你的董事会里，'造假'一词从未与该公司的名字同时出现，这一事实你是否考虑过？我认为，你要在背后传播关于我的谣言之前，至少应先来见我，对我说出这一番谣言后听取我的回答，这才是君子之道，信不信由你！"

很久之前就有人开始采取各种措施反对华盛顿了。1872年，特维德垮台后，他手下的坦慕尼协会成员都被赶出了桥梁公司。新人填补了空白，休伊特是其中一个。与休伊特一起当上桥梁公司主管的还有劳埃德·阿斯平沃尔（Lloyd Aspinwall），早在1876年，他就要寻求一位顾问工程师，说自己担心"罗布林上校健康状况不稳定"。当时冲突还不怎么厉害，华盛顿虽然反对这个决定，但言辞还算温和。他给墨菲写信说："我认为阿斯平沃尔先生的这一行为乃是自然之举。除了我在社会上的名声，他和一些纽约委员会成员并不认识我，甚至从未见过我。众所周知，这些绅士担任董事期间，我已生病两年多了。因此，他有些担心工程的未来管理，还担心我若在大桥完工前不幸辞世则可能出现麻烦，倒也情有可原。"接着，

---

[1] 南北战争期间，胡克尔将军命令华盛顿通知斯洛克姆撤退，当时斯洛克姆正在乘胜进军，听到命令后十分恼火，大骂华盛顿，并说一旦确定华盛顿假传消息就一枪杀了他。——译注

他话锋一转，说阿斯平沃尔和其他人"必将赞同，迄今为止，我的病状并未以任何方式影响我成功地把握最小的细节，也没有影响工程的进行"。华盛顿还说，指定顾问工程师从"常识"角度"与美国工程界的精神背道而驰"，顾问工程师"一般与实际建设毫无关系"；与其指定顾问工程师，还不如"与我的工头或助理工程师们安静商议，产生思想的碰撞，引发新的创意或修改旧创意"。

华盛顿特别向墨菲强调："坚持工作对我而言意味着骄傲和荣誉！"他还承诺万一坚持不下去，就一定会预先充分警告。华盛顿预料到将来可能还有冲突，于是专门说明一旦董事会指定顾问工程师他会做出怎样的反应。如果董事会指定的顾问工程师比他更优秀，那当然就用不着他了，只好辞职；如果这工程师跟他水平相当，"那么，诸君将会看到奇迹：我刻苦学习并深入思考七年之久才获得的所有知识，某人只需五分钟就全部获得了。比起这种超人的天赋，我的才能之光实在微弱，不值一提，因此我定然也要被迫退出了！"而且，这顾问倘若跟华盛顿水平相当，且没有任何超出华盛顿的地方，自然也就用不着请他当顾问了。另外，华盛顿现在的助理工程师"从始至终均与工程相伴……他们计划坚守岗位到大桥完工；而且，对于我们面临的剩余工作，在所有人当中，除我本人以外，他们最为熟悉……我对此事的意见是应当不再提起。请相信我！"显然，总工当时的辛劳一如既往，有一张他在1876年秋天送给法林顿的字条为证："又及：将我的《韦氏大词典》寄来，我学习丹麦语和瑞典语需要用到。"（当时，丹麦和瑞典的钢铁产业最为先进，英国人为此花了很多钱。）

华盛顿先前写道："整座大桥的建设都依赖于信任。"实际的工作也是这么进行的。一根主缆由19根索股组成，为了确保这19根索股的调整和安放顺利完成，需要进行严格的计算。这并非易事，因为钢材会热胀冷缩。1880年年初，主缆绕包完成。再用镀锌钢丝包裹索股，包裹的方式是让一个卷轴沿着主缆移动，一边移动一边放出钢丝缠在索股上，再让工人通过一个辐条轮把钢丝缠紧，如此反复。《科学美国人》杂志说："这些操作本身虽然简单，却因规模极大，又在极高的河面上，因而获得舆论的特别关注。"各大报纸不停地派出记者在工程周围打探。1879年6月，《纽约太阳报》报道："四根巨大的主缆都已在锚锭处用岩石覆盖住了。主缆从巨石工程中突出来，宛如之前就完全深埋其中。巨石被雕刻成锚锭的形状。昨日下午，我报一位记者见到锚锭上有一个孔，便向内窥视。只见一名赤膊的男人手持海绵在主缆各索股上与锚锭板相接的地方擦拭，有铅白涂料[1]从海绵上滴下。"锚锭内部有多个巨大的空间，炎炎夏日对空间内部毫无影响，深深的圆拱之下，"冷如冰窖"。

12月，弗兰克·法林顿在布鲁克林音乐厅等几个地方举办了一系列公开课，讲述大桥修建的过程，听众爆满。法林顿说："毫无疑问，各位都想知道大桥什么时候可以完工。我对此也有自己的看法。我认为，倘若再也没有更多愚蠢的反对意见来阻挠进程，以及支配进程的纽约与布鲁克林两市能源源不断地供应资金，那么，再需十八个月大桥即可完工。"法林顿说，桥面系统由六座纵向钢桁架组成，再以桥面横梁相连，皆用主缆上的吊索将其吊到空中。吊索是由扭绞的镀锌钢丝制成的，法林顿特别承诺，这些吊索的极限负重将永远大大超出实际负重："这些吊索需要承载的最大重量是每根10吨，但我看到这些吊索在测试时每根承载了14万磅[2]，却

---

[1] 即碱式碳酸铅，又称白铅粉，用于防锈。——译注

[2] 约合63.5吨。——编注

毫无断裂迹象。大桥中没有劣质钢丝一类的东西。"[1]上部结构的建设一直推迟到现在，是因为卡在了钢构件的生产环节。桁架所需的钢条尺寸太大，在此之前美国从来没有制造过；而且关于钢和铁在生产中的不同特性，当时人们还在摸索。事情终于有了转机，1881年年初，《科学美国人》自信地说："一切工程与机械难题现在均已解决。"

　　但董事会对工程却不那么有自信，特别是那些刚刚上任的董事。其中一位叫赛斯·洛（Seth Low），是新上任的布鲁克林市长，年富力强，只有三十二岁，与当年华盛顿·罗布林在约翰·罗布林去世后继任总工程师的年纪一样，其父亲A.A.洛（A. A. Low）是一名富商。洛先生是共和党改革派，一向对"主仆政治"[2]深恶痛绝。1882年，洛先生第一次参加董事会会议。早在他加入董事会之前，就有人建议为了降低大桥成本应该降低总工程师以及助理工程师的工资。建议显然是布鲁克林承包商威廉·金斯利提出的，由墨菲写信通知华盛顿。1881年4月，华盛顿回信，语气斩钉截铁："如果降薪，任何工程师都不会再同意留下。"工作还需要总工程师所信赖的副手方可进行下去。而且，"无论付出怎样的代价，试图取代这些副手，都是困难至极的"。华盛顿当时的年薪是10000美元。关于这10000美元，"我也拒绝年薪比自工作以来的年薪有一丝一毫的降低。因为，在大桥几乎完成时我若同意降薪，则仿佛表明，董事会在没有我的情况下也能顺利运作，而我为了留下焦虑不已，

---

[1] 当时黑格的劣质钢丝事件没有公开，因此法林顿才会这么说。——译注
[2] 指政党或者候选人获胜当选后，有权任命和指定政府官员的政治体制。在这种体制下，政府官员的任命是依据与当政者的关系确定的，而不是根据官员的品德、能力等标准。洛先生当然不愿意受政客摆布。——译注

央求董事会可自行决定适合我的工资，董事会的出价我也将全盘接受，并继续为董事会效力。此事绝不可能！"

华盛顿似乎精确地预感到将来还会有更大的麻烦。华盛顿决定给上部结构增加1000吨钢材，让桥面能够运载普尔曼车厢（如果有要求让大桥运载的话）[1]。1881年最后的几个月，董事会对华盛顿的决定提出质疑。总工的计划变了，董事会认为是华盛顿举棋不定，因此叫他来开会解释。华盛顿比较耐心地去了。他的目标是让大桥寿命更持久一些。他虽然反对引入普尔曼车厢，却依然把桥面横梁加强加固了，因为"担心他们会不顾我的反对，坚持引入普尔曼车厢"。如今董事会似乎在考虑彻底搞掉华盛顿。"董事会如果投票决定无法支付我现有工资，就无须再支付我任何款项。若上天给我时间，指挥完余下的全部工作，而不是换用另一名在桥面建设方面经验不如我的工程师，那么大桥成本必然更低，质量也必然更好。"这封信的草稿有一句话被划掉了，没有出现在终稿里。这句话也许最恰当地表达了华盛顿的所感：他一心扑在大桥上，已经付出了沉重代价，而且还将继续付出。"为完成大桥，我已贡献一生。大桥顺利完工后，我将永远不再参与一切工作。"

*

这时候，人人都能预料到，东河上大桥的建成已经指日可待。1881年春天，桥面横梁正在两岸之间铺设。本来，约翰·罗布林预计横梁要用铁制造，但华盛顿决定换成钢材。钢制横梁一开始大规模应用是在铁路上，不过到了19世纪70年代，很多工厂开始制造桥梁使用的构件，比如布鲁克林大桥的这些横梁。1879年，密苏

---

[1] 当时美国有一家普尔曼火车公司，专门生产豪华卧铺车厢，人称"普尔曼车厢"。——译注

里州格拉斯哥市（Glasgow）建成了全世界第一座全钢制铁路桥。这是一座桁架桥。华盛顿致信墨菲："制造商已能造出完全符合要求的钢材，并经受严苛检验，我们在工程中使用钢材将完全没有任何实验因素……因为我们已经能够生产一种钢材，其完全适合大桥建设。"艾奇摩尔钢铁公司将为大桥的桥面横梁和加劲桁架提供将近6000吨钢材。1881年12月，总工向董事会发出报告，详细列举了"大桥完工所需的所有材料及方法"，其中包括：已订购钢轨224吨，铁路道钉15330颗，还要运来共计1万块的砖用于剩下的结构。

　　工程正在稳步进行，华盛顿的位子却坐不稳了。1876年，华盛顿曾提出过辞职，被墨菲拒绝了。如今大桥几近完工，他怎么也不可能会想到辞职，但辞职的压力却强加于他了。

　　这时候，华盛顿在医生的建议下已经离开纽约去了罗得岛（Rhode Island）纽波特市（Newport）疗养。艾米莉保存了一份《尼克博克报》1882年7月13日的文章："W. A. 罗布林上校，布鲁克林大桥总工程师，已入住迈耶农庄并决定整个季度停留于此，远离尘嚣。"艾米莉的哥哥G. K.（古弗尼尔·肯布尔）当时是工程兵的军官，也驻扎在此地。艾米莉还存了一份《星报》的剪报，日期相隔不远，题目赫然写道:《罗布林病入膏肓：神经紊乱，无药可医》。据罗布林"众多密友"之一透露，"有时他完全发疯了！"艾米莉自己是怎么想的，没有记载。但她既然保存了这么一篇荒谬的文章，显然有一种讽刺的意味。华盛顿在纽波特疗养的时候，他的副手之间出了些问题。工程师C. C. 马丁和总机械师法林顿似乎一直不和，此时两人矛盾激化，法林顿竟然甩手不干了。华盛顿写信给马丁，字里行间有些许愠色："法林顿一直如此沉着，他的行为令我十分惊讶……过去十年间，你们所有人一直在试图将他赶走。"[1]

　　马丁一直对华盛顿·罗布林尽心竭力，但他毕竟比华盛顿年长五岁，或许他感觉到自己时来运转的机会到了。马丁显然很清楚董事会欣赏他的工作，尤其欣赏他"活跃"的身份。早在前往纽波特之前，华盛顿就知道董事会希望他能够亲自出席会议。华盛顿告诉亨利·墨菲："我并未恢复得足以参加会议。我不能讲话，也不能旁听。我来这里疗养，是听从了医生建议。医生认为远离城市喧嚣的户外生活，大概能减少我面部与头部神经所受的刺激。可喜的是，今年春天我颇有起色，偶尔能步行出门。来这里的路上令我颇为痛苦，到这之后，大部分时间也只是留在房中而已。"华盛顿提前发了一封电报通知董事会，只有五个单词：cannot meet the trustees today（今日不能见董事）。哪怕从善意的角度说，措辞好像也太随便了。因此，董事会以为华盛顿病得太重才无法出席。这种误解惹恼了华盛顿，他致信董事会："我电报中并未声明我是因病势沉重不能参会。我只是尚未痊愈，而且厌倦了各大报纸热切讨论我的健康而已。任何一名董事若知晓我身体状况的实情，必然不会有一丝一毫的反对意见。我确信我没有一天不为大桥而劳作。熟悉工程的董事们也将会承认，我的各位助理工程师工作时，很清楚他们可以随时咨询我，并获得所需的一切建议或协助……我的身体如有起色，且出席会议有所助益的话，则必将出席。"

　　黑暗依然笼罩在他的四周，也笼罩在了艾米莉的四周。1882年8月初，要求华盛顿出席会议的声音越来越刺耳。就在这个时候，

---

[1] 法林顿显然没有一直怨恨下去。1895—1899年，威廉·希尔登布兰德监督卡温顿—辛辛那提大桥大修，总机械师法林顿又回来帮忙了。1898年，法林顿在卡温顿大桥工作期间被高速缆车撞伤，不幸身亡。《纽约时报》1898年4月16日对此作了报道。

306

艾米莉深爱的哥哥，华盛顿的前上司，夫妻俩的介绍人沃伦病故，年仅五十二岁。表面上看，沃伦的死因是糖尿病并发肝功能衰竭。然而，很多人说他是心碎而死。沃伦在五岔口战役中蒙受了不白之冤，一直想要为自己洗刷冤情，却没有成功。更悲哀的是，他死后才过了几个月，军事法庭就作出了有利于他的判决。8月22日，洛市长召集董事会开会。市长强调，布鲁克林大桥再也不能让一个病人掌管了！市长也去过纽波特见华盛顿，双方爆发了争吵，市长提了不止一个理由想要撤掉华盛顿。后来，华盛顿在笔记中写道，这些理由全都"不堪一击，幼稚至极"。确实，洛市长最后变成了人身攻击："罗布林先生，我要撤掉你！因为撤了你，我就高兴！"

这次开会，洛市长再次提议撤掉罗布林，且再次使用了"顾问工程师"这几个可怕的字。会议作出一项决定，认为罗布林"无法视事"[1]，因此"本会特指定罗布林先生为顾问工程师，指定现任第一助理工程师C.C.马丁先生为纽约与布鲁克林大桥总工程师"。当然，董事会还表示为"这一必要的变动深表遗憾"，但还是必须变动！

开会当天，《纽约先驱论坛报》登了一篇文章，赞扬洛市长的积极措施："感伤与踌躇的一天已然度过……今天需要果断的决定，积极的行动……如有必要，请保留罗布林先生的养老金。"文章说，目前的工作需要更多的活力，还需要一位工程师"全力以赴，推进工程进行"。《鹰报》虽然承认"两座城市的居民对工程现有模式表示厌倦"，但又说这并不是总工的错。《鹰报》认为，不论有过什么失误和障碍，这些问题"都不是参与工程专业人士的责任"。虽然

---

[1] 原文an invalid，也有"已成废人"之意。——译注

《鹰报》赞扬了华盛顿，立场上也一直偏向华盛顿，但赞扬中隐隐带着怀念的意味，好像认为他就要卸任了。"在大桥完工的前夜，所有慷慨的人绝不会想要诋毁罗布林。这一工程对罗布林与他的团队而言都将是一面旗帜，象征着祖国的胜利，可旗帜下的这位战士为了保卫祖国而变得形销骨立。"

也有些董事极力为总工辩护。有一位董事叫路德维希·泽姆勒（Ludwig Semler），跟约翰·A.罗布林一样是德国裔。1851年，泽姆勒来到美国时，全部财产只有五美元，后来当上了布鲁克林市的审计官。泽姆勒说，如果已经发现罗布林耽误工期，他就"赞成撤掉罗布林……但撤职的罪名连一丝影子也没有"。还有一位董事詹姆斯·斯特拉纳汉（James Stranahan），自打工程开始以来就一直参与，他想要拖延时间，推迟决议："我有强烈的感觉，总工一定还有什么事情没有完成。"

于是决议延期了。这时，艾米莉采取了一个战术，给泽姆勒写了一封信。泽姆勒是新上任的董事，跟艾米莉和华盛顿都没见过面。艾米莉之前已经听说了泽姆勒在会上的发言，她写道："您与罗布林先生素昧平生，因此您的发言我们尤为感激。"艾米莉请泽姆勒到纽波特作客，如此一来，泽姆勒就可以亲眼看到华盛顿究竟有没有残疾，不论哪一方面。9月5日，泽姆勒动身前往罗得岛，见到了华盛顿，留下了极好的印象。后来泽姆勒评论："倘若他的智力当真受损了，而我如果得到他丢失的部分，必将十分快乐。"又说："他讲话十分清楚，并展现出了惊人的记忆力。"华盛顿明确地告知泽姆勒，绝不当顾问工程师。泽姆勒复述华盛顿的说法："他们要搞掉我，就一定要彻底搞掉。"

泽姆勒从纽波特回来后，接受了几名记者的采访。他说道，他很确定罗布林的各位助理如第一助理C.C.马丁，全都不会接受总工的职位。华盛顿自己倒是不那么确定，他在8月召开的董事会之前，给马丁写了一封警告信。他告诉马丁，他知道有不少的董事想要把他赶走，但他一旦被开除就会彻底退出。

华盛顿对这位副手说道："继任总工的人选必须完全明白这一点：我对大桥的兴趣在我总工程师职位解除的那一天即会立刻告终。我认为，你担任总工为董事会所作的有效贡献并不能超过作为第一副手所作的贡献。而且，在我不再负责大桥事务之后，下一任总工不论是何人，对我而言都毫无差别……我在无力进食、说话、活动的状态下为大桥奋斗至今。我若告别此工程，则必然清楚自己已竭尽全力，在所有方面都尽到了义务。"

华盛顿的工作完全依赖于助理团队进行。但他当然也明白人生在世一定会有某些时刻"野心"会超过"忠诚"。因此他在这封信里提醒马丁，工作让他付出了什么样的代价。这显然是一种指责。

华盛顿因一时愤怒铸成了大错。董事会开会后不久，华盛顿向墨菲明确表示："我实在不理解，洛市长为什么决心聘我为顾问工程师，因为我已在采访中坚决拒绝……不知他能否出示某些证据，证明我在没有到现场参与监督的这种缺席情况下，到底延误了多少工期？多年以来，我已尽我所能做好一切安排，使如此规模的巨大工程不因我的健康状况而受影响……洛市长的提议最后部分（他表示这一人事变动必不可少，并对此表示遗憾）对我尤为冒犯……你只有两种选择：要么允许我竭尽所能推进大桥完工，要么彻底取消我将来的一切服务工作。"此时出了一件惊人的事。泽姆勒刚离开纽波特，就来了一个《纽约世界报》的记者找华盛顿探听消息。华盛顿接受了采访，记者满载而归。华盛顿说尽管董事会想要搞掉他，"但他决计留下不走"，"罗布林先生说董事会存在不和谐局面，原因之一是有四名董事均为纽约州州长候选人"。华盛顿主动干预政治，这可是搬起石头砸了自己的脚。

文章在9月8日星期五登了出来。《纽约世界报》的老板就是那位敛财大亨——杰·古尔德。1869年，古尔德险些让美国金融体系崩溃。如今他购买了曼哈顿高架铁路公司的大量股份，而铁路公司和布鲁克林大桥在运输线路方面是竞争对手。文章煽风点火乃是有意为之。这消息一出，当然造成了很大的损害。艾米莉·罗布林知道董事会有一位元老威廉·马歇尔（William Marshall）很欣赏华盛顿，就写信向马歇尔求援。艾米莉说，当初那个《世界报》记者跟她保证，在华盛顿家里听到的一切一个字都不会说出去，结果她就相信了，如今悔恨不已。"那些绅士想要帮助罗布林先生，却被罗布林先生无意中冒犯了。这件事绝没有必要，对此我深表歉意……罗布林先生的神智与能力担任工程师必然称职，但此事牵涉的政治利益过多，而罗布林先生无意谋取政治利益，自然也不适合参与这一工作。"华盛顿自己也给路德维希·泽姆勒写了一封信，言语之间很是窘迫："周一阁下曾努力为我在人格与事业两方面求得公正，但是有多种突发因素或许将使阁下功亏一篑。不论结果如何，我向阁下的善意表达最深切的感激。"

9月11日，周一，表决日。华盛顿是去是留就看投票结果了。这一天阴云密布，下着雨，空气中依然残留着夏日的暑热，董事们齐集布鲁克林。第二天，《鹰报》头版登出了会议的详细记录。报道极为生动，仿佛把读者带到了会议室。董事会一共有二十名董事，实到十七名，只有三人不能出席。《鹰报》说，只有老资格的董事才经历过"一次见到如此多的同事"。表决之前，董事会讨论了一番大桥建设的事情。目前的花费已达13883168.28美元，C. C.马丁向众人保证，高架铁路、火车站、桥上车厢所用的曳引机械、锅炉房、桥上铁轨等事项的工作都在继续。[1]不过，这些技术问题只是主要演出前的热场。报道的标题为《洛市长开始行动》，说布鲁克林的洛市长终于要下手把总工程师搞掉了。对市长而言，问题很简单，"我们究竟是要一个病人，还是一个活人？活人可以对我们负责，可以与我们每天联系！"

　　然而，不论是罗布林还是其他任何人，都没有对洛市长作过这样的保证。亨利·墨菲说他收到了总工的一封信，想在会上宣读。华盛顿的话，洛市长一个字也不想听，他跟墨菲争论了一阵子，但他比墨菲年轻，因此，到头来还是不得不听墨菲宣读罗布林的信。墨菲的声音不带起伏，充满自信："我不能视事。若能康复，对我必然大有助益。"接着话锋一转，"但洛市长判定，我没能在工地现场监督，必然导致了工期延误，因此我希望能看到某些证据支持这一判定"。

　　表决之前，董事会元老威廉·马歇尔请求发言，董事会批准了。马歇尔1813年生于爱尔兰首都贝尔法斯特，幼年移居美国，随家人在特拉华州居住了一阵子后，搬到了布鲁克林。他也投身于制绳产业，协助建立了一家公司，后来成了全国最大的制绳企业。马歇尔制造麻绳，罗布林制造铁绳，正好是一旧一新。有些人可能猜测马歇尔跟罗布林父子必然水火不容，事实却非如此。马歇尔表

[1] 桥上的客运铁路一直运行到1950年，这种高级火车车厢，华盛顿评价为"华美与舒适的范例"，由一根无极钢缆拉动运行。1895年，法国卢米埃尔兄弟发明了电影。1899年，爱迪生制造公司拍了一部两分半钟的影片，拍的就是桥上客运铁路的运行，在国会图书馆放映，轰动一时。

示，洛市长组成了一个阴谋集团，主要成员包括纽约市长威廉·拉塞尔·格雷斯（William Russell Grace）[1]和审计官艾伦·坎贝尔（Allan Campbell）。这些人政治野心很大，华盛顿之前说的就是这些人。这个集团想要搞掉华盛顿，对此马歇尔相当吃惊。

马歇尔质问："凭什么？ 为什么？ 这世上能与华盛顿比肩的桥梁工程师找不出第二人了。我挑战一切反对意见！ 尼亚加拉河上已有两座桥，最大的那一座就是他建立的，矗立至今，堪称完美。我说的'他'既指父亲又指儿子。父亲为布鲁克林大桥献出了生命。俄亥俄河上有两座桥，一座是罗布林先生所建，另一座则为建筑师招致了骂名，这座桥位于惠灵市，已垮塌落入河中。[2]而前一座桥位于辛辛那提市，让建筑师美名远扬。"

或许在历史上有一个时期，模糊父子俩的身份有助于华盛顿的事业，但马歇尔很清楚自己说的究竟是谁，他又说："我知道有很多人反复耽搁布鲁克林大桥的修建，但我从未听说罗布林先生曾耽搁大桥一天甚至一小时。罗布林先生的品行与能力都没有任何瑕疵，我宁愿将手臂从肩膀卸下也不愿投票反对这样的人！ 但我们的朋友洛先生却要逼罗布林下台。这是谁批准的？ 各位，你们自己组成了这个董事会的代表团！ 这是谁批准的？ 你们有法律根据吗？ 有的话，拿出来给我看看！ 我想知道是否有什么议事惯例让你们有权三人决定二十人的事情？ 即便我没有其他反对理由，以上理由也足够我反对这些决议整整四十年，倘若我能活到那么久！ 过去十年，董事会如有任何过失，我首先会说我愿意为此负责，绝

[1] 前文提到的奥基·霍尔任期为1869—1872年。格雷斯当了两任市长，第一任1881—1882年，第二任1885—1886年。此时，格雷斯在第一任上。

[2] 即前文第一章提到的，埃利特所建的惠灵大桥，1854年垮塌。

不会悄悄溜走，把责任转嫁给总工。这行径卑鄙无耻，我不可能提议这么做！"

现场沉默了片刻，唯有纸张沙沙响动。外面街道传来声音，有人叫嚷，有马蹄得得踏过。第一个发言的人，可能会大大影响之后发言的人。谁知道呢？多年之后，1895年，威廉·马歇尔在餐桌旁突然发病离世。另一位有声望的布鲁克林民主党政治家威廉·C.德威特（William C. De Witt）回忆："我见过马歇尔，单枪匹马面对五十名拉帮结派的政治家挥舞拳头。"德威特盛赞马歇尔"敏锐、智慧、精力充沛，宛如老橡树一般强悍"。下一个发言的是财务主管奥托·维特（Otto Witte），1831年生于普鲁士，正好是约翰·罗布林前往美国的同一年。维特说他从未见过华盛顿·罗布林，但他觉得洛先生的论点本质上是一种猜测，因而很是不满。维特说："我们投票的依据或多或少来自一种危险的想象。"接着，审计官艾伦·坎贝尔发言支持洛先生，反对华盛顿，但支持他观点的论据并不是直接的证据，而是登在《世界报》上那篇引起风波的文章。坎贝尔对泽姆勒去罗得岛看望华盛顿这件事评论道："我相信布鲁克林审计官已经去看过总工了。但我看到总工写了一封信，或者说是记者采访的报道，说他不认为自己对事件负有任何责任或应该道歉。他说这种话对我们是不公平的。我认为他的错处在于，他因身体衰弱想让我们承担责任。我实在认为这十分不公平也不友善。"

最后众人表决。主张应该把华盛顿免职的有：布鲁克林市长赛斯·洛、阿尔弗雷德·C.巴恩斯（Alfred C. Barnes）、审计官艾伦·坎贝尔、纽约市长威廉·拉塞尔·格雷斯、詹金斯·范·施拉克（Jenkins Van Schlack）、托马斯·C.克拉克（Thomas C. Clark）、麦克唐纳（McDonald）。和总工一个阵营的有：董事会元老威廉·马歇尔、建筑商威廉·C.金斯利、布鲁克林审计官路德维希·泽姆勒、财务主管奥托·维特、詹姆斯·斯特拉纳汉、奥尔登·S.斯旺（Alden S. Swan）、华盛顿当年的上司亨利·斯洛克姆将军、约翰·T.阿格纽（John T. Agnew）、亨利·墨菲、J.阿德里安斯·布什（J. Adriance Bush）。斯洛克姆将军当年曾说要亲手毙了华盛顿，如今竟然也站在了他一边。十票对七票，华盛顿保住了总工的位置。

消息传到了纽波特市迈耶农庄。此时，华盛顿和艾米莉的宅子还挂着黑纱，悼念艾米莉的哥哥G. K.沃伦。不论夫妻俩说了什么话，内心怎样欣慰，怎样满足，华盛顿的第一封回信还是写给了手下的人，写的依然是工程的事情。9月12日，《鹰报》就这次紧张的会议登出了一篇生动的报道，同日，总工坐下来给C. C.马丁写了一封信。也许，华盛顿曾担心过马丁这位副手野心太大，不过这封信里没有丝毫的表露。

亲爱的马丁：

你的贺信昨晚收悉。对你的好意与代表我作出的努力，我表示衷心的感谢。我因发现各位挚友如此真诚，而获得了全新的勇气。

尽管我们都为表决结果如何而深感焦虑，但我更加关注昨日的狂风暴雨对大桥造成了怎样的影响。盼望你回信告知我，布鲁克林的风暴怎样猛烈，若影响了大桥，程度怎样？这里的风暴已过，令人惊惧。

你最忠实的：华·奥·罗布林

1883年5月24日，纽约与布鲁克林大桥举行了隆重的开通庆典，两天后就是华盛顿四十六岁的生日。在董事会开会表决之后，有六个月的时间风平浪静。1883年早春，华盛顿和助手之一乔治·麦克纳尔蒂坐马车去视察位于金沙街的布鲁克林火车终点站，华盛顿觉得没有必要下车，于是从大桥开始建设到开通，他从来没有踏上过大桥一步。美国照明公司拿到了负责安装桥上70盏弧光灯的合同，造价为18000美元。这是跨河桥梁第一次安装电灯。5月中旬，桥上通过了一辆轻型维多利亚式马车，这种马车非常受女士们的青睐。《纽约先驱论坛报》报道："罗布林上校有意了解，马匹在桥面上小跑对大桥结构有何影响。"驾车的不是别人，正是艾米莉。早在南北战争期间，华盛顿与艾米莉第一次见面时，他就注意到了这个姑娘爱好冒险也热衷骑马。那些日子，华盛顿还提醒艾米莉注意安全。艾米莉在华盛顿修建的大桥上果真十分安全，报道说："周一，罗布林夫人驾车通过大桥，由工程师乔治·麦克纳尔蒂作陪。麦克纳尔蒂先生仔细观察了马车对大桥的影响，吊索没有出现振动。"报道还特别指出："欧洲所有同类桥梁振动的幅度都明显可感。"

现在，大桥将要对全世界开放了。开放前的最后一天进行了最后一道仪式：美国总统切斯特·艾伦·阿瑟（Chester Alan Arthur）和纽约州州长格罗弗·克利夫兰（Grover Cleveland）从纽约步行到布鲁克林，然后由董事会执行主席威廉·金斯利将大桥"赠予"两市市长：纽约新任市长富兰克林·埃德森（Franklin Edson）与布鲁克林市长赛斯·洛。赛斯·洛宣布，5月24日，布鲁克林全市放假一天，纽约的民众也"强烈要求"纽约证券交易所提前收市。董事会事先给数千人发放了镌版印刷的邀请函，这几千人就随着总统走过了大桥。东河两边的码头街道上都挤满了激动的人群。东河上也满是大船小船，还有美国海军北大西洋分舰队奉命前来担任水上仪仗队，共有四艘军舰：万达利亚号、奇尔沙治号、杨提克号、田纳西号。全国各大报纸都连篇累牍地报道大桥通车的盛况，出版了特别增刊，还登了大幅插画。

当天，华盛顿和艾米莉没有过桥。夫妻俩把布鲁克林的豪宅装扮一新，艾米莉在家安排了一场晚宴。在这之前，华盛顿一直忙于大桥开通仪式的各种计划。他知道控制人群有多么困难，害怕安排好的焰火会带来不好的影响。他希望到5月24日晚上八点，步行区能清场。他还主张，大桥两端要封闭，禁止上桥。"我担心不让人上桥是不可能的。如果桥上人员过于拥挤，那么我将不对后果负责。桥上主跨——桥面空间、缆绳、桁架顶端所有的空间加起来可能容纳10万人，如此一来，实际活荷载可能超过预计活荷载三倍。大桥开放前的23日夜间，您是否可以不燃放焰火？这一测试绝无必要，仅仅为了满足一名官员的突发奇想而已。"计划还包括阿瑟总统后面要跟着两个团的民兵，华盛顿对这个主意也十分不看好。华盛顿主张，如果民兵要参与典礼，"必须明确告知，无论在典礼之前、期间还是之后，严禁民兵行军过桥。全世界所有的悬索桥都严格禁止军队以鼓点的节奏行进，这座桥自然也不例外"[1]。

华盛顿的劝阻没有成功。当晚，在很多人讲话之后，还是燃放了焰火。其中，亚伯兰·休伊特在演讲中致敬了罗布林父子："约翰·A.罗布林设想了大桥项目，制订了计划；华盛顿·A.罗布林继承了父亲的天才，运用超越父亲的知识和技能，从始至终指挥着大桥的施工；在年富力强的岁月里，与密友和幸运女神一起冒着生命危

---

[1] 某个物理系统因自身特性，在某一特定频率下，振动的幅度要大于其他频率，称为共振。如果士兵行进的频率刚好与大桥的共振频率相符合，将会严重损害大桥结构，甚至可能导致垮塌。华盛顿非常担心这一点。——译注

险，甘愿牺牲健康，完成了赋予他的使命，继承了父亲的威名，执行了父亲的方案。"休伊特还特别提到了艾米莉·罗布林。休伊特曾给华盛顿写信确认，讲话中提到的功臣们的业绩是否准确无误，因此他对艾米莉功劳的评论也是明晰而准确的。"有一个人，她的思想将永远同这座大桥连在一起。指挥者和执行者的交流，通过她的头脑和巧手的提炼而得以实现。由此，大桥堪称一座永续的纪念碑，纪念这位女性自我牺牲的精神，纪念她完成高等教育的非凡能力；这样的高等教育，因为世俗的限制而将她排斥太久了。艾米莉·沃伦·罗布林夫人的名字，将同人类的所有高贵品质永远联系在一起，同这项工程艺术界的奇迹联系在一起！"

休伊特还写信问华盛顿能否将大桥与埃及的吉萨金字塔相比，因为二者"真实成本"都很惊人。吉萨金字塔大约建于4500年前，建造者是法老胡夫（Pharaoh Khufu），他的希腊名是基奥普斯（Cheops）。华盛顿不赞同这个提议："基奥普斯为建造金字塔，将稻米喂给无数埃及人和以色列人。今天，为建设同样的工程，我们会将煤块喂给蒸汽锅炉。这件事或许可作为一个实例，证明现代文明胜过了古代蛮力；但倘若考虑到太阳这一真正参照标准，则这一比较毫无意义，因为生产煤块所需的太阳能超过了生产稻米所需太阳能的上千倍。因此，夸口现代胜过古代不过是利用了偶然情况而已。"

"基奥普斯修建金字塔耗去了二十年，但他若是有大量董事、承包商、报纸记者来烦扰，想必直到现在都不会完工。现代工程学的优势在很多方面都已被现代文明的劣势抵消。"不过，用华盛顿的算法，这4500年的间隔确实给大桥带来了财政方面的优势。华盛顿计算，按照1883年美国石材的价格，金字塔的成本折合现在的4000万美元，如果加上承包商的利润，要上涨到5000万美元。而大桥只花掉了1500万美元，因此造价相对便宜。

华盛顿还可能考虑了一个情况：金字塔的建设者会不会经受他这样严峻的考验呢？华盛顿在信的末尾写道："多年来，我一直被迫将我能掌控的所有耐心与哲学，充满自己的灵魂。我在屈服于命运之前，曾思考诗人蒲柏的名句'凡存在都合理'等等，以此安慰自己。"[1]华盛顿与休伊特之前曾长期不和，但休伊特在演讲里还是承认了，大桥所展示的远不止是19世纪科学与工程的进步，还是"人类灵魂道德品质的纪念碑"。[2]

23日下午早些时候，艾米莉坐着马车带领一支由25辆马车组成的庞大亲友车队，浩浩荡荡地去看大桥的开放典礼。艾米莉为朋友圈子发出了详细指引："各位女士，请于周四下午一点在我家集合，参加桥上布鲁克林一侧的游行。这次活动相当于纽约一侧的总统游行，大家要清楚！"华盛顿指示警察队伍形成环状围住了大桥两侧的入口，拼命清出了一条路，保证游行队伍通过。

演讲之后，艾米莉回到宅邸，参加了她安排的欢迎会。整座房子都摆满了鲜花，还摆着丈夫华盛顿的胸像，挂着代表胜利的月桂花环[3]。欢迎仪式过后，在一楼举行了一场聚会。聚会上，华盛顿脸色苍白，说话不多，总统一离开，他就悄悄回到楼上去了。这

---

[1] 英国诗人亚历山大·蒲柏（Alexander Pope）在诗歌《人论》中写道："高傲可鄙，只因它不近情理。凡存在都合理，这就是清楚的道理。"（王佐良译文）

[2] 休伊特演讲之后，德高望重的公理会牧师理查德·斯托尔斯（Richard Storrs）也发表了演说，细心地提到了移民工人对大桥的贡献："本工程的方案，并非美国本土思想得到实践的结果，而是要归功于一位德国人民的优秀代表……将大桥建设起来的辛勤劳动，这些巧手绝大部分来自遥远的地方。"

[3] 这是按照古代希腊、罗马的传统。——译注

一天，造访华盛顿住所的人足有一千人，这些川流不息的访客可能完全没有意识到总工的缺席。这位几乎一言不发、头发花白的男人曾将所有这些人聚到一起，而今终于完成了他长期的使命。

当晚，华盛顿在窗口见到了华丽的焰火表演。先前他曾为焰火的安全性而忧虑不已。《鹰报》报道："有史以来，纽约市民从未见过某特定区域内有如此灿烂的光明出现。"焰火发射之前，大桥清场，木制人行道用水浸透以降低火灾风险。放焰火的时候，总统阿瑟正在洛市长的住宅，被严密保护起来。为了庆祝仪式，主办方专门从德特威勒与斯特里特焰火公司订购了14吨焰火。桥上电灯全部关闭。当晚八点，焰火公司老板德特威勒先生的女儿点燃了导火线。顿时，大桥、东河、全纽约都被震耳欲聋的火树银花笼罩，金、银、红、蓝、绿等各种颜色布满夜空，这番景象前所未有。焰火如同巨蛇、繁花、漫天细雨；其壮观景象，在纽约州韦斯特切斯特县（Westchester）、新泽西州、长岛岸边都能够看到。焰火表演持续了一小时，从大桥正中竖直向上发射的五百枚火箭式焰火，在东河上空700英尺处爆炸，绽放出灿烂的花朵。火箭式焰火的呼啸声渐渐弱了下去，浓烟弥漫在东河上空，这时，河上所有船只的汽笛与喇叭集体鸣响；岸上和楼上，男男女女齐声欢呼，热烈鼓掌；震耳欲聋的声音响彻码头、海湾，震颤了布鲁克林高地的所有房屋。当然，爆炸声也震动了总工的住宅。和其他许许多多的退伍老兵一样，华盛顿也许想起了上一次经历的这幅景象：炸弹与火箭声震响，四周充斥着人们的尖叫声。

接着，午夜钟声敲响，硝烟气味还未散去，纽约与布鲁克林大桥正式对公众开放。第二天《纽约时报》评论："这是人民的节日！"又说："开通仪式的来宾是经过挑选的一万人，然而这些人与昨日潮水般涌过东河大桥的群众相比，便显得微不足道了。"大桥的过桥费是一美分。《纽约时报》报道，第一个过桥的纽约平民是马丁·吉斯（Martin Kees），"以低至一美分的代价获得了永恒的地位"。吉斯当时身上只有一美分，过去之后为了再回来，不得不向别人借了一美分。但这都无所谓了，"先驱者都是缺乏远见的"。第一个过桥的布鲁克林平民，则是维克多·F. 卢茨（Victor F. Lutz）。然后是"第一辆短车厢马车，第一辆双架马车，第一名婴儿，第一名有色人种，第一辆灵车，第一名乞丐，第一名醉汉，第一名风笛手，第一对情侣，第一名警察，第一名纨绔子弟"。

对这混乱的场面，华盛顿丝毫没有兴趣。艾米莉的剪报册到大桥竣工就结束了。各大报纸花了几千版的篇幅连篇累牍地刊登大桥通车的消息，艾米莉一份也没有留下。不过，在平民第一次过桥那一天，《鹰报》登了一篇艾米莉的文章，写的是丈夫华盛顿的生平。这是一篇引人注目的小传，是艾米莉1882到1883年书信存档簿最后几份文件中的一份。这篇小传并非给华盛顿辩护，但确实尽力写出了他所经历的困难，还强调说他的工作远远超出了父亲约翰的计划。文章一些部分的语气显示，这并不是完全按照华盛顿的口授一字一句记录下来的，而是艾米莉根据口授内容再编辑的，在大桥正式开放的几个星期前完成。小传一开篇就引人注目，写的是纽约主塔沉箱在"翻腾的流沙河床上"快速下沉的场面，还写了华盛顿在沉箱接触基岩之前"大胆行动"，命令停止挖掘，留出一层沙子分担主塔重量。

"有人说东河大桥工程没有创新，罗布林上校仅仅照搬父亲的计划而已。凡夫俗子听到这一说法，常常喜悦得很。"但是华盛顿父亲制订的计划，"十分粗略"，没有考虑"丝毫细节"，而且"工程整体几乎处处带着前所未有的新问题"。接着是一份长长的列表，包括把砂石从沉箱中运出的种种办法，沉箱照明的办法，还有通过送料井运入材料的办法。为把石材提升到主塔之上，华盛顿设计了一整套器械。锚锭板的最终长度也大大超过了父亲约翰的设想。而且，约翰生前所造的悬索桥主缆的索股只有7股，而东河大桥的主缆索股却达到了19股。"这就为索股的调节带来了新问题，不论什么情况，这项工作都难度极大。"每一根主缆都需要两层锚链固定在锚锭板上，这项工作也是前无古人的。大桥完工前的步行桥也是全新的产物。主缆中的钢丝必须设计一种新的捻接法，使得每一连接处的强度与钢丝强度完全相同。光这一项任务就"花费两年时间实验方才顺利完成"。

后来，华盛顿在回忆录中也详细记载了他对父亲原始设计的各种大幅改动，他经常对原始设计十分不满，完全推翻。早在塔基"远未完成"的时候，华盛顿就发现，原始设计的"人行道太宽而车行道太窄"，于是大桥必须加宽，砖石结构的地面线所在的主塔空间也必须加宽。原先，沉箱以上部分的设计有大量木材，华盛顿猛烈抨击了父亲对木材基础的偏好，"权威的先例绝不可盲从！"在修改中大幅减少了木材。另外，在黑格往主缆掺入劣质钢丝的丑闻曝光后，华盛顿又不得不修改主缆的设计方案。最重要的是，大桥的上部结构几乎是重新设计的。华盛顿说，约翰设计的细节早在大桥方案讨论的时候就让其他工程师相当困扰，这种设计要求把桁架分成"细碎的小块"，每一块长度为30英尺。这给华盛顿带来了"巨大麻烦"，于是"我大胆将桁架从中部切断，再从断口处将桁架与两座主塔铆接在一起，令工程师们十分震惊"。

《鹰报》也登了一篇介绍华盛顿的文章，关于这一点写得很简单："所有更改与完善的措施，使该桥结构与原始设计几乎完全不同。"最后还介绍了总工的相貌："罗布林上校身高约五英尺十英寸，是德国血统的白人，眼睛灰色且大，富于表现力。工程早期，有一报纸记者描述过，他为人朴实谦逊，即使有人将其打量几小时之久，也只能发现如下特质：始终不变的平和，个性坚定，极为沉着。华盛顿在很多领域都取得了成就，他是一名古典学者，语言专家，优秀音乐家；此外，矿物学家的名声几乎与工程师的名声等同。"

布鲁克林大桥是华盛顿·罗布林一座不朽的纪念碑，一种非同寻常的象征，不仅象征了19世纪的进步思想，还象征了一个人面对艰难困苦时的不屈不挠，其程度超越了大多数人的想象。多年之后，华盛顿回顾往昔，在想象中回到了尼亚加拉大桥竣工的年月，那时，他还是个十几岁的少年，刚刚被父亲拽出学校，给父亲当副手。他想起了那些年不得不忍受父亲的长篇训斥，唯父亲马首是瞻，认为自己一辈子"性情太过腼腆，读书太多，愤激的傲慢又过于缺乏"。"这些性情，我人生最为需要，但家父已完全将它们从我心灵中赶走。"

一个人对自己的评论竟然也会发生错误，这说法似乎很是奇怪，这是因为人们常常想要脱离自己的身份成为其他人。对此，人人都未能免俗。华盛顿所缺乏的"愤激的傲慢"，是他那个年代的显著特征，这种性格特征在那个年代的公共生活中十分重要。也许，所谓"那个年代"实际上从来没有过去。实际上，华盛顿·罗布林从来没有真正需要过"愤激的傲慢"，他的人生意义并不在于这种他一心向往的东西，而在于他的事业，在于他完成任务的能力。这一点将永远不会更改。

1883年夏天，总工程师的岗位终于可以换上新人了。伦斯勒学院保存了一系列罗布林的书信存档簿。这些存档簿中有一本的封面内侧贴了一张字条，没有日期，是铅笔写的：

亲爱的阁下：

　　东河大桥已竣工并对公众开放，董事会已不需我继续服务。因此我申请本月底辞去总工程师一职，不再与工程有任何关系。

华·奥·罗

继任总工的是C.C.马丁，监督大桥的维护工作一直到1902年。这一年，纽约桥梁专员古斯塔夫·林登塔尔（Gustav Lindenthal）将马丁免职，改任马丁为顾问工程师，还把他的年薪降了4000美元。这个苦涩的结局可谓十分讽刺。一年后，马丁去世，《纽约时报》发文悼念："据称，马丁先生因桥梁专员的行动而深受影响。"马丁被免职前，伦斯勒学院还请他去当校长，但马丁拒绝了，"表示布鲁克林大桥才是他一生的事业"。

*

在举行布鲁克林大桥开通典礼前不久，布鲁克林工会有个记者提出去华盛顿和艾米莉的住宅拜访两人。夫妻俩同意了。艾米莉确信大桥会成为华盛顿负责的最后一项工程，但华盛顿向工会记者保证："我若是痊愈了，世上还有很多大工程要进行。"不过，一开始的局面让人觉得，做那些大事情的会是华盛顿的儿子小约翰。小约翰这一年十六岁了。大桥开通的几个月后，小伙子写了一首诗赞美大桥："两岸之间，有如雷欢声——为何？ 两座城市，在高空将

323

手紧握。"这首诗还赞扬了父亲华盛顿，说他"亲眼见到了胜利"。有些句子把大桥拟人化了，写得很生动："万国旗帜顶上悬吊；钢铁的主梁、支撑、火车轨道；她伸出一千只手臂，将这一切，有如一件花衣裳在怀中紧抱。"1884年，大桥完工的第二年，华盛顿、艾米莉夫妇搬离了布鲁克林高地，在特洛伊住了四年。在这四年期间，小约翰就读于伦斯勒学院。显然，他并没有逃离这个家族的传统。一家人的豪宅坐落在华盛顿公园一角。在这所公园里，特洛伊当年的辉煌仍然依稀可见。这座公园是全美国仅有的两座私人观赏性公园中的一座。[1]特洛伊市渡口街97号有一座红砖公寓，是华盛顿当年就读伦斯勒学院时的宿舍。公园和那栋破败的公寓一比，简直是两个世界。此外，小约翰在伦斯勒学院的生活与父亲华盛顿的也大相径庭。夫妻俩经常邀请小约翰的同学来家里做客。各大报纸报道，家里还办了几次豪华的soirées[2]，受邀的"有很多本地社会名流"。还邀请了不少当时有名的音乐家来演奏音乐，比如作曲家、演奏家达德利·巴克（Dudley Buck），还有班卓琴手鲁本·布鲁克斯（Reuben Brooks），他们的演出，听众们"十分欣赏，是理所当然的"。晚会有茶点，还举办了舞会。这种大学生活，约翰·罗布林当年自然没有想象过。

小约翰尽管和祖父约翰同名，但从来没有真正从事过与工程相关的工作。部分原因是小约翰身体不好，心脏很弱。这件事艾米莉一直瞒着华盛顿，直到1888年小约翰毕业前才告诉他。华盛顿自己也承认，儿子并不适合工程师的生活。然而，老约翰虽然死了很久，对华盛顿的精神控制却依然厉害。在父亲的思想影响之下，

---

[1] 另外一座是纽约曼哈顿区的格拉梅西公园。

[2] 法语：晚会。——译注

华盛顿还是把儿子送进了学院。毕业后，小约翰在钢缆作坊工作了一阵就离开了，既是因为身体不好，也是因为对工作不感兴趣。小约翰毕业后的第五年（1893年），华盛顿开始思考，父亲的控制有着怎样深远的影响。华盛顿写信给小约翰："二十七年前，我曾阅读英国作家托马斯·卡莱尔（Thomas Carlyle）的长篇著作《腓特烈大帝传》[1]。上周我再次阅读，感想与先前颇为不同。"华盛顿特别指出："那时世界在我眼前，现在大半却在我脑后了。腓特烈说，少年人必须经历重重坎坷方能成就事业，这话是暗指腓特烈父亲的专制独裁。腓特烈说出这话，是在老年而非在少年。"

父子之间的通信，字里行间带着一种不经意的温暖。两人的关系比华盛顿和专制的父亲要来得亲密许多。华盛顿一直到生命的最后，都在向儿子倾吐心声。卡莱尔对老腓特烈的记载显然使华盛顿想起了自己的少年经历，他很希望与儿子分享。"此外，腓特烈又说：'少年时，我是父亲的奴隶；中年时，我又是国家的奴隶；如今我到了老年，只想让自己快活。'然后方才发现，他的健康已不许他有丝毫的享受。有朝一日，这本书你一定要读。"

*

1887年，华盛顿满五十岁。世界发展一日千里，纽约和布鲁克林乃至整个国家都在全力"进步"。1875年通过了《捷运法令》，政府可以将运输特许经营权授予私营企业，当时共有三家企业获得殊荣：纽约高架铁路公司、曼哈顿铁路公司、郊区捷运公司。1878年之后，第三大道高架列车从曼哈顿岛最南端的南码头北上，一直运行到曼哈顿北部的129号大街，甚至开通了夜班车，得名"夜猫

---

[1] 即腓特烈二世，18世纪普鲁士国王，著名军事家。——译注

子车"。此时，纽约已经化为一座不夜城。1880年之后，列车"第二大街线"从南部的查特姆广场向北延伸，很快把纽约其他自治区也纳入了范围。到1891年，铁路穿过哈莱姆河上一座钢制吊桥后，又穿过了纽约布朗克斯区第三大街、莫特黑文社区、梅尔罗斯社区、莫里桑尼亚社区，来到了177号大街。在纽约南边的布鲁克林市，旅客们从大桥列车下来后又爬上了布鲁克林高架铁道公司的列车。这条铁路线是1885年5月洛市长主持开通的。1885年11月，《鹰报》报道，布鲁克林高架铁路公司使富尔顿渡口增加了渡船旅客的人数，这当然使大桥铁路蒙受了损失，"然而，即便如此，上周大桥平均每日收入也创了新高，达2015美元，一周总收入为14105美元。"到1893年，这些新线路每年载客3000万人次。大多数人都住在布鲁克林，去曼哈顿上班。

当时的照片显示高架线四通八达，一眼望不到头，说明不仅纽约一处，整个国家都在飞速发展。1878年，美国有2665英里铁路，过了四年，到1882年，老约翰·戴维森·洛克菲勒（John Davison Rockefeller Sr.）创立了标准石油托拉斯。这一年，修建的铁路已经接近12000英里。布鲁克林大桥已经成了这种活力的象征。

大桥飞架在东河之上，矗立高空，在面向公众开放多年之后，第一次真正地彰显了纽约市的活力与能量。《纽约先驱论坛报》大楼与西部联盟电报公司大楼于1875年完工，标志着曼哈顿当代天际线建设的开始。每天，成千上万的人通过大桥进入曼哈顿，让曼哈顿变得越发拥挤。由此，这个小岛开始不停地"向上"成长。1883年，伦敦《建筑新闻》杂志登了一篇文章《纽约高层建筑》，写道："房地产资本家突然发现空中有足够的空间。若能使建筑高度加倍，则效果相当于曼哈顿岛宽度加倍了。"1884年，标准石油托拉斯大楼开始动工,位于百老汇24—26号,一共10层,2年内完工。1888年,《纽约世界报》主管约瑟夫·普利策(Joseph Pulitzer)买下了公园路和法兰克福街路口的法国酒店,请了著名建筑师乔治·波斯特(George Post)为他修建新楼。新楼建成后是当时全球第一高楼,高达309英尺。普利策说,大楼代表了"真正的美国精神"。之前纽约最高的建筑是百老汇与华尔街路口的三一教堂,高281英尺,《世界报》大楼是第一栋超过它的大楼。就在这个时期,纽约出现了一个新词"摩天大楼"。1904年,作家小亨利·詹姆斯访问纽约,对这些摩天大楼和"超长大桥"[1]提出了批评,说这些只是"市场造出的怪物"。

华盛顿却站在了摩天大楼这一边。1902年,第五大道175号的熨斗大厦完工。1904年,华盛顿登上了熨斗大厦19层,把这地方称作"天际客厅",产生了各种奇妙的观感,为此而迷醉不已。后来,华盛顿写信给小约翰:"令人想从一侧跳入北河,从另一侧跳入东河[2]。视野极为辽阔……房间暖意融融,且风对建筑完全没有影响!"不过,华盛顿并非对纽约所有的建筑成就都喜欢。当时纽约有一座宾夕法尼亚车站,是麦金姆、米德与怀特事务所设计的,正在收尾阶段。华盛顿参观车站后评价不高,说"令我想起一座豪华陵墓"。车站于1963年拆除,如今业界普遍认为这是一座不复存在的经典建筑。

罗布林家族的事业也必须作出改变,适应新的时代,新的压力。

---

[1] 直译为"长达一里格的桥"。里格是一种古老的长度单位,通常定义为3英里,约4.8千米。詹姆斯这里是虚指。——译注

[2] 哈得孙河的最南端位于曼哈顿西部。因为曼哈顿岛是东北—西南走向,西部的河流实际上位于曼哈顿的西北,因此别名"北河"。——译注

布鲁克林大桥建成后，又过了几年，华盛顿的身体慢慢好了起来。这时候，老约翰修建的尼亚加拉桥的主塔需要重建成钢结构。华盛顿的健康状况有所改善了，就前往尼亚加拉瀑布监督大桥的重建和加固。而在小约翰从伦斯勒学院毕业之前，华盛顿就一直督促他赶紧工作。1888年，华盛顿写道："所有桁架均已就位，新桥面已安装了约400英尺长，原位置的旧桥面已拆除。为避免影响交通，工作从每晚八点进行到次日凌晨五点左右……人手若足够，则十天内必能完成桥面替换。"这语气简直像是1869年那个小伙子说的。

又过了十年，1898年7月29日晚间，布鲁克林大桥上突然发出一声巨响，很像爆炸。桥面上的交通立刻完全中断，乘客与行人惊恐万状，争相逃离。有一匹拉车的马本来因暑热已经十分衰弱，突然受到惊吓，倒地身亡。华盛顿当年的副手之一弗朗西斯·柯林伍德在《铁路公报》上发文介绍，当时交通停滞导致人员拥挤，大桥承受的荷载突增至平日的三倍。那声"爆炸"是大桥上部结构的桁架弦杆发生了屈曲现象而导致的。柯林伍德写道："本文并非是对此事的批评。如今，我们有很多人比三十年前拥有更多智慧，大桥当初的设计是为了运输某些程度的假定荷载，而非7月29日的荷载。"

对于这些假定荷载，以及该谁负责，华盛顿也有自己的看法。大桥建设的最后几年，上级要求华盛顿作的某些改动，华盛顿一直不满意。柯林伍德的文章登出后，华盛顿也写信回复了。这封信的草稿写在曼哈顿的华尔道夫饭店的信笺上。"1880年有些董事，尤其是威廉·C.金斯利（这个名字在草稿上原来没有，在这一行的上方插入）坚持让我必须修改设计方案，以通行高架蒸汽火车最终替代缆绳牵引火车。我虽勉强却仍违背了自己的判断，同意了这一不良方案。"设计修改之后，上部结构的中央桁架必须抬高，"从而导致结构发生错误，使得外部桁架容易发生小事故。最近的屈曲事件就是小事故的例子。但还有一种持续的不良情况：大桥开通以来，每年都会增加静荷载，虽然每次增加的重量很小，但加在一起就很大了"。华盛顿提议重新计算荷载，"以确定大桥主要部件的安全界限。我并不担心主缆，主缆强度仍然足够，而且能轻松拉起锚锭"。二十五年之后，华盛顿又公开说了一遍这番话，这是因为公众又一次恐慌起来。有报道说，大桥各主缆因必要的荷载大幅增加（高架铁路、电车、轿车、卡车）而发生了滑动现象。

1922年6月，有人观察到两根最靠北的主缆略微向桥中心滑动，幅度不到一英寸。官方安抚了民众，但还是有人传谣说桥要塌了。6月28日，《鹰报》发布的头条新闻叫《布鲁克林大桥必须重建》。《纽约时报》联系了罗布林上校，这时他已八十五岁高龄，"嘲讽"了这个说法。华盛顿告诉记者："一丝一毫的危险也没有。这些躁动情绪全是为了在东河上尽快建起一座新桥。已经有人提议了，这座桥也确实急需。但要说布鲁克林大桥有危险，则纯属无稽之谈。"

"他们说主缆滑动了，而这恰恰是设计师的考量。倘若那主缆没有滑动，大桥一端就已经垮掉了。"

罗布林上校又重复了《鹰报》的标题："必须重建？为什么要重建？现在大桥的车流量已经是通车早期的六到八倍。承载了铁路桥，承载了很多一开始没有承载的东西。没有必要重建。大桥的寿命还会有一两百年。这还不够长吗？"伦斯勒学院院长帕尔默·C.里基茨（Palmer C. Ricketts）是一位德高望重的工程师。里基茨认为这个重建谣言背后有政治目的，推手是纽约工厂与规划专员格罗弗·A.惠伦（Grover A. Whalen）。惠伦不是工程师而是商人、乐团经理，后来策划了1939年的纽约世博会。华盛顿致信里基茨院长："这一计谋是惠伦专员策划的。惠伦计划在23号大街起始处修建一座新桥，但在这里造桥并不能对旧桥的负担有丝毫缓解。[1]惠伦希望借毁谤旧桥而推动新桥建设……布鲁克林大桥一切正常，交通也没有一刻中断。我建议：别再造谣了！"

---

[1] 23号大街有东街与西街之分，东街起始处位于曼哈顿岛最东段，在此处造桥可连接布鲁克林。但此地与布鲁克林大桥相距太远，因此华盛顿认为新桥可能并不能缓解旧桥负担。——译注

第 **14** 章

她去往一切地方，参观一切事物

布鲁克林大桥建成之后，跨距长达1595.5英尺，为全球第一，有将近五十年的时间没有被超越。直到1931年，哈得孙河上的乔治·华盛顿大桥开通，从曼哈顿北部延伸到新泽西境内，中央跨距长达3500英尺，才打破了布鲁克林大桥的纪录。华盛顿大桥的设计者是瑞士裔的奥斯马·安曼（Othmar Ammann）。华盛顿大桥开通的时候，正是美国著名的大萧条时期。大桥有四根主缆，每根主缆直径36英寸，由约翰·A.罗布林诸子公司制造。早在1895年，就有人找到华盛顿，商议在辽阔的哈得孙河上建造一座大桥，在当时看来这提议纯属空想。工程师乔治·S.莫里森（George S. Morison）给华盛顿写信，提议主缆的制造方法应当是"先制造小型索股再运到工地上，安装在'接头'内，并调节张力，使其处于特定长度"。对此，华盛顿不以为然，但仍不失礼貌地否定了莫里森："五十年的经验显示，钢缆如装入接头则几乎一定会在接头内断裂。"华盛顿还私下里跟威廉·希尔登布兰德抱怨："白痴才会这么设计！"

　　华盛顿·罗布林远远超越了时代，或许连他本人都没有意识到。

经验说明，主缆必须作加劲处理，以避免移动荷载与风造成的振荡运动。加劲处理的具体措施有两种，一是采用斜拉索，二是采用加劲桥面。华盛顿在布鲁克林大桥的建设中同时应用了这两种方法，但方法背后的确切原理，学界一直到20世纪中期才摸索清楚。布鲁克林大桥之后，华盛顿再也没有造过一座桥。他写了很多信，都说他已经濒死或者离死不远了，然而他的余生还很漫长，而且一直非常活跃，参与了大量工作。显然，华盛顿十分担心自己的健康，但有时候这种担心明显是杞人忧天，使得妻子艾米莉很是恼怒。现存的艾米莉的信件大多数是写给小约翰的，其中表明了艾米莉的耐心经常受到挑战，到了极限。1896年1月18日，夫妻俩结婚纪念日当天，两口子来到纽约市华尔道夫饭店准备庆祝，可艾米莉却郁郁寡欢，给小约翰写了一封信："今天，我和你父亲结婚三十一年了，却感到有两倍那样漫长。"艾米莉反复说到，丈夫嚷嚷着自己要死了，她却经常半信半疑。1898年6月，艾米莉出门访友回来，离开的时间并不长，却发现华盛顿情况非常糟糕。"我看见上校又深陷在幻想中，感觉自己消化不良。这疾病实在可怕，特别是天气暖和的时候！他卧床不起，克拉克医生（Dr. Clark）对他忠心耿耿，服侍左右，毫无怨言。"第二天，华盛顿恢复了不少，艾米莉的记载话中带刺："早晨，上校已起身穿衣，早餐的饭量是我的两倍。现在他正在安排明天的日程，兴致盎然，但昨晚他还坚信必然挨不到天亮就会死去，连活下来的想法都不值得产生了。"华盛顿还经常请克拉克医生过来。艾米莉又写道："你父亲已再次深陷刚愎自用的魔咒，每小时就死去一遭，但他吃饭睡觉却与常人完全一样。为使克拉克医生不至于发疯，我已派人去请魏尔医生（Dr. Weir）过来，告知我们一切并无大碍。"不过，艾米莉也忍气吞声地安慰独生子小约翰，说父亲华盛顿还是有好的一面——至少有时有好的一面，"你若真的理解他，就会发现他身上仍有足够优秀的品质使他成为高贵的人，他拥有很多本性中的最出色特征"。接着，话锋一转，"以及足够的'可疑方面'的天才，足以造就两三名普通恶人"。

华盛顿究竟受到了什么困扰，这个谜团持续了很久。直到20世纪中期，在压缩空气中劳作的长期损害才被人发现。华盛顿长期在沉箱中停留，当时就可能给他造成了隐患，让他患上了减压性骨坏死，受到了终身的伤害。骨组织非常精细，内部有血液循环，但在减压过程中，血液循环速度放慢，导致病人骨骼发生钙化。这种情况会造成骨骼的永久性损伤和持续性疼痛，是"在压缩空气中劳作而造成损伤最大、最危险的因素，可能永久延续"。

1889年夏天，小约翰结婚了，妻子叫玛格丽特·希彭·麦基尔文（Margaret Shippen McIlvaine），人称丽塔。丽塔的父亲是爱德华·希彭·麦基尔文（Edward Shippen McIlvaine），母亲是安妮·贝尔维尔·亨特（Anne Belleville Hunt）。1890年，小约翰和丽塔的第一个儿子齐格弗里德（Siegfried）出生了；1893年，齐格弗里德有了弟弟保罗（Paul）；1908年，老三唐纳德（Donald）也出生了。齐格弗里德出生后，华盛顿写信给小约翰："至少在我这一方面，家族可以不用担心绝后了。"又特别嘱咐儿子不要遵守家族传统："你肯定在绞尽脑汁为孩子取名。千万不要再叫他约翰或华盛顿，太容易混淆了。我还没有听见你母亲对这喜讯的反应，但她一定会高兴的。"华盛顿与儿媳妇丽塔的关系一直很亲近。

这段时间，华盛顿也一直忙于罗布林家作坊的工作，勤勤恳恳。尽管身为公司副总裁并不拿薪水，但他多年来一直全心投入父亲约翰开创的事业之中。他写道："作坊的所有部门从未如此忙碌过。

春天开始，业务极为繁忙，又没有准备。使用大量黄铜所需的资金量极大，比去年翻了一番；所有职工都没有能按期拿到工资。很多人以这种方式筹集资本，也即不清偿他们的债务。"

罗布林家族的风格从来不是这样。在未来的许多年中，约翰·A.罗布林诸子公司会大幅扩张，却从来不举债经营。华盛顿的弟弟费迪南是公司的秘书兼财务主管；另一个弟弟查尔斯，按华盛顿的说法有种"不屈不挠的性格"，总管所有的制造与建设项目。华盛顿这个人能够看到别人看不到的机会。他的长孙齐格弗里德出生的同一年，美国陷入一场新的恐慌，人们普遍对铁路业的将来持有悲观看法，某些地区失业率升至20%，钢丝绳作坊的生意自然也受到影响，减少了很多。华盛顿写道："公司重新开始运用各种手段保持不倒。"不过，经济不景气也会带来好处，"此时，所有的商品价格都很低廉，因此可趁机为将来的发展打下基础"。

华盛顿惦念的不只有生意。也就是在这段时间，他想到要记录父亲的一生。这年（1890年）冬天，他终于第一次拿到了父亲的旅行日记，对日记的意义作出了十分精准的评价。他给小约翰写信介绍："日记写于1831年9月。这份记录显示，一个年轻的殖民者仔细评估了美国几乎所有县治作为定居处的好处与坏处。这篇移民文学的佳作竟出自一个二十五岁的年轻人之手！当时他比你还年轻一岁，而作品已然像五十七岁的人一般成熟了！我今年五十七岁。"萨克森堡"当时是一片原始森林，野鸽都不栖息"，那么，约翰为何要选这片荒地呢？原因自然是"害怕寒冷与酷热"。老约翰认定宾夕法尼亚州西部的气候非常宜人，虽然这里的土壤多是重黏土[1]，不适合耕种，但他并不介意。然而，这黏土之下却埋着更有价值的宝藏。华盛顿继续写道："你祖父偏偏不知道当时这片土地下藏着什么，著名的金鹰油井就在这里，石油日产量3000桶！"这件事，华盛顿还告知了儿媳妇丽塔："1859年，我正与父亲在匹兹堡。当时的洛克菲勒辛迪加[2]请父亲去帮他们钻探油井，精炼石油，购买油田；另外一些朋友拥有一些油页岩矿床，也请父亲参与事业。父亲推断所有的油井必然很快枯竭，而且精炼过于昂贵，便将资金全部投入油页岩矿床。结果很糟，不仅投资全部失败，他也没有成为洛克菲勒第二。感谢上帝，我若有10亿美元要如何使用呢？现实的确比故事更加离奇！"

实际上，直到19世纪60年代，洛克菲勒才开始参与石油业。不过我们确实可以认为，在这个方面，约翰·罗布林超越了时代，因为宾夕法尼亚州西部的油页岩矿床直到21世纪才真正得到了开采。然而，石油带来的巨额财富能否让华盛顿不再抱怨缺钱？这可说不准。华盛顿致信小约翰："请务必节俭一些过日子，我的收入正在减少……这所大宅，仅仅维持下去就需要无数金钱。当初本不该建这房子的！我们迁入之后并没有快乐起来。"华盛顿估算，宅邸每年的维护费达11000美元左右，还不算上生活费和仆人的工资。艾米莉一直在精心打理房子。华盛顿叙述："雇来了更多的仆人……你的母亲在所有方面都很像一名普鲁士的操练军士，到处下达整理指令，严格至极。"

---

[1] 黏粒含量多于60%，其特点是土质黏重，结构紧密，缺乏有效营养，不利于耕种。——译注

[2] 主管为老约翰·戴维森·洛克菲勒（John Davison Rockefeller Sr.），美国头号富翁。——译注

夫妻俩住的宅邸位于特伦顿西州街191号，有27个房间。传记作家汉密尔顿·斯凯勒称这座大宅为"特伦顿最豪华的宅邸"，并不过分。艾米莉·罗布林委托摄影师给宅子拍了一组玻璃板底片的照片。照片上的宅邸奢华得令人惊讶：地上铺着虎皮和北极熊皮制成的地毯，一楼大厅的楼梯上方挂着一幅蒂芙尼彩色玻璃装饰窗[1]，画的正是布鲁克林大桥的雄姿。还有一间温室，华盛顿喜欢收集各种兰花，就种在这温室里。另有一个特别的"博物馆"，收藏着华盛顿的矿物标本。从宅邸后面可以眺望特伦顿市的斯塔西公园、特拉华与拉里坦运河、特拉华河。艾米莉监督了房子的所有设计工作。有一张外景照片拍下了艾米莉的马车。还有一张大厅照片，艾米莉站在楼梯上，一副女主人的派头；阳光映在装饰窗上，玻璃大桥就悬挂在她的上方。艾米莉经常在屋子里举办各种娱乐活动，甚至在保龄球道里打球。在当时，保龄球属于时尚的女性运动，还被世人看作有些"不检点"。（华盛顿给保龄球鞋系鞋带的场景确实有些难以想象。）最后，西州街差不多成了罗布林家族的殖民地：费迪南为一大家子人买下了222号，还为了投资买下了一排连栋房屋；弟弟查尔斯后来也买下了333号。

夫妻俩在另一个问题上有了分歧：华盛顿喜欢在家待着，艾米莉喜欢旅游。1893年秋天，为了纪念哥伦布发现新大陆400周年，芝加哥召开了世界哥伦布纪念博览会[2]。博览会占地630英亩，设计者是著名景观设计师弗雷德里克·劳·奥姆斯特德（Frederick Law Olmsted）。华盛顿陪着艾米莉去了，对总体设计评价很高。

---

[1] 当时著名珠宝设计师路易斯·蒂芙尼（Louis Tiffany）设计的一种玻璃窗，用途相当于绘画，并不是真正的窗户。——译注

[2] 通称"芝加哥世博会"。——译注

他写信给儿子说:"风景很是壮美,我十分喜悦,心脏几乎要破胸而出。奥姆斯特德先生居功至伟。"但他对展览很是厌恶,"展览互相竞争,却空洞无物,愚昧得很"。说的可能是他只看了一眼的巨型奶酪,重达11吨,从加拿大运来。此外,华盛顿在旅途中也很不舒服,有严重的消化问题,"我的饮食毒性极大,可以害死鲨鱼[1]"。归途的情况更为糟糕,"明晚就会有人将我直接拽回特伦顿,中间不作停留。我对这次旅途的恐惧,你难以相信!我已经没有一点剩余的力气了……人们还对我说我的气色很好,我真想杀掉他们"。

如此一来,艾米莉想过自己的生活也就天经地义了。她也果然这么做了。

*

无可否认,艾米莉·沃伦·罗布林是个非同寻常的女子,但是她的一生我们却难以追寻。她在战时写给华盛顿的信都没有保留下来,这就造成了一片无法填补的空白,后人只能想象。布鲁克林大桥建设期间,她制作了剪报册,能让我们根据她选择的文章推断她的想法。可她自己真正的想法,这些剪报册却不能提供。她也只是"那个时代的杰出女性"。斯凯勒说她有"近乎男人的智慧",而这份智慧困在了19世纪。

有些人说她是工程师,可她从来没有真正当过工程师,也没有自称是工程师。实际上,这样的头衔贬低了她的成就,也贬低了那些受艾米莉鼓舞的后来者。这些新女性为妇女的人生机遇闯出了一片新的天地。在与丈夫参加芝加哥世博会期间,艾米莉写信给

---

[1] 在西方的传统观念里,鲨鱼是不会生病的。华盛顿·罗布林以此形容自己的饮食有多糟糕。

小约翰说，她遇到了一位法国公爵夫人，用法语聊了一阵。[1]她写道："她极为热情地接待了我，并盛赞我的工程师技能！不知她认为我当语言学者当得如何？"艾米莉虽然没有自称总工，但直到进入21世纪好几年了，还有谣言说她才是布鲁克林大桥背后的推手。最近，美国土木工程师学会网站还宣称，1882年，艾米莉曾在学会发表演说，不让他们把丈夫华盛顿解职，但是档案没有记录显示有这次演说。网站声誉相对较好的"美国传记大词典线上版"上也说，有一次，亚伯兰·休伊特提到艾米莉才是大桥背后的真正智囊。然而，档案中也没有记载休伊特这么说过。饶是如此，艾米莉为丈夫、为大桥付出的努力依然是无价之宝。大桥完工前不久，《工程与采矿杂志》报道，伦斯勒校友会聚餐，著名采矿工程师罗西特·沃辛顿·雷蒙德（Rossiter Worthington Raymond）举杯致敬"恋人和妻子"："诸君！我知道有一位女性的名字不能在公共场合轻易提到，我也清楚我这个陌生人发表如此言论相当鲁莽，但我相信诸君必能宽宥我缺乏高雅和尊敬的行为，我这就说出你们嘴边那个说得不甚清晰的名字——华盛顿·罗布林夫人！"[2]

在当时的社会，妇女想要找到有用的工作实在非常困难，特别是艾米莉·罗布林所在的阶层。直到1920年，美国才通过《宪法第十九修正案》，让妇女拥有了选举权，此时艾米莉已经死去多年了。当时，妇女想要找工作，只能通过各种俱乐部、委员会、志愿者协会。1898年年初，机会来了。美国军舰缅因号在古巴哈瓦那

---

[1] 1870年，法兰西第三共和国成立，君主制结束，法国从此不再有法律意义上的贵族，只有贵族后代。艾米莉此处称对方为"公爵夫人"，是沿用之前的称呼。——译注

[2] 当时的美国，称呼已婚妇女有时会用丈夫全名再加上"夫人"，因此这里叫她华盛顿·罗布林夫人，不是艾米莉·罗布林夫人。

港（Havana Harbor）爆炸后沉没。当时古巴是西班牙殖民地，美国指控西班牙炸毁了缅因号[1]。4月25日，美国向西班牙宣战，短暂的美西战争爆发。当时小约翰正在拼命寻找人生意义，觉得可以参军。4月21日，小约翰写信给妈妈，慷慨陈词道："战争看来是不可避免了，我认为完全可以采取行动作好最后的安排，然后上前线去。"小约翰写了遗嘱，把一切"都尽量安排整齐"，还说："我不愿将这封信写成详细的告别信，因为我同意上校的意见，总体而言应当避免告别。我还发现，写过最详细的告别信之后，作者一般还要回来，或者还要再写一封。"小约翰致信美国海军部，表示愿意入伍，还拼命保证自己在战时能发挥很大作用："我今年三十岁，职业是土木工程师……除了所具备的一般机械知识外，在海军战事方面也有深厚的理论基础。"然而，这封信石沉大海了。最后，小约翰终于进了陆军工兵部队服役，只是他的健康状况实在太差，因而始终没有上过前线。

小约翰的母亲艾米莉倒是运气比较好，发现了不止一个为国家服务的途径。现代人看来，美西战争只是一场小冲突。但是，战争期间参加的军人却远超25万，而且影响至今可见。西班牙在战前已经大大衰落，殖民地缩减到古巴、波多黎各（Puerto Rico）、菲律宾、关岛（Guam）和其他一些小岛。最后这些仅存的殖民地也都让给了美国。美西战争期间，未来的美国总统西奥多·罗斯福（Theodore Roosevelt）大出风头。他率领的美国第一志愿骑兵队外号"狂野骑士"，战绩显赫，报纸争相报道。

然而，这场战争，作战的不只有士兵。军方十分担心战时、

---

[1] 现在一般认为，缅因号爆炸的真正原因是舰上煤堆自燃。美西两国向来有利益纷争，缅因号事件并非战争直接原因，但确实成了战争的催化剂。——译注

战后会流行黄热病和其他热带疾病，因此在纽约长岛的蒙托克角上建立了一个叫威科夫营（Camp Wikoff）的隔离检疫营，有数千士兵会经过这个地方。1898年夏天，第一批士兵来到此地。但此时这个检疫营几乎还没开始建设，条件十分糟糕。8月，艾米莉代表全国妇女战时救济协会视察了检疫营，对情况相当不满。这里名为检疫营，却只有最低限度的医护措施，而且检疫营的管理方完全不让女护士进来。于是艾米莉安排了一队男护士护理士兵，自己掏腰包拿出210美元付工资。她还为检疫营厨房安排了一名厨师，又送来了补给：牛肉膏800瓶，可可50磅，果酱3箱，袜子75双，鞋24双，开口式枕套50只，宽松式长睡衣30件，大大改善了检疫营的条件。[1]1898年12月10日，美西两国签署《巴黎和约》，美西战争彻底结束。1899年年初，新泽西州立法机构通过一项特殊决议，专门表彰了艾米莉的贡献。

之后几年，战争引起的激动情绪已经平复了，艾米莉觉得住在特伦顿太无聊。数年前，她曾致信小约翰说"我感觉像被活埋了"。于是，她又开始旅行，一开始跟丈夫一起，后来只自己去。1892年，两人去了欧洲。1896年，两人本来商量好再一起去欧洲，可华盛顿在最后关头忽然变卦，艾米莉就一个人去了。她去了伦敦、巴黎、维也纳、华沙、莫斯科，还受邀出席了英国王室的活动。这年春天，华盛顿致信小约翰："你是否以为我已同你母亲前往欧洲了？此刻，我正在特伦顿的家中安坐，而她则在英格兰到处扭动，满足她的虚荣心——一种支配所有女子的强烈情感。"华盛顿话里带刺，表示他没跟艾米莉一块儿去也没什么可后悔的。5月，他又写信给小约

---

[1] 这年夏天到秋天，美国在菲律宾和古巴两个战区大败西班牙海军。——译注

翰:"你母亲出席英国宫廷活动已是之前的事了。我如果也在伦敦，便不得不去见他们。齐膝短裤，腰佩小刀，头戴歪斜的礼帽。试想，错过这样的滑稽场面有什么可遗憾的呢？"

在俄国，艾米莉正好赶上沙皇尼古拉二世（Nicholas II）与皇后亚历山德拉（Alexandra）的加冕典礼。这是俄罗斯最后一代沙皇。他们拥有绝对权力却注定没有未来。皇后中了拉斯普京的魔咒[1]，沙皇的统治也随着俄国革命结束了，皇室成员全都被除掉。艾米莉似乎对沙皇印象极深（即使是现在的人，看到艾米莉的记录也会吃惊），给丈夫写信说沙皇"脸色有如大理石一般苍白"。还说："他面色悲戚而严肃，表情令我始终难以忘怀……众人都在大谈皇后的美貌、优雅，我却全心关注着沙皇。他的样子很是温柔可亲，一双蓝眼睛，是我所见过的最漂亮的。他看上去非常瘦弱，神情悲哀，若有所思，仿佛肩上重担不堪承受。臣民对他似乎十分爱戴。"艾米莉没有看到将来的革命把沙皇推翻，她只是为宫廷的富丽堂皇而感到眼花缭乱。不过，她也告诉华盛顿，她曾看到沙皇与皇后"坐在一辆轻便的马车上快速穿过街道，没有一名侍从，也没有一名男仆相伴"。

艾米莉有一种欧洲旧贵族的情结。在来到莫斯科之前，她曾坐上著名的东方快车[2]去维也纳。刚到维也纳，就"坐车游览了普拉特公园，恰巧看到奥地利皇太子妃斯蒂芬（Crown Princess

---

[1] 据说，俄国宫廷有个叫拉斯普京（Rasputin）的骗子曾诅咒皇室，说只要他一死，皇室成员很快就要全体毙命。1916年年底，拉斯普京被暗杀。1917年，俄国二月革命推翻了尼古拉二世。十月革命之后，沙皇、皇后全家都被处决了，"中了魔咒"。——译注

[2] 1883年开通的旅游列车，从伊斯坦布尔通往巴黎，著名侦探故事《东方快车谋杀案》即发生在此地。现已停运。——译注

Stephen）骑马出行。皇太子妃美丽动人，马术高超，旁边随行的有一名官员和一名小童，骑着一匹小马"。艾米莉向东去的时候，安排行程失误，她本来想要坐外交专列前往莫斯科，结果没坐上。"于是我们便错失了机会，未能在到达车站时走上红色丝绒地毯来到丝绸天棚下面。"华盛顿写信给小约翰说："她去往一切地方，参观一切事物，昼夜不息。"1896年夏天，艾米莉回到了美国，脑子里却灌满了各种贵族的事情，需要适应一阵才能回到现实。华盛顿告诉小约翰："你母亲在睡梦里仍说着国王、女王、沙皇等等。再过一周，她的注意力就能回到普通人身上了，我希望她最终能够关注我们这些底层之人。"

实际上，艾米莉左右为难。她一边迷恋欧洲的精致宏伟，另一边又想参与更加民主的事业——争取妇女权利的运动。在英国时，艾米莉有一次面见维多利亚女王（Queen Victoria）的机会。她住在伦敦布里斯托尔旅馆里，满怀紧张地给小约翰写了一张字条："我想了很多：我戴上摇摆的羽毛和新娘的面纱后，会是什么样子？我在女王面前行屈膝礼后再站起来会不会出问题？裙裾会不会把我绊倒？在王室面前，我能否足够沉着冷静，相貌端庄，近看也没有瑕疵？我能否保持一直以来的魅力？我毕竟是去见维多利亚女王！……在王室客厅参见完女王后，我还要在伦敦停留一周，如此，若王室想要尽地主之谊，我还可以给王室一个机会。虽然我加入了聚花果联谊会，但也不想让他们以为我自命不凡。"

聚花果联谊会是一个职业妇女联盟，由女记者简·坎宁安·克罗利（Jane Cunningham Croly）1868年在纽约成立。美国报业有一种联合专栏，作者撰写一篇文章后可登在很多份报纸上，和独家专栏相对。克罗利是美国最早的联合专栏女作者之一。有一次，纽约记者俱乐部为英国作家狄更斯访美专门举行了晚宴，却不让女性参加，克罗利大怒。之后几年，妇女俱乐部开始在全美遍地开花。艾米莉被选为聚花果联谊会会员，是在1896年出访欧洲各国王室的两年前。这是她人生最后十年参与男女平权斗争的开始。几年之前，诗人沃尔特·惠特曼写道："如今的女权会议，参加者是何等怪异的组合！女人穿马裤，男人穿衬裙。白人，黑人，乳酪色的人；无神论者，性自由者，素食主义者，天知道什么者——混在一起，'浓稠不化'，直到这团混合物变得药性太烈，让我们感觉大都市的胃变得受不住为止！"艾米莉·罗布林以自己的方式成了这份事业的先锋。与美国很多妇女比起来，艾米莉的特权自然要大得多，但她依然觉得自己处在一种不利的地位。她仍然依赖于丈夫的身家，即使华盛顿一直为钱财焦虑。她还知道小约翰同样依赖于父亲的身家。母子俩的收入都来自华盛顿的财富，他们一直在为这笔财富付出自身的代价。艾米莉曾对小约翰说："像你我这种依靠别人赏赐给我们的东西过活的人，是永远贫穷的！我一直告诫你，若是完全依赖别人，就永远不能完全独立！"

华盛顿觉得，安守在家，既可以丰富自己的矿物藏品，又能照料家族企业，这生活实在令他满足。可是，艾米莉却不希望丈夫继续经营企业。1899年快到年末的时候，公司拿到了给威廉斯堡大桥制造钢缆的合同。大桥的设计者是莱弗特·L.巴克（Leffert L. Buck），也是伦斯勒学院的毕业生，与华盛顿同岁，却比华盛顿晚十多年毕业。查尔斯十分想负责这份重要的合同，华盛顿却觉得这是因为弟弟想同哥哥竞争。华盛顿说，查尔斯一看到机会，"雄心壮志就被点燃了，决心制造钢缆。这些钢缆的尺寸超过布鲁克林大桥的两倍，于是荣耀自然也就加倍"。华盛顿也参与了这项事业，跟老同事威廉·希尔登布兰德通信商议合同的事。艾米莉为此很不高兴。她告诉小约翰：“我的心已经碎了！约翰·A.罗布林诸子公司已经拿到了巴克所造大桥的钢缆合同，你父亲也已经投入工作……你父亲在泥淖中陷得比其他人都深，他已开始设计各种方案以克服工程上的困难。对于合同，对于工程，我全都反对，但我已要求他不要再与我商议此事，而我也会保留自己的意见，只要我能做到视而不见就不会向他抱怨。不过，你父亲的计划使得他基本不会再干扰我的世界，如今我终于得了自由，可以做很多盼望已久的事情了。”

访问欧洲各国王室回来后，艾米莉就在特伦顿组织了一个女子俱乐部。艾米莉说：“男子可以举办大型公开的晚宴，我们也可以。我还知道两则略为‘不得体’的逸事，是关于乔治·华盛顿总统和林肯总统的，我要讲出来。”艾米莉在宅邸举办午餐会，还跑遍美国，会见其他类似的女性俱乐部的负责人。华盛顿也一起去了很多次，却无法乐在其中，他写信给小约翰说：“聚花果联谊会的晚宴几乎要了我的命，我身后窗户大开，所穿的晚礼服又很单薄。当然，环绕着我的一群‘母犀牛’则有一层厚重的浮华衣服保护，对此全不在意。”怪不得艾米莉想要让华盛顿待在家里。“你父亲令我极为失望。我已决定今后再也不打扰他，也不再试图让他走出特伦顿或是下床。”

此时，艾米莉已年过五十，决定学习法律。纽约大学有一门课程招收女性，至少在一定程度上允许女性进入。校长亨利·米切尔·麦克拉肯（Henry Mitchell MacCracken）是俄亥俄州人，他知道会给学校捐款的人不光有富翁，还有富婆，于是在曼哈顿南部的华盛顿广场校区开设了面向女性的法学课程与教育学课程。法学课程的指导是艾米莉·坎平（Emily Kempin），瑞士裔，法学博士，在瑞士的一所大学获得了博士学位。但来到美国后，美国法律却不让她从事法律工作，她只好转行做教学了。纽约大学的课程其实也不是为了培养执业律师。有一名女性后来回忆，课程的目的并非"培养学生从事法律工作"，而是"为了方便那些有可能打理家产的妇女，或是……那些想要更加全面了解法律的妇女……给她们一个机会，研究现代美国法学基础"。

　　基础课程一个学期就上完了，而男性想要拿到学位却需要整整两年。艾米莉在学习法学基础的同时也在学合同、财产、亲属关系。纽约大学法学教授艾萨克·富兰克林·拉塞尔（Isaac Franklin Russell）描述来上课的学生："最极端的贤妻良母与最极端的主张女权的人，在这里汇聚一堂。后者坚称，妇女对各种权利的要求依然遭到拒绝。"1899年春天，艾米莉·罗布林以优异的成绩毕业。她十分清楚当前的法律系统对女性几乎没什么利益可言，虽然男权社会对此有过专门的解释：18世纪，英国法学家威廉·布莱克斯通出版了《英国法释义》，成为英美两国普通法的基础文件之一。布莱克斯通认为，妻子缺乏权利这一规定的目的是"保护妻子，并对其有利"。布莱克斯通的主张，"在她阅读法律原文时从她的脑海中消逝了。她发觉，这种说法看似是对妇女的尊重，实则只是漂亮的恭维话，并无什么事实基础"。艾米莉把这个观点写入了毕业论文《妻子权利的种种缺失》中，并在《奥尔巴尼法律杂志》上登了出来。

　　艾米莉大力主张婚姻中和法律面前男女平等。正因为有这样的意志，在纽约与布鲁克林大桥建设的那些年，她才能做出自己的一番事业。她写道："人人都承认婚姻是一种契约，女性必须为丈夫付出一切。"当时的法律规定妻子只能拥有丈夫三分之一的资产，而且"若丈夫选择行使自身法律权利，则没有义务将自身财产留给妻子一分一毫"。艾米莉认为，这样的法令必须修改，"在婚姻契约中，房产与私产都应平等地属于夫妻二人，而且只能在双方中的最后一人去世后，方可分割发放"。正如艾米莉之前对小约翰所言：若是完全依赖别人，就永远不能完全独立。

纽约大学的毕业典礼在旧日的麦迪逊广场花园大音乐厅举行，在典礼上，艾米莉将这篇论文大声读了出来。艾米莉参加的培训班是法学课程第九次开班，共48名毕业生，她是其中之一。她告诉小约翰："我为自己可是骄傲得紧！真奇怪，上校竟然很是欢喜而且觉得有趣，还接受了拉塞尔教授的邀请，坐在台上看着法学院的院方为我们颁发证书。"费城的布林莫尔学院院长 M.凯莉·托马斯小姐（M. Carey Thomas）发表讲话，提到了世纪之交的世界正面临着怎样的变局，以及对待女性权利的态度在各个阶层中引起了怎样的波澜。托马斯院长说："有时，女子接受高等教育会引起人们的不满，教育也因此而受到责备。然而在社会转型期间，不满是不可避免的。"

华盛顿虽然觉得有趣，却似乎并不完全同意妻子的看法。艾米莉告诉小约翰，她在报纸上看到华盛顿曾去找过拉塞尔教授，对教授说："我今晚方才听到她的论文，对她的看法，我一个字也不同意。"拉塞尔同意华盛顿的说法："我校学生有资格提出自己倡导的一切理论，只要这理论合乎法理。学生的论文完全由学生自己负责。"艾米莉毕业后，又过了几个月，华盛顿又给小约翰写了一封信，评论艾米莉的狂热："你母亲已前往罗切斯特市演讲，谈法律、离婚和护士问题，她对这些话题根本一无所知。"

早在19世纪60年代两人结婚之前，华盛顿就向艾米莉保证，她的生活绝不会和自己的母亲乔安娜一样，在穷乡僻壤围着炉子转，而丈夫却周游世界。她也的确没有过这样的生活。艾米莉头脑聪慧，举止优雅，在丈夫生活中扮演的角色，即使以现代人的眼光来看，也是惊人的。然而，两人终究没有彻底超脱时代。艾米莉发起的活动也不总是为了那些真正需要援助的人。有一次，政府要征收石油大亨约翰·D.洛克菲勒在威彻斯特县波坎蒂科山区建的一所豪宅的财产税。洛克菲勒写了申诉书，希望不要征税，并主张考虑到自建设房产以来，这个地方已经有了很大的发展，税额应当按照土地开发之前的计算。艾米莉对这次申诉很感兴趣。最后，法官批准了申诉。艾米莉带着几分满意说："法官最后说富人也有和穷人一样的权利，应该受到这片土地的法律的尊重。"

　　艾米莉还非常喜欢奢华与特权。艾米莉的祖上叫约翰·巴雷特（John Barrett），纽约州达奇斯县人，曾参加过美国独立战争。因为祖上的荣耀，她也参加了"美国革命女儿全国协会"，并当上了副会长。协会文件上有艾米莉的简介，详细描述了她的性格："女子不因谋生而习得了如此强大的执行能力，这一情况实属罕见。罗布林夫人生性坚定果敢，几乎对每件事都有自己的看法，且表达看法时极为坦率。"人们十分敬仰她的机智、精力、"实干能力"；此外，"她在特伦顿市特拉华河边有一所精美大宅，是她亲自监督建成的。家中井井有条，打理的精细程度不亚于军营的标准"。这一观点，华盛顿也表示同意。艾米莉的仁慈、组织与社交能力（今天或可称为"打通人脉"）让她人气很高，"多个女子协会的数千名成员曾与她会过面，都十分尊敬这位夫人"。

　　然而，艾米莉的身体开始不好了。即使如此，她还是在视力有严重问题的情况下，坚持完成了学业。两人为了治病，专门去了纽约好几次，留下的信笺信头显示，他们一般都住在华尔道夫饭店。这时候，夫妻俩面临的不只是艾米莉的健康问题，华盛顿与弟弟费迪南的关系也恶化了，这是因为他们两人在罗布林家族的层级不一样。这层级是当年老约翰一手制定的，老约翰即使已经过世几十年，仍是阴魂不散。1898年年初，华盛顿带艾米莉去纽约看纳普医生（Dr. Knapp）后，给小约翰写了一封信："艾米莉的眼病很重，痛风侵袭了双眼……我现已成了自己的文书助手与换班职工，尽管自己也患有多种疾病。只要不太严重，我便会坚持工作……希望1898年比1897年来得吉祥一点。我与作坊众人的关系也更为紧张了，皆出于兄弟失和之故。"

华盛顿与费迪南的争端从根本上说还是由金钱引起的。华盛顿写道："我在大桥建设期间领取的工资是每年1万美元，而花费却有2万美元。若我从未见过大桥，则能多出10万美元。"华盛顿认为费迪南占了便宜，因为华盛顿虽是约翰·A.罗布林诸子公司的副总裁，却不拿工资；而费迪南是秘书兼会计，却拿工资。1899年2月，兄弟关系进一步恶化了，原因是美国钢铁钢缆公司提出要用800万美元收购约翰·A.罗布林诸子公司。美国钢铁钢缆公司成立于1898年，老总是约翰·W.盖茨（John W. Gates），之前在得克萨斯州卖带刺铁丝发了财。盖茨喜欢赌博，得了个"百万赌徒盖茨"的外号。他计划创办一个钢缆托拉斯，就像洛克菲勒的石油托拉斯一样。他不光想买下制造商，还想要买下钢厂、熔炉以降低生产成本。当时全球化进程刚刚开始，盖茨相当成功，14家公司同意加入托拉斯

（Trust）[1]。当然，加入后才过了三个星期，董事会就全面降低工资，最大降幅达到了13%。到1898年8月，2000多名工人罢工。

当时，华盛顿卖掉公司的意愿比费迪南、查尔斯两个弟弟都要强烈得多。费迪南觉得盖茨出价太低。查尔斯主管技术工作，也不愿意卖。华盛顿写信给律师转述道："查尔斯说他主管自家公司太久了，已经无法再为别家当主管。"华盛顿似乎相信，只有卖掉公司自己才能得到公正的待遇，因为费迪南一直把公司的收入重新投资，所以华盛顿的红利下降了。19世纪80年代，华盛顿还能得到30%的收入红利，如今却只能得到5%。费迪南绝不容许收购价低于1200万美元，而华盛顿竟然接受了更低的价钱，为此，费迪南非常恼火。1899年2月，他怒不可遏地写信给华盛顿："我和查尔斯都同意只要价格合适就可以出售，但绝不能将财产拱手相让！"又说："一直以来，我从不认为你如此愚昧，现在却不得不改变看法了。以及，我认为你已没有资格治理自家财产了，否则太过危险！"

然而，真正想把公司卖给盖茨和钢缆托拉斯的人，究竟是华盛顿还是艾米莉？艾米莉给小约翰写过一封没有日期的信，似乎表明了妻子比丈夫更有意愿要做成这笔交易："即使在最疯狂的幻觉当中，你也不会想象到能有我这样完满的胜利！美国钢铁钢缆公司已完全收购了约翰·A.罗布林诸子公司，愿公司能够安息！他们已付了好价钱，用的是实实在在的现金，而不是股份或一般股票。当然，我们也可以在交易所如其他人一般购买股票。"艾米莉告诉儿子，自己"笑得头都要裂开"，除了她与上校商议时，"上校顿时

---

[1] 是指在一个行业（商品领域）中，通过生产企业间的收购、合并以及托管等等形式，由一家公司兼并、包容、控股大量同行业企业来达到企业一体化目的的垄断形式。——编注

感到心碎。我费了些周折才让他签署了协议，昨天他已签字，之后便上床去歇息了。后来他说把出生时便已拥有的权利拱手让人，让他感觉已经没有了生存的意义"。

艾米莉高兴得太早了。1899年春天，盖茨忽然降价到900万，华盛顿一帮兄弟谁也不接受，交易从此告吹。多年之后，华盛顿强调，他很不愿意把父亲的生意交给别人的企业集团。他写信给律师说："费迪南坚持要卖，就连查尔斯也觉得这主意很好。完全可以说，是我当时激烈地反对，交易才没有达成。"分明是华盛顿勉强签署了协议，他的这次回忆很干净地掩盖了真正的历史。罗格斯大学档案馆至今保存着这次交易的相关文件，这些文件能保存下来纯属一个美丽的意外。华盛顿曾看过这些档案，并给各个文件夹做了标签："关于将约翰·A.罗布林诸子公司以800万美元（买方报价）售予美国钢铁公司[1]的通信。这笔交易幸好落空了，因为，今年（1912年）公司票面价值已超过3000万美元。"还有一段附记写在了华尔道夫饭店信笺上："这份通信记录应该销毁，毫无价值。我们没有将公司卖掉实属万幸！"

世上没有一桩婚姻是完美的。旅程开始的时候，谁也想象不到前面的路会是什么样子。老约翰·罗布林若是没在1869年死去，艾米莉的人生会怎样呢？丈夫华盛顿若是在修建东河大桥期间没有患上重病，她又会怎样？夫妻俩的天性都是坚忍而勇敢的，可艾米莉的决心经常受到严酷的考验。或许正因如此，她才会希望丈夫能够卖掉公司，拿到现金，把两人从约翰·A.罗布林诸子公司的阴影下解放出来。但艾米莉没有如愿。两口子吵了一架。大多数的

---

[1] 1912年，华盛顿作记录时，美国钢铁钢缆公司已成为美国钢铁公司的一部分。

争吵要么无声地消失了，要么就是故意没有保存在家庭档案中。华盛顿只能向自己收集的矿物求得无声的安慰了。

*

华盛顿的部分藏品有：磷灰石标本一件，深紫色，晶体根部颜色最深，上部颜色稍浅一些，六棱柱状，顶端平坦，顶侧对称分布了六个"切"得干净利落的小斜面。这件标本发现于缅因州奥本市（Auburn），大小正适合放在手掌上观赏。绿柱石家族标本若干，有绿柱石、海蓝宝石，还有一颗矩形切割的黄色绿柱石，闪亮得犹如视线突然从海面切换到阳光下，光彩夺目。托帕石若干，有橙色、黄色、蓝色、浅粉色。黄钻一粒，重17.9克拉，是矿山经理李·瓦格纳（Lee Wagner）在阿肯色州发现的。黑钻一粒，重64克拉，是有史以来发现的最非凡的钻石之一。许多的欧泊藏品，其中有块欧泊原石重达2585克拉，是在内华达州维尔京河谷发现的。河谷底下埋藏着很多树木，这些树木腐烂后在树干内部形成了空腔，富含二氧化硅的水溶液填充到空腔后就形成了欧泊。这块欧泊就是大名鼎鼎的"罗布林欧泊"，体色非常黑，通体贯穿着蓝色与绿色的火彩；体积又很大，看上去好像玻璃制品。罗布林还有一块特殊的欧泊，是罕见的欧泊化的恐龙骨骼化石，切磨成了椭圆形蛋面，闪耀着红色与绿色的火彩。一对艳丽的圆柱状电气石晶体闪闪发亮，颜色丰富灼目，从顶部到底部依次是红色、粉红色和绿色，根部还堆叠着细小的电气石，垂直伫立在一块平躺着的石英晶体上。由于它的形态如此特殊，因此得名"汽船电气石"。整个标本将近1英尺高，发现于加利福尼亚州圣迭戈县的一座矿山。华盛顿为了买到它，不惜长途跋涉，跨越整个美国。

华盛顿有一张照片，拍的是特伦顿市西州街上豪宅里摆满矿物标本的"博物馆"。较大的矿物标本直接摆放在了壁炉台上，而那些小而精致的矿晶珍宝则放在了靠墙的玻璃柜中。屋里有一张大班桌，一把曼陀林放在了椅子上，而曼陀林的琴盒（也有可能是小提琴盒）放在了大班桌底下。一直有人说华盛顿是个了不起的音乐家，老约翰也是，直到约翰1849年年底伤了手。华盛顿年纪大了，早已不能再奔走于各个矿区追寻他心仪的矿物标本。现在他只能依靠邮政，发信到全国各地购买他想要的各种标本。他终生都在关注跟矿物标本有关的各种小道消息。临终前不久，他写信给另一位收藏家说"这是因为人人都想吃别人的盘中餐"。从少年开始，华盛顿就对地球上隐藏的地质秘密充满了热情，这种热情在布鲁克林大桥沉箱的一幕幕戏剧中发挥了极大的作用，而且从未消退。沉箱建设让华盛顿身患重病，在他人生最黑暗的时刻，也是矿物让他坚持了下来。有一张写于19世纪70年代早期的字条："我已经成了废人，困在屋子里，矿物是唯一使我不至疲惫、不至激动的东西。"字条和一张支票放在同一个信封里，支票是为了支付几件新的矿物标本。字条是艾米莉的手迹，因为那时的华盛顿视力已经很差。

哪怕华盛顿看不清这些矿物，矿物依然能给他带来欢乐。手感觉到的重量、形态、密度和纹理，比眼睛看到的还要真切。华盛顿从来不自称专家，但这个"业余爱好"却植根于热爱。正是他与大地的联系，支撑着他修建了宏伟建筑，给予了他谋生的途径，赋予了他灵感和信心。在华盛顿的一生当中，他做任何事情都目标明确，在收藏上自然也不例外，他决定要收集齐全所有已知矿物的具有代表性的标本。他不只是追求钻石、欧泊、碧玺[1]这类大众熟知

---

[1] 即电气石。——译注

的宝石类矿物，还想得到铜铅铁矾、磷铁锰矿、碱磷灰石、砷锑矿、钼铋矿和水钒钙石这类稀有的矿物。有的矿物也许很不起眼，也缺乏吸引人的外观，但华盛顿还是想收集全，因为他很清楚，只有所有的矿物加在一起才能组成整个世界。这个目标是不可能实现的，不过华盛顿依然为此充分地努力过。

1917 年，华盛顿被选为纽约矿物学会名誉会员。学会会长是乔治·弗雷德里克·孔茨（George Frederick Kunz），自学成才的矿物学家。孔茨的父亲与华盛顿的父亲老约翰一样，也是德国来的移民。孔茨生于 1856 年，比华盛顿小十九岁，1889 年入职蒂芙尼公司，为公司收集了大量的非凡珍宝。在巴黎世博会上，他收藏的藏品得了金奖。金融大亨 J. P. 摩根（John Pierpont Morgan）拿出一万五千美元，把藏品全都买下，送给了美国自然历史博物馆。如今，这些藏品被称为"蒂芙尼 - 摩根藏品"，还为它们专门开辟了摩根宝石纪念展厅。华盛顿收到他被选为会员的消息后，给这位后辈收藏家孔茨写了一封谦虚的回信："即便我已收藏矿物四十年了，却依然感觉我在这门学科方面还是新手，未来还有更多的知识值得我学习。"他又补充道："对个人而言，收集齐全所有已知矿物的代表性标本当然是不可能完成的任务。"但他也承认自己利用丰富的资源做到了极致，"我刚开始收藏时，主要矿物标本仅有数百件，如今已有数千件了，每年积累的新的变种和种类约有 50 至 100 件。我专爱收集稀有矿物，希望这一爱好对全美的多位科学家略有帮助"。有些矿标的标签显示，矿物与他的生活联系非常紧密，例如，有一小块自然金是 1924 年 12 月别人寄给他的，来自拉帕汉诺克河上的矿坑。华盛顿标记："莽原之役前一晚，我睡在此处。"

对自己的收藏，华盛顿一生都毫不吝啬。有科学家或矿物学家写信请求帮助，他都会把矿标借给他们。华盛顿知道，布鲁克林大桥这一成就十分重大，也许是他建起的所有工程里最重要的。儿子小约翰也明白这一点，他曾写信给孔茨说："只有博物馆才会永久长存。"1926年，华盛顿去世了，转过年来，小约翰就把父亲的矿物藏品捐给了美国首都华盛顿特区的史密森尼学会。这批藏品学会一直收藏到现在，共有一万六千件，另外还有15万美元的捐款，用于保存与后续的开发工作。美国《科学月刊》报道，这一批礼物使国家的藏品"能与全球最大的博物馆媲美。我国的学生和矿物从业者可以安心，这些藏品不会被卖掉或分发到民间，只会留在能够妥当保管它们的地方，让所有有资历的矿物学家研究，也供那些只愿意观赏的游客观赏"[1]。

现在，这些矿物标本分散在博物馆的各组藏品中。有些用来展出，例如那块奇异的电气石；有些则被深藏起来，成了美国知识宝库的基础。这也正是华盛顿的希望。不过，华盛顿的这批收藏和他对地理的痴迷，恰恰更深地体现了他的充满讽刺的斯多葛主义[2]。因为地理这门学科将我们带回到地球形成的初始，与时间长河相比，人类的一切成就都显得微不足道了。华盛顿曾写信比较过布鲁克林大桥和埃及的吉萨金字塔，他十分清楚，这两项工程之间虽然隔着几千年的岁月，但从地质学的角度来说，这几千年不过是眨眼之间。

---

[1] 小约翰的各种科学爱好，还有他与史密森尼学会的各种关系，相当广泛。1920年，小约翰曾捐款在哈库霍拉山区修建一个太阳观测站；1925年，又捐款在加利福尼亚州"桌山"设立了一个更先进的观测站。

[2] 一种古希腊学说，主张禁欲、坚忍，冷漠地看待世间的喜怒哀乐。——译注

第 15 章

妻子的模样在他眼前浮现

时间进入20世纪。最初两年，华盛顿和艾米莉身体都不好。1902年，快到年底的时候，华盛顿又前往纽约州莎伦温泉村开始做水疗。这个地方位于特伦顿市北部250英里，特洛伊市西部50英里，是旅游胜地，因矿物温泉而名声大噪，正在快速发展。在大桥修建期间，华盛顿曾去过罗得岛纽波特市疗养。莎伦温泉村，人称"有芬芳泉水的地方"，当时和纽波特一样，都因地下涌出的神秘力量而成了远近闻名的疗养胜地。在1900年的巴黎世博会上，莎伦温泉村的白硫泉水是唯一获得奖状和奖章的美国矿泉水。艾米莉的病症包括消化疾病、虚弱无力、视力下降，看似与华盛顿的病症一样神秘。这些症状使得她越来越衰弱，再也不能像以前一样旅行、组织妇女活动了。

夫妻俩之前的习惯是艾米莉环游世界，华盛顿待在家里，如今这习惯反了过来，艾米莉得留在特伦顿疗养了。她病得很重，自华盛顿之后轮到她几近失明了。1902年11月，她在几乎失明的情况下，给丈夫写了一封潦草的信：

亲爱的阿华：

　　手十分无力。每次想到要写信都感觉是最后一次。你的信，昨天已经收到。约翰逊[1]明天去看你，会把拖鞋和茶叶一并带去。约翰是家中的一道阳光，看到他，效果胜过几服神经补药。我很高兴你已经能坐起了，我无法诉说你若回来的话我的心会怎样喜悦。想到可能再也见不到你，令我恐惧万分。

　　如今需要两人才能将我扶起……基本靠牛奶度日，但有人帮我腿脚涂抹橄榄油增加营养。他们都说我大有起色，我却不见起色在哪里。我显然一天比一天更加衰弱……

　　　　　　　　　　　　　　　　　　爱你的，艾米莉

　　华盛顿回来了，艾米莉却没有好转。华盛顿告诉小约翰："你母亲对我说，她一如既往没有好转，护士却说她好些了，我就相信护士吧。"

　　尽管艾米莉病得越来越重，却还一直在编辑一本书。这本书不是披露她人生的记载，而是关于一位祖先的，是18世纪赛拉斯·康斯坦特牧师大人的一本日记的抄本。康斯坦特曾在纽约州约克城一个"繁荣昌盛的牧师团"里担任牧师。这本日记收录了他演讲的原始记录，主持的婚礼和葬礼，在农场完成的各种任务。艾米莉给日记作了注解，写到了康斯坦特在约克城遇见的各个家庭。这本日记外人读起来肯定枯燥无味，但艾米莉的注解却展示了当年修建大桥

──────────

[1] 约翰逊应为约翰的正式教名。——译注

时协助华盛顿的高超文书技巧。当年，约翰·罗布林从欧洲前往新大陆的日记，满是对世界的新发现，十分新奇，但艾米莉编辑的这本日记就远没有那么新鲜了。不过，她在布道、学习和务农的简短记录中，发现一位女性的身影不时在片段中闪现。这位日渐衰弱的女性也仍在努力完成自己的任务。日记写道，1784年秋天，牧师大人的妻子病得很重。10月15日，只有一句："康斯坦特夫人病势加重。"第二天，牧师记录："学习等。"18日，又一次写道："病势加重。"19日，"医生来诊，整夜情况不变"。20日，"仍然很重"。康斯坦特的描述与罗布林家中的情况十分类似。

1903年，《赛拉斯·康斯坦特牧师大人日记》出版。同年，艾米莉去世。年初的几个星期，艾米莉的身体越来越衰弱；2月28日，终于在守在床边的小约翰、华盛顿以及自己一个姐妹的陪伴下，撒手人寰了。艾米莉极有可能是死于癌症，但《鹰报》报道，家庭医生克拉克请来的专家"诊断为进行性肌无力"[1]。几年前，艾米莉出过一次事故，在佐治亚州首府亚特兰大被自行车撞了，当时自行车还是非常时兴的怪东西。后来，华盛顿相信这次事故使得艾米莉的身体更加衰弱了。但是克拉克的诊断还说明，多年以来，艾米莉一直辛苦劳作，这加速了死亡的到来。对于病人，这不愧为一种赞颂。"克拉克医生说，病人若有不寻常的心理或生理活动，失调就常有发生。医生认为，罗布林夫人的崩溃，是生命力枯竭与过度操劳的缘故。"人们记住艾米莉当然是因为她对丈夫的鼎力相助，不过《鹰报》也同样盛赞了她自己的事业，说她是全国最出名的"俱乐部女性"之一。"罗布林夫人在社会生活中占有一席之地，极为重要。

[1] 一种免疫系统疾病，导致肌肉无法正常接受神经指挥。——译注

身为各种活动的主办人，她位于特伦顿市一侧的豪宅，曾多次成为欢乐集会的会场。"

只是，《鹰报》犯了一个错误，说陪在她身边的儿子是"华盛顿·罗布林"，这一错误还在之后的版面里一再发生。当年《鹰报》报道大桥建设的信息十分准确，如今也受到了那些犯了低级错误的媒体的传染，实在是不可思议。

不论夫妻俩的关系一度怎样恶劣，如今华盛顿孑然一身地留在了这所豪宅里，而这所豪宅化作了艾米莉的纪念碑。华盛顿感到无比空虚。1904年2月，距离艾米莉周年忌还差几天的时候，他写信给小约翰说："倘若你遇到绝大的困境，应当会思念母亲吧。而我无时无刻不在思念她。"罗格斯大学档案馆保存着一个文件夹，上面写着"个人杂物"，其中有一张没有日期的纸条，上面是华盛顿抄写的一首诗——1896年，作家马克·吐温深爱的长女苏西·克莱门斯（Susy Clemens）不幸去世了，年仅二十四岁，他把这几行诗[1]刻在了女儿的墓碑上：

> 夏日暖阳　请在此轻洒
>
> 夏日和风　请在此轻吹
>
> 绿草在上　请你轻躺　请你轻躺
>
> 我心所爱　请你安睡　请你安睡

---

[1] 这首诗是马克·吐温根据澳大利亚诗人罗伯特·理查德森（Robert Richardson）的作品《安妮特》（诗歌全篇见附录）的结尾几句修改而成，并非原创。据吐温记载，他在刻墓碑的时候把有这首诗的书弄丢了，记不清作者是谁，于是没有在墓碑上刻作者名。因此，社会上曾一度把这首诗误认为是吐温的原创。后来，吐温弄清楚了作者是谁，便在墓碑上加上了作者名字，以示尊重。——译注

失去艾米莉的痛苦一直如影随形。多年婚姻中两人之间的一切紧张关系,都在她离开的阴影中消散了。1904年2月的最后一天,华盛顿致信小约翰:"今天是你亲爱的妈妈去世的周年忌。这一年对我来说充满了焦虑、不快、痛苦与不祥之兆。只盼来年能够完满,能够平静一些。"几个月后,华盛顿在生日当天写下了一段回顾人生的话,其风格很不寻常,令人想起他久已离世的父亲对冥界的信仰。这段文字写在一本剪贴簿上,是他用第三人称对自己说的:"今天,华盛顿·A.罗布林六十七岁了。与前一年相比,他感到更加满足,而这年迈的满足感正慢慢将他侵蚀,他也渐渐地顺服了不可避免的命运。妻子的模样在他眼前浮现,有如过往一张褪色的照片,但仍扮演着监督和向导的角色。这精神的幻象,对他而言,也许在遥远的将来会变为现实。华·奥·罗。"

*

　　艾米莉去世后,没有像华盛顿的母亲乔安娜一样被罗布林家族遮掩得黯淡无光。她葬在了沃伦家族的故乡冷泉村附近一片高地上的墓园里,周围绿草青青。华盛顿告诉小约翰,艾米莉生前说得很清楚,这就是她的愿望:"你晓得她的决心中很有几分女性的憎恶。她晚年一直厌弃特伦顿,才想要葬在冷泉村的。"艾米莉留给小约翰将近50万美元的遗产,大部分都是股票,并在遗嘱里说小约翰过世后再由他的子女分割。华盛顿因小约翰的责任感问题和儿子有过一些纷争。华盛顿告诉儿子,他已经三十多岁了,应该学着"用常识,以生意的方式"打理自己的人生。而小约翰想要确保,等华盛顿过世后自己至少能继承他的藏书、佩剑和家庭档案,这些"才是我最在意的"。

　　金钱问题一如既往地困扰着华盛顿,哪怕是艾米莉刚过世的那悲伤的一年也不例外。华盛顿用艾米莉的名义向纽约罗斯福医院捐赠过一个床位，然而看华盛顿记叙的语气，这笔捐赠他是不太情愿的。医院主管之一罗伯特·F.威尔（Robert F. Weir）医生是当时美国无菌外科手术的先驱之一，华盛顿告诉小约翰，威尔医生"把我逼得别无选择"，最后只得狠下心来捐了5000美元。1904年夏天，伦斯勒学院发生了两起火灾，几乎把学校彻底烧毁，又有人逼着华盛顿帮忙筹款重建母校。华盛顿尽管对母校的回忆很不美好，但还是同意了，给了小约翰一笔钱让他捐出去，还写了一封抱怨信："我受命担任'乞讨委员会'主任，筹款50万美元重建伦斯勒学院。他们选了美国最穷的人来做这个活计！你必须交出1000美元，等我愿意的时候，会把这笔钱寄给你。请告知我还有哪些受害者。"末尾署名为"（可怜的乞丐）华·奥·罗"。这事过去不到一个月，又有一个困顿的幽灵从过去浮现了。华盛顿向儿子大发牢骚："昨日有一个老式米尔豪森的乞丐袭击了我，这种人最为可怕：泪如泉涌，长跪不起，双臂抱膝，不达目的誓不罢休……这人由全能的上帝亲手制造，善良完美得不像凡人。一生从未骂过人，饮过酒，吸过烟，没有任何恶行。还有许多美德凭证：一是出生，二是洗礼……六是母亲健在，七是会煎鸡蛋……每一凭证都有2英尺见方，且都沾着德国眼泪，我不得不逐一阅读！"

　　大宅子里的生活又过了几年。华盛顿始终在床边摆着妻子的照片。1908年2月，华盛顿又失去了一位好友，威廉·希尔登布兰德去世，享年六十三岁。《纽约时报》报道，作为工程师，威廉"工作认真仔细"，就像他多年前的主管华盛顿一般，"与其过于冒险，宁可过于谨慎"。华盛顿写信告诉了小约翰。这封信写于1908年3月7日，信里还提到了另一个消息，虽是喜讯却十分惊人："听到这个音讯你是否会因大惊而摔下椅子？我将与一位四十岁的'风流寡妇'结婚了！"[1]这位"风流寡妇"就是华盛顿的第二任妻子科妮莉亚·维特塞尔·法罗（Cornelia Witsell Farrow）。科妮莉亚经常去特伦顿市，1908年年初，两人在一位共同的朋友家里相识。她是南方人，生于南卡罗来纳州查尔斯顿市（Charleston），结过一次婚，第一任丈夫于1896年去世，认识华盛顿的时候儿子已经十六岁，也叫约翰，即将去普林斯顿大学就读。《特伦顿晚间时报》介绍，科妮莉亚"性格迷人，且有多项成就"。华盛顿担心儿子可能会怀疑科妮莉亚看上了他的家产，想要占便宜，便安慰儿子说可以签订"婚前协议"，保护罗布林家的资产。小约翰却马上回了一封信表示同意，语调令人想起老约翰当初给华盛顿写的那封信。"听到您说考虑再婚，我非常高兴。数年来，我一直认为，为您自己着想，也为子孙后代着想，您都应当结婚。但天性使然，使我想要提出这个建议却无法开口。既然您不日便可再婚，我当然十分欢喜，但您没有提到这位女士的姓名，不知是不是我认识的人？请将她的一切全都告诉我，我确信我一定会喜欢她的。"而且小约翰也丝毫不担心家产的事情，"您提到将制订婚前协议一事，为什么要这样做呢？如果有哪位女子值得做您的妻子，自然可以获得这个地位相应的一切权利，如果有任何缺少就不公平了"。

华盛顿发觉自己又充满了活力，这个变化似乎也让他有些惊

---

[1]《风流寡妇》（*The Merry Widow*，德文名：*Die lustige Witwe*）是一部三幕轻喜剧，由雷翁和史坦恩根据法国梅雅克的喜剧《大使馆随员》改写而成，由匈牙利作曲家弗朗兹·雷哈尔谱曲，1905年12月30日在维也纳首演，轰动一时，且经久不衰，连续上演500次，曾在各国上演。华盛顿必然听过该剧，因而用风流寡妇来指代科妮莉亚。不过，"风流"一词从英语"Merry"、德语"lustige"翻译而来，前者有快乐之意，后者有风趣之意，而非现今中文语意。——编注

讶。过了几周，他再次给儿子写信讲了讲这位准新娘，还评论了自己刚过七十岁的境况：

"谈起我的婚事，很是奇怪。这婚事属于一名老者，他本应思考坟墓而不应思考尘世浮华。

"但这就是人心，不受理性或判断辖制（但愿如此）。晚年再婚不能用初婚的标准判断，因为动机往往与初婚大为不同……法罗夫人的祖父是辛辛那提的北方人，战后来到南方，投身于商业。她身材纤细，棕色头发，身高与我相仿，个性鲜明而且十分可亲，南方口音很重。你很快便会把她当作姐妹。

"至于你我二人的关系，你晓得我一向不偏不倚，绝不会使你或你身边的人受到委屈。这些事情会怎样发生，我们总是不清楚的。我感觉与科妮莉亚成婚多少有些罪恶感。

"无论如何，我以最大的热忱邀请你前来参加我们简朴的婚礼。我身体并不健壮，若是无人扶持就感到可能垮掉。没有人帮助我，只得凡事亲力亲为。"

这封信又附了几张艾米莉的照片，"她的表情太过灵动，相机永远无法捕捉"。

1908年4月21日，罗布林上校和法罗夫人在波士顿市结婚了，地点是一所教堂，位于法罗夫人的"好友和守护者"（华盛顿语）弗雷德里克·G.克莱恩夫妇（Frederick G. Crane）的住处附近。华盛顿专门告诉约翰："克莱恩夫妇制造了全美国所有银行的票据。"时至今日，克莱恩货币公司依然为全世界很多银行提供纸币所用的纸张。各大报纸报道：教堂装饰了复活节百合花和一种叫北美月月红的玫瑰，有一个弦乐团演奏婚礼音乐，"新郎和新娘没有伴郎和伴娘陪着"。"科妮莉亚的婚纱是用一种蓝色丝缎制成的，镶有旧式爱尔兰蕾丝绲边。唯一的珠宝钻石坠子，是新郎赠送的。"婚礼前几天，举行了一场午餐会，这对幸福夫妻的餐桌中央装饰着"布鲁克林大桥的缩微模型，十分逼真"。两人去南方度了蜜月。回到特伦顿后，科妮莉亚很高兴地安居下来了。小约翰·罗布林正如之前所说，十分亲近这位继母。两人经常通信，科妮莉亚称小约翰为"我亲爱的约翰"，自己署名"妮妮"。一封接一封的信感谢小约翰送来鲜花，大部分是月月红，就是她婚礼上的花朵。科妮莉亚十分热衷园艺。小约翰还寄给科妮莉亚几本书，其中有一本《巴特勒县志》，说到了萨克森堡和附近郊区的历史。科妮莉亚表示非常喜欢。

1908年6月30日，特伦顿市卡德瓦拉德公园举行了隆重的老约翰雕像的揭幕仪式。华盛顿身边有了科妮莉亚的陪伴。这青铜雕像如今仍然矗立在公园高地上，威风凛凛。"雕像位于可爱的绿色小山顶上，从日出到日落都有阳光照耀。"雕像是罗布林家族纪念委员会委托著名雕塑家威廉·库珀创作的。库珀还为亚伯兰·休伊特在纽约市造了一尊大理石像，艾米莉·罗布林去世的前几个星期，休伊特也去世了。雕像揭幕的日子正值盛夏。这一天，对新泽西州特伦顿市来说是前所未有的庆典，除了"族长"老约翰的葬礼之外没有哪一天可与之相比。各大报纸估计，有将近一万五千人参加了特伦顿这位第一公民的纪念仪式，相当于全市人口的六分之一。特伦顿所有的商店都停业了，让人们去参加庆祝游行。游行在上午11点开始。市民排成弯弯曲曲的队伍，长达两英里，从南宽街的罗布林工厂出发，走过西州街上的华盛顿宅邸前往公园。游行队伍包括"五千名工人，依靠约翰·A.罗布林建立的工厂为生。这庞大的纵队里，每一个男人与男孩都充满了热情"。还有九支军乐队奏起了"欢快的婚礼音乐"，路过华盛顿、费迪南和查尔斯几兄弟的住宅时，又"重新产生活力"，以致敬老约翰的后代。下午两点，一直遮盖的雕像终于由查尔斯的女儿小艾米莉揭幕了，"她拉动一根丝绸线绳，便有几面美国国旗从那精美的青铜雕像上升了起来"。雕像揭幕的同时，乐队奏起了歌剧《罗恩格林》中第三幕的"婚礼合唱"。

仪式由律师亨利·道奇·埃斯塔布鲁克致辞。他是西部联盟电报公司的总顾问，也是费迪南儿媳布兰奇（Blanche）的父亲。特伦顿的报纸报道，演讲"引人入胜"，完整回顾了约翰·A.罗布林的生平，大部分是应景的话——对这位"钢铁汉子"的称颂，说老约翰"不穿甲胄面对命运的鞭挞、天国的风暴；双眼决不放松，盯紧手上的一切目标；泰然、自信、坚定、跋扈、骄傲"。可能有人觉得老约翰成就太多，实在数不过来，但埃斯塔布鲁克律师却在特伦顿市民面前历数了他的成就。

不过，律师也说到了其他的话题。因为要给父亲塑像，华盛顿又拿起笔，开始为父亲作传，而且在律师准备演讲稿的时候把手稿给律师看了。律师谈起老约翰的家规时，用了"残暴"一词[1]。"约翰·罗布林有时会因暴怒施加惩罚，但这并不是真正的处罚，只是野蛮的表现……谚语说'放下棍子，宠坏孩子'[2]，如有人这么做了，要么是教子无方，要么只是多愁善感的自私之举。但总体而言，我却宁愿'放掉孩子而宠坏棍子'……我十分愿意在约翰的周围织起一张天衣无缝的大帐，将这位伟人保护起来，可这大帐中却出现了这样一根错误的线绳，我对此深表遗憾。也许，这种错误被他的伟大夸大了，就如同金属含碳量稍微过高了一些。"无怪乎律师说华

---

[1]"残暴"原文为"德拉古式的"（Draconian）。德拉古为古希腊政治家，制定的法律极为严苛。——译注

[2]著名英谚，类似中国的"孩子不打不成才""三天不打，上房揭瓦"。——译注

盛顿为父亲写的传记"可能永远不会出版"。

然而，当日的听众没有注意到律师所说的"野蛮"，律师的讲话很长，而这只是其中很短的几句。而且，雕像本身的样貌比律师演讲中的形象更加和蔼可亲，虽然律师也对听众说了这雕像"完全写实，丝毫不差"。之所以会这么塑造，并不只是因为雕塑家想要将约翰理想化，而是因为他是按照约翰与华盛顿各一半的容貌制成的。

一年之前，也就是1907年，华盛顿一直在与威廉·库珀通信，最早谈的是雕像底座铭牌上的铭文。华盛顿直截了当地说，希望铭文千万不要把儿子的功劳归到父亲身上。"请您在'尼亚加拉大桥'加上开始建设的年份1852，以及建成的年份1855。至于东河大桥，请您只加上开始建设的年份1869。这铭文是为了纪念约翰·A.罗布林的，但他既没有建设大桥，也没有完成建设。"接着，华盛顿进一步介入了库珀的工作。约翰·罗布林一辈子没怎么照过相，现存的一张高质量的照片里，他直视镜头，全神贯注，表情凶狠，正如他一贯的性格。这张照片可没办法用作纪念雕像的原型。只有一个办法。几年后，1916年，华盛顿给詹姆斯·鲁斯林将军写信讲述了当时的经过："雕像的模样有些像我，因为我曾给雕塑家库珀先生当过几次模特儿。库珀先生对家父的照片不甚满意，而且也没有见过家父本人。"

华盛顿似乎又一次别无选择。他很想让公众分清自己和父亲，却始终无法如愿。但他还是不止一次地强调，铜像参考了他的长相不代表他的功劳就被抹去了。他的通信者当中有一位工程师亨利·雅各比，是康奈尔大学的工程学教授，他致信雅各比说："家父罗布林先生已经去世四十年了，在世的人当中已经极少有人能够牢记家父的容貌和举止，使雕塑家库珀先生造出栩栩如生的样子，而我便是其中之一。"华盛顿又说到东河大桥："罗布林先生去世四个月后，大桥才真正开工，耗时十四年之久。因此，我宣称大桥的全部功劳都归于我，而不是家父。虽然此后又有其他大桥竣工，所耗时间也是东河大桥的两至三倍，但担负的交通任务与为公众提供的便利都远不及东河大桥。原因十分简单，第一座布鲁克林大桥的选址十分正确。"

与科妮莉亚再婚让华盛顿的步伐轻快了许多，宛如装上了弹簧。他与妻子一起造访了暌违两年的纽约。夫妻俩在哈得孙剧场观看了那年春天风靡纽约的话剧《挥霍无度》[1]。这部话剧讲述了"挥霍无度的妻子与勤劳能干的丈夫的故事，丈夫因妻子奢侈浪费而陷入破产境地"。总体而言，两人十分喜欢这部剧。华盛顿致信小约翰："穿越东河大桥来到布鲁克林，看到了曼哈顿大桥。[2]我们拜访了多位裁缝，一位制帽商人，一位鞋匠。科妮莉亚为赶上我的行程而筋疲力尽。"尽管华盛顿对汽车有抵触心理，还是给妻子买了一辆无双牌轿车，这是美国早期的一个优秀汽车品牌。华盛顿这么做也许是受了侄子的影响。查尔斯的儿子用了华盛顿的名字，叫华盛顿·A.罗布林二世（Washington A. Roebling II），当时已在汽车发动机领域享有盛名。罗布林家族成员都要在约翰·A.罗布林诸子公司工作一阵，华盛顿二世也不例外。后来他离开了公司，买下了沃尔特汽车公司，又请法国设计师艾蒂安·普朗什（Etienne

---

[1] 这一部舞台剧于1910年在百老汇上演，由此推断这次旅行也发生在这一年。——译注

[2] 曼哈顿大桥位于布鲁克林大桥东侧，由波兰裔设计师拉尔夫·莫杰斯基（Ralph Modjeski）设计，1909年12月31日建成通车。——译注

Planche）给他设计了一款赛车。华盛顿告诉小约翰："这辆车跑起来真要命，向四面八方喷吐火焰！"

沃尔特汽车公司后来破产了，而年轻的华盛顿二世的生命也早早地终结了。1912年年初，家人称之为"小华"的华盛顿二世同友人斯蒂芬·布莱克威尔（Stephen Blackwell）去欧洲自驾游，开车横穿了整个欧洲大陆。布莱克威尔是一位美国前任参议员的儿子，对于两位年轻的富翁而言，这倒是绝好的消遣。只不过，两人回美国的时候不幸坐上著名的泰坦尼克号，与其他1500人一起在冰海上遇难了。很多人以为遇难的是华盛顿，接下来几个星期，不断有人给科妮莉亚·罗布林送花、写信，表示慰问。

泰坦尼克号是白星轮船公司的客轮。现在普遍认为是轮船的钢制船身板在低温下变脆从而加快了沉没。这一事件预示了工业领域即将进入一个比较黑暗的时期。第一次世界大战爆发的时候，华盛顿虽然是德国裔，却对自己的祖国一点儿也不同情。1914年8月初，德国入侵比利时，铁蹄踏遍了整个国家，一路上大肆杀戮平民，男女老幼都不放过。这年夏天，华盛顿致信小约翰，语气十分沉重："比利时百姓对德国没有任何的损害，却惨遭德军蹂躏，我十分痛心。事态发展已到了这样的关口，即一名德国人想要生存就必须杀害另一人。这种游戏我们都可以参与，而战争必然全面爆发，无止无休！"前任英国驻美国大使布莱斯子爵写了一份有关"德军被控暴行"的报告，1915年在英国发表。这年春天，华盛顿已经熟读了这份报告，并催促儿子道："布莱斯先生写的德军暴行的报告你一定要看看，从古至今，这种行径全世界无人能出其右。早在1830年，父亲约翰移民美国时就写过一封信，说德国全境都有奴隶制存在，将百姓人生中所有可能的进步全都彻底摧毁了，令人无法忍受。父亲来美国就是为了逃脱奴役。我在想，现在或许也应发表这封信。"华盛顿觉得约翰·罗布林出生的国家这么多年过去了并没有什么变化，"从摇篮到坟墓，你都是残忍贵族阶级的牺牲品"。

不过战争对生意却十分有利。华盛顿定期告诉小约翰公司的事业有多么成功。俄国发来了一份4万美元的订单，订购钻井钢丝绳运往巴库市（Baku）[1]；以及钢缆，为了在乌拉尔山脉（the Urals）地区修建一座悬索桥。还想要订购缆绳、电报线、带刺铁丝，以及一种新用途的钢丝——汽车轮胎钢丝，订单数量也"极为巨大"。华盛顿写道："这些订单总长有1亿英尺。本年度公司的产量将为5.5亿英尺，公司正在采购设备以完成产量。现在的钢丝已经短缺！"这时候，举世闻名的巴拿马运河刚刚开通，数千英尺的钢缆要送到运河去。公司失去了一些英国、德国的订单，但巴西、阿根廷又发来订单填补了空缺。另外，美国海军又向公司订购防鱼雷网和防潜艇网。公司简直要被订单埋起来了。华盛顿写道："所有的港口都布有水雷。水雷用耐用的钢缆固定，钢缆外部用涂了焦油的麻制双股细缆缠绕。我们正在生产一批钢缆，共80万英尺，还要生产更多。另外还有100万英尺用于海水工程的磷青铜缆绳，也收到了无数天线钢丝和航空钢丝的订单。"十几年前还没有"航空钢丝"这种东西，也没有"汽车轮胎钢丝"，几乎每一种新技术、每一种新发明都需要罗布林公司的产品。

1917年4月6日，美国参战。这一年的最后几个月，政府又发来一份订单订购数百万英尺长的钢缆，公司的员工更加辛劳地赶工。本来，这份订单华盛顿完全不应该知道用在哪里。他告诉小约

---

[1] 今阿塞拜疆共和国首都。——译注

Participating in impressive flag-raising ceremonies at Roebling, N. J. in June, 1917, the group above includes, from left to right, the late Charles G. Roebling and Colonel Washington A. Roebling, both former Presidents of the Roebling Company; the late Edmund Riedel, William Gummere and Walter Murphy. Mr. Gummere is now Assistant to the Manager of Industrial Relations and Mr. Murphy has retired from the Company's employ.

1918年，罗布林·金科达工厂升旗仪式，意在唤起工人的
爱国热情。左为查尔斯·罗布林，中为华盛顿。

翰：“公司接到了一份订单，订购的钢缆的长度数以千万计，具体
数目不详，可能在5000万英尺到1亿英尺之间。其作用是设置钢
丝网与布置水雷，地点不详，可能是为了封锁北海北端。你若听说，
不要告诉我，我不该知道。”关于钢缆应用的地点，华盛顿猜对了。
1918年是一战的最后一年。此时苏格兰北部奥克尼群岛和挪威之
间230英里长的一道海域被钢丝屏障完全封锁，屏障上固定了7万
颗水雷。1920年，“诸子”公司发了一份小册子宣传：“拦阻网拦住
了U型潜艇（the U-Boat）[1]。”早在南北战争期间，蒙哥马利·梅
格斯将军就曾向约翰·罗布林提议用铁丝绳封锁波托马克河，如今
这道北海拦阻网正是这一创意的超大规模应用。参与的厂商有13
家，总产量接近8000万英尺，其中最大的一份订单数量为2700万，

---

[1] 德文作Untersee-boot，即一战时德国潜艇统称。——译注

送到了特伦顿市的罗布林公司。小册子上还写道："世界的命运悬在一条钢缆上！"这可不一定，因为拦阻网究竟起了多大作用，学界一直在争论。不利之处主要在于，安放的7万颗水雷所付出的巨大的人力和物力，以及相应的危险，因为每一颗水雷都装有300磅TNT炸药。

华盛顿知道工程正在秘密进行，不过并不了解一切。他在拿到的那份小册子的前面写了一句话，语气十分坚决，笔迹清晰："我直到1926年才看到这本书！华·奥·罗。"这是他生命的最后一年。

可是纵然在战争期间公司生意兴隆，却不代表一帆风顺。有过不止一场的火灾，不止一次的罢工；而且华盛顿与费迪南一直不合，与查尔斯也略有分歧。只是，两个弟弟很快就会离开人世，再也不会与大哥起冲突了。到那时又会有谁能驾驭"诸子"的庞大身躯呢？1917年，华盛顿致信小约翰说"我的弟弟们年纪都大了"，说得好像他自己年纪更小一样。华盛顿称费迪南为"小南"，这一年小南已经七十五岁，查尔斯也已经七十岁了。一战最后的几年，整个国家发生了变化，没过多久，华盛顿也发生了变化。

*

华盛顿和费迪南早年那段亲密无间的日子早已远去。南北战争期间，华盛顿一直写信对费迪南倾吐心声，德国工程师尤根·朗根发明燃油发动机后，华盛顿想要用这种发动机做生意，费迪南也曾大力协助。华盛顿指挥建设东河大桥那段最黑暗的日子，费迪南也一直鼎力支持。投桃报李，那些日子华盛顿也在帮助费迪南创业。华盛顿负责工程，费迪南负责业务，鼻子上架着一副眼镜。1878年，费迪南提议扩大公司规模。华盛顿回信："我同意。只有持续发展，持续扩张，我们才能提高红利……此事一环扣一环。钢丝年产量达到6000吨时即要修建新厂。我甚至想要见到这样一天，哈得孙与克林顿之间布满钢丝织机。"先前还有另一个因素使得兄弟俩亲近，那就是最小的弟弟埃德蒙的未来。母亲乔安娜的去世给埃德蒙造成了很大影响，而且老约翰是个"残忍的父亲"，埃德蒙从寄宿学校出走后，曾被他痛打。尽管老约翰后来死去了，还是没有让埃德蒙感到宽心，反而让他更加颓废。那段时间，华盛顿对埃德蒙的照料一直很失败。多年之后，华盛顿回忆："我当时把所有的心思都投在了布鲁克林大桥上，没有时间看护他。"当时华盛顿曾与费迪南通信，想要确定怎样对小弟才最好，尤其是1873年还出了意外：华盛顿、艾米莉和埃德蒙在欧洲旅游的时候，十九岁的埃德蒙突然不告而别，消失了六个星期，谁也不知道他去了什么地方。在埃德蒙后来的人生里，这种事情还会一再发生。华盛顿想要跟"小南"费迪南商量出一个办法："埃德蒙返美后对复学的事极为反感。明年秋天，在公司的苦工方面，你若想到有任何一件事可帮助埃德蒙，务必写信告知我。埃德蒙游手好闲的水平相当高，且已染上了欧洲的恶习，一定要让他将其克服。"兄弟俩想让小弟在特伦顿做工，但埃德蒙却不想待在特伦顿，纽约的吸引力要大得多，他想或许能在大桥工程的布鲁克林办公室当个文员。然而兄弟俩商议后认为，这份工作"只会让他成为纽约街头的闲汉。不可放任埃德蒙在大城市自由行动"。到1874年年底，"小蒙"已接近法定成年的年龄[1]，华盛顿快要不再担任监护人了。先前小蒙继承了一部分证券，华盛顿同费迪南一样焦虑，问费迪南要怎样才能让小蒙的证券安全无忧。华盛顿说："小蒙自己非常粗心大意。"

---

[1] 当时美国的成年年龄是二十一岁。埃德蒙1854年生，1874年底二十岁。——译注

三弟查尔斯倒是不必让人担心。1871年，查尔斯二十一岁，刚从伦斯勒学院毕业就参与了公司的运营。华盛顿写道："查尔斯又是父亲的翻版，比其他子女都要更像父亲。查尔斯拥有集中的能量，促使他工作并持续获得成就。"查尔斯负责公司的生产和现代化，而费迪南主管财务。之后的许多年之内，查尔斯一直监督企业快速发展，大大提升了钢丝产量，其用途是老约翰生前连做梦都没有想到的。查尔斯也和父亲一样想要独立解决一切问题，华盛顿评论："这种独立自主倾向是查尔斯的主要优点之一。独立自主增强了查尔斯完成任务的能力，并在他正值壮年的时候使他能够负责各种空前大型的项目，而且在被迫独立应对局面时，能够临危不乱。"然而华盛顿觉得这种极端的自主性也有缺陷："有时查尔斯会花费数千美元实验那些需要的东西，实际上直接购买现货即可，价格也低廉得很。"不过，查尔斯也会欣赏别人的发明，懂得识别那些优秀作品。华盛顿告诉小约翰："贝尔（Bell）[1]最初在普林斯顿大学发明电话时，曾来特伦顿购买铜丝，与查尔斯相识了。我知道查尔斯在发明开始阶段投资了少许，而回报则有一千倍。"

　　1898年，华盛顿与费迪南、查尔斯因出售公司发生了冲突，兄弟之间看似融洽的外表彻底不复存在，华盛顿也得到一个机会发泄多年以来积累的不满。兄弟们为公司命运争吵期间，华盛顿曾给律师R. V. 林达伯里（R. V. Lindabury）写了一封长信，主题散漫，说了不少事情。按照老约翰的遗嘱，留给兄弟们的不是现金而是公司。华盛顿说，这样的安排对那些年轻的兄弟姐妹来说好处要大得多。1869年，老约翰死去那一年，华盛顿三十二岁。他曾记

---

[1] 即亚历山大·格拉汉姆·贝尔（Alexander Graham Bell），美国发明家、企业家，普遍认为他是电话的发明者。——译注

载自己到处筹款，好不容易才凑足了4000美元，而弟弟查尔斯满三十二岁的时候，却已拥有40万美元的资产。此外，南北战争期间，"费迪南买了一个替补名额替自己参军而得以留在家乡，并在那段时期巩固了自己在公司领导层的地位"。相比之下，华盛顿刚刚结婚回到家乡的时候，"不名一文，健康状况也极差"。

老约翰对孩子的控制竟然可以持续到死后很久。诚然，孩子们继承了可观的财富，然而财富分配的方式（又或者说是"不分配"的方式）却在兄弟们之间造成了隔膜。这种隔膜早在东河大桥竣工之前就很明显了。一开始，费迪南、查尔斯都主张扩大规模，这是有道理的。因为到了19世纪末，石油公司、钢铁公司都变得越来越大，大鱼吃小鱼，"约翰·A.罗布林诸子"这样的家族企业不得不竭尽全力竞争。然而一年又一年过去，华盛顿越来越为开支而担忧。

1880年年初，东河大桥四根主缆绕包完成。不久之后，到3月份，华盛顿对扩大规模的意见陡变。费迪南想要花费40万美元对企业进行改造，把华盛顿气坏了。他对费迪南说："这些大规模的改造措施，我只能看到两种结局：毁灭，破产。首先，为了将棒材用完，必须建设线材轧机车间；其次，棒磨机车间也必须随线材轧机车间扩大。而扩大之后又必须建设新的线材轧机车间。如此循环往复，永无休止。"华盛顿陈述了"浅见"，认为只有在必需的时候才应该买进钢制棒材。"当然，你和查尔斯将会一如既往负责这件事，安排你二人的分工，但我认为我在此告知的意见很有价值。"

然而，费迪南却没有觉得这意见有多少价值，至少华盛顿认为费迪南是这么想的。到1898年，华盛顿已经对费迪南火冒三丈，认定费迪南想要继续扩张公司完全是出于自私自利。华盛顿致信律师林达伯里："费迪南太过悲观，让查尔斯终日惊惶不定，以为各种祸事就要发生了……费迪南认为自己的功劳是无价之宝，无论多少报酬都不为过！"华盛顿说弟弟费迪南对自己充满恶意，但他自己表达的情感也好不到哪里去。华盛顿对林达伯里痛斥费迪南："他在等待我死掉或是发生奇迹，然后把企业据为己有。与此同时，他还禁止兄弟们获得正当的权益，以满足他的险恶用心！"华盛顿下断言说，他为布鲁克林大桥不光付出了健康还损失了财富，言之凿凿："我若是从来没有见过大桥，财富必然会增长10万美元！"

华盛顿经常因钱财发怒，但实际上，他的财富超过了大多数的美国人，也超过了世上的大多数人。不过，华盛顿的怒气不完全是为了自己：埃德蒙在公司也有股份，应该得到红利，但费迪南没有给，认为埃德蒙包养了一个情妇，埃德蒙挣多少，情妇就挥霍多少。1897年，埃德蒙终于知道了费迪南的担心，去咨询了一位律师。律师致信华盛顿，询问埃德蒙"与一名女子的关系"。埃德蒙曾向律师保证，"他（费迪南）完全不用担心她会惹出麻烦"，还立了遗嘱。这一举动部分导致了华盛顿采取各种措施确保埃德蒙的侄子侄女都能从遗产中获益。华盛顿认为，埃德蒙纵然生活放荡不羁，但他和继承人依然有权获得自己的合法利益。他告诉林达伯里："埃德蒙一生所受的伤害极大。少年时在家被父亲虐待，又被赶出家门，染上赌博、嫖娼、酗酒的恶习。现在我想要费迪南·威廉将埃德蒙的红利放入'信托公司'，以确保其合法继承人的利益，但费迪南拒绝了。"

这些红利相当丰厚。19世纪最后25年到20世纪初期，"诸子"从强大走向更加强大。1876年，"诸子"成立了股份有限公司，当时总资产还不到90万美元。美西战争刺激了生产，公司得到了一次快速发展的机会，到1899年，营收已经超过1000万美元，钢丝绳产量占全美一半。然而到了1901年，几家巨头——J. P. 摩根公司、卡内基钢铁公司、美国钢铁钢缆公司、国家钢铁公司，以及其他几家公司合并组建了"美国钢铁公司"，这是全球第一家资本超过10亿美元的企业。很快，美国钢铁公司的资产就达到了"诸子"的120倍。"诸子"老板们，特别是查尔斯，决定要自己生产钢材，就连保守的华盛顿也不能反对："法国人说Toujours l'audace! [1]决不能坐等想要的东西出现。要达到目标必须有自愿决定而产生的冲动，人方可成为主人，否则便是奴仆。"

于是，一个全新的小镇新泽西州罗布林镇就开始兴建了。这片土地当时叫作金科达，位于特伦顿南部大约10英里处特拉华河的河畔。1904年夏天，华盛顿第一次走访了这片150英亩的场地，还把儿子小约翰邀请来观看"我们的新公爵领地——金科达公国"。"这里有很多野花，还有新泽西州的风景——沙子、黏土、美丽的农场、果园、农田等等。若下次再与家人前来，我们便可乘有轨电车，行程60至90分钟不等，每人车票45美分。"当然，他们也能开车去，只是华盛顿不愿意坐汽车。查尔斯表现的决心令华盛顿自愧不如，这又是一个明证，说明查尔斯"活脱脱就是父亲的翻版"。华盛顿写道："查尔斯发现有必要成为冶金学家。他熟悉钢材的一切物理特性与化学结构，而且能跟上时代进步，对钢材进行最新的微观检查。"

新泽西州罗布林镇成了"公司城镇"的代表。如今，金科达的工厂都已"降级"成了博物馆，但工人们当初修建的街道、房屋仍像当年一样结实，主街笔直，与七十年前老约翰在萨克森堡规划的主街颇为神似。规划之前，铁路大亨乔治·普尔曼（George

---

[1] 法语：永远大胆。——译注

Pullman）曾给罗布林镇做过一个表率：他在芝加哥郊区为手下的工人修建了一处公司城镇。英国也有一位羊毛纺织大亨提图斯·索尔特爵士（Sir Titus Salt）在约克郡给毛纺工人修建了索尔泰尔镇。1905年，罗布林镇破土动工。房子的租金，最便宜的是膳食寄宿公寓，一周2.5美元（相当于每月10美元），供那些非熟练工居住；最贵的是独栋房子，每月25美元，供监管者居住。镇上有一所学校，几家商店，一个志愿消防部，一个棒球场，看台有1500个座位。很快，人们都喜欢搬来定居，也都喜欢来这里做工了。食堂的饭菜都是自家做的。有个叫露丝·伊根（Ruth Egan）的女工，在高中毕业后就参加工作，一直在镇上住了三十年。多年以后，1944年，伊根回忆说："那里的樱桃馅饼是天底下最好吃的。"伊根对公司食堂的怀念让人想起了公司成立时乔安娜在厨房里辛勤劳作，为萨克森堡镇的工人提供吃食的模样，无一例外，所有人也都想起了公司的创立者老约翰。1925年，公司出了一本杂志《蓝色中心》。创刊号登了一篇访谈，采访的是工作时间最长的员工欧内斯特·C.俄莫林（Ernest C. Ermeling），已经在制绳部工作超过半个世纪。俄莫林的父亲在德国时一直是老约翰的同校同学，也是"密友"。后来当了老约翰的蒸汽工程师，干了四十五年。文章说："在罗布林工厂只有数百人的时候，俄莫林先生还很年幼，记住了许多有趣的事。一个周日的上午，在老苹果园中，查尔斯·古斯塔夫和费迪南·威廉（当时两人还是孩子）沉迷于防身术的练习，这爱好颇有男子气概。"

世纪之交的前几年，查尔斯和费迪南在华盛顿的密切观察下紧跟20世纪的发展潮流。早在1900年之前，电话和电力迅速普及，金属丝的需求也就猛增，特别是铜丝，因为铜丝导电性能极好。华盛顿写道："全体制造业都因电力而疯狂。我们从未拉制或轧制过铜丝，这一全新的问题，查尔斯自然必须解决，也一如既往地成功了。"查尔斯还改进了早期的缆车，设计了一种60英尺高的制绳机，生产直径1.5英寸的钢丝绳，每一根长度超过3万英尺，重达8吨。华盛顿写道："有一个时期，我们拥有全国所有的缆索铁道业务。"电梯钢缆需求增加的时候，"诸子"也同样具备了供货能力。华盛顿告诉小约翰："全美电梯业务有三分之二被奥的斯电梯公司占据或者说控制，该公司的钢缆几乎全部由我们供应。我公司也拥有其一大部分的股票，但还不很够，我刚刚又买下45000美元股票。"1903年，莱特兄弟制造的"飞行者一号"试飞成功，在人类历史上第一次实现了比空气重的飞行器持续而可控地飞行。"飞行者一号"上下机翼间的桁架用的就是罗布林钢丝。另外，光是为巴拿马运河工程，公司就履行了五十份合同。工地上蚊虫肆虐，公司还负责制造了钢丝纱窗防止工人受到蚊子侵扰。第二座跨海大桥威廉斯堡大桥开放[1]后，曼哈顿大桥也开放了，这两座桥都用了罗布林公司的钢缆。订单从世界各地飞来。

但是尽管生意红火，行业工人却开始抗议、搞破坏了。1908年，一场火灾烧毁了克拉克街上的钢缆商店，这是特伦顿工厂的一部分。华盛顿说："数年心血，数小时就一扫而空。"这场火灾可谓一种不祥的预兆，预示了七年之后的一系列火灾，公司因此受到了严重的影响。华盛顿认为破坏最严重的一次火灾是1914年业界抗议风潮的结果。当时有个工运组织叫"国际机械师协会"，要求特伦顿24家工厂实行标准化工资。罗布林家族当然不愿意蒙受损失，于是采取反制，把一些机械师列入了黑名单。华盛顿认为是一些心怀不满

---

[1] 也是在1903年。——译注

的工人放了火。他说，工厂起火"必然有一个纵火犯刻意放火……火警系统完全被破坏了，消防车因此耽搁了十五分钟才到来。我们深陷恐惧，众人都盼望工厂化为乌有，那我们也就万劫不复了。有进一步的证据证明埃尔默街（火灾发生地点）的火灾是有人故意纵火，有目击者看到火起来后有一个火球从天花板上落下，直接落在了黄麻[1]堆上"。这场火灾造成的损失至少有100万美元，是特伦顿历史上空前巨大的损失。有些人提出另一种观点，认为是德国间谍搞的破坏，因为公司给协约国供应钢丝。尽管公司是德国同胞开的，但间谍还是不顾情面下了手，或者也可能正因为公司是德国同胞开的，所以间谍才下手惩罚"卖国贼"。

查尔斯在不知疲倦、追求创新方面跟父亲老约翰一模一样，也继承了老约翰一些沉默、冷峻的特征。但在1915年大火之后，华盛顿注意到查尔斯变了。重建工厂的时候，查尔斯有些犹豫，也有些疲倦。华盛顿告诉小约翰："查尔斯觉得自己老了，这也许是他负责的最后一个大项目……整整一辈子，他有一刻能够闲坐着对自己满意吗？"这时候，他们都觉得自己老了。1917年春天，七十五岁的费迪南病了，华盛顿告诉小约翰："病情很是凶险。"一个月后，3月16日，费迪南去世，遗产留给了两个儿子，小费迪南（Ferdinand Jr.）接任了父亲的秘书兼会计工作；卡尔当了第二副总裁。死亡化解了一切仇恨。华盛顿对董事会致悼词，说他曾有多年因修建大桥承受了巨大的压力，生了病，他"衷心感谢"弟弟在此期间，"小心翼翼，忠心耿耿"地照看自己在公司的利益，"对我，对我拥有的一切都意义重大"。华盛顿接下来发言的风格，有些类

---

[1] 钢丝绳绳芯的一种材料。——译注

似老约翰的神秘主义，甚至带上了老约翰对冥界的信仰："时间流逝，我们的回忆只能够将好事情保留下来，余下的尽都隐去了。死亡的意义究竟是什么，我不明白也不愿明白。生下来不晓得自己降生，死的时候也是在昏愦中离世。于是，这一头一尾都与清醒无缘，能做的事便只有服从良知的引导了。良知是造化赋予我们的东西，绝无差错。然而，这样的服从又有谁能真正做到呢？"

过了十八个月多一点，查尔斯也走了。这几年，公司因为第一次世界大战背负了巨大的压力。原材料供应不足，但需求太大。工人又要求涨工资了。华盛顿说这压力损害了查尔斯，让他患上了肾病、高血压、动脉硬化，还有一颗"疲惫的心"。而且，1887年原配莎拉去世后，查尔斯一直没有再娶；1912年，儿子华盛顿二世乘坐泰坦尼克号遇难，又给老人带来了沉重的打击。到1918年秋天，华盛顿非常担忧查尔斯，也担忧公司的前途。他告诉小约翰，查尔斯的病情将"带给我极严重的后果……他是公司主管，负责展望未来，制订计划，做工，设计产品，执行任务，孜孜不倦；一年到头都是如此，而且任务大半成功了。他坚持自我创新，从未模仿别人，即使有些情况下模仿好过创新，他也拒绝模仿……但他所做的一切均有利于公司的未来发展。找谁接替查尔斯实在是巨大的难题。"

1918年10月5日星期六，查尔斯去世。五天后，华盛顿给查尔斯的医生埃文斯大夫（Dr. Evans）写了一封信，用很不寻常的方式叙述了查尔斯从生到死的旅程："1849年12月9日，冬夜，我所在的房间隔壁有个妇人生下了一个儿子，我听到了婴儿的第一声啼哭。上周六，我又听到了这孩子最后的叹息。他在平和中死去，眼睑突然合上，吐出微弱的最后一息后便万事俱休。而这两叹之间，他拥抱的一生是怎样不凡，怎样充满了无尽的伟业，辛勤的劳作，不屈的勇气啊！"华盛顿和一位女士斯托克顿（Stockton）夫人也有信件往来。夫人听说查尔斯的死讯后，写信给华盛顿表示慰问。华盛顿的回信中先是表示夫人的来信让他很是感动，然后说出了他的悲戚和忧虑："查尔斯的去世不仅令我失去了一位挚友，一位兄弟，更使特伦顿失去了最伟大的市民，全美国失去了最优秀的机械工程师。"华盛顿又说："查尔斯是业界典范，是我们所有人的后盾。他睿智的建议，果断的决定，有效的行动，使我们感觉犹如坚固的柱石能够依靠。我们对他十分想念，四处寻找能接替他的人，但终究是徒劳。"这才是关键。华盛顿说："查尔斯的死仿佛是罗布林公司的转折点。通常，时间可治愈一切伤病，却不可将他替代。费迪南·威廉过世不久，查尔斯又匆匆离世，宛如命运一连降下两次重击。"

查尔斯去世后，又过了几年，家产终于计算清楚了，价值大大超过1500万美元，是1869年兄弟们继承时的240倍！纵然有各种抱怨，华盛顿依然十分崇敬两个弟弟赚钱的能力。华盛顿告诉小约翰："查尔斯·古斯塔夫之所以赚钱是因为从不亏钱，这才是最大的秘密……查尔斯有拒绝人的天赋，不论何人都绝不可能哄骗他投资。"然而，家族的继承顺序却变得不那么清楚了。查尔斯过世后，费迪南的儿子卡尔接任总裁。一战确实让企业生意兴隆，产量增加了75%，但也给企业带来了沉重负担。小费迪南也继续担任秘书兼财务主管。可是，这两位中年人尽管年纪并不大（卡尔四十五岁，小费迪南四十岁），身体却都不好。一战结束的前夕，小费迪南中风了，卡尔的心脏有毛病，还有其他各种问题。这段时间，华盛顿非常不安，全家人也非常不安。妻子科妮莉亚的儿子约翰·法罗之前参了军，1918年11月停战之后过了一个多月还没有消息。华盛顿告诉小约翰，科妮莉亚总是看报纸上的阵亡名单，紧张又恐惧。

不久之前还有一场悲剧，1918年全球爆发了流感，华盛顿的孙子、小约翰的二儿子保罗不幸病故。最后家人才得知约翰·法罗打仗的时候中了毒气，恢复过来后终于平安回了家。

按照华盛顿的说法，费迪南的两个儿子卡尔和小费迪南因为身体的问题工作变得很困难。小费迪南去了西弗吉尼亚州的白硫泉镇休养。1862年南北战争期间，华盛顿曾到过那个小镇，当时那里还是一片废墟。罗布林家族还在坚信水疗的威力。华盛顿告诉小约翰"卡尔虽然尽力工作，但他崩溃也是迟早的事"，还说卡尔不止一次发作心绞痛。"我希望你能够有意负责公司业务，因为斯科梅尔（Scammel）律师（公司律师之一）认为，公司目前的形势非常奇怪，无人打理。这种情况我很久之前就已经知道……"

1921年5月29日，卡尔在新泽西州春湖镇避暑的住处倒地身亡，终年四十八岁。《纽约时报》报道，卡尔的身心状况都极为恶劣，说明华盛顿对企业将来的担忧完全正确。报道称，数年来，卡尔的身心状况一直很不稳定，"其父（费迪南）病故后，精神曾崩溃过一次。打这以后，卡尔虽然名义上仍担任公司首脑，却一直没有真正参与事务，也没有主动参与特伦顿的社交生活。父亲的宅邸翻修之后，众人以为他将活跃起来，却没有任何变化"。卡尔依然深居简出，要么在新泽西州春湖镇的避暑房子里，要么在费城的住宅里。在他生命的最后几年，卡尔实际上完全没有经营公司。

1920年，华盛顿已经八十三岁高龄。这一年的秋天，他给儿媳妇丽塔写了一张字条，提到究竟是谁在管理家族事务，或许就透露了一些端倪，这时距离卡尔之死只有九个月的时间。华盛顿对儿媳妇说："如今我正在经营'作坊'，表现令人十分满意。"这份事业他还会一直做下去。

第 **16** 章

人绝不可抛弃职责

小约翰和丽塔的长子叫齐格弗里德，1890年出生，长大后上了普林斯顿大学。1912年，齐格弗里德二十二岁，快要从普林斯顿大学毕业了。这一年，华盛顿很是担心齐格弗里德这个长孙，于是给小约翰写了一封信商议。先前，华盛顿给齐格弗里德在工厂安排了一份工作，担任钢丝检查员，他对小约翰说："愿你能够让齐格弗里德清楚，必须做好这份工作，定期上岗以加强责任感……这小伙子绝对有必要得到明确的工作，否则一生都会毁了！"华盛顿说，当时工厂大多数的年轻工人都在十二到十四岁之间，对活计了如指掌："齐格弗里德丝毫没有这巨大的优势，在我看来，短暂的大学经验只能构成妨害。"尽管华盛顿对长孙有所期望，却依然严厉告诫小约翰："所有的期望都毫无意义，除非他能够熟悉现实世界的各种行事方法，与真正的工人会面，清楚万事艰难，万事均须动手去做，如此财富才不会在不经意间化为乌有……请务必将这封信读给他听，使他做好准备！"[1]

在与艾米莉结婚后的那些年，尤其是在布鲁克林大桥建成之后的那些年，华盛顿一直想要充分参与各项工程，艾米莉却不赞同。19世纪末，艾米莉对小约翰大发牢骚，说华盛顿参与了纽约第二座大桥威廉斯堡大桥的建设，她感到十分不满。1899年12月初，艾米莉写信给小约翰说，华盛顿"已因钢缆的前期工作，几近病倒了"，还说"我估计他最多再坚持十天，就会在工地上病倒，再次卧床不起，就如同布鲁克林的遭遇！"艾米莉管华盛顿叫"折断的芦苇"，但华盛顿没有病倒。12月底，为了协助威廉斯堡大桥建设，华盛顿画了一幅极为精美的图画，正是罗布林钢缆的横截面，迄今为止，在所有罗布林钢缆横截面的绘画中，这一幅仍然是水平最高的。

施工步骤有两步：先在河面上架设临时缆索，再在临时缆索上建造工作平台。1901年4月，一组临时缆索终于架设了起来。当时的报道称，在场的大人物不是总工巴克[2]而是华盛顿。缆索刚架设的时候处于松弛状态，沉在河底。《纽约时报》报道："现在，布鲁克林与曼哈顿之间的河底有了第一条有形的连接，未来还有更多的缆索将两个自治区连接，最后，这座新的东河大桥就会响起车马交通的声音。"这篇报道不禁令人想起1876年夏天的各种报道，那时布鲁克林和纽约第一次被"一条细线"连接在一起，东河两岸挤

---

[1] 齐格弗里德后来当上了公司第二副总裁，但与他的堂叔卡尔一样，于1936年四十五岁时突然早逝，死因是睡梦中心肌梗死。生前他还担任特伦顿信托公司董事，这不是工业企业而是一家大型银行。齐格弗里德的妻子玛丽（Mary）则成绩斐然，在丈夫死后接替了特伦顿托拉斯公司董事的席位，1937年还当上了总裁，成了美国各大银行的第一位女性主管。玛丽生于1905年，死于1994年，活了八十九岁，一直在金融业叱咤风云。

[2] 威廉斯堡大桥的总工程师是莱弗特·巴克（Leffert L. Buck）。——译注

满了欢呼的人群，停泊在港口的船只全都鸣响汽笛和警报。人们这一次没有上一次那么激动了，但在4月9日，冠军号蒸汽船在船长乔治·厄尔（George Earl）的指挥下把临时主缆拉过河面的时候，市民们还是欢喜万分。施工方选择的时间是午后刚过，这个时间点海水水位会保持不动，术语叫"平潮期"，因此此时东河水面最为平稳，适合拖曳临时主缆。《纽约时报》记者说："主塔上方，各处拖船的甲板上，甚至东河东岸（布鲁克林区），都有欢呼声传来。照相机快门响起。耳朵能听到的范围内，所有的汽笛长啸。"

临时主缆拉过水面耗时12分钟，共三根，每根直径2.5英寸，从曼哈顿区德兰西街锚锭出发，放出600英尺后，到达了河面上的悬浮平台的卷轴。悬浮平台上的"总指挥"正是华盛顿·罗布林上校，他一如既往地专注于众人可见的创新，并用这创新节约了成本。

报道说："据罗布林上校称，昨天临时主缆架设的方法是一种新法。当初在建设布鲁克林大桥的时候，先以细绳连接两岸，而后再用粗绳逐渐替换，且替换工作大半在空中完成。但这次施工不同，临时主缆先在河底放出，再抬升，而后组装，最后再在临时主缆所架设的结构上直接制造正式主缆。这个新法总共节省了十二天的时间，每一临时主缆节省四天。"

二十年后，华盛顿回忆威廉斯堡大桥主缆的施工时说，全部的功劳都是查尔斯的。"建设主缆的功劳当属于我已故的兄弟查尔斯以及他的副手威廉·希尔登布兰德，我也提了些许建议。"当然，工程也有麻烦，关于主缆施工的报酬问题曾打过一场官司。而且巴克用了未镀锌钢丝让钢丝失去了锌的保护，大桥开通不到十年，就发现钢丝锈蚀了。华盛顿叙述修复过程："不得不将脆弱的覆盖铁层与衬垫铁层拆开，换成正常的漆包线，并在缆绳卡箍的缝隙间进行嵌缝填充。"

弟弟费迪南和查尔斯死了，侄子卡尔也死了。员工们呼吁华盛顿再次出山管理"诸子"公司。华盛顿同意了。

1921年6月，《纽约世界晚报》派了一名记者采访公司新总裁。这位记者是一名杰出的女性，叫玛格丽特·穆尔斯·马歇尔（Marguerite Mooers Marshall），三十四岁，马萨诸塞州塔夫茨大学毕业，前往特伦顿面见华盛顿·罗布林的时候名气已经很大了。她负责一个全国联合专栏，叫"它之女子"，这个名称即使放在21世纪的报纸上也不会显得过时，她写的文章有《拥有一切的女性》，还有《动情之爱》。她还写了十四本言情小说，如《荒野护士》《武器和女郎》《命里所无》。马歇尔于1964年去世。华盛顿本来不喜欢记者，但那年夏天，他却对这位从纽约找上门来的年轻女子敞开了心扉。马歇尔对华盛顿的描述也带有一些浪漫色彩。

文章开头写道："华盛顿·A.罗布林上校八十四岁，小个子老兵。他父亲策划了布鲁克林大桥，而他建起了大桥。如今上校正在参与他最后的一场战斗。他的战斗目标是'完成使命'，同时排除一切敌人的干扰——疾病、衰弱、痛苦、寂寞、丧亲，还有比同龄人更加长寿而造成的可怕抑郁。"马歇尔还写道，华盛顿的父亲老约翰当年坐着帆船来到了美国。华盛顿生于19世纪30年代，参加过南北战争，十分长寿，看到了第一架飞机起飞，而这架飞机是用他的公司的钢丝组装在一起的。1920年9月16日中午12点，华尔街和宽街路口的街角有一枚炸弹突然爆炸，造成39人死亡，数百人受伤，这是曼哈顿下城（南部）遭遇的第一次恐怖袭击。[1]这次袭击的背

---

[1] 调查无果而终，但警方和历史学家普遍怀疑加里尼主义者（意大利无政府主义者）制造了袭击。——译注

景是社会抗议和解放运动的高涨，女人们剪短了头发，穿起了超短裙。另外，美国新教激进派领导的禁酒运动使得政府在1919年通过了《禁酒法案》，从1920年开始，美国由此进入了禁酒时期，一直到1933年。然而，对烈酒的禁令非但没有达到预期的效果，反而让民众更加渴望杯中物，保守的19世纪已经消逝很久了。但华盛顿·罗布林对这些动荡都不甚关心，他告诉马歇尔自己有工作要做，朝九晚五，中午在办公室用午餐。他还补充道："我食欲好得很，馅饼吃得很多，只是三十五年没吃过鲜苹果了。[1]我不是禁酒主义者，一名绅士的晚餐为何不能有酒相伴呢？"十分坦诚。

马歇尔深为华盛顿着迷。她写道："华盛顿身形单薄、消瘦，却很结实，铁灰色的头发依然浓密，只是有点驼背，一双蓝眼睛很是有神，模样绝不超过七十岁。"不过女记者也非常困惑：这位八十四岁的老人为何不愿放弃工作，放松下来逍遥自在呢？华盛顿反问女记者，语速缓慢："你内在的一部分要怎样放弃呢？德国男人五十岁便要退休，美国却没有这种事情。我以为这样很好。只要坚持工作，人生便有了目标。"

如今，华盛顿的目标就是这家作坊，他也全心投入了工作。他后来说："我身体虽然衰弱，但依然拥有全副才能。"又说："我已在特伦顿居住三十年了，几乎每日都前往工厂视察，对公司庞大产业的每一种类都了如指掌。"华盛顿不喜欢坐汽车，于是每天早上坐有轨电车去上班，陪着他的是一只艾尔谷小猎犬，叫比利·桑戴（Billy Sunday），上校十分喜爱它。小狗的名字来源于美国一位著名棒球运动员比利·桑戴，他后来成了基督教福音传教士。华盛顿

---

[1] 19世纪到20世纪初期，欧美的习惯是把苹果用各种手段烹调后食用，鲜食较少，后来才逐渐增加。——译注

一直嘲讽宗教团体，用"比利·桑戴"给自己的狗命名也是出于这个目的。华盛顿与小狗坐车去上班，小狗就享有趴在主人脚下的特权。华盛顿给别人写信时经常提到小狗比利的所作所为。比利经常离家出走，每一次出走，小约翰都安慰父亲，回来后再次出走，小约翰再次安慰，如此循环往复。华盛顿的照片里也经常见到比利站在主人的旁边。

华盛顿对自己的痛苦向来直言不讳，和马歇尔谈话也是如此。他告诉马歇尔，自己的少年时期乃是一场幻觉。据马歇尔转述，华盛顿悲哀地告诉她："我没有留住年轻与健康。这只耳朵听不见了（摸右耳），这只眼睛看不见了（一根手指放到左眼旁），牙齿有问题，一说话就胸痛，上下楼梯要花十分钟。我身体若好起来，其他一切便都可忍受了。可哪怕是几分钟，我也没觉得好过。"不过，作为造桥的人，华盛顿依然精力充沛。宾夕法尼亚州费城与新泽西州卡姆登市（Camden）被特拉华河分开了，1919年，两座城市的代表计划修建一座大桥。"诸子"公司有机会竞标为大桥生产主缆。华盛顿一听说这个消息就忍不住要参加。罗布林家族的房产执行人叫克拉伦斯·凯斯（Clarence Case），他研究了华盛顿当时的信件，作出了精辟的评论："从字里行间看来，我们可以猜测这位资深的桥梁工程师心中有着强烈的渴望，希望能为罗布林家族造起的一长串桥梁成员再新增一位，特别是制造新桥的钢丝。若有可能，他还打算制造并安放主缆。"

卡姆登大桥于1919年正式提出修建，1921年立项，1926年完工，成本2900万美元，全长1750英尺，成了全世界最长的悬索桥。卡姆登大桥的总工程师是波兰裔的拉尔夫·莫杰斯基（Ralph Modjeski）。1907年，圣劳伦斯河上第一座魁北克大桥坍塌后，他参与了第二座魁北克大桥的建设。卡姆登大桥的主缆极为巨大，每一根直径为30英寸，比以前最粗的大桥主缆还要粗一倍，每根主缆有2万条钢丝。1921年4月，华盛顿致信小约翰："我们迫切需要这份工作，尽管我们在这上面只会亏钱，就像我们在纽约亏钱一样。不过，这份工作无人监督而且困难，风险又高。"当初，托马斯·特尔福德修建梅奈悬索桥时，伊桑巴德·布鲁内尔修建克里夫顿悬索桥时，詹姆斯·布坎南·伊兹修建圣路易斯大桥时，还有罗布林修建布鲁克林大桥时，既负责设计也负责建造，但如今的工程项目已不是单独一个人、单独一种设想的事情了。卡姆登大桥竣工前后，华盛顿总结说："现代工程师只负责计划而极少执行计划。工程师会选择更有能力的承包商替他把计划变为现实。先前不是这样的。[1]"

饶是如此，华盛顿依然无法抗拒工程的诱惑。他当然想要供应钢丝，但更想制造钢缆。1921年9月，华盛顿致信小约翰，再次希望儿子参加项目。华盛顿说："请重拾数学，帮我做几项钢缆方面的计算。我并不知晓我们的钢缆专家霍尔顿·罗宾逊（Holton Robinson）的数学水平，而大桥工程师拉尔夫·莫杰斯基打算参与多少计算工作，我也不知道。"罗宾逊一直担任威廉斯堡大桥的钢缆工程师。华盛顿关心低水位时的主缆高度，这高度受索鞍移动、温度，还有大桥荷载导致的挠度这几个因素影响。10月初，小约翰回了信，口气带着几分责备。"您的健康状况虽然很好，但卡姆登大桥主缆的制造规模却是空前的。制造钢缆不确定性太强，精神压力也过大，会给您带来崩溃的风险。您现在已经承担了重任，不

---

[1] 现代工程师主要分为建筑师和结构工程师。建筑师要综合考虑美感和技术，结构工程师偏向纯技术。——译注

应再冒这种风险。请您只竞标制造钢丝，切勿竞标制造主缆。"

可是转过年来的1922年春天，华盛顿还是告诉小约翰，卡姆登大桥各位工程师来拜访他，请求他竞标制造主缆。华盛顿告诉小约翰："我不太清楚应该怎样才可脱身。"儿子很快回信重申了先前的观点，建议华盛顿小心谨慎："您应善保身体才能使公司继续经营。钢缆合同责任重大，您决不可承担。主缆和主塔规模都是空前的。这是未知的工作领域，伴有未知的风险。对这最了解的人莫过于卡姆登大桥的工程师团队，否则他们必然不会如此迫切地推卸责任，让责任已经很重的您负责。这是莫杰斯基的桥，建成后会归到他修建的大桥名录中。大桥若成功建设，莫杰斯基会得到荣誉，但如有任何问题，舆论极有可能会责备您制造的主缆！"小约翰还得知了小狗比利·桑戴最近的事迹，于是安慰华盛顿："比利的事，我深表同情。我家有一只叫尼克（Nick）的狗，也会定期出走几个星期，但最后总能归来，饿得半死。"

最后，美国缆绳公司拿到了合同，负责提供钢丝，制造主缆。1922年夏末，华盛顿也意识到确实不应该参与制造主缆，他有些沮丧地告诉一位记者："我很遗憾地声明，'诸子'因人员亡故、衰老以及其他不便之处，已经没有人能够全权负责这类庞大的项目了。这份合同价值300万美元，有工期限制，责任重大，难度极高，我已经是八十五岁的老人了，身体衰弱，实在应当避开如此重的负担，尤其是没有任何确切的利益能够获得。这个项目的竞争是不可避免的。我从未与莫杰斯基商谈过，也从未与他通信议论大桥的事。"但是因为没有拿到钢丝合同，华盛顿依然十分后悔。1923年9月，他致信房产执行人克拉伦斯·凯斯："过去两年我们在这一项目上浪费了太多的时间与脑力，一事无成，对此我深表痛悔。我们的知识与实践经验足够生产出完美的钢丝，如此技术，除了我们之外却没有一人掌握。未来，大桥的主缆必将出现不良后果！"

华盛顿接受马歇尔采访时，抱怨自己身体很脆弱，但也承认自己恢复能力很强。他告诉马歇尔："我认识的医生已经有80个死去了。从四十岁到五十岁，我整整十年没有出过房间一步，有段时间我以为自己会失明。"如今他努力阅读，努力写作，他还告诉马歇尔，他喜欢看小说，说小说"是一种温和的精神麻醉"，能把他从工作的劳累中解放出来。不过，他在工作中投入的精力并不让人觉得对他而言工作是一种劳累，儿子小约翰也说华盛顿从来不是公司"名义上的主管"，说"他对业务的执行力是现代管理者的最佳典范"。在华盛顿的推动下，工厂的能源从蒸汽转化为电力，堪称一次巨变。他还设立了一个全新的部门，用电解法为钢丝镀锌。对于没有拿到卡姆登大桥主缆的合同这件事，华盛顿一直耿耿于怀，于是他后来为哈得孙河上的熊山大桥制造了主缆。熊山大桥是奥尔巴尼市南部第一座通行车辆的大桥，1924年开通，主跨1632英尺，比威廉斯堡大桥长32英尺，成了当时全球主跨最长的大桥。华盛顿告诉小约翰，到1923年年底，熊山大桥的工作进行得很顺利，两座主塔和锚锭都快要完工了，到1924年春天，开始制造主缆。华盛顿的语气高兴得像个小伙子，但他也非常想看到下一代工程师追随他的脚步。他告诉儿子："熊山大桥的技术困难正在迅速克服，每根主缆已完成六根索股了。驱动机械由本公司设计，本公司的一些职工也在现场协助。此外还有12名伦斯勒学员和12名西点军校学员来到现场学习。"这封信写到最后，几乎是出于本能地写道："我因吃一颗黑莓而消化不良，即将失明。"

1923年5月27日，《纽约时报》登了一则简短消息，提到了罗布林上校八十六岁"生日庆祝"，还专门说小狗比利·桑戴也在前一天回来了，"为节日增添了喜庆气氛"。第二年，1924年夏天，罗布林八十七岁大寿刚过，特伦顿商会给华盛顿办了一场晚宴，主题是"忠诚服务"，并赠给他一只双柄纪念杯，表彰他在特伦顿商业历史上服务了最长时间：戎马征战了七十五年！晚宴在特伦顿兵工厂举行，有2000多名宾客出席，其中有500名"诸子"的职工，华盛顿也参加了。晚宴还请了一位贵宾赫伯特·胡佛（Herbert Hoover），时任美国商务部部长，他后来在1929—1933年任美国总统。后来，华盛顿在一份报道晚宴的剪报边缘写道："胡佛发言之前我就回家了。耳聋之后，除了自己，我很少听人讲话。"这一天，华盛顿感到很是悲凉，于是在这份报道旁边写下了另一段话，这段话一如既往地简洁有力："我从没想过自己比弟弟们活得更久。如果我弟弟查尔斯还健在的话……这种场合他必然十分高兴。我们的逝去如此之快，不出数年，如今公司的所有活人便将不复存在，我自然是其中之一。别了！"

虽有绝望，但华盛顿对广阔世界的兴趣从没有被毁掉。只消一瞬，一句偶然的交谈，便能唤起他的好奇心。有一张写给小约翰的字条，没有日期，写的是一天晚上华盛顿在华尔道夫饭店与一名侍者交谈的经过。这侍者是个来自中东的小伙子，教华盛顿如何用阿拉伯语写自己的名字。华盛顿觉得这小伙子十分聪明，很是喜欢："我这位新的侍者在埃及长大，取得了很多的哲学成就，却发现在华尔道夫没有用武之地。"1925年7月，华盛顿又写道："八十八岁的人很容易觉得已经被人遗忘，我却从不允许自己这么想。尽管有许多病痛，但我依然活跃，依然站立，且肩上的担子比以前更重，只是挑担的力量在衰弱而已。"如今，他真正活得比那一代的任何人都长寿。"可以说，我孑然独立，无人可以依靠。"

四年前，记者马歇尔在采访华盛顿的时候曾问他，别人也想如他一般长寿，他对此有何建议。华盛顿一听就大笑起来："我不建议他们活得如此长寿。我知道我随时死去都心满意足，但上天赐予你的时日却一定要挨过去的。"至于长寿的秘诀，就在于"常识"二字："我们在吃喝、做工、玩耍、择妻这些方面都应当保有常识，若要长寿，妻子是极大的帮助。"但马歇尔还是为华盛顿在压力面前的忍耐力感到吃惊，问道："您是怎样做到的？"华盛顿的回答堪称一个信条，世人都值得一听。

华盛顿马上回答："因为责任全都在我脑子里了。我已知晓责任六十年，完全了解责任的样子，而承担责任是我的职责。人不能抛弃职责，不能逃离生活，也不能逃离生活布置给你的任务。商业的新计划，我是一点也没有了。我经受过很多困难生存了下来，今后还会经受困难继续生存下去。"

*

华盛顿在各位老相识当中果真是活到最后的一个。1924年4月21日，他致信小约翰："今晨看报发现了乔治·麦克纳尔蒂的死讯，大为震惊。"[1]麦克纳尔蒂曾用老板华盛顿的名字给自己的一个儿子起名，享年七十三岁。华盛顿追思道："他刚到我身边时很年轻，只有二十岁左右。"他必然想起了自己那时也很年轻："他死后我便是布鲁克林大桥工程班子仅存的一人了。这境况我在五十年

---

[1] 乔治·麦克纳尔蒂是华盛顿六大助手之一。六大助手的生卒年如下：威廉·潘恩（1828—1890），C.C.马丁（1831—1903），弗朗西斯·柯林伍德（1834—1911），萨姆·普罗巴斯科（1833—1910），乔治·麦克纳尔蒂（1849—1924），威廉·希尔登布兰德（1843—1908）。——译注

前做梦也想不到。"此外，到处都有痕迹向他提示着过往，提示着他不寻常的高寿。麦克纳尔蒂去世后，过了一个月，西雅图市有一位科斯蒂根（Costigan）夫人给华盛顿寄来了一首诗，颂扬布鲁克林大桥的建设者："人生一瞬，至多苦短／若省光阴，便是偷赚／清晰宏伟，异象眼前／如此头脑，神赠凡间！"总工写了一封亲切的回信，草稿用铅笔写在了女士来信的信封背面："1883年，布鲁克林大桥开通了，直到现在依然时不时会出现有关大桥的诗歌、比喻和周年纪念的评论。部分文字极好，您的来信便是其中一份。我祝贺您的努力。如今我已近八十八岁，建设大桥的其他同事都已去世。我一生经历很多，而那一段日子已经隐入模糊的过往，有时我甚至怀疑是否真正发生过。"他还发现这首诗是献给"约翰·A.罗布林父子"，并没有提到他的名字，他有些无奈地说："很久之前我便不再试图向人解释清楚我与父亲的不同身份了，很多人以为我在1869年就已死去。"但他还是为美洲大陆另一边的这位陌生女性解释那些遥远过去发生的事情："事实很简单，家父制订了最初计划并宣传了大桥项目。1869年，家父意外身亡，当时大桥的实际工作还未开展。我身为家父的同伴，接过了责任，总揽一切，建设大桥。"回信最后说："我仍在参与工作并关注当下的生活，但年老的衰弱却从四面包围上来，终点当在不远处了。"署名"您忠实的，华·奥·罗"。

人们一直混淆了华盛顿与他的父亲约翰，从来没有划清楚界限。第一次混淆发生在布鲁克林大桥开通那一天《鹰报》的错误报道中。纵然《鹰报》在大桥建设的十四年间极为关注大桥，却在回顾约翰·罗布林之死的时候说成了"罗布林上校之死"。

华盛顿也继续扮演着一家之主的角色，努力想让弟弟埃德蒙作出一些贡献：接济罗布林家族中一些困顿的远亲。费迪南还在世的时候，华盛顿总写信跟他商议应该怎么帮助埃德蒙，如今费迪南不在了，他就直接给埃德蒙写信，这时候，兄弟俩已经二十五年没见过面了。华盛顿告诉埃德蒙："死神一直在拼命劳作，淡化罗布林家的内部等级。"他请求埃德蒙，从自己庞大的资产（大部分原封不动）中拿出一部分，赠给姐妹约瑟芬的儿子们，以及劳拉的五个孩子。华盛顿说："这种接济只是为了纾解你几位亲戚的困境，他们将终生感激。相比于在他们陷入可怕的贫穷后再接济，此时接济会让他们更为感激。"华盛顿还担心埃德蒙的精神已经不正常，不能理解这个请求："这封信你若觉得太长，不明白意思，便请卡林顿夫人（Mrs. Carrington）为你逐字逐句解释好了。我相信卡林顿夫人能够明白这封信的请求是正当的。"卡林顿夫人似乎一直陪伴着埃德蒙。先前曾有一位医生给埃德蒙作过检查，但拒绝透露他是否compos mentis[1]。几个月后，华盛顿把情况告诉了房产执行人克拉伦斯·凯斯，他说目前这悲哀的局面"是因他少年时的环境而起的。他没有真正的家，没有朋友，没有关系纽带，没有妻子，没有职业，也没有足够的性格力量能够克服这些境况。此外，他在少年时期拥有的金钱或许也过多了"。华盛顿告诉凯斯，埃德蒙一年几次会"从地球表面消失"，去中国，去科罗拉多州，去内布拉斯加州……他在内布拉斯加州买了一处大农场，后来又拼命想卖掉。"如今埃德蒙已是年过七旬的白发老人，卧床不起，与人无害。"后来，埃德蒙同意为困顿的七位侄子侄女每日付三美元。华盛顿得知此事后十分高兴，又写信告诉了凯斯。

---

[1] 拉丁语：精神健全。——译注

20世纪已经过去了四分之一。一战早已结束，未来正在到来。1925年，美国文学史上最重要的作品之一《了不起的盖茨比》出版；同年，苏格兰工程师约翰·洛吉·贝尔德（John Logie Baird）在伦敦展示了一种能力，用无线的方式传输会动的图像，这种技术叫作"电视"。3月，华盛顿喜爱的小狗比利·桑戴死在了窝里。华盛顿致信小约翰，语气很是悲哀，说比利的境况与自己有几分相似："大约六年前，他（比利）被一辆汽车碾过，伤了脊骨，再没有完全恢复。"华盛顿又说："我一生养了许多狗，没有哪一只像比利这样令我着迷。可以说，我和比利都是废人，他整日陪伴我，从不离开，我们对彼此都十分了解。他的智慧令人惊异。"比利虽然没有语言天分，但"摇尾巴即可传达很多意思"。华盛顿还把比利的病痛与艾米莉的相比，他给儿媳妇丽塔写信说，比利被汽车撞过，而艾米莉在去世的八年前也曾被一辆自行车撞过。比利·桑戴葬在了特伦顿宅邸华盛顿房间窗外的地下。

　　1925年5月，华盛顿八十八岁大寿，举行了一次"便宴"庆祝。他觉得不必安排别的活动，但有儿子和儿媳陪伴还是很高兴。在宴会前不久，华盛顿曾给儿媳丽塔写信说起小约翰："科妮莉亚觉得小约翰一年年越来越好看了，特别是他那一头随了母亲的棕色卷发。"当时西州街上已经装了路灯，华盛顿很不习惯，认为屋子里的人肯定都睡不着，便把这条街叫作"特伦顿大白路"。但有些光亮华盛顿又很是喜欢："昨晚我看到托拉斯公司大楼顶上，金星、火星、水星彼此靠得很近，十分高兴。"这三颗行星当晚可见的时间大约是晚8点，在特伦顿地平线上方大约7度的位置。华盛顿说："一生中，这是我第二次见到水星，第一次是1882年在缅因州的荒山岛（Mt. Desert）上。有很多人一生都没有见过水星。这三颗行星下一次如此贴近还要等上八十年左右。"华盛顿虽然没有研究过天文学，却基本说对了。行星的三星合（从地球上看，三个天体距离很近）很少见，而能够直接看到就更少了。华盛顿说的八十年其实是保守估计，从公元前3000年到公元3000年，三颗行星彼此靠近的情况，一共只会出现三次。三颗行星的光芒，照耀着华盛顿生命最后一个完整的年头。

然而，华盛顿眼睛所关注的不光有天空。他告诉小约翰："本公司业务平均情况与之前相同，但缺少创造的能量。"当初正是"创造的能量"促使他把公司的广告通过邮件发往全国，还请费迪南给他各州的邮件地址列表，好让他针对有需求的人寄出广告。可如今他已经无法提供这种能量了。"今夏，暑热与其他各种问题令我十分痛苦，难以工作，因此我很少来公司。我已经四天没有来到作坊了，除了几乎失明，还有多种资金问题、支票、通信、投资等庞杂的事，我正设法采取措施。"

不过他对工程依然充满兴趣。1926年3月13日，华盛顿保存了一份《纽约时报》的剪报，说的是纽约与新泽西州哈得孙河大桥顾问委员会已批准建设一座5500万美元的大桥，从曼哈顿北部的华盛顿堡通往新泽西州利堡镇。标题是：两座主塔高度将超过华盛顿纪念碑，主跨将成为世界第一。[1]报道称，写报告的工程师是奥斯马·赫尔曼·安曼（Othmar Hermann Ammann）。他宣称大桥最早可在1933年完工。剪报的边缘有华盛顿用铅笔写的评论："规模太过庞大……相当于5座布鲁克林大桥……他必须停止幻想，面对现实……张力不确定。"安曼修建的这座穿越哈得孙河的大桥，

---

[1] 这里的纪念碑是首都华盛顿特区的纪念碑，为了纪念美国国父乔治·华盛顿，与华盛顿·罗布林没有关系。——译注

最后命名为乔治·华盛顿大桥，1931年开通。工程完工时恰好处在大萧条中间[1]，因此这座大桥堪称经济衰退期间的工程奇迹。大桥主缆的钢丝是"诸子"公司生产的。

1926年春天，华盛顿严重消瘦，体重减到了90磅。5月的一天，他给朋友R. B.凯奇（R. B. Gage）——特伦顿本地矿物学家——写信说道："我已完全崩溃，每日都在衰弱，无法进食、睡眠、走路、站立，体内已无足够的血液可保性命。"但他还是讲述了之前与别人的一次通信，对方是哥伦比亚大学矿物学教授保罗·科尔（Paul Kerr）。"科尔来信索要阿肯色州的牛顿石标本[2]。我给他寄了三块，换来一块海蓝宝石的砂矿原石。它完全透明，有两个面自然磨圆，你若想看尽管来，但我无法下楼，就不能陪伴你了。"看来华盛顿这时候已经出不了卧室，连楼下的"博物馆"都不能参观了。第二天，华盛顿给儿媳丽塔写信："不要以为我在好转，我每天都在衰弱。身体疼痛得厉害，头低在胸前，对一切都漠不关心。有人为我翻身，骨头便咯咯作响，想要起身却又倒下。"华盛顿又说："惊喜！温室里一株一直被人踢来踢去的夜间开花的仙人掌，数十年来没开过花，昨夜却突然开花了。晚上10时，这盆花送到了我床边，满室清香。这花实在奇妙，比玫瑰大上许多，花瓣通体雪白，呈椭圆形向外微微翻卷，顶部尖尖。今晨花已凋谢，又将沉睡多年。"[3]

1926年7月21日午后，华盛顿·罗布林去世了。大概在最后一天，他已经失去了知觉。报道称，他去得十分安详。妻子科妮莉亚、儿子小约翰、儿媳丽塔都陪在他身边，还有长孙齐格弗里德，科妮

---

[1] 美国在1929到1933年发生了大萧条（the Great Depression）。——译注

[2] 一种黏土矿物。——译注

[3] 推测是昙花或霸王花。——译注

莉亚的儿子约翰·法罗，科妮莉亚的儿媳阿德莱德（Adelaide），忠实的家庭医生威廉·克拉克（William Clark）也在场。华盛顿比许多人都活得更久，这些人当中不光有他的两个弟弟费迪南和查尔斯，还有东河大桥班子倒数第二个去世的人麦克纳尔蒂，圣路易斯大桥的总工詹姆斯·布坎南·伊兹，他曾因沉箱建设把华盛顿告上法庭，让华盛顿烦恼不已。1887年，伊兹在巴哈马首都拿骚市（Nassau）离世。当年曾拼命主张撤了华盛顿的总工职位，自命不凡的布鲁克林市长赛斯·洛，也于华盛顿去世的十年前，也就是1916年去世了，只活了六十六岁。华盛顿的助手威廉·潘恩上校于1890年去世。德国工程师尤根·朗根于1895年去世，他只比华盛顿大四岁，却走得早得多。他发明的燃油引擎差点改变了华盛顿的人生轨迹。那位与华盛顿有过不少恩怨的承包商威廉·金斯利，也早在1885年就去世了，年仅四十二岁。他去世后葬在了布鲁克林的绿荫公墓，墓碑上刻着"原为东河大桥的一部分"。

华盛顿的葬礼在西州街的宅邸里举行，有300人前来参加。这一天，工厂中午就关了，好让男女职工都来送华盛顿最后一程。老约翰死的时候，职工们也是停工来送行的。一列特别快车把华盛顿的遗体送到了纽约州的冷泉村，葬在了绿草如茵的公墓高地上，就在艾米莉的坟墓旁边。华盛顿生前有一段时间不太确定自己应当埋在什么地方。在艾米莉去世的前不久，华盛顿告诉小约翰："坟墓的事情让我十分担心。"他说地点本身倒不重要，但如果葬在特伦顿的话，就有一个非常明显的缺点：太熟悉了。华盛顿说："父亲的坟地里确实有我的位置，但他的墓碑太大，威名太盛，我将被彻底遮掩。"看来，冷泉村是最佳的选择。他和艾米莉的坟墓都竖着一个"如尼文字形十字架"，上面刻着两人的名字。这是一种北欧文字，传说具有魔力。

华盛顿也没有忘掉科妮莉亚。他把三分之一的家产——2900万美元——留给了科妮莉亚，余下的三分之二留给了儿子小约翰。他的众多矿物藏品几乎全都捐给了史密森尼学会，只有"三小箱切磨过的宝石"留给了科妮莉亚，还有"一套南京瓷器"，这些东西一定对科妮莉亚有着特殊意义。华盛顿死后，小约翰写了一篇介绍华盛顿生平的文章，很多本地和全国的报纸都以这篇文章为基础报道了华盛顿的生平。科妮莉亚用黑边纸给小约翰写了一封信，赞扬他写的简介："你为你父亲写的介绍，他一定非常满意。对我的称赞也令我十分感激，无法用言语表达，其他的话语实在无法对我有如此大的意义。"科妮莉亚收到很多吊唁信，其中一封来信是华盛顿生前的战友乔治·H.布朗（George H. Brown）写的，他是华盛顿南北战争期间的战友，二人曾在马里兰州巴德斯渡口住过一个帐篷。布朗说："人人都能演奏某种乐器，或认为自己能够演奏，但这些人全都远远不如您的第二任丈夫。他高超的技巧能让小提琴开口说话。"

1942年，科妮莉亚去世，埋在了南卡罗来纳州沃尔特伯勒市（Walterboro）槲树公墓里第一任丈夫的旁边。科妮莉亚和华盛顿在当初艾米莉建起的这所宅子里住了很久。1946年，宅邸被拆除，在上面建起了新泽西州立图书馆。1936年，小约翰最小的儿子唐纳德·罗布林（Donald Roebling）把宅子里的花窗拆了下来，挪到了佛罗里达州自己的家中。21世纪初，这房子又重新整修过，但那花窗却似乎下落不明了，实在可惜。

1927年5月20日—21日，美国著名飞行员查尔斯·林白（Charles Lindbergh）驾驶飞机圣路易斯之神号从纽约长岛出发，第一次单人飞越大西洋，降落在法国巴黎的布尔歇机场，这时距离华盛顿九十岁诞辰（5月26日）只有几天。飞机的控制电缆、支撑结构、照明电缆、点火电缆都是"诸子"生产的。这架飞机成为一种新的"桥梁"，长达数千英里，横跨了大洋。华盛顿死后，新泽西州州长阿瑟·哈利·莫尔（Governor Arthur Harry Moore）致悼词："罗布林上校的去世让新泽西州失去了极受尊重的公民之一，哪怕不是最受尊重的。在特伦顿居住的七十八年当中，华盛顿的成就在人们心中树起了不朽的丰碑，这样的丰碑即便是他最热心的拥护者也无法设计出。"《伯纳兹维尔新闻》简洁地评论道："罗布林陆军上校的故事极为引人入胜。"

第 **17** 章

治愈这一切的，唯有年岁和时间

华盛顿·罗布林去世后，又过了三年，《纽约时报》旗下的《纽约时报杂志》登了一篇关于他的文章，现存于罗格斯大学档案馆。作者只署了一个缩写的名字：R. L. D.，全名不详。文章写道："华盛顿的朋友对他的了解远不止工程师这一个身份。他认真钻研经典著作，是语言学家、矿物学家，还是有所成就的音乐家。这种多才多艺乍一看很是惊人，但实际上也许并非如此。诗人的想象力、军人的勇敢、工程师的准确，这些品质都是建设布鲁克林大桥所必需的。对罗布林而言，这座桥不只是一堆岩石、水泥和钢铁，也不只是仅仅用蛮力将一些静止的自然元素结合起来。这座桥是一个成真的梦想，是掌握了各种方法与材料后，用天下最完美的艺术技巧创造出的结果。"

　　一年年、一代代、一个个世纪以来，艺术家们一直在彼此交流，而布鲁克林大桥始终是一个重要的话题。20世纪早期，很多摄影师用大桥的光和影、实体和虚空进行创作，例如尤金·德·萨利尼亚克（Eugene de Salignac）在1914年拍了一幅著名的作品：一群人安然无事地站立在大桥的拉索和吊索上。此外还有贝伦尼斯·阿博特（Berenice Abbott）、沃克·埃文斯（Walker Evans）、卡尔·施特劳斯（Karl Strauss）等摄影师也拍摄过大桥。再往后，又有充满生气的写实主义画家理查德·埃斯蒂斯（Richard Estes）和芭芭拉·门施（Barbara Mensch）的合成照片（atmospheric prints），让艺术家的对话一直继续到今天。还有另一些艺术家，如蔡尔德·哈萨姆（Childe Hassam）、弗兰克·斯特拉（Frank Stella）、乔治亚·奥基弗（Georgia O'Keefe）、埃尔斯沃斯·凯利（Ellsworth Kelly）的作品让大桥从现实变为抽象，从河上的通路变为纯粹的艺术形式。直到21世纪，布鲁克林大桥仍然是艺术家灵感的来源。2014年老约翰的忌日当天，从柏林来的两位艺术家米沙·莱因考夫（Mischa Leinkauf）与马蒂亚斯·韦姆克（Matthias Wermke），在大桥两座主塔上升起了白旗[1]。伦敦艺术家迪·梅因斯通（Di Mainstone）设计了一种"人体竖琴"，让舞蹈家在大桥上舞蹈，用接触式麦克风和"音乐修复术"，将舞蹈家引起的大桥的主缆和钢铁部分的振动转化成各种奇异的声音与和弦。

美国诗人哈特·克莱恩（Hart Crane）对大桥十分着迷，为其写了一首诗《大桥》：

> 穿越紧扎的索股，有通路向上耸起，
> 耀眼的丝弦起飞，突然把方向变易。
> 月光的切分音，往复运行，张紧的无数英里，
> 钢丝的心电感应，低语疾驰，从不停息。
> 花岗岩、钢铁、夜色的索引，攀缘向上；

---

[1] 这种行为艺术目的在于"关注公共空间的边缘地带"，引发很大争议。

透明的罗网，乐谱五线，无瑕地闪闪发光；

预言的声音种种，飘忽不定，摇曳奔腾；

宛若由千万丝弦，有一个神灵降生！

　　美国诗人玛丽安·穆尔（Marianne Moore）也有一首诗《花岗岩与钢铁》，赞颂了"扭绞的钢丝被海水镀上银色，让众生解放"。但她却说这"高潮的饰物"是"约翰·罗布林的纪念碑"，而不是儿子的。

　　然而，是华盛顿建造了大桥。早在1918年查尔斯去世后，华盛顿就给《纽约太阳报》编辑写信："近年来，只要特伦顿市有姓罗布林的人死去，便立刻有人声称是死者修建了布鲁克林大桥。我为特伦顿一家报纸登载的讣告提供了信息，记者认为，如能将大桥归到查尔斯·G.罗布林名下会进一步增加文章的力量。查尔斯确实已有很多成就，十分伟大，但我当年开始主管大桥建设的时候，我已故的弟弟查尔斯还在上学。"华盛顿曾经访问英国西部的克里夫顿悬索桥，设计者是伊桑巴德·金德姆·布鲁内尔。那家特伦顿报纸还登了一个十分荒唐的说法，说布鲁克林大桥最早的计划是参考布鲁内尔的设计而作出的。华盛顿说："这实在荒谬绝伦！这例子明白地显示，随着时间流逝，人们能够怎样歪曲历史！"《基督教科学箴言报》也登了这种歪曲的说法。另外一篇文章《造桥者罗布林家族》还说，查尔斯"对布鲁克林大桥建设"有所贡献。华盛顿在报纸边上用力写下："查尔斯·罗布林绝不是布鲁克林大桥的工程师！"

　　不论遇到何种情况，不论需要做何种决定，每一次华盛顿都会依靠自己的能力做出决定，而这能力的基础是来之不易的宝贵知识。华盛顿在19世纪最后几年所承担的风险，现代工程师已经不用再承担了，因为如今的政府有各种规章限制了工程师个人的自由。这些措施很明智，可以防止团队做出糟糕的决定，然而一旦做出了糟糕的决定，这些措施却不一定能够逆转。对于自己负责的各个项目，华盛顿·罗布林有着完整而超常的总体把握，这种能力，现代人却几乎不再可能拥有了。亨利·佩拉希亚（Henry Perahia）曾是当代纽约市交通局老资格的官员，担任总工程师兼桥梁主管长达十五年。他说："当初一个人做的事情，如今由整家公司几十人承担。"当年华盛顿对马歇尔说过："责任全都在我脑子里了。"佩拉希亚对此评论道："当时有一个人敢站出来说：这就是我的桥！只有极少数桥梁在设计过程中还会对方案进行大幅修改，而且大多数工程设计是就地完成的，布鲁克林大桥是其中一座。"沉箱、主缆、桥面、桁架的修改都是华盛顿一个人的决定。

华盛顿身为军人，受过战争的洗礼。他很清楚，战事正酣的时候没有任何人能够依靠，只能靠自己。他在萨克森堡、特洛伊、匹兹堡、辛辛那提也都反复学到了这一点。他在俄亥俄河上，在东河上建起的工程，一直矗立到现在。卡温顿—辛辛那提大桥如今改名为约翰·A.罗布林大桥，据说，罗布林这个名字在辛辛那提和周边地区的知名度要远远超过布鲁克林。如今，布鲁克林大桥是一处"历史土木工程地标"，有过几次修复，最近一次是在20世纪末21世纪初，是迄今为止规模最大的一次。1948年，布鲁克林大桥第一次大修，总监是大卫·B.斯坦曼（David. B. Steinman）。此次大修增加了车行道强度，但优雅的造型却有了改变。直到1954

年，大修才结束。[1]先前的有轨电车、铁路全部取消了，车行道扩展成双向三车道，桁架结构也加强了，桥面完全更换。到世纪末的1999年，桥面又更换了一次。

　　1983年是大桥开通百年纪念。这一年对大桥进行了全面检测，看华盛顿推测的"大桥至少还会矗立一两百年"是否准确。工程师布莱尔·伯索尔（Blair Birdsall）最先在约翰·A.罗布林公司开始职业生涯，后来又当了大卫·斯坦曼的同事。据他回忆，1945年他第一次检测大桥的状况时，有一位潜水员潜下海去，给他拿了一些水下沉箱的木材碎片，这些碎片"依然有着松焦油沥青的痕迹"。1983年，又进行了一次检查，发现斜拉索固定在主塔顶端的部位有严重腐蚀，还有其他一些问题确实需要维修，但大桥总体状况良好。两座主塔的砖石部分"状态极佳"，"灰泥状况尤其良好，与刚刚完成时同样坚固"，主缆"状态很好"。虽然所有吊索和斜拉索都需要替换，但车道与桁架却通过了严格的检查，伯索尔没有理由怀疑总工华盛顿的猜测：大桥的确能够坚持一两百年。华盛顿说："人们一直在问大桥还能坚持多久，我回答，只要我们在未来足够聪明，能够让各类材料保持罗布林完工时的状况，大桥就会一直坚持下去。"四根主缆投入使用的时间是1883年春天，距今已经有130多年了。这四根主缆依然是悬吊结构的主要支撑，尽管主缆承载的重量有过几次变化，但主缆本身却一直发挥着关键作用，自大桥开通以来从未变过。J.劳埃德·黑格掺入的劣质钢丝依然掺在主缆当中，华盛顿当年谈到此事非常忧虑，说："如果有一根劣质钢丝同优质

---

[1] 斯坦曼是当时美国最杰出的工程师之一，也是一位诗人。他写过一首诗《竖琴》，"竖琴"这一意象有两层含义：一是将大桥比作一架竖琴；二是将他自己比喻成《旧约圣经》里的大卫王，因为大卫王也精通音乐，经常演奏竖琴。

钢丝捻接在一起，架在主塔之间，那么全部结构的强度均取决于劣质钢丝强度。"这种说法也许是真的，但这种劣势却可以弥补。我们的人体结构当中也都有这种"劣质钢丝"，但我们还是能够承担那些必须承担的重量，因为我们会找到维修的办法。华盛顿1878年致信董事会时说，必须容忍不完美的情况。

最后一次大型翻修从2010年开始，给桥身重新刷漆，维修大桥引桥。最初估计的费用是5.5亿美元。其间有各种突发情况，人们因为误工、超支而抱怨，这场面与大桥建设期间的各种抱怨如出一辙。

华盛顿·罗布林的价值与成就远远超过了一座大桥，不论这大桥有多么美观，多么实用。他的声音从过去清晰地传来，他的价值与成就，工程界之外各行各业的人们都应当理解。今天，人们还在继续修建新的大桥，但尽管一百多年来技术已经有了极大的进步，有些大桥还是会垮塌。2007年8月1日下午6点，明尼苏达州明尼阿波利斯市（Minneapolis）的"35号州际公路西线密西西比河大桥"（I-35W）中部和南部忽然崩塌，导致13人死亡，145人受伤。这绝不是意外事故。这座桥的原始设计就缺乏稳健性。大桥有一种结构叫节点板，用于把次梁和主梁固定在柱上，或者连接各个桁架杆件，但这座桥的节点板有四块的厚度比其余的节点板都薄。此外，承包商曾在大桥上储存建材，增加了荷载，而维护工作又做得很差。这些因素加在一起，注定是要发生灾难的。在布鲁克林大桥建设期间，曾有一个砖拱脱落，砸死了一名工人。华盛顿告诉亨利·墨菲："因为砖拱有权利脱落所以才会脱落。"真正的原因是，砖拱的中心支撑还没有到指定期限就被移除了。华盛顿又说："真正的事故并不只是指这个砖拱脱落了而另一个还在原地。"这又是一个明证，证明了华盛顿的观点："一百次事故中，没有一次当得起'事故'这种称谓。"

责任人正是华盛顿的副手乔治·麦克纳尔蒂，他负责监督这一部分的工作。华盛顿记载了与这位副手的谈话。不过，这次谈话必然与老约翰发起的类似谈话大不相同。华盛顿说："麦克纳尔蒂先生为什么会拆除砖拱的中心支撑？具体原因我不知道，实际上他自己也不知道。他可能从来没有想到立柱会发生扭转。他若是想到，略加调查就会发现问题……雄心壮志很容易使人变得过于自信，从而使人不去咨询那些经验更加丰富的人，因为他担心自己会遭到驳斥。治愈这一切的，唯有年岁和时间。"

*

1904年，美国钢铁公司收购特伦顿铁厂，特伦顿由此走向衰落。20世纪20年代，本地多家陶器厂、橡胶厂也被巨大的全国企业吞并。1952年，"诸子"出售给了科罗拉多燃料铁矿公司。同年，华盛顿的儿子小约翰去世。《伯纳兹维尔新闻》报道了死讯，称他为"学者、慈善家、科学家和关注一切公共福利事业的优秀公民"。"诸子"的出售又是特伦顿工业衰落的一个转折点。在美国历史上，"诸子"是家族工业企业坚持到最后的堡垒之一。

但是，在过去几十年间，公司一直发展良好，甚至在大萧条期间也不例外。华盛顿去世后，费迪南的儿子小费迪南继任公司总裁，没过多久，公司就拿到了为哈得孙河上乔治·华盛顿大桥制造主缆的合同。华盛顿生前曾经认为，如此规模的桥，绝不可能建成。时过境迁，如果华盛顿还在世，也会改变想法了。工程的规模令人叹为观止，大桥两个锚锭之间的距离足有1英里长，四根主缆所用的钢丝长达106000英里，连接在一起能够绕赤道好几圈。四根主缆的总重量达到了28500吨，就算把布鲁克林大桥、曼哈顿大桥、威廉斯堡大桥、费城—卡姆登大桥以及熊山大桥所用的主缆全都堆在一起，重量也不过22400吨。关于大桥的创新与工作中的危险，《纽约时报》对读者保证，大桥一定会十分安全，已经得到了总工的确认。"奥斯马·赫尔曼·安曼先生向我们保证，工程中的一切操作均有先例可循，而且自从约翰·A.罗布林第一次在布鲁克林大桥上架设钢缆以来，钢缆也一直作为主缆用于所有大型悬索桥工程中。"

这时华盛顿已经离世，不可能再在剪报的边缘写评语纠正了。《纽约时报》又犯了一个错误，老约翰与布鲁克林大桥的钢缆架设并无一点关系。第一根钢丝在东河上架起的时候，老约翰已经去世整整七年。

1931年，著名的帝国大厦完工。大厦电梯使用了120英里长的钢缆和1550英里长的电线，都是由"诸子"提供的。1932年，"诸子"又拿到了负责制造旧金山金门大桥主缆的合同。1937年，金门大桥完工，超过了乔治·华盛顿大桥，成为世界最长的悬索桥。特拉华河的下特伦顿大桥上，直到今天仍有一块照明广告牌上写着"特伦顿制造，全世界拿走"。曾经准确的言语，如今却变得不那么准确了。1974年，"诸子"永远关上了大门。特伦顿市罗布林镇的罗布林工厂变成了一座座时尚的阁楼式公寓，而工厂剩下来的部分改造成了一座小而精致的博物馆，200英亩的土地正逐渐被美国国家环境保护局清理、净化。在这个盛极一时的工业城，"诸子"公司化作了幽灵般的存在。

老约翰相信幽灵，还会专门在木桌上和幽灵对话，儿子华盛顿却没有时间参与这些事情。1922年，有人问华盛顿是否考虑过写一本自传，他马上拒绝了："我即将八十六岁，自己的事情快要顾不过来，写自传这件事根本不可能。"其实是他觉得这种任务必然会彻底完蛋："我认为，不论什么人，他真正的一生，内在的一生，都不可能用传记描述。"他实在是太清楚了。他曾经努力捕捉父亲的一生，却一定感觉到自己并没有成功，不论他的描述现在看来有多么生动。于是他转而一心扑在了"诸子"的经营上，把"诸子"带入了现代社会。"不论哪一个行业，总有人必须站出来说那些决断的话，'是'或'否'。为了做出正确的决定，他必得始终熟悉与工作相关的所有细节。他必须能够衡量未来，判断人性，因为人性决定一切；此外他还必须马上行动。财政、税务、法律、技术方面，他都必须成为专家。突发状况几乎每日都会出现，永无休止，他必须有足够的定力直面这一切突发的状况，不失掉自身的平衡。"

但他还是有一个话题绝不想说起："你千万要原谅我不能为布鲁克林大桥写些什么。这桥耗去了我壮年时期的十二年岁月。但我可以保证，每隔一段日子，便会有多人叫嚷大桥即将垮塌，这些都纯属造谣。因为将来其他地方的桥梁工程学员也会修建大桥，他们觉得诽谤旧桥可以助益他们将来的事业！"

终　　章

冷泉村

纽约州普特南县菲力普镇（Phillipstown）冷泉村旧火车站的旁边，立着一个小小的旅游问询台。铁路沿河而建，向南，去往纽约州西点要塞（West Point）；向北，去往奥尔巴尼。西点铸造厂的遗址被树木掩映着，这座铸造厂在南北战争期间因制造线膛炮而声名远扬，艾米莉·罗布林在这里长大，定能听到加农炮弹从头顶上空落入水中爆炸的回音，那是各种新型致命武器测试的声响。铸造厂的建立者是古弗尼尔·肯布尔，是艾米莉父亲的好友，于是父亲就用朋友的名字给艾米莉哥哥起了名，简称G. K.。如今，铸造厂已经成了一处绵延起伏、草木茂盛的公园。我与丈夫、儿子一家三口，恰好在午饭前来到冷泉村。这一天，我们早早出发，沿着帕利塞兹车道向北，穿过了熊山公园。在一处靠近河流的弯道上，我们突然见到了熊山大桥。开车的是我的丈夫弗朗西斯（Francis），儿子西奥（Theo）坐在后面。我记得，小时候也曾和父母一起一家三口（就像华盛顿、艾米莉和小约翰）开着一辆老车大众甲壳虫驶过帕利塞兹的车道。我还大致记得，河流那蔚蓝的水波闪着银光从熊山大桥下流过，而弯成优雅弧度的熊山大桥的主缆，正是"诸子"

公司的杰作。

　　旅游问询台里有一位老先生，尽管是夏日，依然打着领带，穿着整齐。老先生的银发从前额向后梳去，鼻梁上架着眼镜。我问他冷泉村的墓地在哪儿，怎么走才最近。老先生笑笑说："我也不知道！我还没去过，也不想马上就去！"我们都想：那好吧，就这样了。我查查手机就可以知道该怎么走了。我们漫步走过冷泉村主街的商店、饭馆，感觉很惬意。冷泉村的面貌与哈得孙河上的布鲁克林有些类似，很多人在卖手工冰激凌，还有各种时尚的生活用品。

　　墓地位于小镇的高处。走着走着，街道变成了坡道，越朝坡上走，河就离我们越远。走了半小时，一路上空无一人。离河边一远，低处的房屋看上去便萧索了，但依然都是精致的美式独栋住宅，有院子，国旗飘扬在房前，如果有轿车停在门前，国旗就会出现在保险杠的标贴上。

　　纵然有手机指路，我们还是拐错了一次弯。三人感到有些热了，也焦躁了起来。走过迪维辛街、松树街和班克街，我们终于来到了墓地大门前。这座墓地面积很大，有人精心照料，入口附近有一栋哥特式建筑。草坪伸展开去，修剪得十分整齐，浇水均匀，一片暖暖的绿色穿过一条条岔路，点缀在大大小小写满铭文的石碑之间。高大的树木投下令人舒适的阴影。我们站在一棵老橡树下喝着瓶装水。

　　儿子问："他埋在哪儿呢？"

　　我不知道。我们一家子是来旅游的，不是来做研究的。我唯一的线索是华盛顿提到过的十字架是北欧的如尼文字的形状；可是这里如尼文字形的十字架太多了。这片墓地很大。丈夫和儿子都平心静气地看着我究竟能做点什么。于是我大踏步走向那栋哥特式建筑。门关着，上了锁。一扇窗户上贴了一张纸，列出了此地葬礼的价目，还有一个联系电话。我拨了电话，本来没指望有人应答，结果响第一声就有人接了。

五分钟后，看守人道格·罗登（Doug Loden）开车进了大门，他就住在街对面。他当然知道罗布林的墓碑在哪里，很乐意指路。他打开车门，请我们上去。车里十分整洁。再次上坡只花了片刻工夫，往右拐了个弯后我们便来到了村子的最高处，遥遥可见被绿树墙壁遮掩的哈得孙河。罗登说："就是这儿。"然后他便一言不发了。我看到斑驳的草地上立着两个如尼文字形状的十字架。

我应该停留多久？这里会发生什么？有谁会来到这里？两座坟前都有一对小塑料桶，里面插着凋谢的向日葵，不知是什么人留下的。坟前的两个十字架一样高，只是地面不很平坦，往大门的方向倾斜。有粉色花岗岩围绕着两座坟墓。丈夫和儿子站在后面，我静静地走上前去，站在华盛顿的墓碑旁边。墓碑上只刻了华盛顿的名字和生卒年月，再无其他。

天才
高贵
真诚

旁边艾米莉的墓碑上刻了这三个词。我在艾米莉的墓碑旁坐了片刻，用手指描摹着字母的轮廓，把手掌贴在墓碑上——两座墓碑上，然后起身再次拿出手机。这一次是为了拍照，为了把回忆变为我的收藏。距我第一次把华盛顿的小照放进钱包里，已经过去了很多年。这些年里，我一直在追寻记录了他一生的各种事迹的档案。

如果档案不存在了，还会有什么留下呢？华盛顿说："回忆本身变成了想象的图案"，现实却隐没了。西奥说："来，我给您拍照吧！"他拿走手机，我在原地摆了个姿势，笑着。只消极短的时间，想拍的照片就拍完了，我知道自己留在这里没有什么作用了。

于是我说：来吧，咱们走！

致 谢

一本书就像一座桥，不可能一个人独力完成。《造桥的人》的出版，是一路上群策群力的结果。这本书，或者说这本书的雏形，我已经写了很久很久，具体有多久，有时候我都不愿记得了。我有一个黑盒子，盛满了索引卡片，卡片上记满了笔记，都是我大学时在纽约公共图书馆里记下的，那时候我应该在攻读英语语言文学学位。我要感谢的人实在不少。

当然，我必须感谢那些在我之前就已经开辟道路的相关学者。历史学家大卫·麦卡洛、克利福德·金克（Clifford Zink）和亨利·佩特罗斯基（Henry Petroski）的著作尤其宝贵。唐纳德·萨叶冈（Donald Sayenga）给予的帮助和友情，我无法衡量，是他第一次让华盛顿·罗布林的回忆录大白于天下。他也是我一度失联的笔友，与他的通信对我究竟有多么重要，我无法用语言表达。他还一直热心阅读，提供反馈，不止一次指出了我作品中的讹误。对他，我怎样感谢都不过分。我在罗格斯大学和伦斯勒学院档案馆里研究了很长时间，正是这段时间，真正让华盛顿在我的面前复活了。这两座档案馆的所有工作人员都十分热情，而且乐此不疲地为我提供帮助，特别是我经常不在美国而在大洋彼岸的英国，这就更加令人感激。罗格斯大学的费尔南达·佩罗内（Fernanda Perrone）

和阿尔伯特·C.金（Albert C. King），在我前往新泽西州研究新不伦瑞克市的藏品时，为我指明了方向。罗纳德·贝克尔（Ronald Becker）、大卫·库兹马（David Kuzma）和琳达·朱克曼（Linda Zuckerman）拿出了几十个黑盒子，里面装满了"奇迹"。克莉丝汀·卢茨（Christine Lutz）和艾瑞卡·戈德（Erika Gorder）提供了图片资料，协助我进一步研究。我回到伦敦，又得到了梅根·林恩（Meghan Rinn）和斯蒂芬妮·克劳福德（Stephanie Crawford）的大力协助。

第一次访问伦斯勒学院时，学院档案与特藏馆自动化管理员艾米·鲁珀特（Amy Rupert）和塔米·戈伯特（Tammy Gobert），先后为我提供了大力支持，让我得见"工具间"的珍宝。学院助理档案员珍妮弗·蒙格（Jenifer Monger），在我阅读信件、笔记和绘图的过程中，天天与我坐在一起。她是个好参谋、好朋友，不论是过去还是现在都是，只要我从遥远的伦敦发来各种问题，她就会一查到底，超额完成任务。华盛顿·罗布林在伦斯勒时很是痛苦，我却没有一丝一毫这样的感觉。

此外，还要感谢布鲁克林历史协会的切拉·斯科特·韦伯（Chela Scott Weber），现任纽约市政府档案部公共规划主任的玛西亚·柯克（Marcia Kirk），纽约市档案馆的芭芭拉·希伯特（Barbara Hibbert），是他们带我发现了一批珍贵的布鲁克林大桥建设草图和设计图。在史密森尼学会，我要感谢美国自然历史博物馆馆长柯克·R.约翰逊（Kirk R. Johnson），还有馆藏经理（矿物类）保尔·W.波哈特（Paul W. Pohwat），是他们和我分享了华盛顿矿物藏品手写标签的故事和图片。感谢纽约历史协会手稿部的塔米·基特尔（Tammy Kiter）和克里斯·艾克尔霍夫（Kris Eckelhoff），二

428

人在手稿部为我提供了帮助。非常感谢我的新朋友，纽约市博物馆的弗兰·罗森菲尔德（Fran Rosenfeld）、亚历克斯·扬科维奇（Alex Yankovich）和劳伦·罗宾逊（Lauren Robinson）。感谢布鲁克林博物馆的莫妮卡·帕克（Monica Park）。纽约公共图书馆的郭杰良（Jee Leong Koh）和奥丽维娅·哈里斯（Olivia Harris）帮我做了一些研究。

新泽西州特伦顿市，一个美丽的春日，唐·琼斯（Don Jones）为我打开了罗布林博物馆的大门，是艾丽卡·哈维（Erica Harvey）带我认识了他。从此之后，博物馆的执行理事瓦丽莎·麦克米肯斯·布莱尔（Varissa McMickens Blair）一直在协助我。在萨克森堡研究期间，我住在惬意的"中流砥柱"早餐旅馆，鲍勃·卡尔滕豪泽（Bob Kaltenhauser）与我分享了杜松子酒和罗布林家族的传说。约翰·弗莱希曼（John Fleischman）、德伦达·格斯特科夫斯基（Drenda Gostkowski）也有贡献。我在辛辛那提有幸遇到了唐·海因里希·托尔茨曼（Don Heinrich Tolzmann），他对俄亥俄河上的罗布林大桥充满了感情，令我钦佩。他还介绍我认识了唐纳德·萨叶冈，我为此感激不尽。在冷泉村，墓地管理员道格·罗登带我们去参访了华盛顿和艾米莉夫妇的坟墓。德国黑森州威斯巴登市的伊芳·斯卡拉（Yvonne Skala）和帕特里克·瓦尔茨（Patrick Walz），带我体验了水疗的真正乐趣。乔治敦预科学校的苏珊·纳勒兹奇（Susan Nalezyty）也给了我很大帮助。

本书能够写成，有赖于大英图书馆对我的收留、协助与赞助。有幸成为2014年度艾克尔斯大英图书馆作家奖得主之一，我感到十分光荣。我在大英图书馆稀有图书及音乐专区、英国报纸档案库里度过的时间，其价值无法衡量，访问员工餐厅的体验也十分珍贵。

菲利普·戴维斯（Philip Davies）教授是大英图书馆美国基督教研究中心主任，他始终如一，大力支持本书的写作。为本书作出贡献的还有马修·肖博士（Dr. Matthew Shaw）、卡拉·罗德韦（Cara Rodway）、让·彼得罗维奇（Jean Petrovic）。好友瑞贝卡·卡特（Rebecca Carter）给我介绍了基督教研究中心的同仁。我如果不在伦敦圣潘克拉斯区，就在圣詹姆斯广场的伦敦图书馆，感谢图书管理员伊内兹·林恩（Inez Lynn）跟所有同仁的收留。

书稿即将完成的时候，我拜访了英国约克郡唐克斯特市（Doncaster）与泰恩赛德市（Tyneside），参观了布里东-贝卡特制绳工厂。戴夫·休伊特（Dave Hewitt）在百忙之中抽出两天为我讲解了21世纪的钢缆制造流程。戴夫·汤普森（Dave Thompson）、乔·英科斯基普（Joe Inkskip）和史蒂夫·埃兰德（Steve Heyland）耐心地回答了我的各种问题。

在写作本书的过程中，我遇到了不止一次惊喜。20世纪90年代，伊恩·杰克（Ian Jack）还在格兰塔出版社工作时，看到了一项提议，就对本书充满信心。我的好友芭芭拉·门施和她的大桥摄影作品，也赋予了我灵感。好友伊恩·凯莉（Ian Kelly）是历史学家、剧作家、演员，为我介绍了乔治·吉布森（George Gibson）和布卢姆斯伯里出版公司，在正确的时候建立了正确的联系。文中提到的纽约交通局官员亨利·佩拉希亚审读了我早期的稿件。多年前，他曾邀我到布鲁克林大桥上一游，后来又为我提供了桥梁工程的咨询服务。柏林市立博物馆的内莱·古恩泽洛斯（Nele Guentheroth）提供了约翰·罗布林工程生涯早期的资料。菲利普·奥特曼（Philip Oltermann）提供了一些德语翻译。英国皇家天文学会的马丁·里斯（Martin Rees）在为我检查1925年华盛顿评论火星、水星、金星"三星合"的现象方面提供了大力支持。剑桥大学天文研究所的罗宾·卡奇普尔博士（Dr. Robin Catchpole）和英国水文局皇家航海天文历办公室主任史蒂夫·贝尔博士（Dr. Steve Bell），对此也有所贡献。能解开这个谜团令我无比满足。

我也十分幸运地遇到了布卢姆斯伯里出版公司。乔治·吉布森既是我的编辑也是我的朋友，他坚信华盛顿的一生应当为世人所知。乔治还以超乎寻常的耐心等待我完成书稿，最终完成后，本书的质量因他的协助而有了大幅度提高。感谢布卢姆斯伯里美国公司的优秀团队：辛迪·洛（Cindy Loh）、南希·米勒（Nancy Miller）、劳拉·菲利普斯（Laura Phillips）、嘉莉·加内特（Callie Garnett）、格蕾丝·麦克纳米（Grace McNamee）、莎拉·基钦（Sara Kitchen）、珍妮特·麦克唐纳（Janet McDonald）、劳拉·基夫（Laura Keefe）、莎拉·墨丘里奥（Sara Mercurio）、玛丽·库尔曼（Marie Coolman），以及我在英国的编辑迈克尔·菲施维克（Michael Fishwick）、亚历山德拉·普林格尔（Alexandra Pringle）、安娜·辛普森（Anna Simpson）、玛丽戈尔德·阿特基（Marigold Atkey）、裘德·德雷克（Jude Drake）、比尔·施温森（Bill Swainson），他们都给予了我全力支持。当然还有亚历克西斯·基施鲍姆（Alexis Kirschbaum），现在是布卢姆斯伯里团队的一员；代理人安特·哈伍德（Ant Harwood）一直很是优秀，感谢他提供的咨询和陪伴。还要感谢詹姆斯·麦克唐纳·洛克哈特（James MacDonald Lockhart）。

苏珊娜·格卢克（Suzanne Gluck）在曼哈顿上西城欢迎了我，贡献了她的友情和智慧。她还带我认识了韩裔美国作家李敏真（Min Jin Lee），她也是英雄气概十足，可称"神奇双子"[1]的妹妹。汤姆·加蒂（Tom Gatti），优秀的编辑、朋友，他看过本书第一版的书稿后，提供了实实在在的建议，而且多年来一直在道义上和实际行动上支持我。彼得·斯托瑟德（Peter Stothard）、基思·布莱克摩尔（Keith Blackmore）、理查德·怀特海德（Richard Whitehead）、亚历克斯·奥康奈尔（Alex O'Connell）：几位，你们知道自己的名字为什么会出现。我在埃登·怀特·罗斯托（Heyden White Rostow）教室上课的日子永生难忘。我在纽约上班的时候，罗斯托女士还为我提供了床位。西尔维娅·卡汉（Sylvia Kahan），我的挚友，也是啦啦队长。珍·多曼（Jen Doman），我在布鲁克林的死党。莎拉·马斯林·尼尔（Sarah Maslin Nir），布里尔利女校毕业生，也是我在伦敦东区相识的好友。黛博拉·布罗伊德（Deborah Broide），顾问，在戏剧方面提供了建议。西蒙·温彻斯特（Simon Winchester）、肯·伯恩斯（Ken Burns）、安德鲁·所罗门（Andrew Solomon）、安德里亚·伍尔夫（Andrea Wulf），十分感谢各位支持华盛顿·罗布林。

我亲爱的父亲母亲埃伦·瓦格纳和阿瑟·瓦格纳（Ellen and Arthur Wagner），虽然已经不在了，但他们的名字一定要写进本书里。盖尔·艾布拉姆斯、唐尼·艾布拉姆斯夫妇（Gail and Donny Abrams）为我展现了新泽西州的各种杰作，而且每天同佳明女士（Ms. Garmin）一起送我去新不伦瑞克市。只要有家人的爱引路，我就永远不会迷失方向。斯蒂芬妮·盖斯特（Stephanie Guest）、理查德·埃利斯（Richard Ellis），是他们让一切成为

---

[1] 美国漫画里的超级英雄双胞胎兄妹二人组，哥哥赞（Zan）与妹妹詹娜（Jayna）进入DC公司的漫画里，加入了"正义联盟"。

可能。艾伦·加纳和格丽塞尔达·加纳夫妇（Alan and Griselda Garner）邀我坐在他们的炉火旁边，给我展示了他们对工艺的热忱，堪称典范。凯特·巴赛特（Kate Bassett）、露丝·斯卡尔（Ruth Scurr）、吉尔·沃特斯（Jill Waters）、梅丽莎·凯瑟里斯（Melissa Katsoulis）——我很幸运，能有你们这些朋友。

最后，对于我的丈夫弗朗西斯和儿子西奥，我无法用言语来表达感谢，你们说我会成功的，于是我成功了。你们是最棒的。

华盛顿在回忆录中说："失败的经验往往拥有最大的价值，它可以为我们指出正确的方向。"《造桥的人》中出现的所有错误，由我一人负责。

译后记

　　2017年年底，我有幸得到西风文化图书公司的老师们垂青，担任了《造桥的人》中文版的翻译工作。在此之前，我对布鲁克林大桥的建设过程还一无所知。因为家庭的成长环境，我一直对机械有着浓厚的兴趣，虽然自己并非理工科出身。这份工作让我极大地开阔了眼界，不仅跟随华盛顿·罗布林的脚步观察了桥梁建筑的发展，更体会了美国乃至全球工业化的波澜壮阔。但开阔眼界的同时，我也不得不面对了翻译的许多困难。书里说，老约翰的魄力"靠着'反对'作养分，不晓得失败为何物"。我自然不可能具备这样的能力，但我在诸多师长、朋友和资源的帮助下，至少磕磕绊绊地完成了。

维多利亚英语的处理

　　我遇到的第一个障碍，所幸也恰恰是我的爱好。我在2012年开始翻译图书的时候，出于机缘，接触的是英国维多利亚时期（1837—1901年前后）的青少年文学读物。进入20世纪之后，很长一段时间，英语仍有这种遗风。维多利亚英语和现代英语最明显的区别之一就是书卷气很重，表达往往迂回曲折，包含大量假设、夸张、比喻，有时不免让人感到啰唆，但也正因如此而文采绚丽，并且非常适合讽刺挖苦。英国的维多利亚时代，恰好跟华盛顿所处的19世纪中后期及20世纪早期重合。《造桥的人》引用了大量信件、新闻报道和文章，全都是维多利亚英语，让我感到非常亲切。

维多利亚英语还有一些非常特别的用法，例如why单独出现的时候，不表示"为什么"，而表示感叹，大略相当于"呜呼"或"哎呀"。译者倘若对维多利亚英语和当代英语缺乏辨别，就很可能犯准确性错误。

对于这种文风，我的基本方向是选用相对庄重的书面语体，尽可能在保留原文准确含义的情况下符合中国人的阅读习惯。例如，普鲁士内政部给约翰的拒绝信："工程师罗布林完成的悬索桥项目，其设计之工巧，赢得了我部全心赞誉，特此表扬，以资鼓励。"但是一些记载下来的现实中发生的对话，就要审时度势，用口语表达，例如斯洛克姆在战时大骂华盛顿："罗布林你他妈撒谎！……要是发现你的话有半字虚假，我在回来的路上就毙了你！"在较少的我认为有必要的地方，我也适当用了旧小说的表达方法，传递出时代感。例如fireman翻成了民国时期常用的"救火夫"而不是"消防员"。

因为华盛顿的时代正好是中国的清末到民国初年，而我是清末小说迷（包括原创小说和翻译小说），我还做了一个十分大胆的尝试：将一部分引文用清末浅文言和古白话混合的方式翻译。华盛顿介绍皮克特冲锋，原译文是这样的："突入我前线之敌军，或被俘虏，或被击毙。敌军前进之田野，死伤枕藉；还有多人为免遭一死而仆倒于地。我军炮火至为猛烈，一切敌军，皆不可当。……此地乡村一切粮食皆已抢掠殆尽,且李并无铁路可通南方之南军仓库，是以别无他法，仅余二途：一为饿死，一为撤退。"清末有很多外国小说的中译文或者改编文章是浅文言，这只是我模仿的结果。因为我对这种文体实际上比较熟悉，所以看到现在网上某个帖子用伪造的文言（还经常写得很糟糕）编译外国文章或者诗歌，会引起很多人追捧，总有一种很无奈的感觉。后来，西风文化的老师们考虑到这本书要面向最广大的读者，又建议我都改回了现代汉语。不过依然有些"漏网之鱼"作为模仿的时代烙印而留了下来，在上面那个斯洛克姆的例子中，读者就不难觉察到。

中文表达多样风格

音乐剧翻译程何，提到过一个原则："把自己藏起来，说作者说的话。"针对书中不同场合之下的不同情绪——愤怒、惋惜、戏谑、深情等等，我也都尽量考虑语境，传达出与原文相同的感情。例如：

愤怒："即便我没有其他反对理由，以上理由也足够我反对这些决议整整四十年，倘若我能活到那么久！"（大桥董事会元老马歇尔斥责纽约市长格雷斯）

惋惜："我在特洛伊留下了一个永远的遗憾，那就是并没有学到一点名叫'行为'的课程。"（华盛顿叹惋学院给他造成的损失）

戏谑："你可否向我解释，老姑娘为何偏爱公猫？我实在不能明白！当然，这句话没有含沙射影的意思，你个笨瓜！"（华盛顿跟艾米莉开玩笑）

深情："烛芯里定然有什么东西，不然则是某种人造的完美灵魂，在我给心爱的姑娘写信时，过来烦扰我了。"（华盛顿回忆伦斯勒学院那个不幸的男孩子）

然后，我还想就中文写作本身说一点感想。掌握规范通顺的现代汉语书面语，即使中国人也需要很多训练。所谓"通顺"，一大特征就是"念起来好听"。历史上的文本另说,我认为,现代人新写的文本,只要质量高则一定好听。我在翻译写作实践当中逐渐摸索出来一些规律,比如:相邻两个词的相邻两个字最好不要双声或叠韵,更不要同音;本书例子如"刻意避开"改成"刻意躲开","十分丰厚"改成"相当丰厚"。甚至在相隔几个字的地方出现的双声/叠韵/同音字也需要改动,本书例子如"纽约已经成了一座不夜城","成了"改成"化为"。此外,还要避免太多相邻的字同属一个声调,如"都几乎丢了性命","几乎"改成"险些"。我经常发现自己脑海中出现的第一个词不符合这种韵律要求,不得不重新换一个。当然,这种情况实在太多,这种规律也并非铁板一块,书中依然会出现双声叠韵的情况。

特别值得一提的是,翻译完全书之后,我发现自己最念念不忘的一句原文,是华盛顿告诫长孙齐格弗里德的话,只有三个单词:"Nothing does itself."我或许没有充分思考,但急切想到的表达确实难以传递原文的简洁与智慧,只好按中国习惯翻成了较为平淡的"万事均须动手去做"。

工作用的小标题

本书只有一级标题和若干分节符,不太有助于我把握全书主要内容。我在翻译中采取的办法(写到这儿又出现了一个韵律问题,"办法"原先是"方式",跟后面的字"是"同音,于是修改了)是制作小标题的列表。这些列表是给我自己和编辑用的,不会出现在完成的中文版。每一页开始的某一节内容,都夹在前后的页数之间。比如第10章大桥开始建设的时候,我的小标题是这么写的:

作者议论：桥梁基础就好比人生基础。

【以下p.172分页】

论述沉箱原理。

研究压缩空气文献。

【以下p.173分页】

造船厂制造沉箱。

700319，布鲁克林沉箱下水。

【以下p.174分页】

背景：大东方号下水失败。阿华没时间疑虑。

70夏天，《鹰报》探访沉箱工作环境。

研究阻挡沉箱的暗色岩，大圆石。

【以下p.175分页】

7009，第一次井喷事故。沉箱在没有压缩空气的情况下依然可以支撑砖石结构。

【以下p.176分页】

第二次井喷事故。阿华论述事故的概念。

【以下p.177分页】

主塔施工。7010事故。

【以下p.179分页】

……

　　这些二级标题非常有助于理解全文结构。比较特殊的是，从小标题的列表可以看出，有些地方的叙事层次不甚分明，可能跟文化差异有关；但作为译者无法擅自改动，只能保留原状，必要的时候加注。

技术知识

文体和结构障碍之后，我面对的最大难题就是书中的大量技术描写。华盛顿是一位世界级的建筑大师，而我并没有建筑学的背景，甚至缺乏理工科某些基本常识。专业领域除了建筑以外，还有医学、城市史、军事、教育、科技创新、金融、民俗宗教、新闻舆论、女性主义等许许多多。怎么办？复杂问题面前注定没有简单解决办法。我的主要办法包括：

1. 通过科普视频和文章恶补了一些悬索桥、钢丝绳以及布鲁克林大桥本身的介绍知识，比如悬索桥的五个基本部分——主塔、主缆、吊索、锚锭、桥面，比如至今仍在沿用的沉箱法等。我看了BBC纪录片《七大工程奇迹——布鲁克林大桥》、央视纪录片《走近科学——超级悬索桥》，还有其他一些视频。其他领域，我也尽可能查找了网上资料，确定术语及背后知识的准确。但依然有些地方不太确定，如第12章提到的"横断面现代框架"，原文是transverse modern frame，在英文网上并未找到类似用法，只好直译，期待将来有机会改正，也希望读者朋友不吝赐教。

2. 利用词典但不迷信词典。首先需要仔细分辨多义词，比如建筑学的术语"stay"并不是动词"停留"，而是名词"斜撑条"或"斜拉索"。这又要进一步挑选。考虑到罗布林父子一辈子都和钢铁缆绳、悬索桥打交道，我选用了"斜拉索"。我还尽力寻找"中国规范术语"等网站的中译文，并利用搜索引擎，确定某一种术语在中国业界自己的原创工程文章里出现之后才会选用。例如 fragment of shell，虽然"炮弹碎片"完全可以理解而且也在一般情况下使用，但专业名称是"炮弹破片"，我自然从善如流。

3. 在力所能及的情况下咨询相对专业的人，理论上这种办法是最好的。遗憾的是，因为条件限制，我无法请专业人士审校全书，也不能占用他们太多时间，只能零打碎敲。因此书中出现的技术错误仍要由我自己负责。感谢：表面处理专业的长兰师姐，建筑师 Casen，矿物晶体鉴定专业的天海，执业医师淑棠，以及我的众多母语翻译和编辑同事。

专有名词

《造桥的人》涉及的历史，从老约翰的童年直到现在，接近两百年；要是把艾米莉祖先也算上，就差不多有四百年。地点也涉及美国、欧洲的许多地方；加上前面提到的各种专业领域，称得上"极为广泛"。书里出现了大量中国人闻所未闻的人名、地名、团体名。我的方针是，每出现一个名字，首先用中文引擎查对，并选用中文网上最为通行的译名。例如，珠宝品牌 Tiffany，虽然这个专名有蒂凡尼和蒂芙尼两种译法，但公司官网是蒂芙尼，因此选用。如果找不到某个人名的全名，就把姓氏和教名分开搜索，并分别选取较为通用的译名。有时也会体现我的个人偏好，如 BBC 纪录片的中文版，华盛顿的妻子是"埃米莉"，但我依然用了"艾米莉"，觉得后者轻盈可爱一些。如果某个人的母语不是英语，还必须按照他的母语发音规则寻找译名，而不盲目照搬英译汉的中文名。例如在尼亚加拉瀑布桥上表演的法国杂技演员 Charles Blondin，英语发音可译为查尔斯·布隆丁，但法语是夏尔·布隆丹。对于某些早期的著名人物，一般选用旧式译名，如普鲁士国王Frederick，译成腓特烈而不是弗雷德里克。

文中还出现了大量新闻报道、论文、其他文章的标题，一般由我用符合语境的方式自行翻译。我自己最难忘的是《星报》那篇胡说的文章 "Roebling Hopelessly Sick: a Nervous Disorder which Baffles all Skill"，直译应当是《罗布林病得没有希望了：一种让一切医术无济于事的神经失调》。我就按照中文报刊标题的书面语风格翻成了《罗布林病入膏肓——神经紊乱，无药可医》。这种风格因为内容荒唐而变得很滑稽。

还有一个翻译圈子之外似乎不太注意的问题，那就是人物的昵称和简称。华盛顿昵称Washy，艾米莉昵称Emmy或Em，费迪南昵称Ferdie。这是一个英语昵称的规律：选用名字第一个音节，然后用第二个音节的开始辅音加上[I]的元音；拼写这个元音的字母因为习惯或搭配规律而各有差异。我幼年时看过的美国小说《纽约少年》（City Boy）主角赫伯特Herbert昵称Herbie，莱昂纳德Leonard昵称Lennie，中译名分别是赫比、伦尼。他们的全名在书中几乎没有使用过，所以赫比、伦尼这样的纯粹音译可以接受。但《造桥的人》情况不同，全名经常使用，昵称用得虽然较少，但也都浓墨重彩，处于感情很丰富的语境下。我要是依然采用纯粹音译，如Washy翻成"华希"甚至"沃希"，至少末尾一整个音节与汉字都变了，首先就让读者觉得不像同一个人，更重要的是完全感觉不到一点亲昵或随便的色彩。反面例子又如我审校的历史纪实作品《黄昏惊雷》：一战爆发前夕，俄国沙皇尼古拉二世（Nicholas II）与德皇威廉（William）绝望地互传电报，为和平做最后努力，但他们的举动只是螳臂当车。作者为了讽刺这两个"小人物"，用昵称叫他们"Nickie"和"Willie"。原译者李硕翻成"尼基"和"威利"，完全没有戏谑的感觉。

近年来，商业作品出现了一种归化处理方式，越发流行起来：选用名字当中一个最像中国人名的汉字，加上"阿"或者"小"。微软的人工智能程序Cortana中译名是"微软小娜"，如果纯粹音译"科塔娜"，估计很多中国用户不会买账。音乐剧《魔法坏女巫》的人名昵称也有类似的处理。我就按这个方法，把Washy翻成了"阿华"，Ferdie翻成"小南"，Emmy翻成"小莉"。后两人没有用"阿"是因为两人都比华盛顿年幼，华盛顿用对待弟弟和更年轻的恋人的语气称呼。此外，华盛顿二世昵称也是Washy，我为了区别翻译成"小华"。在女性的私人写作如科妮莉亚的信中，我干脆用了叠字，把科妮莉亚的自称Corrie翻成了"妮妮"。至于《黄昏惊雷》的Willie和Nickie，我选用的是"阿尼"与"阿威"。

有趣的是，翻译史的大方向是人们越来越接受外来文化的用词，意译逐渐变为音译。例如"哆啦A梦"，最早的时候担心中国读者不习惯，大陆和台湾分别起了两个名字"机器猫"和"小叮当"。而在人名昵称上，却出现了一开始音译，后来意译的反向变化。我不是翻译理论家，这种现象可能值得专业人士进一步研究。

还有一个细节：本书的主要人物名叫华盛顿，因此我在提到美国首都华盛顿的时候为了避免歧义，总是专门补充为"首都华盛顿"或者直接叫"首都"。

注解

我一直宣称自己的翻译方针是，绝不把理解任务推给读者。

曾经合作过的一位译者相当不负责任地说："……这并不是主要内容，所以没有加注解。如果读者好奇的话，自己去查就可以了。"对此我是很不以为然的。本书历史背景和其他几乎所有专业背景，一般中国读者都很陌生，我也不例外。我于是查找了网上大量资料，首先为我自己阅读时不懂的地方加了一遍注解。

注解主要分为几大类：

专业外读者不熟悉的专业术语和知识。其中首要的当然是建筑学、机械工程学方面。例如"高程""无极缆绳""可挠性""连续棒材轧制""冷隔""回火"等等。其他各个领域我也酌情加上了注解。如农业方面的"重黏土"，矿物方面的"碧玺""牛顿石"，医学方面的"进行性肌无力"等。

历史沿革，如第1章："当时，纽约这座大都会还没跟一水之隔的布鲁克林市合并。"我加注："布鲁克林和纽约原本是两个城市。1898年，布鲁克林被并入纽约市，成为纽约市的一个区。"第12章坦慕尼协会主管名叫"大酋长"，我也加上了背景，介绍历史上英国政治家佩恩与印第安人酋长坦慕尼德的友谊。

中国读者不熟悉的文化背景，如原文"治愈疾病的努力本质上必须遵守社会观念的条条框框，以及充满象征性的文化内涵"，我加注："这里指一些西方传统的迷信做法，例如吃药要看星象等等。"又如艾米莉就读的"圣母往见"学院，名字与《新约圣经》典故有关，我介绍了这一事件。

作者语焉不详但我感觉有必要补充的其他背景，例如马克·吐温刻在女儿墓碑上的诗，是他修改的另一位诗人罗伯特·理查德森的作品，但作者的行文很容易让读者以为是吐温写的。我在注解里说明了背景。

书中相距较远的地方出现两次的事物，为了增强有机联系而加注。如第1章提到南北战争的汉普顿锚地海战，第6章又提到了一些海战的具体情况，但没有说这场海战的名称。我加注："即上文提到的汉普顿锚地海战。这是人类历史上第一次铁甲舰与铁甲舰的冲突。"

少数通过语言体现的文化现象，直译会影响理解的顺畅度，因此意译并加上注解。如老约翰雕像揭幕时，埃斯塔布鲁克律师发表演说，提到约翰的家规是"德拉古式的"。德拉古是古希腊的残暴政治家，我改译为"残暴"并加注。

原文错误，例如老约翰夭折的儿子小威利，文中前面提到他死于南北战争前一年，后面提到他死于南北战争第一年。我查找网上资料确定他死于南北战争第一年即1861年。

原文中夹杂的非英语词句的意思。英语吸收了大量其他民族的外来语，还经常在行文中直接插入外语词句；本书正文也多次出现法语、德语、拉丁语。因为这些语言对英语读者来说是外语，所以中文版保持不变，用加注的方式说明。有一处遗憾：约翰年轻时航海到美国的日记，原文是德语，但英文版里面引用的是1931年出版的日记英译文，我目前的中译文也是从这个英译文翻过来的。但就我自己的经验，德语的英译文可能和德语意思大相径庭。我和西风文化的老师们曾试图购买德语的原版日记，请德语专家审查中译文是否准确；但因为条件限制而没有实现。

诗歌

诗歌与歌词恐怕是一切翻译工作本身（除了查找和咨询工作以

外）对写作技巧要求最高的。有一个旁证：时至今日，依然有人主张诗歌不可翻译，认为"歌词翻译走不通"。《梅艳芳传》的作者竟然说"世界上还没有任何一种技术将歌进行翻译"。我碰巧是歌曲译配爱好者，下定决心要让《造桥的人》里面引用的少数诗歌"有一个诗歌的样子"，完全用诗歌标准写我的译文。基本原则很简单：把前面说的"念起来好听"原则发挥到极致，因为耳朵是最公正的法官。对艾米莉·迪金森卷首的诗《信念——没有桥墩的桥》，西雅图的科斯蒂根夫人赞颂罗布林的诗《人生一瞬》，哈特·克莱恩的《大桥》，我都尽力实践了这一原则。

全书让我最有感触的诗歌，就是艾米莉过世以后，华盛顿抄写的马克·吐温改编的那一首理查德森作品《安妮特》的片段。《安妮特》原诗悼念一位天真的少女，不谙世事，受很多人爱慕而得到了"轻浮"的名声，出于主动或被动的原因沉溺声色，严重损害了健康，终于不幸去世，年仅二十一岁。我在外国朋友们的帮助下，把这首诗全文翻译了过来，请老师们收在了附录中。

马克·吐温能重视它到如此地步，定然事出有因。我自己初次看到艾米莉去世那一段情节和这首诗的片段，竟然差点精神崩溃，西风文化的老师专门劝我"缓缓"。于是顺理成章，我把全部感情注入了译文，希望这不灭的情分能够传递下去。

结语

2014年，我还不知道这本书和这个人的时候，曾写过一段歌词："盼来千年造化，几劫能消／难舍几世冤亲，几步之遥／将几重桎梏，和几重包袱／熔铸成几重天外的桥。"回头看，这几句话简直是专门为华盛顿写下的。布鲁克林大桥既是现实，更是象征；象征着人类这个物种繁荣至今，一路走来，负重前行的坚忍和勇气。

就如同我曾经对华盛顿一无所知，这世界上还有很多我依然（而且可能永远）一无所知的英雄才子，为人类做着贡献。这些贡献，不都像布鲁克林大桥一般有形可感，但却实实在在渗透进我们的生活。最典型的就是让这本译作得以实现的互联网。这看不见摸不着的桥，连通了不同国度、民族、语言、时间的整个人类，使得相隔百年之久、万里之遥的这位西方工程大师，如此鲜活地来到我面前。

我们也要清醒地看到，当今世界还存在很多种阻隔，特别是人心的阻隔。在华盛顿、艾丽卡、西风文化的老师们之后，我愿十分荣幸地成为又一名"造桥的人"，为连接这最难逾越的天堑而贡献自己的一分力量。这也将是我和读者朋友们共同奋斗的目标。

刘巍

2019年1月15日星期二

安妮特（Annette）[1]

作者 ｜ [澳] 罗伯特·理查德森（1850—1901）

译者 ｜ 刘巍

---

[1] 母语顾问Kodiak总体评价的中译文大意：“作者十分关注这位姑娘，想念她，为她的死而深感愧疚。作者不赞成安妮特的行为，但依然十分尊重她的人格。他知道，安妮特这样的生活必然早夭，对她充满了同情。他觉得姑娘不该早死，也认为世界不应该失去她，但明白这样的悲剧不可避免。”

安妮特，有人说你，曾伤过一两颗痴心；

这种传言，我能否相信？

安妮特，我却承认你，追寻过亲吻与称赞；

悲哀的尤物也会因着，微小的幸福灿烂。

有人告知，你天真的世界，被多少眼光倾注，

这欢乐，与人类的失落[1]，实在是有些不符；

而落到年轻身躯的，这罪名便是唯一；

我印象仅仅如此，还有谁，比我更对你熟悉？

除了长辫的编织，缎带也有红有蓝，

一切凡俗的心事，似与你全不相干；

是谁轻移莲步，踏遍了节日的纷繁；

谁被阳光浸透，谁造就快活的奇观？

可依我说，安妮特，你偶尔会厌倦纷扰，

听惯了午夜钟声，也看腻逐队嬉闹。

---

[1]失落，原文fallen，暗指基督教观念中人类与上帝的分离。但这不是这首诗的主要意
象。——译注

远离了茶会、公园，街面的奢华衣装；[1]

夜的双翼庇荫，被你无比渴望；

警铃终于响在，疲惫的双脚与心房。[2]

纵情舞蹈的时光，瞬息之间耗散；

只有二十一岁，便已撒手人寰！

欢乐的峰顶，是怎样的喧嚣？

男子与后生，足有二十个相好；

团团围着你，渴求你的顾盼；

来自闪光的凤眼，直似天空的蔚蓝。[3]

---

[1] "远离"句，原文是"Tired of rout, and Park, and Row."。Rout是一种聚会，
后两个是专有名词。母语顾问推测，Park是伦敦梅费尔区西面的海德公园（Hyde
Park），Row是梅费尔区的萨维尔街（Savile Row），奢侈西服裁缝店的集中地。作
者提到这些地名，说明安妮特经常和一些上流社会的浮浪子弟往来。——译注

[2] "警铃"句：母语顾问猜测，这里的weary有两重含义，一是表面上的"疲惫"，二是
暗指一个谐音词wary，"警惕、担心"，说明浮华的生活对安妮特造成了损害。诗歌
的理解比一般文章灵活，虽然这种理解不一定准确，我仍然写上了"警铃"，符合下
文安妮特早夭的结局。——译注

[3] "凤眼"原文是beaux yeux，法语直译"美丽的眼睛"。——译注

那二十位情郎，排成耐心的纵队，

有殷勤的朝日，和世故的余晖；[1]

我见过他们的来往，单候着片刻时机；

若舞过短暂的一曲，旁的便皆可忘记。

青春和君子气派，将繁华所在充满，[2]

谁人都愿把单膝，为你献媚地折弯。

欢笑的时辰会缺席，你飘忽的双脚，

告别华尔兹的热舞，与法兰西的古调。

投足举手的时日，瞬息之间耗散；

只有二十一岁，便已撒手人寰！

若是毕达哥拉斯，远古的说法不差，[3]

你轻扬的灵魂必定，附在鸟儿，栖到枝丫；

啼啭着高亢的喉咙，对无意的清风歌唱；

抑或如一只青蝶，宝石般翩翩飞过，

艳阳下闪耀金光；

这虫儿就像你啊，时日瞬息耗散；

只有二十一岁，便已撒手人寰！

---

[1]"世故的余晖"原文faded beaux，beaux另有含义为"风雅男人"。——译注

[2]"繁华所在"原为Mayfair，即伦敦著名的富人区——梅费尔区。原名来自古老的英国传统，一年一度为期两周的"五月墟"（May Fair）。——译注

[3]毕达哥拉斯（Pythagoras），古希腊数学家、哲学家，认为灵魂不灭，人死后可以转世成别的动物。——译注

离开已然一周，还没有被人淡忘；
我又怎会有权，使这般怀疑滋长？
诚然，你的智慧，若能增多一点，
水涨船高的，或许是我们的惦念。
丰茂的青草会将你覆盖；
春天会消隐，秋天会到来。
这里却仍有一两人将你铭记；
安妮特啊，你究竟能否明白？
这一两人的念想，往往还不会安静，
闪过你如花的笑靥，与优雅的风情；
伴着甜蜜的伤痛，和往昔的美景。

高远的蔚蓝那边，有无数灵魂的宫殿；
谁说其中一角，不会有你的出现？
你唯一的罪过，是追求微小的幸福，
让一颗愚笨的心裂开，又能够轻易地修复。

夏日的暖阳啊，请在这里轻洒；
西来的和风啊，请在这里轻吹；
绿草在上，愿你轻躺，愿你轻躺，
亲爱的安妮特，
请你安睡，请你安睡！

图书在版编目（CIP）数据

造桥的人：华盛顿·罗布林传/（美）艾丽卡·瓦格纳著；刘巍译. —杭州：浙江大学出版社，2021.5
书名原文：Chief Engineer: Washington Roebling, The Man Who Built the Brooklyn Bridge
ISBN 978-7-308-19636-9

Ⅰ．①造… Ⅱ．①艾… ②刘… Ⅲ．①华盛顿·罗布林—传记 Ⅳ．①K837.1261.6

中国版本图书馆CIP数据核字（2021）第056142号

浙江省版权局著作权合同登记图字：11-2019-235

造桥的人：华盛顿·罗布林传

［美］艾丽卡·瓦格纳（Erica Wagner） 著 刘 巍 译

责任编辑	罗人智　寿勤文
文字编辑	闻晓虹
责任校对	黄梦瑶　杨利军
装帧设计	吴佳璘
出版发行	浙江大学出版社
	（杭州市天目山路148号　邮政编码310007）
	（网址：http://www.zjupress.com）
排　　版	西风文化工作室
印　　刷	天津画中画印刷有限公司
开　　本	880mm×1230mm　1/32
印　　张	15　插页 8
字　　数	355千
版 印 次	2021年5月第1版　2021年5月第1次印刷
书　　号	ISBN 978-7-308-19636-9
定　　价	88.00元